Début d'une série de documents en couleur

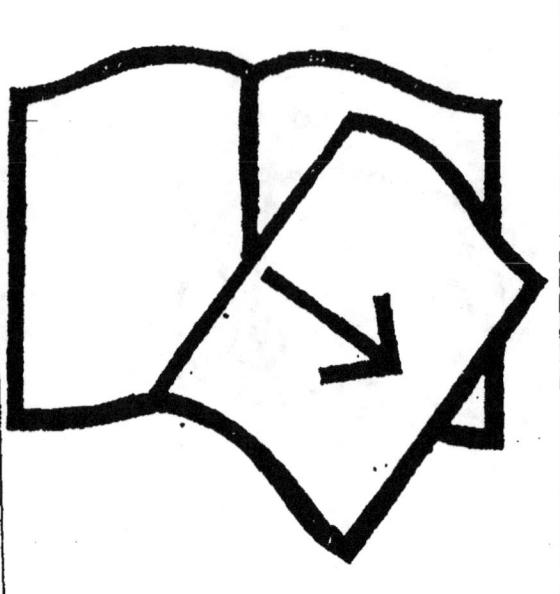

Couverture inférieure manquante

BIBLIOTHÈQUE
DE PHILOSOPHIE CONTEMPORAINE

SCIENCE
DE
LA MORALE

PAR

CH. RENOUVIER
De l'Institut.

NOUVELLE ÉDITION

TOME PREMIER

PARIS
FÉLIX ALCAN, ÉDITEUR
LIBRAIRIES FÉLIX ALCAN ET GUILLAUMIN RÉUNIES
108, BOULEVARD SAINT-GERMAIN, 108

1908

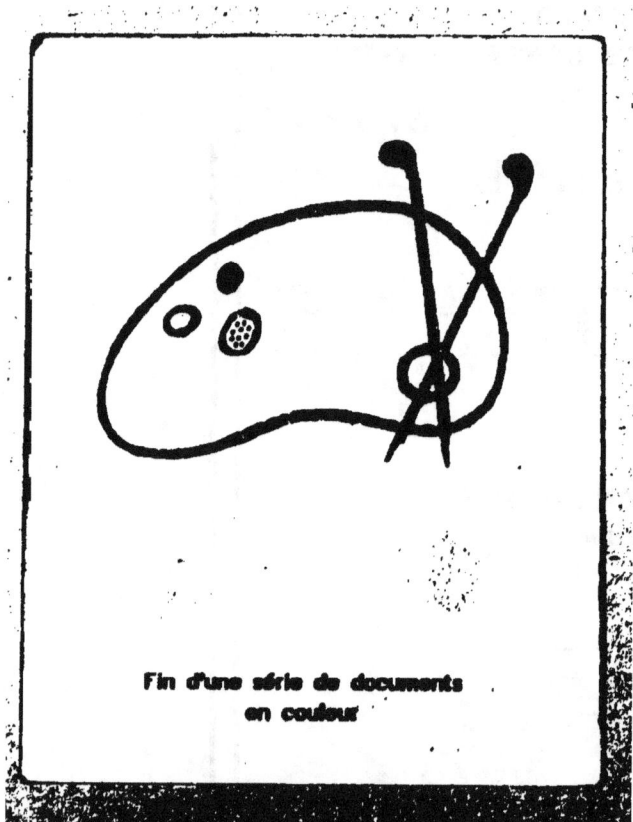

Fin d'une série de documents en couleur

SCIENCE
DE
LA MORALE

FÉLIX ALCAN, ÉDITEUR

AUTRES OUVRAGES DE M. RENOUVIER

Critique de la doctrine de Kant (publié par M. L. PRAT). 1 vol. in-8°
de la *Bibliothèque de philosophie contemporaine*. . . . . . 7 fr. 50
Les dilemmes de la métaphysique pure. 1 vol. in-8° de la *Bibliothèque
de philosophie contemporaine*. . . . . 5 fr. »
Histoire et solution des problèmes métaphysiques. 1 vol. in-8° de la
Bibliothèque de philosophie contemporaine. . . . . 7 fr. 50
Uchronie, *l'Utopie dans l'histoire*. 2° éd. ; 1 vol. in-8°. . . . 7 fr. 50
Le personnalisme suivi d'une étude sur *la perception interne et sur la force*.
1 vol. in-8° de la *Bibliothèque de philosophie contemporaine*. . 10 fr. »

Essais de critique générale. 1er essai, logique, 2° édition, 3 vol. in-12. Au
bureau de la Critique philosophique.. . . . . épuisé.
Essais de critique générale. 2° essai, psychologie, 2° édition. 3 vol. in-12.
Au bureau de la Critique philosophique. . . . . épuisé.
Essais de critique générale. 3° essai, principes de la nature, 2° édition.
2 vol. in-12. épuisé.
Introduction à la philosophie analytique de l'histoire. 2° édition entièrement refondue. 1 vol. grand in-8°. Ernest Leroux, éditeur. . 12 fr. »
La philosophie analytique de l'histoire. 4 vol. in-8°. Ernest Leroux, éditeur ; le volume. . . . . 12 fr. »
Esquisse de classification des systèmes. 2 vol. in-8°. Au bureau de la
Critique philosophique.. . . . . épuisé.
La Nouvelle Monadologie (en collaboration avec M. L. PRAT). 1 vol. in-8°,
Armand Colin, éditeur. . . . . 12 fr. »
Victor Hugo, le poète. 1 vol. in-12. Armand Colin, éditeur. 3 fr. 50
Victor Hugo, le philosophe. 1 vol. in-12. Armand Colin, édit. 3 fr. 50

OUVRAGES DE M. LOUIS PRAT

Le Mystère de Platon : *Aglaophamos*, avec une préface de Ch. RENOUVIER.
1 vol. in-8°, 4 fr. (Félix Alcan, éditeur).
L'Art et la Beauté : *Kalliklès*, 1 vol. in-8°, 5 fr. (Félix Alcan, éditeur).
La Fin du Sage : *Les derniers Entretiens de Ch. Renouvier*, 1 volume in-12
(A. Colin, éditeur).
La Nouvelle Monadologie (en collaboration avec Ch. RENOUVIER), 1 vol.
in-8° (A. Colin, éditeur).
Le caractère empirique et la Personne : Rôle de la Volonté en Psychologie et en Morale, 1 vol. in-8° de la *Bibliothèque de philosophie contemporaine*, 7 fr. 50. (Félix Alcan, éditeur).

SCIENCE
DE
LA MORALE

PAR

CH. RENOUVIER
De l'Institut.

―――

NOUVELLE ÉDITION

―――

TOME PREMIER

―――

PARIS
FÉLIX ALCAN, ÉDITEUR
LIBRAIRIES FÉLIX ALCAN ET GUILLAUMIN RÉUNIES
108, BOULEVARD SAINT-GERMAIN, 108
―
1908
Tous droits de traduction et de reproduction réservés.

PRÉFACE

La morale et les mathématiques ont cela de commun que, pour exister à titre de sciences, elles doivent se fonder sur de purs concepts. L'expérience et l'histoire sont plus loin de représenter les lois de la morale que la nature ne l'est de réaliser exactement les idées mathématiques ; cependant ces lois et ces idées sont des formes rationnelles également nécessaires, celles-ci pour être la règle des sens, celles-là pour diriger la vie et pour la juger.

De même qu'il y a des mathématiques pures et des mathématiques appliquées, il doit y avoir une morale pure et une morale appliquée. Mais si nous entendions par morale appliquée la vie même (ainsi qu'on peut dire en un sens que la nature est une mathématique appliquée), son écart de la morale pure est si grand qu'il va jusqu'à la contradiction. Nous entendons une application scientifique, une théorie de la vie. Alors il faut se demander quelle application la science peut asseoir dans un ordre de faits où ses principes sont méconnaissables, ses données presque renversées.

La morale pure c'est la paix, la morale appliquée a pour champ la guerre. Le droit qui suivant l'acception philosophique est un nom d'une relation de paix, un terme, comme le devoir, de l'immuable justice, le droit, suivant une acception plus commune désigne ces revendications variables qui emportent l'usage de la contrainte, l'emploi de la force, la guerre.

Ce livre traite de la SCIENCE DE LA MORALE, science pure d'abord, ensuite appliquée sous le titre de PRINCIPES DU DROIT. Les problèmes étudiés dans cette dernière partie, rapprochés des thèses de la première, forment un aperçu des lois de la paix et de la guerre dans l'humanité. Les solutions morales de ces problèmes sont des préceptes adaptés à l'*état de guerre* et qui se tirent des préceptes de l'*état de paix*, sans que la déduction réciproque soit jamais admise.

L'idéal s'altère dans le domaine des faits ; mais on ne souffre pas que l'intervention des faits altère l'idéal, c'est-à-dire la science dans son domaine. De là une méthode nouvelle, à la fois propre à ériger la morale dans l'absolu qui convient, à démêler les formes possibles du droit dans l'histoire et à tracer pour l'humanité les voies du redressement.

AVANT-PROPOS

« De tous les livres que j'ai composés, c'est la *Science de la Morale* que je préfère. J'ai écrit ce livre avec joie. J'en ai relu quelques pages il n'y a pas longtemps. Il n'est pas parfait à coup sûr, mais ce n'est pas un méchant livre. Si j'avais eu à en faire une seconde édition, je n'aurais pas beaucoup retranché de ce que j'ai écrit, j'aurais ajouté quelques pages sur la bonté, sur la pitié[1]. » C'est quelques heures avant de mourir que Charles Renouvier portait sur son traité de morale ce jugement.

Pendant les dernières années de sa vie il avait souvent exprimé devant moi le désir de donner de son livre, depuis longtemps épuisé, une nouvelle édition. Il en avait toujours été détourné par la publication de nouveaux ouvrages. Je crois obéir aux intentions du maître en réimprimant aujourd'hui la *Science de la Morale* que je regarde comme son chef-d'œuvre.

« Je ne connais pas, écrit M. Séailles, de traité de morale qui soit plus suggestif, qui aborde avec plus de courage les vraies difficultés. Renouvier revendiquait à bon droit l'originalité de sa distinction d'un état idéal de paix par la justice et de l'état réel des sociétés historiques. Le franc aveu de l'état de guerre que consacre le droit positif, l'effort pour déterminer les moyens pratiques, qui sans troubles ni violences, rapprocheraient

---

[1]. *Les derniers entretiens de Ch. Renouvier*, p. 92 (Paris, Armand Colin, éditeur).

les sociétés de fait de la société véritable, fait sortir la morale appliquée des abstractions de l'école, la ramène à l'examen loyal des problèmes que le plus souvent on dissimule. Renouvier ne s'entête pas à moraliser l'immoral, il pose et maintient dans son intégrité l'idéal de justice et d'autonomie, sans tomber dans la chimère et l'utopie par la négligence des passions humaines. En relevant la tradition libérale de la Révolution française, réduite à ce qu'on sait par l'égoïsme de classe, son individualisme généreux réconcilie la justice et la liberté[1]. »

Le livre n'a pas vieilli. On peut même soutenir qu'il apparaît, « dans cet examen des problèmes que le plus souvent on dissimule » en avance et de beaucoup sur les idées de notre temps. C'est pourquoi cette nouvelle édition de la Science de la Morale vient à son heure. Elle s'adresse non seulement au public philosophique, mais à tous ceux qui réfléchissent et que préoccupe l'avenir de notre pays. La morale de Charles Renouvier est la morale de la justice, la morale qui convient à une démocratie éclairée, soucieuse de prendre exactement conscience de ses devoirs et de ses droits.

Louis PRAT.

[1]. Gabriel Seailles. *La philosophie de Charles Renouvier*, p. 297 (Félix Alcan, éd.).

SCIENCE DE LA MORALE

LIVRE PREMIER
MORALE RATIONNELLE PURE

PREMIÈRE SECTION
SPHÈRE ÉLÉMENTAIRE DE LA MORALE

CHAPITRE PREMIER
NATURE ET CONDITIONS DE LA MORALITÉ

L'homme est doué de raison et se croit libre. Il est doué de raison, c'est-à-dire qu'il réfléchit ou peut réfléchir à ses pensées et à ses actes, et qu'il est capable de comparer, de juger et de savoir qu'il juge, de délibérer et de savoir qu'il délibère avant d'agir. Il se croit libre ; en d'autres termes, il s'emploie à diriger son activité, soit intérieure, soit extérieure, comme si les mouvements de sa conscience et par suite les actes et les événements qui en dépendent n'étaient point seulement une fonction des antécédents, conditions ou circonstances données quelconques, n'étaient point arrêtés entièrement d'avance, mais pouvaient varier par l'effet de quelque chose qui est en lui et que rien, non pas même ce que lui-même est avant le dernier moment qui précède l'action, ne prédétermine.

Tel est le double fondement nécessaire et suffisant de la moralité dans l'homme.

Je dis que l'homme se croit libre et j'explique ce que j'entends. C'est un simple fait que j'énonce et que les fatalistes ne contestent pas, n'ont jamais contesté. Je réserve en ce moment la question de savoir si une telle croyance est ou non fondée objectivement, dans la nature des choses.

Le jugement réfléchi d'un côté, la liberté apparente ou que l'on croit être, de l'autre, s'appliquent à des phénomènes de sensibilité, d'entendement et de passion qui primitivement et d'eux-mêmes ne sont point libres, et qui précèdent toute réflexion et toute délibération. De plus, les affections et les passions aboutissent toujours, à l'égard d'un acte quel qu'il puisse être, à présenter une certaine fin désirable à atteindre. Cette fin est toujours représentée comme un bien pour l'agent, et l'agent ne se détermine jamais, en fait, que pour obtenir ce qu'il pense être son bien. On doit dire, par conséquent, qu'il est tenu d'agir *en vue du bien*, généralement parlant. Ceci n'est pas, à proprement parler, une troisième condition de la moralité. Mais c'est le mobile que toute moralité doit nécessairement avouer, aussi bien d'ailleurs que toute faculté raisonnée d'agir.

Mais l'agent qui réfléchit et délibère n'est jamais en présence ni du bien en général, et du sien même, qui est abstrait, ni d'un bien pur et simple. Les biens particuliers dont la réalisation serait l'objet de sa liberté, toujours à ce qu'il croit, sont multiples, offrent des rapports variés selon le temps où ils se rapportent et les sujets qu'ils concernent, s'opposent les uns aux autres, ont pour contraires des maux qu'il faut aussi comparer. De là la nécessité du choix ; de là l'intervention dans le jugement même, et dans le mouvement plus ou moins prolongé de la délibération, et dans la résolution qui y met fin, de cette liberté au moins apparente dont la nécessité de se déterminer en vue du bien semblait avoir rendu l'application vaine.

Pour mieux fixer les conditions de ce que j'entends

par moralité dans l'acte, je supposerai qu'il y ait nécessité d'agir actuellement, et que, par exemple, il s'agisse du dilemme pratique : *Faire ou ne pas faire cela.* Ce dilemme se présente constamment, car il y a des cas nombreux et importants où c'est agir que de ne point agir : il arrive alors qu'une résolution se prend, par ce fait qu'on n'en prend aucune et que l'on continue de délibérer. En outre, les règles de la logique permettent toujours de ramener une disjonction de cette forme : *Faire cela ou faire ceci*, à cette autre disjonction précise : *Faire cela ou ne pas le faire*.

Cela posé, la première condition de la moralité dans l'acte est l'existence même de la réflexion et de la délibération avant l'action. Un acte irréfléchi, instinctif ou seulement trop habituel pour être ce qui nous semble libre, n'appartient point par lui-même et actuellement à l'ordre moral, encore qu'on puisse y trouver ses racines engagées, quand on remonte le cours de la vie et des déterminations antécédentes de l'agent.

La seconde condition est, comme on l'a vu, le jugement toujours présent en vertu duquel on se suppose libre, et qui préside au choix naturellement inséparable de l'acte délibéré dont je parle, puisque, par hypothèse, il faut de toute nécessité *faire ou ne pas faire*.

La moralité soumise à ces conditions apparaît sur le terrain des biens opposés dont la délibération implique le conflit. Elle consiste dans la puissance, soit, pratiquement, dans l'acte de se déterminer pour le *meilleur*, c'est-à-dire de reconnaître parmi les différentes idées du *faire*, l'idée toute particulière d'un *devoir faire* et de s'y conformer.

Comment définir et comment trouver le *meilleur*, c'est-à-dire maintenant à tout prendre et comparaison faite, le *bien moral* ; à quels signes, à quels caractères le distinguer ; comment déterminer ce *devoir faire*, ou, plus simplement, ce *devoir moral*, ce *devoir*, dont l'idée est propre à l'homme et appartient par le fait à tout homme, mais dont l'appréciation à la fois exacte et générale a toujours paru si difficile, tels sont les problèmes qui se posent à moi.

Résoudre ces problèmes, ce sera construire une *science de la morale*, car la morale consiste dans l'ensemble et la suite ordonnée des notions qui déterminent en théorie, puis en pratique, si l'homme le veut et le peut, la moralité de l'homme.

CHAPITRE II

DIGRESSION SUR LA LIBERTÉ MORALE

Autrefois, on croyait pouvoir démontrer l'existence d'une faculté du libre arbitre. La métaphysique passant avant l'éthique établissait ses axiomes et ses théorèmes sans lesquels il semblait que la morale fût condamnée à périr. On prenait alors l'expérience que nous avons de n'avoir pas le sentiment d'être contraints quand nous agissons, on la prenait, dis-je, pour un sentiment de n'être pas contraints ; et ce sentiment prétendu à son tour, la croyance où nous sommes effectivement de n'être pas nécessités à nos actes, on les alléguait pour de suffisantes preuves de la réalité de leurs objets. Comme si un sentiment, fût-il mieux constaté que celui de l'immobilité de la terre, par exemple, eût pu servir à démontrer un fait que nulle expérience interne ou externe n'est apte à atteindre !

A l'encontre de ces faibles analyses qui ne pouvaient que compromettre les convictions saines, une autre métaphysique et la psychologie déterministe prétendaient prouver l'existence d'un enchaînement nécessaire de tous les phénomènes. Mais sur ce terrain on reconnaissait du moins la réalité mentale de l'illusion de la liberté. De plus, on constatait soi-même, dans le fait, la nécessité où l'on était d'employer l'illusion aux mêmes usages moraux que le font le commun des hommes et ceux qui croient à la liberté, et on demeurait impuissant à s'en affranchir et à corriger en ceci la pratique par la théorie. Enfin, on constatait dans le fait une autre chose encore, c'est que la morale ou la reconnaissance et l'observation de ses souverains préceptes sont plus souvent qu'on ne pense indépendants des doctrines et des croyances doctrinales.

Le criticisme a changé l'état de la question. Loin de vouloir fonder la morale sur des thèses de philosophie théorétique, et en particulier sur celle de la liberté, le criticisme a renversé l'ordre accoutumé, fixé pour la philosophie pratique et la morale un terrain propre à part de toutes les théories, cherché enfin à obtenir des vérités transcendantes, comme celle de la liberté, non plus par elles-mêmes, ce qu'il jugeait décidément impossible, mais à titre de postulats de la morale.

J'admets, l'ayant longuement développé ailleurs, ce résultat de la critique. De quelle manière puis-je maintenant considérer la thèse de la liberté réelle comme un postulat? Il est clair que je ne dois en demander l'acceptation qu'à la croyance et à la libre croyance, cela d'abord par respect pour le principe que je me propose d'établir et dont j'abandonnerais autrement la première des applications; ensuite même pour rester fidèle à mes prémisses et à la vérité des faits. Il y aurait contradiction si j'admettais la thèse comme indéniable, car je supposerais l'existence d'une certaine science nécessaire, absolue, à laquelle j'ai renoncé, et d'une autre part, je fonderais sur la nécessité l'affirmation de la liberté réelle, quand je sais empiriquement que des affirmations contraires de la mienne sont possibles et se produisent en effet. Ceci compris, je remarque que le postulat naissant de la morale et ne la précédant pas, il concerne essentiellement des doctrines autres que la pure morale, et par conséquent ne me regarde point ici.

Ainsi, le postulat de la liberté comme réelle, c'est-à-dire comme ayant un fondement dans l'ordre extérieur des choses, lesquelles ne seraient pas toutes et toujours prédéterminées par leurs antécédents dans le temps et ne se dérouleraient pas dans un ordre constamment nécessaire, avec des éléments tous et toujours nécessaires, ce postulat n'est pas réclamé pour l'existence de la morale. Il l'est sans doute pour d'autres considérations très liées à la morale, pour des vérités (que je crois telles) qui lui servent d'appui et de sanction externes, mais qui enfin ne sont pas elle et dont elle doit à la rigueur se passer.

Ce qui est indispensable à la morale, ce n'est point un postulat, c'est un fait, celui que j'ai formulé dans le premier chapitre, le fait de la liberté apparente et crue pratiquement, et auquel il n'est point possible de se soustraire à quiconque délibère et se résout à l'acte, en comparant, sous le rapport du bien, des possibles divers, des possibles également possibles selon son jugement pratique, et dont nul ne s'offre à lui comme nécessaire par avance.

Telle est donc la liberté que suppose la morale. Elle n'exclut point du domaine de la moralité les partisans de la doctrine de la nécessité. J'avoue que si elle les en excluait ce serait un préjugé légitime contre la vérité suprême et l'universalité de la morale telle que je l'entends. Mais la moralité étant essentiellement subjective, ou du ressort intime de la conscience dans l'homme, ainsi qu'on le reconnaîtra de plus en plus en avançant, il ne faut pas s'étonner si la liberté qu'elle implique est de la même nature.

CHAPITRE III

DIGRESSION SUR LA MORALE EN TANT QUE SCIENCE

Les sciences mathématiques sont fondées sur des intuitions réglées par les catégories du nombre, de l'étendue, de la durée et du devenir. Ni ces intuitions, dans la sensibilité et l'imagination, ni les lois de l'entendement qui s'y appliquent ne sont généralement sujettes à des diversités de jugement parmi les hommes. Elles ont donc pu se constituer et se développer avec un suffisant accord.

Il en est de même de la science de la logique formelle qui est une étude de la catégorie de la qualité envisagée dans l'abstrait. Les difficultés pour s'entendre ne commencent que dans la logique appliquée, c'est-à-dire au moment où des éléments de croyance interviennent, qu'on le veuille ou non, dans les jugements. Exemple : le rôle de l'hypothèse et l'emploi de l'induction dans les sciences physiques.

Les sciences physiques, ou de la nature, ont pu néanmoins se constituer, sitôt qu'on a pris résolument pour méthode l'investigation exclusive des lois, c'est-à-dire des faits généraux, et la subordination de tous les procédés de recherche et de preuve à l'observation et à l'expérience. La vérification expérimentale étant si ce n'est obtenue, du moins attendue et poursuivie, à l'égard de tous les faits induits et trop complexes qu'on saurait atteindre immédiatement ou directement, et la certitude n'en étant pas, jusque-là présumée, pleinement acquise, on peut dire que la physique existe rigoureusement comme science.

La morale aussi se fonde sur des faits mais d'une nature plus disputée, et ce qu'elle cherche, ce ne sont plus des faits et des lois constantes seulement, l'être naturel des choses, mais le devoir être volontaire, le devoir faire des personnes, le devoir être des choses en ce qui dépend des personnes. Les catégories qu'elle met en œuvre sont la causalité, la finalité et la conscience, celles entre toutes qui ont provoqué et provoquent le plus de débats, qui ont engendré et engendrent le plus de systèmes. Les phénomènes proprement dits qu'elle a besoin de constater, ne les trouvant pas dans les objets des sens externes, le libre assentiment de la personne même qui est mise en cause doit les lui concéder. Or celle-ci a le plus souvent contracté des habitudes, a reçu des impressions, une éducation, s'est formée à des doctrines qui rendent sa conscience presque inaccessible, à tout le moins son consentement difficile à obtenir. Il est certain que, sur ce sujet plus que sur tout autre, on a coutume de se nier mutuellement jusqu'aux faits qu'on ne peut se passer d'invoquer, à moins qu'on ne se réduise à poser des vérités sans lien et sans portée.

La fondation de la morale comme science, indiquée au premier chapitre, est donc soumise à des conditions qu'il serait vain de se dissimuler :

Il faut d'abord savoir que, dans l'état actuel des choses, il s'agit d'une conviction à obtenir par un effort et par un travail sur soi-même, d'un exercice de la liberté. En tout temps, la morale demandera ce que la géométrie, par exemple, ne demande pas, une vivante étude et un acte moral pour accepter ou pour rejeter la vérité, et cela même en supposant un enseignement public organisé, une éducation bien entendue dans les familles et dans les nations. Mais aujourd'hui, au milieu de la lutte des doctrines qui opposent la religion et la raison l'une à l'autre et divisent la raison contre elle-même, dans ces questions restées neuves pour le public même savant après tant de disputes, nul homme, moins que jamais, ne peut être dispensé de son effort personnel.

Subsidiairement, on doit s'attendre à un obstacle assez grave. Toute science en voie de fondation est tenue de définir rigoureusement ses termes et de faire accepter ses définitions. Tant que les notions et les mots ne sont point arrivés par le temps et l'usage à prendre des valeurs conventionnelles fixes et suffisamment vulgarisées, le champ des malentendus est immense et les auteurs les plus habiles ne savent comment conduire sûrement leurs lecteurs. Or l'inconvénient s'accroît encore quand la science nouvelle a pour matière les plus anciennes de toutes les notions et les plus essentielles à l'humanité, quand elle doit renoncer presque toujours à la ressource de créer des vocables nouveaux, quand elle est obligée enfin d'arrêter pour elle seule la signification des mots communs, ou de donner à un seul et même mot une pluralité d'acceptions ou moins vagues ou moins absolues que l'impression accoutumée de l'auditeur. C'est, par exemple, ce que je ne pourrai me dispenser de faire pour le mot *devoir*. Cet obstacle à la science est tel qu'il ne peut être levé que par la fondation d'une école. Une école doit toujours précéder une science. Il y a une sorte de cercle vicieux qui résulte de la nécessité d'introduire par un effort individuel un langage et des idées qui ne sauraient être bien compris que par le fait de leur vulgarisation même. Le temps et l'accession progressive des esprits ont quelquefois résolu de ces énigmes.

En résumé, la morale comme science exige une construction ; et cette construction des postulats, d'ailleurs nécessaires pour tout établissement de vérités, puisqu'on ne saurait démontrer tout et se passer de principes, alors même qu'on les déguiserait sous le nom de faits ; et ces postulats un accord et une ratification des consciences ; et cet accord il faut travailler à l'obtenir, non point le supposer vainement en se déguisant à soi-même les difficultés.

L'empêchement le plus grand de la science attendue est dans les doctrines qui en ont jusque-là tenu lieu, qui y ont suppléé par des hypothèses, et par des hypothèses premièrement contraires les unes aux autres, secondement incompatibles avec l'esprit scientifique. Il faut donc trouver le moyen d'écarter ces doctrines à bon escient.

Quand on dit que la morale est *indépendante*, assurément on entend qu'elle doit l'être, car l'histoire prouve sans conteste que la morale a toujours été dans la dépendance des doctrines soit religieuses, soit simplement métaphysiques, et que les auteurs qui en ont traité se sont préoccupés jusqu'à nos jours d'établir des vérités théologiques ou cosmiques propres à porter les fondements de l'éthique. Or il ne suffit nullement de laisser de côté ces sortes de vérités et les systèmes qui bien ou mal les déterminent, et de procéder sans elles et sans eux à l'organisation de la morale. Les doctrines ont existé et existent encore. Elles conduisent les partisans nombreux qu'elles ont à de certaines affirmations morales qui sont ou peuvent être contraires aux théorèmes de notre science. Il y a par exemple une morale ascétique, il y a une morale qui prend l'amour pour premier ou unique précepte, il y en a une qui ne consulte que l'intérêt, etc., etc., le tout en s'appuyant sur telle ou telle religion ou philosophie. Si donc la morale que nous avons à fonder ne procède point d'une élimination rationnelle des doctrines quelconques propres à la combattre et à en favoriser une autre, elle demeurera sans droit et sans action vis-à-vis de ceux qui les admettent. En d'autres termes, ce n'est pas assez de négliger ce qui détruirait par avance notre œuvre. Une doctrine peut seule vaincre une doctrine.

Mais que sera pour nous cette doctrine qui n'en sera pas une, puisqu'il est entendu que nous voulons fonder la morale comme science et exclure les hypothèses cosmologiques? Il existe une philosophie, une seule qui satisfait à cette condition, et c'est la philosophie critique. En effet la thèse du criticisme est précisément la primauté de la morale dans l'esprit humain à l'égard de l'établissement possible ou non des vérités transcendantes, desquelles on prétendait jadis, inversement, déduire la morale. Le criticisme subordonne tous les inconnus aux phénomènes, tous les phénomènes à la conscience, et, dans la conscience même, la raison théorique à la raison pratique.

Le criticisme a cet avantage de permettre la fondation scientifique de la morale, parce qu'il est lui-même, en tant qu'examen, en tant qu'analyse des représentations et critique, ou déjà la science ou le commencement de la science dans toutes les questions débattues entre les philosophes.

Ainsi la morale suppose la philosophie critique. Nulle autre philosophie ne peut légitimement la constituer dans l'indépendance des religions et de leurs croyances particulières, des doctrines transcendantes, des systèmes et des hypothèses. Mais ici, en même temps que la science, le rôle de la liberté apparaît. L'esprit qui veut accepter la morale comme telle et pour elle-même doit s'affranchir, je ne dis pas de la foi et de toute croyance, ni des hypothèses, car il y en a de licites, mais de toute intervention de l'hypothèse scientifique et de la foi religieuse dans le domaine propre de l'éthique. Il faut donc à la morale des âmes libres, en attendant la fondation des écoles qui ajoutent à la force de la liberté celle de la solidarité. Et il faut une philosophie, non celle qui consiste en une somme de connaissances prétendues et forcées, presque toujours dues à l'abus des affirmations individuelles, ensuite des influences sociales, mais celle qui apprend à se dégager des préjugés, et d'elle-même au besoin, par l'énergie de la raison pratique.

La morale ainsi entendue me donne le droit de poser et d'analyser, sans autres préliminaires, les notions ou faits élémentaires de conscience que j'ai énumérés dans le premier chapitre. Je les développerai de manière à formuler successivement des théories auxquelles il puisse ne manquer pour prétendre au titre de science que l'acceptation générale du petit nombre de principes et de définitions sur lesquels je suis forcé de les appuyer.

CHAPITRE IV

L'AGENT MORAL ABSTRAIT ET SA VERTU

J'ai formulé la notion la plus générale possible d'un *devoir faire* que se témoigne la conscience humaine. Une telle notion est constitutive de l'état le plus élémentaire de moralité d'un agent. Il suffit que celui-ci soit un être prévoyant, raisonnable, qu'il ait des fins à poursuivre et que tous les biens ne soient pas équivalents entre eux à ses yeux, dans quelque milieu d'ailleurs qu'il soit appelé à agir et n'eût-il même aucune société à former avec d'autres êtres d'espèce semblable ou dissemblable à la sienne. On remarquera donc que je ne suppose rien jusqu'ici touchant la priorité de ce qu'on nomme des *devoirs* ou de ce qu'on nomme des *droits* dans les relations entre les hommes. C'est une question qui viendra à sa place.

Je continue à me tenir sur le terrain de la conscience d'un agent seul, d'un agent raisonnable, et je me demande s'il a pu m'être permis de supposer chez lui l'idée d'un devoir faire. On ne doit pas m'interdire l'abstraction par laquelle je constitue cet agent, car toute science se forme d'abstractions, desquelles on n'exige rien que d'être intelligibles et nettes, et ne passe aux réalités et aux applications qu'en restituant, suivant l'ordre et la mesure convenables, aux différents cas, les rapports qu'elle a d'abord éliminés. Or, je ne dis pas que l'agent humain ait jamais pu exister seul. Je ne prétends même point que les devoirs que je vais déduire, et qui se rapportent rationnellement à cet agent comme seul, ne se sont pas témoignés à lui, par le fait ou selon l'expérience, à la suite et à la faveur de ceux qui lui apparaissaient dans ses relations. Je crois précisément le contraire. Mais je ne me trouve pas moins autorisé à tenter, si elle est possible, une abstraction qui me conduit à comprendre et à définir une sphère spéciale de la moralité.

Je nomme cette sphère la sphère élémentaire, par la raison qu'elle se forme en réduisant la moralité à son *élément*, savoir à l'agent qui en est le sujet, à la nature propre et isolée de cet agent, et à l'idée la plus simple de devoir être et de devoir faire qui en résulte à l'égard de ses actes réfléchis rapportés à lui-même et à lui seul.

L'abstraction est possible de cela seul qu'elle est claire, sous les réserves que j'ai faites, et parce qu'il n'est rien de si aisé ni qu'on puisse me refuser moins que de considérer l'homme, s'il était réduit à sa vie propre, et à sa raison propre, comme se jugeant encore appelé, en vertu de cette raison, à se conduire dans cette vie, et à préférer certains états et certains actes à d'autres parmi ceux qui lui paraissent dépendre de lui. C'est ce que le développement qui suit fera de mieux en mieux comprendre.

Sans sortir de cet état élémentaire, je peux définir l'essence première de la vertu relative à cet état, et déduire, dans les mêmes limites, trois des vertus qu'on a appelées *cardinales*, à la notion desquelles rien d'essentiel n'a été ajouté depuis les anciens qui les ont définies. En effet, l'agent moral délibérant sur ses actes sait par une expérience quelconque de la vie, que mon hypothèse permet de lui accorder et dont ne saurait se passer mon analyse, il sait, dis-je, après les essais divers, les fautes et les erreurs qui ne seraient pas moins le partage de l'individu seul que de l'individu social, que ses fins principales ne s'accordent point avec ses fins secondaires, ni ses fins ultérieures avec ses fins actuelles quelconques, hormis un petit nombre de cas ; mais qu'un antagonisme existe le plus souvent entre les biens généraux qu'il voudrait poursuivre et les biens particuliers qui le sollicitent, entre les biens passagers et les biens durables, entre ceux que la raison propose et ceux auxquels se détournerait à tout moment la passion abandonnée à elle-même. Il est capable d'attention et de comparaison, il croit avoir la liberté du choix, quand il juge que décidément et à tout prendre certaines déterminations sont préférables à d'autres ; il a donc en lui les éléments de ce qu'il pourra nommer déjà la vertu, et d'une vertu dont la sanction, dans cette sphère, est ordinairement sensible et voisine.

Quelle est cette sanction ? pourquoi telles déterminations sont-elles préférables à d'autres, dans la conscience de l'agent ? Il y a pour lui deux intérêts. Le premier est palpable, et je ne lui refuserai pas la connaissance du second, puisque je le dis raisonnable. L'un consiste en ce que pour conserver son corps et demeurer capable de jouir, il doit savoir ne point jouir chaque fois qu'il le pourrait ; c'est en vue du bien, et même du plus matériel, qu'il renoncera sans cesse à se procurer des biens à sa portée. L'autre intérêt est celui de la raison. L'agent raisonnable voudra conserver et développer des facultés qui font partie de sa nature, alors même qu'il pourrait les perdre sans compromettre les autres. Il lui plaira d'être attentif, intelligent, perspicace, et pour cela de se tenir en pleine possession de lui-même dans toutes les rencontres ; par conséquent, il évitera les passions et les occasions qu'il n'ignore pas être incompatibles avec cet empire sur soi. Et pourquoi ne pas dire, quand mon hypothèse peut aller jusque-là, que l'agent raisonnable se sentira appelé à l'exercice pur et désintéressé de l'esprit, et que, indépendamment des biens de sa nature mobile et passagère, il recherchera dans le beau et dans le vrai, des biens d'une nature supérieure qui est encore la sienne ?

La possession actuelle de soi, la direction réfléchie de soi, la lutte contre les attraits que la raison n'a point acceptés, c'est la vertu militante de la Force ou du Courage moral. Je viens donc de déduire cette vertu.

La réflexion actuelle avec les éléments intellectifs qui y sont inhérents, la comparaison des biens, la connaissance des passions et de leurs effets favorables ou défavorables selon les fins qu'on se propose, celle de la nature et des degrés de l'utilité ou des dangers, enfin l'élévation de l'esprit aux vues supérieures et aux fins qui semblent souveraines, c'est la vertu intellectuelle de la Prudence ou Sagesse. Elle est également comprise dans la description de l'agent moral, et se trouve ainsi déduite.

L'attention spéciale apportée actuellement aux phénomènes de la sensibilité et des passions afin de restreindre les biens qui nous viennent de ces deux sources a de telles limites que d'autres biens indispensables ne soient point compromis ; plus généralement, le soin donné à l'obtention d'un équilibre convenable entre les diverses fonctions et satisfactions permises ou imposées à l'agent moral, c'est la vertu de la Tempérance, laquelle est comme les précédentes renfermée dans les prémisses que j'ai établies.

Il résulte encore de la manière dont j'ai conduit cette analyse des termes de mon hypothèse, que les trois vertus sont étroitement liées ou plutôt inséparables, identiques ensemble à la Vertu ou Raison pratique, Raison active, Raison morale. On peut seulement envisager cette raison ou plus particulièrement dans la volonté, et c'est la Force, ou plus particulièrement dans l'entendement, et c'est la Prudence, ou plus particulièrement par rapport aux sens, à l'imagination et aux passions, et c'est la Tempérance. Cette triple division épuise le contenu de la fonction humaine, en tant qu'elle *devient* par sa nature et par sa *vertu* propre et qu'elle se conduit elle-même, sans supposer encore aucune relation réciproque entre les agents raisonnables.

CHAPITRE V

LES DEVOIRS ENVERS SOI-MÊME

Dans l'hypothèse de la sphère élémentaire de la moralité, tous les devoirs et droits de l'agent, autant que ces mots peuvent alors avoir un sens, se tournent vers lui seul ; mais on ne s'exprimerait pas avec justesse en donnant le nom d'égoïsme à l'état moral ainsi défini, puisqu'on ne suppose en dehors de l'agent aucun autre objet qui puisse être comparé à lui, s'offrir à lui comme *étant pour soi*, et comme une digne fin de son activité à lui. Il n'est donc pas égoïste, il est seulement solitaire.

L'existence d'un devoir envers soi-même a été matière à litige lorsqu'au lieu de le considérer dans le sujet exclusif et borné qui est le premier élément de mon étude, et que je pourrais appeler *l'homme philosophique*, on le dérivait de la notion du devoir envisagé dans l'homme social. On partait du fait moral de la reconnaissance que toute personne avoue des autres personnes semblables à elle et des devoirs mutuels qui en procèdent; puis, généralisant l'idée que l'on s'était ainsi formée, on se demandait si la personne elle-même, dédoublée par la conscience, n'avait pas à s'attribuer vis-à-vis d'elle-même des devoirs analogues à ceux qu'elle se reconnaissait déjà vis-à-vis des autres. On ne se bornait même pas là, mais on avait recours à la théologie ou à quelque cosmosophie pneumatologique; on supposait une origine et une mission de la personne, connues ou révélées à elle et dès lors bonnes pour la diriger, et on lui constituait en devoirs vis-à-vis d'elle-même toutes les règles propres à l'accomplissement de sa destinée. Ce dernier point de vue est étranger à la morale comme science, et il faut l'éliminer entièrement pour la traiter. L'autre, qui consiste dans une généralisation des devoirs mutuels, ne me paraît point impossible ou dénué de vérité; mais outre qu'il serait anticipé ici, il a le défaut de rendre obscure et plus complexe la question qu'il s'agit d'élucider.

Entre le devoir envers soi comme je l'entends dans la sphère élémentaire de la morale, et le devoir envers soi tel qu'on le déduirait de l'étude des devoirs mutuels, il y a une distinction à faire. Le second se tire d'un cercle d'obligations qui correspondent toujours à des droits corrélatifs. Au contraire le premier est étranger à toute notion de droit. De là l'obscurité, quand on procède par l'étude des relations, au lieu de commencer, comme je le fais, par celle du sujet moral réduit à sa propre essence. En effet, s'il existe un devoir envers soi-même, il est clair cependant, et je montrerai tout à l'heure qu'il n'existe point à proprement parler un droit corrélatif de l'agent moral contre soi-même. Cette différence est capitale.

Le devoir envers soi-même apparaît nettement et incontestablement dans l'agent seul et abstrait dont j'ai défini les conditions, car le devoir, pour celui-ci, n'est précisément que ce devoir. Ce devoir se détermine simplement pour cet agent, comme un certain devoir faire et un certain devoir être lui-même à l'égard des possibles divers qu'il imagine ou prévoit, ou dont il est sollicité. En effet, selon qu'il choisira parmi les possibles, après avoir apprécié les différents biens et analysé les moyens et les fins, il sera ou deviendra, pour ainsi dire, telle personne à ses propres yeux, ou telle autre ; ses actes modifieront les conditions extérieures de son existence autant qu'elles dépendent de lui, ensuite ses propres états et ses manières d'être et de sentir, enfin jusqu'à ses passions et ses jugements habituels et sa personne morale. Or il ne lui est point indifférent de faire et de devenir ceci ou cela dans le développement du temps, puisqu'il est raisonnable.

L'idée du devoir est expliquée par celle de la vertu, que j'ai déduite avec ses principales divisions. Elle dépend essentiellement de ce fait moral, à savoir que l'agent se propose un meilleur parmi les biens, et un meilleur conforme à la raison. Et elle n'est point inintelligible, en ce qu'elle supposerait un rapport d'obligation de soi-même envers soi-même, puisque la réflexion dédouble ici la personne nécessairement et de la façon la plus claire, la plus indéniable, la plus usuelle chez nous tous. Nous avons la personne présente et la personne future, celle qui agit et celle qui dépend de ses actes, les phénomènes et les états actuels et les phénomènes qui viendront. Nous avons la personne empirique avec son expérience du passé, et nous avons la personne idéale, c'est-à-dire celle que nous voudrions être, la jugeant la meilleure de toutes en toutes ses fonctions et autant que possible en toutes ses circonstances. Et comme nous nous croyons libres, nous croyons aussi qu'il a été, qu'il est plus ou moins en nous de rapprocher ce que nous sommes de ce que nous concevons devoir être, en comparant la personne empirique à la personne réglée en tous ses états et ses actes.

En un mot, un idéal existe de fait pour chaque être raisonnable et faillible, comparativement à lui-même et à lui seul, en le supposant réduit aux conditions solitaires et au milieu matériel dont je ne m'écarte pas encore. Un tel être tend par sa simple nature à s'identifier à son idéal, quoique à d'autres égards cette même nature ait d'autres éléments qui l'en éloignent, s'il n'a point la direction ferme, éclairée et constante de toutes les fonctions dont il se compose.

Mais on a coutume de joindre à la notion du devoir celle de l'obligation morale. On se demandera donc ici jusqu'à quel point le sentiment d'une obligation entre dans l'idée du devoir envers soi, tel que je l'ai défini. La réponse est facile. Ce sentiment est donné précisément dans la mesure et au degré restreint où nous l'éprouvons en nous plaçant par la pensée dans les conditions voulues. Consultons-nous. Il ne s'agit pas de l'obligation que nous aurions contractée vis-à-vis d'une autre personne ; pas davantage de celle que nous nous reconnaîtrions, imposée ou non qu'elle nous serait par une puissance étrangère quelconque en rapport avec nous. Rien de pareil n'entre dans notre hypothèse, et par conséquent il n'entre rien ici de ce qu'on nomme le plus souvent une obligation. Mais si nous voulons étendre ce dernier mot, l'appliquer au sentiment que nous éprouvons, et au jugement que nous portons en présence de l'idée de ce que nous *devons être* et de ce que nous *devons faire* pour conserver et développer notre nature, en la conformant au plan dont notre raison est capable et que notre conscience nous dit de réaliser, alors affirmons que le devoir envers nous-même est une obligation.

Le *sentiment* dont je parle est le produit obscur de toutes les tendances de la vie intellectuelle et morale en sa pureté, grâce auxquelles nous sommes enclins à des actes choisis pour former en nous et par nous-mêmes des personnes dont toutes les fonctions propres deviennent adéquates à nos idées du bien. Le *jugement* est plus clair, comme tout ce qui dépend de la réflexion ; mais ce n'est pas pour cela un *jugement analytique*, ou dont les termes soient liés par le principe d'identité :

c'est un *jugement synthétique,* et de là vient la difficulté d'en définir nettement le contenu, l'impossibilité de le déduire d'aucune notion antérieure. Qu'il ait une existence réelle, on le conclut simplement de ce fait général d'ordre représentatif, savoir, que toutes les fois que la raison envisage une fin comme *devant être* atteinte en vertu de ses lois, elle l'envisage en même temps comme *devant être* recherchée par l'application de la volonté. Ces mots *devoir être* ont trait au rationnel possible, dans le premier emploi, et à ce que j'appelle précisément l'obligation morale, dans le second. Les deux acceptions sont rattachées l'une à l'autre par le jugement original et irréductible dont je parle. Et on peut remarquer que ce jugement par lequel nous nous déclarons *obligés* réunit, dans la catégorie de finalité, les idées de fin rationnelle et de devoir moral, comme le jugement par lequel nous nous déclarons *libres* réunit, dans la catégorie de causalité, l'idée de la possibilité simple des phénomènes mutuellement contraires, et celle du pouvoir effectif de l'agent pour les produire. Il en est au surplus de l'obligation du devoir ce qu'il en est de la liberté, c'est-à-dire que la conscience prouve pour elle-même et croit, sans pouvoir jamais donner à son jugement une certitude qui la surpasserait elle-même et la contraindrait d'une force autre que morale.

En ce sens, qui a toute la force de la conscience, quoique restreinte à soi, le devoir est ce qui nous oblige; il nous oblige donc indépendamment de toutes les relations que nous pouvons avoir avec des êtres autres que nous-mêmes. Ainsi se trouve reproduit un grand précepte de l'école stoïque, mais pris cette fois à sa source et formulé en termes plus clairs, exempts d'équivoque et nets de cosmologie, tirés du propre fonds de la conscience auquel il faut, en morale, que tout se ramène: *Conforme-toi à ta nature*[1].

[1]. Zénon disait: *Conforme-toi à la nature,* et Chrysippe: *Conforme-toi à la raison.* Ici les deux formes du précepte s'identifient en passant l'une comme l'autre au sens subjectif.

CHAPITRE VI

DU DROIT RELATIVEMENT A L'AGENT MORAL ISOLÉ

Le devoir envers soi est-il accompagné d'un droit corrélatif ? Pouvons-nous dire et attacher un sens à nos paroles, que l'agent moral est en droit d'exiger quelque chose de soi-même ? Évidemment, la logique seule de l'idée comporte qu'il puisse exiger de lui ce qu'il se doit, et il semble bien qu'il y a dette s'il y a devoir ? Mais remarquons que le sens du devoir comme dette est précisément celui que nous avons reconnu ne pas appartenir au devoir envers soi. Analysons l'idée du droit vis-à-vis de soi, dans la conscience isolée. Cette idée ne s'offrirait pas d'elle-même. Née d'un milieu plus complexe, elle se réduit ici au formalisme d'une corrélation verbale, savoir que nous n'avons pas le droit de ne pas faire ce que nous avons le devoir de faire, et réciproquement : proposition toute *analytique* d'où nous n'avons rien à apprendre, et qui n'ajoute pas le moindre élément à notre notion de devoir. Il n'en est pas ainsi, nous le verrons, quand on traite des rapports entre personnes : là l'obligation et le droit expriment des termes différents et se lient dans un jugement *synthétique*.

Je prends un exemple qui ajoutera à ma théorie du devoir envers soi un utile développement. La possession que la conscience obtient d'elle-même, dans la vertu, et la direction qu'elle prend des actes et phénomènes de sa dépendance, en présence du sentiment et des épreuves de sa faillibilité, la conduisent à s'engager vis-à-vis de soi, de manière à assurer autant qu'elle peut sa conduite à venir en raison de sa conviction actuelle du meilleur des biens. C'est une promesse qu'on se fait, une obligation qu'on se crée, un vœu intime, *le serment*, mais subjectif. Rester fidèle à une obligation de cette nature est assurément une partie de l'honnête homme, et l'on est même fondé à dire que ce contrat avec soi-même est de l'essence de la vertu, et en fournit une définition, si on l'envisage en général et non dans ses déterminations particulières. Toutefois, il n'y a pas là une seconde personne qui puisse réclamer de la première en un cas spécial l'exécution de la promesse, et constituer l'existence du droit en face du devoir. S'il arrive que les dispositions de la personne obligée envers soi changent, et le cas est possible sans qu'elle renonce à la raison, bien plus la connaissant et s'y conformant mieux, elle est demeurée libre : ni d'autres personnes ne peuvent la contraindre moralement, puisque par hypothèse il n'en est point d'autres ; ni elle-même ne le peut, étant changée, ne reconnaissant plus la valeur des lois qu'elle s'était faites, et n'étant pas tenue, tant s'en faut, de séparer sa volonté de ses motifs moraux d'agir, pour lui conférer le droit de les contraindre. Sans doute, elle doit alors peser en conscience les inconvénients et les avantages que présentent pour sa propre nature le maintien ou le changement de la parole qu'elle s'était donnée, mais, encore une fois, elle a conservé sa liberté ; il ne s'élève de nulle part un droit contre elle, il n'y a toujours et partout que devoir.

Une autre question célèbre de casuistique morale est celle du suicide. Demandons-nous d'abord si le suicide serait permis, ensuite s'il pourrait s'appeler un droit au point de vue où nous restons placés. La vertu et les devoirs, tels que je les ai déduits, se résument dans la possession et la direction de la nature propre, raisonnable, et en conséquence impliquent la conservation de la vie qui en est une condition ; il est donc clair qu'ils ne sauraient en autoriser logiquement la dissolution volontaire. Mais, d'une autre part, ces devoirs, cette vertu se fondent sur une certaine connaissance et sur la poursuite pratique du meilleur entre les biens. En supposant l'agent moral isolé, je lui suppose naturellement la passion de se conserver, et je ne suppose pas moins, sans l'avoir dit, que les conditions externes dans lesquelles il est placé, et qui sont nécessairement telles qu'il ait pu s'y produire et s'y développer physiquement, sont telles aussi qu'il doive en somme s'y plaire. Avec de pareilles données, le suicide ne peut paraître qu'une contradiction, et un tel acte doit être jugé impossible, autant que contraire au devoir envers soi. Mais s'il advient par le fait que l'agent moral, ayant tout considéré, se détermine en son for intérieur à penser que le meilleur des biens est pour lui la mort qui les exclut tous avec tous les maux, alors notre édifice de la moralité élémentaire manque par la base, et nous ne sommes plus reçus à dire que le suicide est condamné par le devoir. C'est nous dans ce cas qui nous contredirions, puisque le devoir consiste dans le choix du meilleur.

La seule ressource ici contre le suicide sera cette remarque, que les efforts moraux de la personne résolue de vivre, ses douleurs mêmes subjectivement vaincues, et enfin le sentiment de l'existence avec les fonctions intellectuelles qui y sont attachées, composent un ensemble plus conforme à la nature morale, tant qu'il peut durer, que la résolution tragique de mettre fin à tout. Mais ce jugement, supposé que l'agent soit en état de le former, n'aura jamais une valeur absolue pour lui, et demeurera subordonné à ses sentiments, puisque par hypothèse il rapporte tous les biens possibles à lui-même, et que la possession de la raison qui lui sert à les comparer ne lui paraîtra peut-être pas toute seule un bien suffisant pour contre-balancer tous les maux.

Il ne reste plus qu'à savoir si la question prise dans sa contre-partie, c'est-à-dire à l'égard de la notion du droit, reste aussi claire. C'est du droit, en effet, qu'ont toujours argué les moralistes en réprouvant le suicide : j'entends qu'ils ont pour cela rapporté la personne et ses devoirs à d'autres personnes ou à quelque puissance externe et supérieure. Mais les fondements de cette idée du droit nous font défaut jusqu'à ce moment : nous les établirons plus tard. Le seul droit admissible ici est un pur mot, le corrélatif nominal du devoir, ainsi que nous l'avons vu. Par conséquent nous ne pouvons opposer encore au suicide que les raisons qui se tirent de la simple notion du devoir envers soi, supposé dans les conditions d'un exercice possible (V. chap. XIX).

Je terminerai ce chapitre par une remarque utile à l'éclaircissement de ma méthode. Les auteurs qui ont traité du *droit naturel* ont pris souvent leur point de départ dans l'homme à l'*état sauvage*, état d'ailleurs assez mal défini comme primitif. Cette hypothèse arbitraire, non justifiée en histoire, obscure en psychologie, mauvaise en morale, a pourtant cela de commun avec mon postulat de l'*homme philosophique* abstrait, qu'elle pose une indépendance première de l'agent moral. Ces auteurs procèdent du physique, ainsi que je procède du rationnel : aussi manquent-ils les notions éthiques dès le début. Ils attribuent à l'homme ainsi placé dans l'indépendance un *droit* sans limites sur toutes choses et ne lui voient point de devoir; dans mon hypothèse, au contraire, le devoir seul est alors compréhensible et le droit n'a pas encore de sens. Ce qu'ils nomment le *droit* n'est pas en effet que le *pouvoir*, sous les mêmes conditions d'application, et je ne puis admettre l'utilité d'employer à l'avance le mot *droit* et d'en défigurer, ou plutôt d'en supprimer la signification pour rendre une idée aussi simple que celle de puissance.

Je me suis donc contenté de signaler à l'attention cette contre-partie logique du devoir, que dans toute obligation on nomme le droit. J'en ai accusé la présence, purement nominale dans la sphère élémentaire où je me renfermais, et j'en réserve l'application, pour la trouver entière et nette dans les rapports entre personnes, dans les contrats, ou naturels, implicites, latents, ou formels et positifs, que ces relations personnelles entraînent.

Quant au devoir, que ces mêmes auteurs méconnaissent, il m'a suffi pour le définir de considérer un être moral sans lui supposer d'autres objets que lui-même, et son milieu matériel et la conduite raisonnable de son corps, de sa vie et de ses intérêts. De quel autre terrain plus logique et plus indispensable pouvais-je partir que de la nature morale et de la conscience, quand c'est la science morale qu'il faut composer, la conscience qu'il faut étudier? J'ai pu me rendre compte ainsi d'un premier et incontestable domaine de la moralité, celui du devoir envers soi, fondé sur le seul fait de l'existence de la raison qui travaille à mettre l'ordre dans les biens. Maintenant je verrai le devoir s'étendre et se spécifier, et le vrai droit paraître enfin à sa place, à mesure que j'avancerai dans mes déductions en restituant à mon objet les éléments d'abord écartés par l'abstraction sans laquelle il n'y a pas de science.

CHAPITRE VII

LA SOLIDARITÉ PERSONNELLE ET LA DOCTRINE DES MŒURS

On a supposé ci-dessus que la personne morale abstraite, considérée dans un milieu matériel, tendait par sa simple nature à se proposer un idéal et à s'y conformer; mais il a fallu ajouter que cette même nature renfermait des éléments propres à l'en écarter. L'hypothèse était licite, ou plutôt la thèse incontestable et tout analytique, si l'on se plaçait sur la table rase de l'expérience, attendu que la donnée de la raison impliquait d'elle-même un ordre à apporter dans les passions et dans les actes, et par conséquent un idéal personnel à poursuivre. Mais, d'un autre côté, il était indispensable d'admettre que la personne possédait déjà une expérience en arrière, car cette condition ne peut s'éviter en général pour concevoir une existence morale avec les notions qui la constituent, ni en particulier ici pour attribuer à notre agent une connaissance quelconque des biens et des maux, de leurs suites et de leur portée. Or l'expérience, en fait, implique à son tour des erreurs, des fautes antérieures. Il résulte de là que si l'idéal est présent à la pensée de la personne, et certainement il l'est, il ne l'est pourtant pas à l'état pur et inaltéré. Alors même que l'ignorance en toutes choses de l'agent, supposé à son origine, permettrait de lui prêter un idéal pur, ce ne serait qu'eu égard à la vertu, non à la connaissance. Mais aussitôt que l'origine est dépassée, une faute grave commise, les actes et leurs conséquences tendent à altérer l'idéal à l'égard de la vertu même. Après un temps écoulé, une révolution est accomplie.

Il nous est toujours permis de supposer que l'agent demeure ou redevient assez fidèle à la pensée du bien, selon sa nature, pour conserver l'essence de l'idéal : sans cela nous sortirions du domaine de la raison et de la moralité, qui est celui de notre étude. Il n'est pas moins vrai que la personne morale, considérée maintenant dans le champ de l'expérience, a éprouvé une chute quelconque. Elle appartient à l'histoire et non plus seulement à la science. Historiquement, elle ne peut plus que descendre ou monter, et elle peut descendre très bas. Elle peut s'avilir par ses fautes, se dégrader, s'appesantir, s'abrutir, perdre jusqu'à la conscience de ce qu'elle a perdu.

Dans la descente, la liberté fléchit et diminue. Ce n'est pas à dire que la liberté prise en elle-même puisse exister plus ou moins, car il faut qu'elle existe ou n'existe pas, et, de fait, l'agent en conserve toujours la représentation, mais pour en faire un moindre usage et des applications moins fermes et moins constantes. Sa puissance de réflexion ne s'exerçant pas semble diminuer, et il prend l'habitude, au lieu de délibérer, de céder à ses impressions actuelles quelconques, au lieu d'appeler à sa pensée le pour et le contre des biens et des motifs éloignés ou présents qui l'intéressent, de précipiter le passage de la représentation quelconque au jugement et du jugement à l'acte.

La diminution de la liberté ainsi entendue fait la place de ce que j'appelle la *solidarité personnelle*. De même, en effet, qu'il arrive nécessairement à la personne morale de subir une solidarité plus ou moins étroite avec les phénomènes moraux de son milieu, ce qui sera pour nous le sujet d'analyses ultérieures, de même il est inévitable qu'ayant en soi un principe de stabilité joint à un principe de changement, soit dans ses passions, soit aussi dans sa volonté, elle subisse la loi de solidarité par rapport à elle-même.

La solidarité personnelle est double. D'une part, selon que la personne s'est déterminée volontairement dans le passé, elle veut encore se déterminer dans l'avenir, afin de conserver un ordre mental et un esprit de conséquence, sans lesquels elle verrait sa propre identité compromise. Et cette louable tendance est ensuite confirmée par des vices acquis, surtout par l'inertie et la paresse. D'une autre part, la nature morale acquise devient, en vertu des phénomènes de l'habitude, un élément inconscient des déterminations de la personne actuelle. Il ne faut pas moins qu'une liberté toujours en éveil pour diminuer, je ne dis pas pour supprimer, car on l'espérerait en vain, cette part de solidarité involontaire dans les faits de conscience.

Nous arrivons de cette manière à comprendre la transformation de la vertu actuelle et pour ainsi dire militante, telle qu'elle nous était apparue d'abord, et de la faute actuelle, l'une en vertu proprement dite, l'autre en vice. La vertu et le vice ainsi déduits sont des habitudes morales. La première de ces habitudes, et qu'on pourrait dire fondamentale, en ce qu'elle est la puissance d'exercice de la raison pratique, c'est la Force, entrée pour ainsi dire au nombre des facultés que l'agent reçoit, et non plus seulement qu'il se donne : l'activité devenue un état et comme quelque chose de passif en lui. Mais qu'il ne s'y trompe point : au fond, il se l'est donnée ou se la donne encore, par le fait seul qu'il la conserve et la défend des atteintes de tant d'autres et plus faciles habitudes.

Expliquer la naissance et la formation du vice et des différents vices contraires aux vertus que j'ai énumérées, ce serait aborder une matière que les moralistes ont traitée abondamment. Suivant la division simple à laquelle je m'attache jusqu'ici, la *paresse,* la *démence* et la *débauche* seraient peut-être les noms les plus convenables des états vicieux à opposer aux états de *force,* de *sagesse* et de *tempérance,* et il n'y aurait pas grand profit à en étudier les formes dans l'agent isolé ; mais je reprendrai ailleurs ce sujet sous un point de vue plus utile et plus neuf en traitant des passions et de leurs modifications dans le milieu social.

Quant à la transformation et à l'accomplissement de la vertu dans l'habitude, j'insisterai sur ce que la force est et reste toujours la vertu par excellence. La tempérance n'est guère, on l'a vu, que l'application des deux autres vertus aux phénomènes de la sensibilité et des passions. La prudence ou sagesse, si on la prenait au sens le plus étroit et le plus conforme au langage vulgaire, ne désignerait que la saine conduite de l'esprit dans les circonstances ordinaires de la vie et relativement aux intérêts, surtout matériels. Entendue plus généralement et comme vertu exclusivement intellective, et considérée seule, elle mériterait à peine ce nom de vertu, car la connaissance en elle-même ne saurait être imposée à l'agent moral : on ne doit exiger de lui que le droit usage des connaissances qu'il a. C'est donc toujours à la force renfermant réflexion, délibération et liberté, possession de soi, direction de soi, qu'il faut revenir pour comprendre toutes les autres vertus comme telles ; et c'est cette vertu unique qui, d'abord élémentaire et présente, on peut abstractivement le supposer, à un seul moment de la vie, dans la suspension de l'agent raisonnable entre le passé et l'avenir, entre des biens divers et opposés, en regard de l'idéal, fait son œuvre, s'établit, s'étend, de puissance qu'elle était devient acte constant, et engendre constamment les autres vertus en s'appliquant à la conduite des fonctions humaines au travers des données de l'expérience.

Dans l'ascension comme dans la descente de l'agent

moral, la liberté représentative tend donc à diminuer, selon le sens que j'ai expliqué. Elle ne doit et ne peut pourtant jamais s'abandonner elle-même, parce que la progression de la puissance à l'acte ne saurait s'évanouir, si ce n'est dans l'idiotisme, limite extrême du vice, ou dans la sainteté, hors du domaine des faits.

Maintenant je restituerai progressivement le milieu dont j'ai dû faire abstraction pour étudier dans l'agent raisonnable isolé la sphère élémentaire de la moralité.

DEUXIÈME SECTION

SPHÈRE MOYENNE DE LA MORALE

CHAPITRE VIII

L'AGENT RAISONNABLE ET LA NATURE. LOI DE RESPECT.
LOI DE TRAVAIL.

L'agent moral a établi l'ordre en lui-même par sa raison et par sa volonté ; il a ajouté cet ordre, son œuvre, à celui que formaient déjà les fonctions naturelles qui le constituent. Hors de lui-même, il reconnaît maintenant l'existence d'un autre ordre très vaste, très imposant, qu'il n'est pas en son pouvoir de pénétrer jusqu'au fond, non plus que de modifier d'une manière tant soit peu profonde. Il utilise, autant qu'il est en lui, des parties de ces grandes lois du monde extérieur et il éprouve un sentiment d'admiration et de respect devant leur ensemble.

Mais ce sentiment n'est pas simple et sans contraste. Sans doute, les lois naturelles externes composent un ordre en somme et à l'égard de l'agent moral lui-même, ou de ses intérêts, puisqu'elles président à sa naissance et à son développement dont elles renferment les conditions, et qu'elles lui permettent la vie et tous les biens matériels qu'il goûte. Si donc elles ne se démentaient jamais pour ce qui le concerne, il est clair qu'en l'obscurité de leurs origines et de leurs attaches avec le tout, il les aimerait à la fois sans réserve et se ferait de les respecter un de ces devoirs dont j'ai défini l'espèce. Le devoir ici procéderait de la similitude d'essence qui serait donnée entre l'ordre intérieur et moral, produit de la raison, et l'ordre extérieur et physique éprouvé sûr et irréprochable d'où qu'il vînt. Ainsi le devoir être et le devoir faire de l'agent raisonnable envers la nature seraient purement et simplement une loi de respect.

Le problème est plus compliqué. Il n'y a pas ordre seulement dans la nature, il y a désordre au milieu des lois universelles et nécessaires et par le fait même de leurs conséquences, dès qu'on se place au point de vue particulier de l'agent sensible et moral. Le mal physique règne en partage du bien ; il ne règne pas seulement, quand on considère les suites fatales attachées à la violation de la conscience et au trouble de la raison chez l'agent : ce ne serait là qu'une sanction externe de sa moralité, qu'il pourrait admettre, une responsabilité de ses fautes, une exception qui, dans ce cas plus justement qu'en beaucoup d'autres, pourrait être dite confirmer la règle. Le désordre et le mal existent pour lui dans les forces brutes de la nature, lesquelles il ne peut comprendre, ni connaître bien souvent, ni prévoir. Ces forces produisent à son détriment des *accidents*, comme il est obligé de les nommer, que sa sagesse et sa liberté ne peuvent empêcher et qui sont un scandale pour sa raison autant qu'une constante menace pour sa sûreté.

De là provient, pour l'agent raisonnable, un devoir d'étude et de prévoyance systématique à l'endroit des lois de la nature et de leurs effets. Le devoir qu'il a premièrement de se conserver et de se développer, d'ordonner ses moyens et ses fins en se conformant à sa propre nature, le conduit à user aussi de sa liberté vis-à-vis du monde externe. Il s'attribue donc légitimement sur ce monde une domination qu'il étend aussi loin que possible, afin de substituer son ordre à lui et les fins qui lui sont favorables, aux fins souvent inintelligentes (aveugles du moins en apparence) que poursuivent les lois naturelles toutes seules.

Je viens de parler des forces et des lois inorganiques. Mais il y a aussi les forces et les lois du monde végétal, dans lesquelles apparaissent pour la première fois à l'homme une vie semblable en quelque chose à la sienne et de certaines fins particulières qui ne sont point en général ordonnées pour les siennes. Ces fins en lutte les unes avec les autres, et cela dans le sein même de chaque espèce, se trouvent en lutte pour l'existence avec lui aussi, dès qu'il veut pourvoir à sa conservation immédiate, et surtout assurer sa conservation ultérieure par des moyens moins précaires que ceux qu'assemblent autour de lui les simples lois naturelles. Il entreprend donc de changer le régime végétal et la face de la terre, usant s'il le peut de ces lois, les détournant, les mettant à son service, modifiant les climats par le feu, remplaçant les produits spontanés du sol par ceux de la culture, etc., etc. Il travaille des mains et de la pensée, fonde l'industrie, l'agriculture et la science. Ainsi naissent et se déduisent pour l'homme placé en face de la nature la loi et le devoir de travail.

Jusqu'à quel point le devoir de travail, en tant qu'action sur la nature, est-il conciliable avec le devoir de respect que j'ai dérivé d'une première hypothèse? La réponse ne me sera pas impossible, si je ne considère que la nature brute ou la nature végétale, et si je laisse de côté pour un moment l'existence des animaux. Il n'est rien en une telle nature qui nous parût mériter, exiger notre respect, si ce n'est par rapport à nos propres fins, auxquelles nous la supposions favorable. Passé cela, le monde extérieur ne pouvait nous imposer aucun genre d'obligation. Ni la raison, toute en nous et pour nous, dans l'abstraction où il ne faut pas oublier que nous nous plaçons, ni nos impressions et nos sentiments spontanés (tout mobile religieux à part) ne renferment ici quoi que ce soit qui soulève un doute et vienne jeter en nous les semences d'un esprit différent. Il suffira donc que, dans notre respect, nous ayons égard à nous-mêmes, et à la nature seulement pour nous, puis, dans notre travail, à notre respect, et toujours à nous-mêmes.

Ainsi la loi de travail s'applique aux fins que la nature,

de soi, ne satisfait point, ou qu'elle contrarie ; et la loi de respect subsiste envers ce que la nature, telle qu'elle est, offre de favorable à nos fins ou de simplement étranger à notre utilité et de relatif à des fins extérieures inconnues, à un ordre général que nous ne pénétrons pas.

En d'autres termes, le devoir de travail a pour objet des biens clairs reconnus par la raison, harmonisés par la vertu de l'agent ; et le devoir de respect ne permet de modifier les choses naturelles que dans la mesure de l'existence de ces biens. Ce que ce dernier défend expressément, c'est donc la destruction pour détruire, ou la déraison et le caprice apportés à l'exercice de l'énergie humaine vis-à-vis de la nature.

CHAPITRE IX

LE RESPECT ET LES SENTIMENTS ESTHÉTIQUES

J'ai déduit la loi de respect, chez l'agent raisonnable, de la seule application de la raison à l'ordre extérieur des choses. Cet ordre est en effet respectable pour nous, au même titre que l'ordre en nous est désirable et voulu rationnellement. Il y a similitude entre le second, que nous devons réaliser, et le premier, en partie inconnu, insondable, en partie aussi condition de notre existence et maître de toutes nos fins matérielles. Ce que nous ne faisons ni ne pouvons faire, en fait d'ordre, nous avons donc à le respecter, par cela seul que nous aurions à le faire si nous le pouvions et s'il n'existait pas. Le respect s'étend jusqu'aux phénomènes d'ordre inconnu dont l'origine et la portée nous échappent : il ne tombe qu'en présence de ceux où la contradiction éclate vis-à-vis de nos biens légitimes, avérés pour la conscience.

Mais ce n'est pas tout ; il existe une relation entre le sentiment de respect et d'autres sentiments inhérents à notre nature. Je veux parler de ceux qu'on appelle esthétiques. Ils n'appartiennent pas spécialement à l'ordre moral, mais ils soutiennent avec cet ordre une relation si étroite, que je dois les toucher ici brièvement. Nous les retrouverons encore ailleurs et non moins importants pour notre sujet.

J'ai dit que la nature réduite aux existences inorganiques et végétales ne renfermait rien qui nous parût exiger le respect, si ce n'est par rapport à nos propres fins et en tant que supposée favorable à leur développement. Mais au nombre de celles-ci nous devons compter, non seulement les objets de notre utilité proprement dite, mais encore ceux de notre admiration, de notre satisfaction désintéressée, de nos sentiments du beau et du sublime. Ces différents termes sont relatifs à de certains états ou propriétés des choses, qui méritent à nos yeux d'être pris pour buts, qui sont en conséquence des biens d'un certain genre, ayant ce caractère, quoique plaisants et désirables, de ne point concerner nos intérêts, et que souvent nous trouvons tout réalisés quand nous contemplons la nature. Or le sentiment du respect est toujours, en une certaine mesure, impliqué dans le sentiment esthétique. Ce dernier est approuvé par la raison qui le reconnaît éminemment conforme à l'essence et à la vie intérieure de l'agent moral, harmonique avec ses notions d'ordre et ses vertus ; il vient donc à l'appui du devoir tel qu'il a été déduit.

En fait, il est remarquable que le sens du beau, lorsqu'il est vraiment développé chez l'homme, lui inspire le respect de la nature, partout où des motifs supérieurs ne le pressent point de s'attaquer à elle. Il cesse de lui parler, au contraire, aussitôt qu'il y a menace ou danger évidents pour lui dans l'état des éléments ou des choses naturelles. Ainsi le sentiment et le devoir existent ensemble et finissent ensemble.

Le respect dont il est question ici diffère beaucoup de celui dont nous constaterons l'existence dans une autre sphère de la moralité, la sphère de la justice.

Aussi voyons-nous qu'il ne saurait s'appliquer simplement et sans réserve à l'ordre du bien dont nous parlons, puisque l'utilité (celle de l'agent, la seule à laquelle nous puissions avoir égard jusqu'à présent) en partie le favorise, en partie le contrarie et le restreint ; et qu'il ne s'adresse aux formes du beau et du sublime dans la nature qu'autant que le sentiment qu'elles éveillent reste pur et inaltéré, c'est-à-dire désintéressé. Bien plus, la sphère du beau se modifie et s'étend par l'œuvre de l'homme, et cela précisément en raison du travail qu'il accomplit pour ses fins propres en se départant de son respect pour la nature qu'il s'assujettit. Le beau devient à son tour comme le bien un mobile pour modifier l'ordre extérieur et le rendre, quand il le faut, plus conforme à l'ordre qui est en nous. La loi de respect et la loi de travail continuent à se balancer.

Le sentiment du beau trouve ainsi sa plus haute satisfaction naturelle dans un certain accord de ce que l'agent raisonnable, artiste maintenant, respecte autour de lui de l'originalité de la nature et de ce qu'il modifie ou transforme en y mettant son empreinte. Mais pour le sentiment du sublime, ce ne saurait être un résultat d'œuvre d'homme, dans le règne de la nature ; c'est plutôt le respect même et le respect seul, en présence de ce qui passe notre entendement et nos forces.

J'ai parlé du beau par anticipation. (V. chap. XL et suivants.) Je nommerai maintenant le vrai, qui lui est tout conforme dans l'ordre des choses désintéressées. La recherche de la vérité obéit certes à un mobile d'intérêt, dans le travail que réclame la raison. Explorer les phénomènes de la nature, en dévoiler autant que possible l'enchaînement et les rapports, en connaître la portée sur ce qui nous concerne, ce sont là de grandes conditions pour éviter des maux et pour obtenir des biens. Étudier par expérience et par spéculation les lois naturelles, et jusqu'aux lois de l'esprit, indépendamment des applications qu'elles peuvent avoir, c'est encore un moyen, en tout cas, un effort de précaution et de prévoyance pour se mettre en état de parer à des dangers et d'arriver à des découvertes futures et profitables. Mais l'agent raisonnable va plus loin et attend davantage de lui-même. Comme il a le sentiment du beau, il a aussi la *curiosité*, le désir et l'ardeur de savoir ; et comme il éprouve des émotions qui n'ont pas affaire à ses intérêts, comme il porte son énergie à réaliser des fins relatives à ces émotions toutes seules, de même il l'applique à connaître, sans aucun autre but que de connaître. La raison humaine atteint seulement ainsi, poursuit du moins son idéal le plus élevé dans la sphère de l'entendement. La réalisation de l'ordre complet qu'elle conçoit pour achever de déployer ses puissances est à ce prix. Mais cet ordre accompli de la nature raisonnable, puisqu'il dépend de la connaissance appliquée au monde extérieur, donnerait l'ordre même de ce monde au moment où le but serait atteint. Il n'importe plus alors que la nature des choses ainsi révélée fût ou non conforme à nos biens particuliers. La foi n'est pas interdite, mais ici la science doit primer la foi. A ce degré le plus élevé du désintéressement, la vérité a sa grandeur souveraine, impose le respect, quels qu'en puissent être les termes et les conséquences ; l'aimer est une vertu, la poursuivre un devoir, la sentir dans l'immensité de son inconnu, un état sublime qui mettrait le sceau à la moralité de la personne encore abstraite que nous considérons. (V. chap. XII, XLVII, et LXVI.)

CHAPITRE X

L'AGENT RAISONNABLE ET LES ANIMAUX. LE DEVOIR DE BONTÉ

J'ai mis la nature en regard de l'agent raisonnable, et la seule existence des forces brutes, universelles et nécessaires, ensuite celle du monde végétal, avec ses fins spéciales, spontanément divergentes entre elles et divergentes des nôtres, m'ont apporté une sorte de première antinomie de la morale. Je l'ai résolue sans autres éléments que ceux que me fournissait la raison. Le devoir de respect et le devoir de travail, conciliés par la raison pratique ; le travail dirigé par l'utile, et le respect maintenu par l'existence du bien naturel et par le sentiment du beau ; planant sur le tout, dans la sphère naturelle, la recherche intéressée, puis désintéressée du vrai, telles sont les formules de la solution.

Le désordre et le mal éclatent sous un aspect nouveau et plus sombre, quand l'agent moral se place en regard du monde de l'animalité. Les animaux lui présentent le spectacle de natures sensibles, ayant manifestement leurs fins sans que la raison les dirige, et des fins contraires entre elles qui ne s'atteignent que par le sacrifice des unes aux autres. Le règne animal est essentiellement celui de la lutte et de la fatalité, et l'homme y tient par ses racines, y plonge par ses besoins. Au contraire, le règne de la raison est celui de l'ordre et de l'harmonie réalisés par la liberté. De là une autre antinomie, forme plus accusée, forme terrible de la première.

Il faut la déduire clairement par rapport au devoir et la résoudre. Voici d'abord la thèse :

Les animaux sont doués de sensibilité et de passion. Ils sont pourvus d'une organisation et d'une part de fonctions mentales semblables aux nôtres. Ils peuvent être des objets de nos propres passions, et le sont en effet, mais n'étant point responsables de leurs actes, puisque notre raison ne trouve en eux ni une raison qui lui corresponde, ni par conséquent la liberté, il faut que nous réprimions nos passions envers eux, toutes les fois qu'elles leur sont défavorables. C'est un premier devoir et qui ressort directement de l'ordre que nous devons établir en nous.

En second lieu, le devoir général de respect envers l'ordre extérieur quelconque à fondements inconnus, envers l'être de ce qui est, tant qu'il n'est pas désordre à notre endroit et nuisible à l'obtention de nos fins raisonnées, ce devoir nous oblige à ne point maltraiter les animaux.

Ce devoir est animé, en quelque sorte, et corroboré par la reconnaissance dans l'animal d'une nature sensible comme la nôtre, et par la sympathie que nous éprouvons pour les douleurs de tout être sensible, par la pitié, par le sentiment d'une espèce de communauté. De là le devoir de *bonté* envers les animaux.

Je ne veux pas ici déduire un devoir d'un sentiment pur et simple, d'autant mieux que, en fait, il nous arrive souvent de recevoir des impressions contraires. C'est de la raison que toutes mes déductions doivent partir. Or la raison se meut sur le théâtre des passions. Les passions qu'elle se propose d'ordonner et de régler, elle ne se borne pas à les voir directement en rapport avec les biens qu'elle compare, et à les conformer à la poursuite du meilleur ; mais elle les distingue ensuite plus généralement en bonnes et mauvaises. La fin raisonnable et souveraine ne saurait être toujours présente à la pensée, même en s'adaptant aux sphères particulières qui la limitent pour la connaissance. Il faut que, l'habitude aidant, l'agent moral arrive à reconnaître au seul aspect, pour ainsi dire, ceux de ses états de conscience qui sont bons et qu'il doit encourager, soutenir en lui-même, et ceux qui sont mauvais et qu'il doit rejeter et remplacer. Enfin ces mêmes états ne sont pas seulement favorables ou défavorables directement aux buts de la raison, mais ils se lient, dans l'ensemble de la nature morale et en vertu de la grande loi de l'association des idées, à d'autres états qui ont ces propriétés. Quand on a égard aux enchaînements et aux similitudes, il se trouve qu'un état mental, une passion qui semblaient d'abord n'appartenir qu'au domaine du sentiment et ne pouvoir dépendre du jugement approbateur ou désapprobateur de la raison, en dépendent pourtant à cause de leurs liaisons.

Cela posé, le devoir de bonté vis-à-vis des êtres vivants et souffrants n'est pas difficile à conclure. Je ne veux encore envisager l'agent moral que par rapport à lui-même, mais cela suffit. Entre les sentiments de sympathie et de bonté qu'il éprouve d'une part, et les passions haineuses, le penchant à la violence et à la destruction, qu'il peut se reconnaître aussi dans certaines circonstances, le choix de la raison ne saurait être douteux. L'ordre et la raison en nous ont la plus grande affinité avec les premiers, outre que la conscience est satisfaite quand ils règnent. Les seconds tendent au désordre en nous, en même temps qu'à la destruction au dehors ; nous les condamnons comme mauvais, sans hésiter ; ou si nous nous y abandonnons, notre conscience nous adresse d'abord des reproches, et ceci est de l'ordre du sentiment ; ensuite l'expérience vient nous apprendre que nous n'avons pas pu subir l'empire de passions subversives qui semblaient indifférentes à la poursuite de nos fins raisonnables, et conserver notre domination sur celles qui touchent visiblement au plus près notre existence morale.

Après la thèse, voyons la trop facile antithèse. Les animaux, par le fait des relations qu'établit entre eux la loi naturelle, ne tendent pas seulement à nous faire perdre le respect de la nature ; la fatalité de leurs luttes pour la vie, cette loi de la dévoration mutuelle des vivants, la douleur prodiguée, les fins multipliées, contraires, en apparence manquées, ne sont pas seulement pour nous l'exemple du désordre, l'incitation au mal et, comme je le disais déjà plus haut, le scandale de la raison ; mais notre propre conservation matérielle et par suite nos fins plus élevées se trouvent en jeu dans la guerre universelle. Attenter à la vie des animaux, ce n'est que leur faire ce qu'ils se font et ce qu'ils nous font à nous : c'est souvent une nécessité de la défense. Contracter avec eux n'est pas plus possible tacitement et naturellement que positivement, car les notions du droit et du juste leur sont étrangères. Hors la loi quant à nous, ils ne peuvent donc être les objets que du seul devoir de bonté, dont la nature a rendu l'observation malaisée.

Que conclure maintenant ? S'il fallait donner satisfaction au sentiment du bien sans limites, étendre la moralité à l'univers et lever le scandale, il faudrait aussi renoncer à la science, car elle ne dispose point des faits; et si le moraliste voulait porter sa vue et ses théories dans les questions qu'on nomme de métaphysique et de théodicée, il n'aurait rien gagné que de reconnaître et de constater d'autres empêchements et d'autres bornes. Mais quoique l'explication des phénomènes soit refusée, celle du devoir est possible. Le devoir est conciliable avec les faits tels qu'ils sont, et en cela la solution de l'antinomie est réelle.

En effet, la formule générale du respect est applicable avec les mêmes conditions et sous les mêmes réserves que ci-dessus : applicable, non pas directement aux animaux, mais à l'ordre général des choses en eux. Je dois respecter leur existence comme bonne, utile ou indifférente à mes propres fins ; utile bien souvent eu égard à l'ensemble des données du monde, ce que l'expérience est venue plus d'une fois m'apprendre. Or ce respect s'étend jusqu'au point où une nécessité manifeste et le travail de mon établissement sur la terre ne me forcent pas d'y déroger. Partout où il se porte, le devoir de bonté l'accompagne et le transforme d'une manière convenable aux passions de ma nature et à la nature particulière des animaux. Mon sentiment répond à leur sensibilité, comme le respect répond à l'ordre inconnu des fins universelles; et ma raison approuve mon sentiment comme du genre de ceux qui sont liés à mes vertus, tandis que les sentiments contraires sont plutôt liés à mes vices.

Là où le respect cesse de s'appliquer, il semblerait y avoir contradiction à ce que la bonté demeurât possible. Toutefois l'acte dicté par la raison n'exclut pas toujours le sentiment qui, s'il était suivi, empêcherait cet acte. Mais ce sentiment est de ceux qui ne se commandent guère. A tout le moins la raison exige que les sentiments contraires ne prévalent pas et soient réprimés, jusque dans les cas où les fins nécessaires ou supérieures de l'agent moral lui font, pour lui-même, un devoir de combattre les animaux. Il peut les tuer pour sa défense, les détruire, s'attaquer, si sa sécurité et son repos le veulent ainsi, à des espèces entières ; mais alors c'est un travail qu'il accomplit, et la passion ne doit jamais souiller son œuvre.

CHAPITRE XI

L'ASSERVISSEMENT DES ANIMAUX ET L'ALIMENTATION ANIMALE

Je ne peux pas, je ne veux pas éluder la question de savoir si l'homme, pris dans toute la rigueur de sa nature raisonnable et morale, a pu s'asservir les animaux, puis les employer à son alimentation. Le devoir de défense personnelle et celui qui se comprend à merveille sous le nom de travail d'établissement étant l'un et l'autre très clairs, en vertu de la nécessité de conservation et de développement de l'agent et de son espèce (car je peux bien ici penser à l'espèce sans rien supposer des rapports mutuels de famille ou de société) j'ai vu comment la destruction de l'animal pouvait être autorisée en conscience. Je l'ai trouvée soumise à une condition unique en somme, la condition même de la moralité, la condition d'être accomplie par devoir et non pas seulement par passion. Il ne s'agit, on le sait, que du devoir envers soi-même. Là où seront les limites de ce devoir, là seront celles du pouvoir que l'agent peut s'attribuer moralement. Je dis enfin *pouvoir* et non pas *droit*, le droit n'ayant rien à faire ici, comme je l'ai montré.

Quelles sont ces limites ? je remarque d'abord que la domestication des animaux va de soi, paraît pleinement légitime, si nous considérons les espèces qui acceptent naturellement l'homme comme conducteur et lui rendent des services en partie spontanés. Le devoir ne devient spécial ici que dans deux cas, auxquels il faut faire attention : l'un provient de ce que l'animal associé (pour la chasse par exemple) obéissant à sa nature, est entraîné à des actes de destruction que la raison ne confirmerait pas, et de là pour l'homme lui-même un danger d'entraînement dont il doit se préserver, des précautions, des soins particuliers à prendre, une éducation à donner à son serviteur pour le subordonner aux fins humaines. Si la chasse devenait un plaisir et une fin de pur amusement pour l'agent raisonnable, de même qu'elle est pour la bête une passion, mais utile, le devoir tel que je l'ai défini serait violé, la nature raisonnable dégradée.

L'autre cas consiste en ce que celui qui tient à l'état de domesticité des animaux, non seulement sensibles mais encore aptes à éprouver des sentiments analogues aux siens, se trouve avec eux dans les conditions d'une sorte de contrat *sui generis* où l'on ne saurait s'empêcher de voir un diminutif des contrats entre personnes. Il est plus facile de sentir que de définir une relation de cette espèce : c'est quelque chose de semblable au rapport diminué qui existe aussi entre les facultés d'entendement des animaux et les nôtres. Je n'insisterai pas sur les devoirs plus communément sentis qu'obéis qui naissent d'une telle association.

La difficulté morale commence quand l'homme s'asservit l'animal, 1° en vue de détourner à son profit une partie des produits naturels de ce dernier (le laitage ou les œufs, par exemple) et de les affecter à sa propre alimentation ; 2° pour le plier à des travaux qu'il peut bien s'imposer à lui-même par raison, mais qui sont contre nature à l'égard des êtres tout d'instinct et de passion que l'on y contraint ; 3° pour se faire de ses chairs meurtries une nourriture.

Sur le premier point y a-t-il eu nécessité ou souveraine utilité pour la vie de l'homme ? il y a eu devoir. D'ailleurs on admettra que l'exploitation a pu être dirigée, en combinant l'assujettissement avec les bienfaits, de manière à ne violer ni le respect, qu'ici l'utilité ne fait taire qu'en partie, ni la bonté demeurée possible envers l'animal à qui rien n'est proprement dû. Passons donc au second point.

Dans la sujétion de l'animal au travail, il est manifeste que la bonté souffre, car on n'a pu l'y réduire sans contrainte et durs traitements, et la contrainte se continue visiblement pour lui jusque dans les habitudes prises. Y a-t-il à cela nécessité essentielle, on ne le voit pas clairement, puisqu'il n'est pas évident que l'agent raisonnable ne pouvait se conserver et se développer à l'aide de son travail seul. D'une autre part, le jour est venu où l'espérance n'est nullement chimérique de substituer le travail des machines, c'est-à-dire celui de la nature brute aidé du nôtre, aux services des animaux. Si je considère les conditions de développement de l'agent moral envisagé dans la nature et aussi dans l'histoire primitive de l'homme, laquelle ne nous est pas suffisamment connue, la question que je me pose tient d'une casuistique obscure, et je manque d'éléments pour la bien définir. Si je me renferme dans l'abstrait, je dois dire que le travail de l'animal ne semble pas indispensable à l'existence humaine. Si j'ai égard à un état acquis des familles, des races, qui se sont créé des habitudes et des besoins dont l'origine ne serait pas dans la nature raisonnable, alors il se peut qu'il y ait nécessité, par conséquent légitimité relative, ou actuelle. Mais celle-ci prendrait fin avec celle-là.

Quand je dis nécessité, j'entends toujours utilité très grande et qu'il faut apprécier pratiquement en conscience. Je ne saurais en effet parler simplement d'utilité : ce serait sacrifier à la moindre utilité possible un devoir de respect et de bonté dont l'importance pour la nature morale est très considérable ; et je ne peux pas me borner davantage à la nécessité stricte, telle que par exemple elle apparaît dans les cas où l'agent défend immédiatement sa vie menacée, car je ne tiendrais pas compte de son développement, de son établissement et des conditions qu'y met sa prévoyance.

C'est donc la nécessité seule, ainsi entendue, ou primitive ou dérivée, qui sert de règle : il suffit qu'elle existe. On a souvent recours à un autre argument dont la portée est plus grande et s'étendrait même à la dernière question que j'aurai à examiner. On fait valoir cette considération que l'homme établi sur la terre, se l'appropriant, excluant par là les espèces rivales de son propre développement, devient le véritable auteur des races qu'il bannirait, alors, qu'il les conserve sous condition de les façonner pour sa propre utilité. La contrainte qu'il leur impose est donc le prix de la vie qu'il leur assure. Cette raison n'est pas bonne : le pouvoir moral et même le devoir d'exterminer les animaux, quand la conservation de l'homme est en jeu, sont constants selon les principes posés ; mais il n'y a point d'issue pour passer de là au pouvoir moral de la contrainte envers eux. D'un côté l'existence ne leur est pas due ; de l'autre, si on la leur conserve, la nécessité seule autorise à la changer en servitude, puisqu'on manque aux devoirs de respect et de bonté ; et dès que la nécessité peut s'alléguer, l'espèce de contrat unilatéral qu'on suppose est sans emploi. Le respect et la bonté demeurent en tant que compatibles avec la nécessité.

Reste le troisième point et le plus grave. Je n'examinerai pas ici la question de savoir jusqu'à quel point et pour quelles fins devenues nécessaires, il est inévitable ou permis, dans les conditions actuelles de l'humanité, dans celles qu'elle s'est créées, de continuer l'usage de l'alimentation animale (V. chap. LVI). Le problème porte sur l'utilité essentielle ou le devoir de l'agent moral de faire servir les animaux à sa nourriture, ainsi qu'ils le font entre eux à la leur. Il ne faut point parler du droit, je me suis assez expliqué sur ce sujet : ni les animaux n'ont des droits, ni nous-mêmes n'en possédons à leur égard, et de part ni d'autre rien n'est dû. C'est le devoir envers nous qu'il faut regarder, c'est le respect de la vie et puis notre suprême utilité qui l'efface, et c'est la bonté. Or qu'il y ait nécessité intrinsèque, utilité seulement à user de nourriture animale, on a pu le contester en se rendant compte de l'organisation physique de l'homme, on peut le nier en songeant aux qualités de l'être moral qui sont toutes et tellement liées à l'abstention d'une pareille nourriture que, parmi ceux qui en font usage, il en est peu, de ceux dont les sentiments sont élevés et la raison cultivée, qui consentissent à se livrer habituellement aux occupations que d'autres acceptent pour la leur procurer. Nos vertus tiennent, au moins indirectement, aux sentiments qui nous font répugner à cet emploi de nos forces, quand même il s'agirait de remplir en ceci des fonctions devenues presque machinales ; et nos vices tiennent de même aux passions qui nous porteraient à les remplir spontanément[1].

L'homme a manqué d'une manière grave et profonde au devoir de bonté, quand il a tué les animaux pour se nourrir de leur chair. De plus il a altéré dans son cœur, non pas peut-être nécessairement, logiquement, mais réellement, vu l'état de sa raison et la spontanéité de ses sentiments et de ses passions, la notion de la justice. Les conséquences de cet acte ont été immenses pour lui et de plus d'un genre : pervertissement des relations humaines, par voie d'analogie ; pervertissement des idées religieuses. Il s'est abaissé, avili, ensanglanté, condamné pour les siècles à l'imitation de cette nature dont il applique ainsi la grande loi fatale, essentiellement contraire à son essence d'agent moral. Cet abaissement et cette perversion sont amoindris par l'habitude ; mais l'habitude à son tour est devenue comme un empêchement insurmontable à l'amendement de l'homme. Il commence du moins à se faire une juste idée du moindre de ses devoirs, se reconnaît obligé envers lui-même à adoucir le sort des animaux dans tout ce qui n'est pas incompatible avec ce qu'il se croit

---

1. Les vertus et les vices qui sont intéressés dans ce cas appartiennent principalement à l'ordre de la justice, auquel mon sujet ne m'a pas encore amené. Mais je n'ai pas voulu séparer la question des devoirs envers les animaux de celle des devoirs envers nous-mêmes, auxquels seuls ils se rapportent d'une manière directe, dans ce que j'appelle *la sphère moyenne de la moralité.*

nécessaire, à réduire l'industrie du meurtre et les industries accessoires en système rationnel, à les mettre enfin en l'état où elles peuvent se remplir comme par devoir.

Mais quelque réforme partielle qu'on obtint, et pût-on même en imaginer une radicale sur ce point, l'agent moral, placé comme il l'est dans le milieu humain et historique, serait toujours bien éloigné de l'idéal qui s'envisage dans l'abstraction de sa seule nature. Quand j'observe combien la violation du devoir de bonté envers les animaux, si grave en elle-même et par ses conséquences, est chose légère eu égard à la violation du devoir de justice entre les hommes, combien l'injustice, devenue pour ainsi dire constitutionnelle à la personne, pèse aujourd'hui plus lourdement sur les destinées humaines, et combien il paraît plus difficile à la raison d'y porter remède ; et quand je songe à l'espèce de ridicule qu'il y a à prêcher les petits devoirs à ceux dont on ne peut obtenir les grands ; alors, quoique je sache que tout est lié dans la morale, il ne faut pas moins que la force de la vérité, comme je la sens, pour me faire conserver ces pages.

Les mêmes principes qui m'ont guidé sont applicables à une question plus circonscrite mais non moins cruelle : celle de savoir si la raison approuve qu'on prenne les animaux pour sujets et victimes d'études destinées à accroître la science ou le bien-être de l'homme. Il faudrait pour l'examiner fixer d'abord des points de fait ou justifier des espérances conçues ; laissons-en la charge aux savants. Au demeurant, chacun doit en conscience et selon ses lumières, juger des cas où les devoirs de respect et de bonté cèdent au devoir de l'humanité envers elle-même.

CHAPITRE XII

DU SENTIMENT RELIGIEUX CHEZ L'AGENT MORAL ISOLÉ

Une religion développée suppose l'action mutuelle et les communications des hommes. Toutefois, à son origine et dans son essence, une religion implique aussi comme éléments de certains apports personnels, individuels. Ces apports sont de deux genres : il y a un sentiment nécessairement tout personnel, quoiqu'il puisse et doive être commun à plusieurs, et puis un travail de la raison pour concilier les notions morales avec le spectacle du monde ; et il y a des visions ou révélations, encore personnelles mais éminemment communicables, à l'aide desquelles l'imagination religieuse se met en rapport avec les puissances rectrices qu'elle prépose aux phénomènes externes. Je n'ai ici à considérer la religion que comme un sentiment de l'homme, et ce sentiment que dans son rapport avec la raison.

Le sentiment religieux peut à la rigueur se comprendre et se définir, sans dépasser la sphère de l'agent moral abstrait que je considère. En effet, la loi d'ordre et de liberté que j'ai déterminée chez cet agent, les vertus et les devoirs que je lui ai reconnus parce que de lui-même il peut toujours les connaître ; d'une autre part le désordre et le mal nécessaires qui éclatent à ses yeux, par rapport à lui, dans le monde inorganique et dans le monde vivant, et qui ne laissent pas d'être mêlés de beaucoup d'ordre, se fixent dans une opposition singulière et lui posent un problème, le même, dans cette sphère élémentaire d'expérience et de connaissances, que les métaphysiques et les théodicées scrutent si vainement avec des méthodes et une élaboration plus raffinées. Il ne s'agit encore que du mal appelé physique, et ce n'est pas un grand effort d'esprit que de se demander comment ce mal est possible dans l'univers, alors que l'agent moral, ne regardant que lui, concevrait et voudrait le bien seul et la coordination de toutes choses pour ses bonnes fins. Or le sentiment religieux, dans sa plus grande portée, suppose la croyance intime à l'existence d'un ordre universel où ce problème trouverait sa solution.

Un grand exemple de l'intervention antique des idées religieuses dans le domaine moral nous est donné dans la question de la conduite de l'homme envers les animaux. Je veux parler de la permission divine d'assujettir les animaux et de manger leur chair (permission liée d'ailleurs à l'hypothèse d'une affectation première de toutes choses au service de l'homme) ; puis des sacrifices, des offrandes, par lesquels on cherchait à légitimer, à l'aide de la complicité divine, un usage auquel avait dû d'abord répugner la conscience. Mais ceci n'est pas maintenant de mon sujet, non plus que les grandes explications du mal physique par le mal moral, la doctrine des métempsychoses, etc., etc.

L'antinomie du bien moral et du mal physique est résolue rationnellement, pour l'agent raisonnable comme tel et borné dans sa sphère, de cela seul qu'il peut parvenir à rester, ou du moins à se concevoir ferme dans sa vertu et dans son devoir constamment rapporté à lui-même, quelles que soient et deviennent les choses hors de lui ; et de ce qu'il peut prendre à l'égard de celles-ci une attitude et des principes qui n'entraînent point la violation de sa raison.

Le mobile religieux s'ajoute au mobile rationnel, lorsque l'agent raisonnable ne parvient pas seulement, comme je l'ai fait voir dans l'abstrait, à concilier ses devoirs envers lui-même avec ceux qu'il se prescrit vis-à-vis du monde, et en les ramenant tous aux premiers dans le fond, mais que de plus il croit les seconds commandés par une puissance rectrice des phénomènes, ou par un ordre général quel qu'il soit dont il doit accepter la dépendance. Alors les devoirs envers le monde et par suite les devoirs même envers soi deviennent religieux, de simplement rationnels qu'ils étaient.

Je n'ai pas à examiner ici comment il arrive à l'homme de multiplier les permissions et les défenses, de les altérer, de les tourner à l'arbitraire, puis même de violer ses devoirs rationnels en se faisant prescrire ses devoirs religieux par ses erreurs et par ses fautes et cherchant le bien dans la justification du mal. Je ne veux que poser les deux points essentiels qui fixent le rapport et permettent la conciliation du sentiment religieux et de la raison. Les voici en peu de mots :

Un mobile religieux de l'accomplissement des devoirs est possible, car il existe réellement, et ses égarements ou ses dangers ne prouvent pas qu'il soit illégitime ni vain. Si la raison pure ne doit, ne peut le déterminer, elle ne doit pas davantage l'interdire à la croyance. Seulement, elle pose des bornes, qui sont ses propres lois observées et sa domination sur l'ensemble de la nature humaine, moralement impossible sans elle.

L'antinomie de la conscience et du monde est donc résolue pratiquement par la limitation réciproque des devoirs de respect et de bonté d'une part et du devoir de conservation, de l'autre, tous devoirs ramenés au centre de la personne. La même antinomie n'est peut-être pas essentiellement insoluble de soi, ou dans l'univers, quoique la solution n'en puisse être obtenue. Un certain accord inconnu suprême des lois du monde et de toutes les fins individuelles suffisamment prolongées se comprend et se peut croire. C'est une hypothèse indéterminée, mais nullement contradictoire ; qui ne fait pas que le mal n'existe point ou soit expliqué dans l'origine, mais qui l'élimine de la fin et promet au bien la primauté et l'empire. C'est donc une foi et une espérance, pour les appeler par leur nom. Mais la raison domine tous les éléments de l'agent moral, et n'en exclut aucun. Ceux-ci composent son attitude religieuse vis-à-vis du monde. Ils ne sont pas nécessaires à la moralité, mais lui viennent par surcroît et lui apportent un principe d'affermissement que par elle-même elle n'a point à demander ni à refuser, mais que demandent ses rapports avec l'ordre externe des choses et avec ce qu'en envisagent nos passions (V. chap. XXVIII et XLV).

CHAPITRE XIII

PROBLÈMES AJOURNÉS

Après avoir pris dans le concept de l'agent raisonnable, aussi abstrait que possible, le point de départ et le premier sujet de la science de la morale, j'ai restitué progressivement le milieu et les éléments qui composent une sphère moyenne de la moralité, savoir celle où paraissent des rapports avec le monde externe, sans que l'agent soit mis encore en relation avec des semblables. Je crois être parvenu à circonscrire et à traiter ainsi tout un ordre de questions, en ne portant l'abstraction qu'au degré que la méthode rationnelle exige, et en considérant chez l'homme ces données claires et réelles de sa nature qui assurément se modifient quand elles s'appliquent au milieu des relations humaines et des conditions historiques, mais ne sont pour cela ni détruites ni altérées dans leur essence [1].

Je dois entrer maintenant dans la sphère supérieure où l'homme est en rapport avec l'homme, et où paraît la loi de justice. Mais cette sphère est éminemment la société, la cité, et il conviendrait, ce semble, avant de l'aborder de traiter d'un état intermédiaire, formé par les relations de famille. On pourrait même penser que l'ordre logique du sujet demande que les rapports de l'ordre économique, non seulement familial mais public, soient examinés avant ceux qui mènent directement à la politique et à la notion de l'État. Je ne saurais me placer à ce point de vue.

Il faut remarquer que si les rapports économiques des hommes donnent lieu à des problèmes particuliers, suscités par la subordination où peuvent les placer les uns

---

1. Ce que cette méthode peut avoir d'inconvénients sinon en elle-même, au moins pour l'intelligence de ma pensée tout entière, sera écarté pour le lecteur qui voudra bien recourir à mon *Introduction à la philosophie analytique de l'histoire* ; là j'ai considéré l'agent moral non seulement en soi, mais surtout sous l'empire de la loi de solidarité.

par rapport aux autres les conditions de la production et du commerce des richesses, d'une autre part toutes les questions de ce genre sont dominées et par la théorie des contrats et du droit positif, et par celle du droit naturel. On doit donc premièrement se rendre compte de la loi la plus universelle des rapports humains, étudier la justice.

Puisque la relation porte logiquement sur l'homme, ou être raisonnable, avant de porter sur l'homme dans telles ou telles conditions d'association et de milieu, c'est la relation en général qui est à déterminer tout d'abord. Cette règle est applicable aux rapports de famille. Ils sont en effet de deux espèces ; les uns procèdent de la différence des sexes, et les autres de ce que les enfants ne sont pas encore des personnes morales accomplies et pleinement responsables. Quant aux sexes, la femme étant membre de l'humanité et de la raison, ce que ne contestent pas les moralistes qui attachent le plus d'importance à la particularité habituelle de ses aptitudes, il est clair que l'identité de nature doit entraîner la parité des devoirs généraux, lesquels priment nécessairement ceux qui résultent de la séparation sexuelle et de la vie de famille. Commençons donc par déterminer ces premiers devoirs. Quant aux enfants, s'ils ne possèdent pas en acte toute la raison de l'homme, ils la possèdent en puissance ; ils y participent graduellement et se développent pour l'atteindre. Par conséquent, les devoirs, ceux des parents, les seuls où l'idée du devoir soit nette et entière, ceux des enfants, qui tendent à se définir dans leurs consciences où ils constituent des formes de moralité imparfaite et mixte, ne peuvent point être connus et déterminés par la seule considération des choses en cet état de devenir et des rapports particuliers de la vie de famille. Il faut de plus s'enquérir de ce qui sera finalement et de ce qui doit être. Et attendu que la loi générale des relations, ou la justice, est ainsi celle à laquelle tout converge, il faut que la science lui donne le pas sur les autres.

TROISIÈME SECTION

SPHÈRE SUPÉRIEURE DE LA MORALE. — LA JUSTICE
LA LOI MORALE

CHAPITRE XIV

LA RELATION RÉCIPROQUE, NAISSANCE DU DROIT OU CRÉDIT
TRANSFORMATION DU DEVOIR EN DÉBIT

La personne étant supposée seule avec sa raison, et en face d'un monde où rien ne pouvait lui paraître égal à elle, où nulle réciprocité avec elle n'était possible, nous avons pu comprendre des devoirs envers soi, les déduire, et les définir même en un sens qui permet à la rigueur de les nommer des devoirs envers le monde. Mais ces devoirs se tiraient tous de l'idée d'un devoir faire ou d'un devoir être conformes à la nature raisonnable de l'agent; ils n'admettaient l'existence d'aucun droit corrélatif, et, par conséquent, la conscience de l'obligation ne paraissait pas encore là dans toute sa force.

Nous étudierons maintenant les relations réciproques des agents moraux en partant du cas le plus élémentaire : c'est celui d'une personne mise en regard d'une autre personne. Rendons-nous compte du fait simple et général posé dans cette hypothèse, et tâchons de formuler le principe rationnel qui doit s'y trouver engagé.

Ce fait général est ce que j'appellerai l'association naturelle de deux agents raisonnables. J'entends que deux agents de cette espèce, se connaissant chacun soi-même et puis mutuellement comme tels, sont nécessairement portés à concevoir un bien commun résultant de leurs biens réunis, un effort de leurs efforts et une fin de leurs fins. Au contraire, ils ne peuvent pas ignorer qu'ils sont physiquement capables, soit spontanément, soit par leurs volontés, de troubler leurs fins l'un à l'autre et de se causer des maux. Premièrement donc, la notion du bien, qu'ils se représentent constamment et que naguère ils appliquaient chacun pour soi, avec l'aide et au besoin à l'encontre de la nature, ils l'appliquent maintenant à un ordre qui les comprend tous deux et de deux manières : en ce que l'un a, généralement parlant, la même fin que l'autre, quoique propre et individuelle, et en ce que tous deux ensemble aperçoivent des biens qui naissent de leur association. C'est ce que j'appellerai d'un seul mot le *bien commun*. Secondement, si un tel ordre est possible, chacun estime qu'il est du devoir envers soi de chacun de mettre tous ses soins à le réaliser : cela résulte de notre étude de ces sortes de devoirs. Troisièmement, les deux agents savent que leurs volontés qu'ils conçoivent incoercibles et libres font partie des conditions de l'ordre composé ainsi conçu.

Mais l'association naturelle que je viens de définir est encore toute de concept. C'est de la nature raisonnable qu'elle dépend, et il faudrait savoir si elle est d'ailleurs compatible avec la nature des choses. L'énoncé seul de l'union supposée de deux volontés libres, avec les erreurs de jugement et les fautes de conduite qui sont dès lors possibles et probables, jette un doute sur la réalité du concept de l'ordre composé des deux raisons. Chaque agent voudrait n'être responsable que de ses propres déviations. Il voudrait aussi pouvoir s'assurer d'abord d'une constante bonne volonté de son associé, correspondante à la sienne propre.

Le concept de l'association naturelle nous place donc sur le terrain du droit et du devoir, que nous pressentons. Mais il faut les déduire.

Les devoirs envers soi ne suffisent plus ici. Sans doute ils posent toujours le fondement des devoirs quelconques à la reconnaissance desquels nous pourrons nous élever, des devoirs envers autrui, par conséquent, ou de l'admission des droits d'autrui. Et, en effet, si l'on veut réfléchir un moment seulement et rentrer en soi, on trouvera qu'il y aurait vice logique à supposer qu'on se sent moralement obligé à quelque chose par l'effet d'une relation externe, quelle qu'on se la représente, et à ne point supposer, allant plus au fond, qu'on se sent obligé envers soi à faire la chose à laquelle on se sent obligé en vertu de la relation externe. La nature raisonnable et morale de l'agent est au fond de tout ; il faut que tout s'y ramène. Il n'est pas moins vrai que le devoir envers autrui a quelque chose de profondément caractéristique.

Rappelons-nous les devoirs envers soi, tels que nous les avons déduits. Quand ils ont revêtu, sous les noms de respect et de bonté, le caractère de devoirs envers le monde externe et les êtres vivants, ils sont restés constamment limités par la nécessité de conservation de l'agent, un devoir aussi, et par sa suprême utilité dont sa raison est juge. Une réserve pareille, transportée dans les conditions de l'association naturelle que nous avons définie et sur le terrain du droit et du devoir que nous explorons, rendrait aussitôt le problème insoluble. Dans la relation de deux agents moraux, l'attente morale de chacun à l'égard des actes de l'autre, attente fondée sur la notion du bien commun, ne saurait être subordonnée à la simple utilité, ni même aux *nécessités* propres de ce dernier. Il faut ici une obligation supérieure aux accidents, supérieure aux jugements, aux volontés, aux biens individuels qui peuvent se produire. Une telle obligation sera la base du droit ; sinon, il n'y aura point de droit.

Approfondissons notre sujet. Comment le concept de l'association pour une fin commune paraît-il possible ? Où en est le fondement de réalité ? Je ne parle pas des conditions matérielles, ou même des phénomènes connus de sentiment et de passion qui donnent des objets à l'association et la rendent bonne et nécessaire aux associés. Ceci doit se juger par l'expérience, et l'expérience a suffisamment prononcé son arrêt dans l'histoire. Je m'occupe exclusivement de l'élément logique et moral de la relation des deux agents. Or s'il leur est possible de se proposer une fin commune, c'est qu'ils peuvent s'entendre et convenir de leurs actions, soit qu'ils les dirigent bien ou mal en soi, et que voulant leur bien commun, ils le connaissent ou non veritablement ; c'est que l'un peut dire : je ferai, et l'autre compter sur l'accomplissement de la promesse ; c'est ensuite que dans les cas nombreux et imprévus, dans les cas naturels dont le jugement est simple, et sur lesquels ils n'ont pas fait de convention positive, leur situation générale de contractants ou associés permet à chacun de s'attendre à ce que l'autre agisse dans le sens probable où la convention lui dicterait d'agir si elle existait.

Ainsi, possibilité pour deux agents moraux de former entre eux un contrat *positif*; par suite d'un contrat de cette espèce, ou de sa simple virtualité, que tous deux conçoivent, existence latente d'un autre contrat universel et tacite, que j'appellerai *naturel* et qui de sa nature en représente une infinité d'autres positifs et possibles, tous conformes dans leurs termes au jugement commun que ces agents savent ou croient qu'ils portent sur leur bien commun, telle est la condition logique et morale de la relation entre deux personnes, entre deux êtres raisonnables. Il ne faut rien de plus que cette qualité d'êtres raisonnables pour expliquer la situation que je viens de définir.

Mais la question ne s'arrête pas là ; nous n'avons pas encore atteint le principe. Pourquoi deux agents moraux doivent-ils compter mutuellement sur leurs promesses, et même sur celles qu'ils supposent et ne formulent point ; et quel est le premier ou l'essentiel des biens communs dont leur association implique la connaissance, car enfin il doit y avoir là quelque chose de supérieur à la variabilité des jugements humains et de précisément propre à ranger toutes les variations sous la norme d'un devoir certain ?

Une seule réponse est à faire selon la raison. Les agents compteront sur leurs promesses mutuelles parce qu'ils sont des personnes semblables, ou égales, entre lesquelles cette *identité divisée* et la substitution mutuelle toujours rationnellement possible établit ce qu'on nomme une relation bilatérale et des rôles pratiquement renversables. Il suit en effet de là quand l'un s'oblige en conscience, il ne s'oblige pas seulement envers soi (comme dans les cas de la section précédente), et en telle sorte que l'obligation puisse finir avec la situation morale toute personnelle qui y a donné lieu, mais envers un autre soi qui n'est pas lui, de manière qu'elle se conserve tant que n'a pas changé celui-là dont le changement peut seul le dégager. La raison établit donc une espèce de *communauté* et de solidarité morale, dans cette réciprocité. Deux personnes se trouvent n'être plus moralement qu'une personne unique, mais à la condition que cette unique se pose double, et le sens de l'obligation est entièrement changé par là. On verra plus loin si la raison opère seule dans cette œuvre ou quels secours lui sont nécessaires (chap. XXIX). Les questions se divisent et l'on ne peut tout dire à la fois.

Dans l'ordre composé des deux agents, l'obligation dont le sens est ainsi transformé prend le nom de *droit* ou *crédit* chez l'un et de *devoir* ou *débit* chez l'autre, savoir en une seule et même relation réciproque. Ils sont supposés tous deux avoir *promis*, soit positivement, soit tacitement et naturellement, par le fait de l'association morale où ils sont entrés. En tant que chacun reçoit la promesse, il a un crédit, un droit revendicable sur autrui ; en tant qu'il la donne, un débit à remplir à l'égard d'autrui ; et le crédit de l'un fait le débit de l'autre, et réciproquement. Ce droit et ce devoir unis composent la *justice*. On dit en effet qu'il est *juste* de remplir son devoir, *juste* de réclamer son droit, et la justice est formée de ces deux choses justes qui toujours se répondent implicitement.

Le lieu du droit est éminemment constitué par cette relation contractuelle, ainsi qu'on pourrait la nommer, essentielle et naturelle aux agents raisonnables. Si les auteurs, à vues si diverses, qui font du mot *droit* un usage continuel, voulaient sortir du vague où ils se renferment en l'employant, ils reconnaîtraient bientôt que le droit est, de son essence, revendicable sur quelqu'un, est un *crédit*, et par conséquent suppose le *devoir* ou *débit* de quelqu'un. Inversement, on ne saurait définir un devoir, de l'espèce de ceux que je considère maintenant, et ne pas attribuer un crédit en même temps à celui vis-à-vis de qui le débit existe. Mais à cause de l'étendue plus grande du mot *devoir*, il peut être convenable d'envisager les questions de la sphère de la justice plutôt sous le point de vue (nécessairement restreint) du droit que sous le point de vue inverse du devoir, encore qu'équivalent (s'il est également restreint). Cette remarque explique, sans la justifier, l'erreur de théorie des moralistes qui admettent la primauté du droit sur le devoir. Ceux qui, par une autre erreur, soutiennent ici la primauté du devoir ne manquent jamais d'en prendre la notion dans sa plus grande généralité, soit qu'ils veuillent par là s'élever à un idéal qui les séduit et leur fait perdre la justice de vue, soit et plus souvent qu'ils aient une sourde tendance à affaiblir la nature de l'obligation à force de l'étendre.

J'ai dit que la conscience devait exister d'un bien commun essentiel impliqué dans l'association des agents raisonnables, ou relation de débit et de crédit, relation de justice. C'est ce que j'ai maintenant à développer afin de remonter au principe le plus élevé.

CHAPITRE XV

LE SENS LE PLUS PROFOND DU JUSTE. L'OBLIGATION PRATIQUE SUPRÊME.

Il est très clair que l'association de deux agents raisonnables réalisant une sorte de communauté, tant par la poursuite qu'ils se proposent de biens communs que par la réciprocité qu'établissent entre eux le crédit et le débit, il n'est pas possible que chacun d'eux, engagé par sa nature dans une telle association, continue purement et simplement à poursuivre ses fins sans avoir égard aux fins de l'autre, ou en se les subordonnant au besoin. Or c'est la reconnaissance même d'une obligation à cet égard, contenue dans la thèse du crédit et du débit, c'est le renoncement implicite à divers biens personnels éventuels, et la réduction de ceux qui sont permis aux limites que l'obligation comporte, c'est l'avantage qui en résulte pour chacun, et c'est enfin et surtout l'élévation rationnelle et le degré nouveau de moralité où il parvient de cette manière qui constituent le bien commun et essentiel né de la relation des agents doués de raison.

Ce bien commun est indispensable à l'obtention de tous les autres que l'association peut poursuivre. Ceux-ci peuvent varier, soit en eux-mêmes, soit par l'effet du jugement modifiable et faillible de l'être passionnel moral ; l'autre tendra toujours à les ramener à des points fixes. Il sera la garantie de chaque agent vis-à-vis d'autrui en même temps que la mesure de sa propre dignité morale, c'est-à-dire en tout cas le plus grand et le plus indépendant de tous les biens à sa portée. Et ces avantages n'appartiennent pas seulement à l'hypothèse où les agents moraux seraient constamment fidèles à leur loi. Comme ils la portent en eux-mêmes, quelque altérée qu'elle soit pour eux dans les applications, comme ils possèdent toujours à quelque degré la notion du juste et la prennent toujours pour règle en certaines occasions, elle suffit pour les soutenir au point de moralité qu'on voit dans les faits et leur rendre l'association possible.

Cette signification profonde de la justice, qui consiste en ce que l'agent moral, au lieu de subordonner les fins d'autrui aux siennes, considère la personne d'autrui comme semblable à lui et possédant des fins propres auxquelles il doit porter respect, ce principe, le dernier qu'ait pu dégager l'analyse précédente, est celui que Kant a formulé sous le nom d'*obligation pratique* ou *principe pratique suprême*[1]. On peut l'ériger ainsi en précepte : Reconnais la personne d'autrui comme ton égale par nature et en dignité, comme étant par elle-même une fin, et en conséquence interdis-toi de la faire servir de simple moyen pour atteindre tes fins.

La *dignité* et le genre de *respect* que nous envisageons ici sont des termes réciproques, ainsi que le crédit et le débit. Il n'y a que la personne qui ait une dignité, c'est encore une remarque de Kant. Le terme de respect demeurerait vague si l'on ne définissait pas, dans le cas actuel, ce qui fait la personne par opposition à la chose. Mais ce caractère de la personne est la qualité qu'elle a d'être fin par elle-même. Le respect envers la personne est donc parfaitement défini dans la formule de l'obligation pratique. Ce n'est pas qu'il ne soit possible, et que cette hypothèse doive être exclue : que les êtres inférieurs de la nature soient aussi des fins par eux-mêmes en quelque manière. Seulement la conscience d'une obligation de tenir compte de ces fins ignorées et supposées n'existe pas en nous, puisque nous devons au contraire les subordonner quelles qu'elles soient à nous et à notre utilité raisonnable (comme je l'ai montré dans la seconde section). Elle existe pleine et entière à l'égard de la *personne* d'autrui.

Toute notre analyse aboutit à faire envisager la condition de l'obligation envers autrui dans la conscience de l'égalité, ou égale dignité, droit égal des personnes. Reconnaître cette égalité, admettre en conséquence, ce que nous verrons dans la suite, qu'on doit juger les autres et être jugé soi-même, s'il y a lieu, à l'aide d'un

---

[1]. Je préfère le mot *obligation* au mot *impératif*, adopté par Kant et consacré pour quelques personnes. Ce dernier, outre l'inconvénient ordinaire du néologisme, appelle dans l'esprit des idées étrangères à l'autonomie du sujet moral, idées que Kant lui-même n'avait nullement l'intention de favoriser. Je ne saurais voir ce qui manque à la notion de l'obligation morale pour rendre ce qu'il y a de rationnel dans les *impératifs* de conscience.

renversement, d'une interversion, toujours possible, des termes de la relation morale réciproque où l'on est engagé, c'est la conscience même de l'obligation, dans le cas que nous étudions. Peut-on maintenant remonter plus haut et se demander s'il est pour cette obligation un autre fondement encore que celui du fait de la raison et du fait de la conscience, ou enfin quelque moyen de suppléer à ce fait s'il n'existait pas, et de le faire reconnaître où il ne serait pas reconnu ? Ce serait vouloir dépasser la morale et aussi la science et les appuyer sur quelque chose de moins assuré qu'elles. Pour m'y bien enfermer en connaissance de cause, je répéterai qu'en un sens logique et profond, lié aux principes fondamentaux de la raison, l'obligation envers autrui est réductible au devoir envers soi-même. Ce devoir, en sa plus haute portée, dépend d'un jugement synthétique, original, que la conscience applique aux fins posées ou confirmées par la raison (V. chap. v). En un autre sens, l'obligation envers autrui semble maîtriser nos devoirs envers nous-mêmes, quels qu'ils soient, et les surpasser éminemment par suite de la forme objective que lui donne l'existence réelle de l'agent externe égal à nous, objet au moins de croyance, et en vertu d'une sorte de composition qui se fait de deux personnes dès lors réciproquement dépendantes (V. le chapitre précédent). Le fond de la morale ne se ramène pas moins, comme toutes nos connaissances possibles, au point de vue représentatif. Il faut dire alors que nous devons nous faire du devoir envers autrui le premier des devoirs envers nous-mêmes. Ce devoir *transcendant*, mais ramené à nous et à notre nature propre, raisonnable et morale, cette obligation supérieure à tout et néanmoins *nôtre* a la valeur d'un acte, encore plus qu'elle n'est un état passif de la pensée. La conscience d'un homme ne peut qu'inviter la conscience d'un autre, après avoir constaté ce qu'elle-même constate, à produire ce qu'elle-même produit et à déterminer le vouloir en conséquence.

CHAPITRE XVI

DISCUSSION DE LA MAXIME : NE PAS FAIRE A AUTRUI, ETC.

Le sens ordinaire de la maxime ancienne et presque universelle : *Ne pas faire à autrui ce que nous ne voudrions pas qu'on nous fît,* n'est assurément point que nous devons nous abstenir de tout acte de nature à causer préjudice ou désagrément à quelqu'un, encore qu'il soit très vrai que nous ne *voudrions jamais* que quelqu'un nous causât préjudice ou désagrément à nousmêmes. La maxime ainsi entendue serait inapplicable dans la société, en vue de laquelle nous devons la supposer conçue cependant, et contraire à la justice. Il n'est pas possible de rendre à l'un ce qui lui est dû, et moins encore de lui faire un pur don, sans, je ne dis pas faire tort à un autre, mais lui occasionner une privation et quelquefois lui infliger une peine. La sagesse des nations n'a certainement pas dû se fixer sur une pensée aussi contraire à toute police.

Selon ce même sens, la maxime que j'ai énoncée sous la forme négative serait identique à celle qu'on formule positivement ainsi : *Faire à autrui ce que l'on voudrait qu'autrui vous fît.* On voudrait que les autres vous fissent toutes sortes de biens. Tous les biens ou point de maux, ce sont expressions pleinement équivalentes, entre agents tenus d'agir et dont les actes sont pour eux d'un intérêt mutuel. Mais il ne serait pas possible de suivre ainsi les meilleures impulsions passionnelles à l'égard du prochain quelconque, et de lui procurer tous les biens dont on dispose et qu'il pourrait souhaiter, à moins de renoncer à toute règle d'action, à toute raison, et de commettre par le fait les plus grandes injustices.

Si la maxime signifiait le sacrifice et le renoncement, si elle ordonnait de substituer l'intérêt d'autrui au sien propre, en tant que mobile des actes, et de préférer ce qu'autrui voudrait, et ce que nous voudrions à sa place, à ce que nous-même nous voudrions à la nôtre, ce principe du pur amour nous jetterait hors de la sphère de la justice et dans un ordre de questions que j'aborderai plus loin. Mais alors la maxime aurait une forme bien singulière, en ce qu'elle fonderait sur le sentiment de l'intérêt le renoncement à l'intérêt. Quoique plus d'un auteur ait paru entendre ainsi le commandement : *Fais à autrui*, etc., il ne me semble pas naturel de s'arrêter à ce sens.

Le sens caché, mais qu'on devine, parce qu'on porte en soi les notions nécessaires à cet effet, tout en demeurant le plus souvent incapable d'en rendre compte, c'est la justice. On entend, dans le fond, par cette volonté qui *voudrait* ou *ne voudrait pas* la volonté raisonnable et réglée, et on suppose quelque chose de la *dignité* et du *respect*, des fins propres d'autrui et en un mot de l'*obligation pratique*. Mais comme ce quelque chose demeure vague, le précepte ne vaut pas mieux que s'il ordonnait simplement de bannir l'égoïsme et de consulter l'utilité des autres hommes d'après l'expérience qu'on a de la sienne propre. C'est-à-dire qu'il vaut sans doute, mais pas plus pour la science de la morale, qu'un axiome quelconque pour la géométrie, ou une bénédiction pour la théodicée.

On garde pourtant l'habitude de célébrer cette maxime vulgaire des Grecs et des Chinois, qui se retrouve aussi dans le Nouveau Testament. Le lieu commun à ce sujet prouve combien les hommes se contentent encore de peu en fait d'études sur eux-mêmes et d'analyses morales. La formule ainsi vantée exprime, il est vrai, la réciprocité, le renversement des termes du rapport entre personnes, essentiel à la notion analysée du juste ; mais c'est tout ; l'expression, suffisante à l'origine sans doute, doit paraître aujourd'hui grossière et défectueuse, n'ayant pas un mot qui indique la présence de la raison, qui distingue entre la volonté simple, le désir et la volonté réglée, et pose des limites à cette volonté : si bien qu'on est excusable de ne pas toujours voir clairement laquelle des deux formes, de la positive ou de la négative, est à préférer ou se prête le mieux à rendre la pensée d'une obligation morale.

La forme négative me semble de beaucoup la plus convenable pour exprimer ce que je crois être l'idée des plus anciens moralistes. Ils ont dû songer beaucoup plus à écarter l'homme du mal, et du plus élémentaire et facile à apprécier, qu'à lui ouvrir la connaissance de la morale par un simple précepte. Dans ce but, ils ont voulu lui dire à peu près ceci : « Prends garde de te borner à ton point de vue et de trop abonder dans le sens de tes passions. Méfie-toi d'un penchant naturel à ramener toutes choses à toi, et quand tu voudras savoir si tu es sur le point de faire tort à autrui, tout en ne le voulant peut-être pas, suppose autrui à ta place et suppose-toi à la place d'autrui. Tu jugeras alors, et ensuite tu agiras. » Les moralistes dont je parle ont fait en cela une remarque plus juste et donné un précepte plus utile que ceux de leurs ambitieux successeurs qui ont cherché dans la même formule une expression de la loi objective des actions mutuelles, et ramené par là sans réflexion la morale aux passions. On peut même dire qu'ils ont préparé la science en employant, sous la forme populaire d'un dicton, l'idée confuse de la relation entre deux agents raisonnables.

Revenons maintenant à cette relation, telle que nous l'avons définie. Voyons comment il est possible de l'appliquer, et comment il est possible de la généraliser.

CHAPITRE XVII

CONDITIONS DE L'OBLIGATION PRATIQUE

Tenons-nous encore au cas du rapport entre deux personnes. La justice est définie, l'obligation reconnue, mais comment les appliquer aux cas particuliers, à l'aide de quel critère de jugements ? Nous supposons un contrat naturel aux deux agents moraux, naturel en vertu de la raison[1] et que la conscience rend obligatoire pour eux. Ce contrat représente généralement et supplée le contrat positif qu'ils pourraient et devraient faire, étant doués de volonté comme de raison l'un et l'autre, toutes les fois qu'ils rencontrent un objet d'intérêt commun et peuvent se proposer une fin commune. Ils connaissent la justice, universellement parlant, et veulent y demeurer fidèles. Mais leurs actes doivent se fonder en outre sur des jugements particuliers ; comment donc tomberont-ils d'accord, quand il s'agira de déterminer leurs fins propres et respectables et leurs justes parts dans la fin commune, dans le bien commun ?

Le contrat positif répondrait à tout, s'il était toujours possible, et si d'ailleurs les contractants n'étaient pas sujets à se tromper à leur détriment mutuel et chacun à son détriment propre, si l'application, l'interprétation de la justice étaient aussi aisées qu'en est le sentiment, ou résultaient logiquement de la formule générale dans les cas particuliers.

Le contrat naturel est virtuellement ce que le contrat positif serait, s'il existait, rien de plus. Il ne suppose point de lumières spéciales et ne saurait être fixé indépendamment du jugement des agents moraux, lesquels sont sujets à varier et à se tromper. Encore une fois, la conscience qui cherche la justice voudrait une règle pour la déterminer. Mais où trouver cette règle.

Une telle règle objective n'existe pas. Les moralistes qui en ont entrepris la poursuite se sont fait de leur science une fausse idée, contraire à la nature de la morale. Eux-mêmes et les hommes qui, sans appareil scientifique, ont désiré quelque chose de semblable, par l'effet d'une illusion qui tient à la comparaison vicieuse des lois morales avec les lois mathématiques et physiques, ont tendu à faire de l'éthique une doctrine morte,

1. Je suis obligé de remettre plus loin (chap. xxix) les explications et amendements que réclame l'usage exclusif que je parais faire de la *raison* dans toute cette suite d'analyses.

et à rendre la conscience inutile, ce qui ne se peut point.

Consultons cette conscience en éloignant toute prévention et en nous élevant au plus haut dans l'idéal du juste. Elle nous dira que nous pouvons devant elle être certains d'*observer* la justice, savoir quand nous pensons et agissons, à un moment donné, en nous conformant de toute la force de notre bonne volonté à l'obligation définie par le *principe pratique* (V. le chapitre précédent) ; mais non pas de l'*observer* en un autre sens qui impliquerait l'infaillibilité du jugement et l'entière impersonnalité des fonctions de la raison qui compare les fins et détermine les meilleures. Ainsi la morale ne peut ni ne doit résoudre la difficulté que nous avons soulevée, car la morale suppose des agents raisonnables en puissance, et elle leur enseigne les conditions auxquelles ils peuvent être effectivement raisonnables et moraux, mais ne prétend pas les rendre infaillibles. Bien plus, elle cesserait elle-même d'exister si elle pouvait les rendre impeccables.

Remarquons encore ceci : si la moralité d'un acte dépendait de ce qui est bon ou mauvais en soi, extérieurement, c'est-à-dire sans qu'il fût au pouvoir certain de l'agent de le connaître, quelle que fût sa bonne volonté, si la justice résultait d'une science acquise et qui peut manquer, et d'une certitude absolue qui manque toujours, le caractère d'obligation ne pourrait plus exister et il n'y aurait pas strictement devoir. Mais la conscience impose des devoirs et n'impose point de certitude externe. L'utilité d'un acte, sa conformité aux fins réelles de l'agent ou de la personne d'autrui, indépendamment du jugement particulier et actuel, sont dépourvues du caractère indispensable d'un critère : celui de pouvoir être connues et maniées. Sans doute, cette utilité et ces fins, en tant que supposées ou crues, servent aussi de mobiles aux actes et entrent nécessairement dans la matière du devoir (ceci sera développé plus loin) ; mais cette intervention de nos affections naturelles et de nos jugements sur le bien ne fournissent pas la forme de l'obligation et ne renferment pas l'essence du juste.

Puisque tout acte où la moralité est engagée implique une détermination quelconque du bien, et que la moralité supposant obligation, d'une part, le bien externe, d'une autre part, ne saurait être connu obligatoirement, il faut que les données propres et internes de la conscience contiennent la caractéristique de la moralité. Or cette caractéristique est précisément la présence de la justice comme nous l'avons définie, la reconnaissance de la dignité et de l'égalité, le droit et le devoir que l'on pose en soi-même et en autrui, le ferme dessein de n'employer jamais la personne d'autrui en guise de simple instrument pour atteindre des fins quelconques. La condition est générale, et c'est pour cela qu'on la peut dire nécessaire ; et la condition doit être suffisante, parce qu'il n'y en a pas d'autre à notre portée. Que la conscience l'applique ; il n'en faut pas plus pour qu'elle soit morale, si vraiment elle l'applique sans doute possible sur sa propre pureté et son intégrité.

Ainsi, les jugements particuliers sont éliminés de l'essence de la justice, aussi bien que de toute autre vertu, par conséquent, de la morale en tant que science pure et théorie générale. La moralité en elle-même est affranchie de la connaissance réelle des fins et de toute considération d'utilité, soit universelle, soit particulière. On pouvait déjà pressentir quelque chose de cette vérité dans le principe de la *bonne intention,* que la morale religieuse s'est efforcée de faire prévaloir sur l'estime trompeuse de la bonté extrinsèque de ce qui advient et sur l'habitude de juger des actes par leurs conséquences. Je dis quelque chose, en ce que du moins le mérite et le démérite étaient envisagés dans la seule conscience de l'agent moral. Mais alors le principe était vicié par l'idée d'*intention,* qui supposait cet agent appelé à se diriger essentiellement d'après la fin même, telle qu'il la comprenait, et non pas avant tout d'après une règle à laquelle toutes les fins possibles doivent être subordonnées. De là sont provenues en partie les aberrations condamnables des écoles qui ont admis le principe de la *justification des moyens par la fin.*

C'est à Kant que la gloire appartient en ceci d'une réforme de la morale dont la portée est immense, tant pour la moralisation pratique de l'homme que pour la fondation scientifique de l'éthique. N'eût-il apporté que la célèbre distinction des *impératifs hypothétiques* et de l'*impératif catégorique,* ainsi qu'il les nomme, c'était assez pour renverser complètement l'ancien point de vue de l'esprit sur l'essence de la moralité : révolution toute semblable, en morale, à celle qu'il introduisit dans l'étude de la raison, quand il substitua à l'ancien et impossible objet de la science le sujet lui-même, où l'on ne voyait avant lui qu'un instrument banal, bon pour tous les emplois, et pour les plus contraires. Déjà les derniers théoriciens du stoïcisme dans l'antiquité, abandonnant le point de vue de cette *nature* à laquelle il fallait, suivant les premiers, *se conformer*, avaient voulu réduire la moralité à *ce qui dépend de nous* ; mais il restait, pour la science, à déterminer théoriquement ce qui dépend de nous. Or c'est ici que se place l'œuvre de Kant. Mais je n'entends parler que des premiers principes, non de certaines conséquences qu'il a cru devoir y rattacher, qu'on a toujours qualifiées de paradoxales et que je ne crois pas justes.

Une obligation hypothétique est l'obligation morale qu'on se reconnaîtrait à l'égard d'une action nécessaire pour atteindre une fin déterminée, dans le cas où l'on supposerait cette fin entièrement connue, claire, distincte, sûre et obligatoire. Or une telle hypothèse est sans valeur sitôt que la conscience envisage des objets placés hors de son ressort immédiat. Une obligation catégorique est l'obligation morale qui présente une action comme nécessaire par elle-même et indépendamment de toute fin particulière, cela par conséquent dans la conscience de l'agent raisonnable, laquelle est, suivant cet agent, identique à celle de tout être de son espèce ; en sorte que l'obligation, d'individuelle qu'elle pouvait paraître, devient, par le fait de cette croyance, objective et universelle. Toute véritable obligation est de ce dernier genre, on peut s'y ramener [1].

J'ai défini l'obligation morale et la justice sous la forme de *principe pratique suprême*, en ne considérant que deux agents moraux en relation réciproque. Cette relation généralisée généralisera la formule.

CHAPITRE XVIII

GÉNÉRALISATION DE L'OBLIGATION. LOI UNIVERSELLE DU JUSTE

En procédant comme j'ai fait pour la déduction du principe pratique de la justice, j'ai supposé, chez les deux agents raisonnables que je considérais, une loi commune, la raison même, une fin commune, la satisfaction de cette raison, une autre encore, impliquée dans les biens ou avantages communs qu'ils peuvent poursuivre d'accord, et des fins particulières. Celles-ci étant à la fois exigées et mutuellement dominées par l'existence de chaque agent comme fin en lui-même, on a vu la loi morale se formuler dans le respect de la dignité de chacun par l'autre et dans la reconnaissance réciproque de droits comme devoirs ou de devoirs comme droits.

La difficulté de l'association consistait dans une impossibilité pratique de s'entendre toujours en matière

---

1. Je regarde comme certain qu'il n'existerait pas d'obligation catégorique pure, s'il fallait, pour en faire exister une, écarter du devoir toute considération des fins, même particulières. Kant lui-même a été bien près de le reconnaître (V. ci-dessous chap. xx). Mais que le principe de l'obligation soit indépendant de ces fins en ce qu'il les domine, et doive se déterminer sans elles, au besoin contre elles en tant que déterminées particulièrement, et en vertu d'une fin supérieure, celle de la constitution générale du raisonnable et du juste dans la conscience, c'est ce que j'admets et c'est où je vois la fondation de la morale comme science. — Je continue à renvoyer plus loin (chap. xxix et suivants) l'examen des difficultés.

de jugements et de résolutions concernant des biens objectifs et pris en eux-mêmes. Elle a été levée, au point de vue purement moral, en éliminant ces sortes de jugements de l'essence de la moralité, et en définissant cette dernière par l'acte d'une conscience résolue, assurée, comme qu'elle juge, de juger toujours en se conformant à la loi formelle, représentative du Juste.

Ce point une fois atteint, nous sommes en présence de la société de deux hommes, et cette société a pour principe l'obéissance de chacun à une obligation qui est sa loi en même temps que la loi de l'autre, et qu'on peut dire en conséquence être pour eux une loi générale fondée sur leur nature commune d'êtres raisonnables.

Observons maintenant que tout agent de cette espèce qui se détermine à un acte particulier ne s'y détermine pas seulement par un certain motif, mais encore par un motif susceptible d'une certaine généralité dans sa pensée et apte à s'appliquer à une suite d'actes analogues et dans des circonstances pareilles, en un mot par une *maxime* de conduite. Nous ajouterions, s'il était nécessaire, que c'est un devoir élémentaire, et du genre de la prudence, un devoir envers soi comme doué de raison, que de combiner ainsi ses actes au lieu de les disséminer au hasard des occasions et des impulsions.

Alors la règle du Juste peut revêtir sans difficulté cette nouvelle forme et s'énoncer en précepte : *Agis toujours de telle manière que la maxime applicable à ton acte puisse être érigée par ta conscience en loi qui te soit commune avec ton associé.* La distinction de la maxime et de la loi se fonde sur ce que la première pourrait ne s'appliquer qu'aux propres intérêts de l'agent (intérêts de tout genre d'ailleurs), au lieu que la seconde suppose une fin commune et a la raison commune pour principe. Nous tenons donc déjà une loi générale, encore que ne portant dans ce moment que sur deux cas semblables qu'elle réunit.

Mais la généralisation s'achève aussitôt, car nous pouvons multiplier le nombre des associés sous la même condition et le supposer indéfini, l'étendre même à des agents raisonnables, s'il en est, qui ne seraient pas des hommes. Nous formons ainsi le concept d'une loi, ou législation universelle, que nous supposons être la volonté des êtres qui ont la raison, en tant qu'ils l'ont, ou encore celle de l'agent moral en général, et nous énonçons ainsi le précepte : *Agis toujours de telle manière que la maxime de ta conduite puisse être érigée par ta conscience en loi universelle, ou formulée en un article de législation que tu puisses regarder comme la volonté de tout être raisonnable*. Ce précepte constitue l'*obligation catégorique*, c'est-à-dire dégagée de toute hypothèse et réduite en forme de jugement universel.

Ainsi le fond de la morale du Juste réside en deux points essentiels : *chercher la règle des actes*, et ce premier point est commun à la morale des devoirs envers soi-même ; *généraliser la personne de l'agent*, et ce second point résulte de la considération de l'association. La loi morale des relations humaines ressort de l'ensemble des deux principes. Il est remarquable que l'abstraction et la généralisation, qui sont des conditions nécessaires pour constituer une science quelle qu'elle soit, sont en outre des conditions spéciales pour rendre la morale possible, et cela même dans la pratique. Il n'y a de morale pratique, en effet, que par l'obéissance volontaire à une loi, et il ne saurait y avoir de loi pour qui ne considère que le cas particulier.

CHAPITRE XIX

DE L'EMPLOI DES FORMULES DE L'OBLIGATION EN GUISE DE CRITÈRES DES ACTES MORAUX

Il était difficile de dégager nettement par l'analyse les principes de l'obligation morale : c'est ce qui ressort bien de l'histoire des travaux des moralistes dans l'antiquité et depuis. Mais les hommes ont toujours eu le sentiment profond des vérités mêmes dont la teneur logique et la formule leur échappaient. Il en est de cela comme des notions de la substance et de la causalité, par exemple. L'illusion ou la faiblesse des théories sur ces sujets métaphysiques n'empêchaient pas que les idées communes et confuses ne fussent justes et correctement appliquées en ce qu'elles ont d'universel et de nécessaire. De même les formules de l'obligation ont toujours été données implicitement à la conscience et ce sont elles qui ont, au fond, servi de critères pour tous les jugements moraux. Toutes les réclamations de la justice, en présence des faits, ont supposé que l'agent raisonnable devait être traité de fin en lui-même et non de simple moyen ; et toutes les tentatives de législation, ou morale ou juridique, ont supposé l'existence d'un certain dictamen, commun à tous les agents raisonnables dans les mêmes circonstances, dictamen nécessaire en son genre et prenant la forme d'une obligation de conscience.

La conscience morale, ou telle qu'il faut l'entendre ici, se révèle dans le jugement que porte l'agent, en tant qu'il déclare sa conduite et son état mental conformes ou non à sa nature raisonnable. Elle suppose donc deux choses : premièrement la raison même, comme idéal que réalisent plus ou moins les actes, et avec la raison les sentiments qui l'accompagnent et la corroborent ; secondement des critères quelconques sans lesquels on ne concevrait pas que le jugement pût être fixé ou dirigé.

Ces critères, ou moyens de contrôle des jugements en matière morale, n'ont donc jamais été perdus de vue dans la pratique, mais déguisés seulement, altérés par leur mélange avec des maximes perverses et de faux droits, de faux devoirs qui, nés d'abord du crime et de l'erreur au milieu des fatalités et des épreuves de la vie, sont ensuite devenus coutume. L'application des critères, tout obscurs et confus qu'ils fussent dès lors, a pu seule engendrer ce que l'humanité a possédé et possède de biens de justice. Voyons maintenant comment les applique ouvertement la science qui les dégage.

Commençons par un devoir envers soi et prenons la question du suicide que nous avons déjà abordée dans une section de cet ouvrage où nous ne pouvions faire intervenir ni la notion du droit ni la généralisation du devoir (chap. vi). Ici, au contraire, étant tenus de généraliser la personne de l'agent, et lui faisant pour son compte une obligation de généraliser ses maximes et de les ériger en lois, nous remarquerons qu'elle doit se considérer en cette qualité de personne, comme une fin en elle-même et non comme un simple moyen pour se procurer des satisfactions et s'épargner des maux particuliers. Elle a donc le devoir de conserver sa vie. Réduit strictement à soi, ce devoir pourrait encore sembler litigieux, malgré l'extension de l'idée du *soi* ; mais si nous ajoutons que la maxime qu'on invoquerait en faveur du suicide devrait, pour être valable, pouvoir être érigée par la conscience en loi universelle de la société des êtres raisonnables, la question se trouve tranchée. Une telle loi universelle, en effet, autoriserait l'agent moral à se soustraire à tous les devoirs envers autrui, du moment qu'il y verrait sa propre convenance, et c'est ce que la conscience ne peut ratifier.

Ainsi, l'interdiction morale du suicide est ramenée soit à un devoir envers soi-même, en se considérant comme donné à soi, supérieur à soi et sacré pour soi dans l'ordre général des personnes ; soit et plus clairement, avec plus de conformité au sentiment commun sur ce sujet, à un devoir envers autrui, parce que celui qui renonce volontairement à la vie se déclare affranchi de tous devoirs de ce genre, ou ne reconnaît aux autres aucun droit sur lui-même. Qu'ensuite il puisse y avoir matière à casuistique sur cette question comme sur beaucoup d'autres, c'est ce qui n'affaiblit en rien la généralité de cet exemple, non plus que des suivants.

Prenons le second dans un cas de devoir direct

envers autrui. Nous pouvons supposer ce cas assez particulier pour être clair, et assez général pour augmenter l'utilité de l'exemple. Un homme se propose de faire entendre à un autre *la chose qui n'est point*, et de l'engager, par ce moyen, à un acte qu'il sait bien qu'en connaissance de cause celui-ci ne ferait pas ; et il se propose cela, soit dans des vues à lui propres, et ignorant de tout tort qu'il puisse ainsi causer, soit même en vue de l'intérêt de l'autre, mais sachant que cet autre ne voit pas ainsi cet intérêt. Il est clair que le trompeur bien intentionné manque au respect de la dignité d'autrui, fait servir autrui de simple moyen pour l'obtention de certaine fin, et ne le traite pas comme un agent qui a par lui-même sa fin à laquelle il doit pourvoir sciemment autant que possible, et librement. Ainsi le droit est outragé, le devoir violé.

Demandons-nous en outre si l'agent peut ériger ici sa maxime en principe de législation universelle. Dans le cas particulier, son amour-propre lui fait illusion. Mais s'il généralise la donnée et s'abstrait lui-même de la question, il ne pourra pas juger en conscience que les membres d'une société d'êtres raisonnables doivent se tromper mutuellement pour mieux atteindre leurs fins ou celles des autres. La société ainsi déterminée contredirait sa propre définition. La conscience de l'agent ne saurait à la fois la poser en principe et la détruire dans les conséquences.

Nous tirerons le troisième et dernier exemple d'un devoir très général, tant envers autrui qu'envers soi-même : la loi du travail. L'agent moral sera, je suppose, placé dans des conditions d'entourage et de biens acquis telles qu'il ne soit point stimulé à faire effort pour développer ses connaissances et ses aptitudes et augmenter l'avoir commun en quelque genre, ou spirituel ou matériel. Sa maxime sera, probablement, que celui que ne pressent pas des besoins personnels peut s'abandonner à l'oisiveté et se borner à avoir des plaisirs. Mais elle est contraire au principe pratique en deux façons : d'abord en ce que la personne considérée en général et comme ayant par elle-même une fin, doit poursuivre cette fin, c'est-à-dire travailler à se développer dans le sens des puissances qu'elle se reconnaît ; ensuite par la raison que si la dignité et les fins propres d'autrui peuvent être en apparence respectées par celui qui ne vit que pour soi, sans travailler, elles ne sauraient l'être au fond, vu la solidarité que la nature et la société imposent.

Ceci devient plus manifeste par l'application du principe de généralisation des maximes. En effet, la conscience qui voudrait généraliser la maxime de l'oisiveté, quoique conditionnelle, décréterait par là que celui des membres d'une société d'êtres raisonnables qui peut suffire aux fins qu'il s'attribue sans attenter à celle des autres est dispensé de travailler à ces dernières ; or ce décret impliquerait contradiction avec l'idée d'une société qui poursuit des biens communs, et non pas dont les membres ont à s'occuper seulement et séparément des leurs. La personne qui s'exempte de travail à l'égard des fins communes, manque aux siennes propres, en tant que personne en général et en tant que partie de la société, et laisse ainsi les autres chargées de sa part d'efforts, ce qui est une injustice, une violation de la dignité de celles-ci, réduites sous ce rapport à la condition de simples moyens pour elle [1].

L'intervention de la conscience dans l'appréciation des cas et pour l'application du devoir est aussi indispensable en théorie qu'inévitable dans le fait. Il peut paraître d'abord que la logique est apte à faire tous les frais, et que le rôle de la conscience se borne à poser l'obligation en principe. Mais au fond il n'en est rien. Ainsi, dans l'exemple du suicide, on pourrait essayer

---

[1]. Ces trois exemples sont empruntés de Kant (*Fondement de la métaphysique des mœurs*, p. 59 et 71 de la trad. de M. Barni), et je laisse de côté le quatrième quant à présent. Dans l'exposition de ceux que j'emprunte, j'introduis de graves différences, dont les principales tiennent à la place importante que je donne à la conscience et que Kant ne lui donne point dans l'application de l'*impératif catégorique* aux cas particuliers. C'est d'ailleurs un sujet sur lequel je m'explique dans les alinéas suivants du texte.

de dire avec Kant qu'une loi universelle (une *loi de la nature,* c'est ainsi qu'alors on la considérerait) qui détruirait la vie dans ce même penchant dont le but est précisément de la conserver, serait en contradiction avec elle-même, partant impossible. Mais, eu égard aux prémisses propres de la morale, il ne s'agit nullement de savoir si une nature quelconque est possible ou non, mais bien de décréter en conscience un principe de législation pour les êtres raisonnables. *Pouvons-nous vouloir* que le suicide soit posé en droit et en général? C'est la question. Si nous ne le pouvons pas moralement, et le penchant n'a rien à faire ici, c'est uniquement en tant que notre conscience reconnaît aux êtres raisonnables des devoirs envers eux-mêmes et envers autrui. L'interprétation de Kant nous ferait reculer jusqu'à la plus ancienne formule stoïcienne de *Vivre conformément à la nature*; et il y aurait aussitôt champ pour les contestations, car le partisan du suicide ne manquerait pas de répondre que la même nature qui nous a donné comme à tous les animaux le penchant à vivre a pu, avec ou sans contradiction, nous donner dans certains cas le désir, la volonté et le pouvoir de mourir. N'est-ce pas ce qu'elle a fait ?

De même dans l'exemple de la tromperie. Il ne faut pas alléguer que si la maxime de tromper dans l'occasion pour une fin qu'on se propose était généralisée, il adviendrait de là que la confiance mutuelle des personnes serait impossible. Dût cette confiance périr en effet, et dût toute société se trouver ainsi anéantie, ce n'est pas le fait matériel du cataclysme social qui importe à la science de la morale ; mais c'est ce fait, en tant que la conscience ne saurait y donner lieu, par son décret supposé, sans renoncer au concept qu'elle forme et par lequel elle se sent obligée, au concept, dis-je, d'une relation de droit et de devoir entre des agents raisonnables, partant associés.

A propos du troisième exemple, le philosophe que je suis, et que j'aimerais de pouvoir suivre toujours, admet que la nature peut comporter dans certaines conditions des sortes de sociétés d'oisifs dont les membres ne poursuivent que le plaisir. Peut-être en cela pousse-t-il la concession plus loin qu'il ne faut, mais n'importe. Il se rejette alors sur la nature morale, à laquelle il eût dû se borner, et ne fait plus appel à l'autre que pour constater qu'il est *impossible* à l'agent moral *de vouloir* que l'oisiveté eût été mise en nous comme un instinct, par une des lois physiques de cette nature. Mais pourquoi impossible de vouloir ? parce que l'être raisonnable, en sa qualité, veut nécessairement que toutes ses facultés soient développées, puisqu'elles lui servent et sont données en lui pour toutes sortes de fins possibles. Cette réponse est de Kant, qui rentre ainsi dans les véritables conditions de son sujet et de la science quand il ne peut plus s'appuyer que sur la conscience de l'être raisonnable.

En général, on voit Kant reculer devant l'exigence de ses propres principes, dès qu'il s'agit d'enfermer la conscience dans le domaine intime qu'il sait bien être le seul indisputable. Il fait de grands efforts, évidemment malheureux, pour attribuer aux lois de la raison une sorte d'objectivité d'ordre naturel, et pour rendre à la morale, si ce n'est à la théologie ruinée de fond en comble, une métaphysique semblable aux anciennes métaphysiques.

La défaillance d'un génie logique et profond devant des conséquences fort simples de sa hardie découverte, et par l'effet de la pression que ne manquent jamais d'exercer les doctrines du passé, est un spectacle assez commun dans l'histoire des idées, et fait pour inspirer beaucoup de modestie à tous, plutôt que de l'orgueil à ceux qui tiennent de la découverte même les éléments nécessaires pour la rectifier.

CHAPITRE XX

DU DROIT, DU DEVOIR ET DU PRINCIPE DE L'OBLIGATION DANS LA DOCTRINE DE KANT

Je placerai ici une digression sur quelques points de la *métaphysique des mœurs*, telle que Kant l'a entendue. D'une part, en effet, je crois pouvoir y assigner des erreurs considérables, et ces erreurs me paraissent d'une grande portée : 1° en ce qu'elles impliquent une fausse idée des rapports de l'histoire ou des faits avec la morale, et s'opposent ainsi à l'entier dégagement de l'une et à l'explication des autres ; 2° parce que le droit idéal est défiguré, sans que la morale devienne pour cela plus facilement applicable ou d'une action plus efficace sur la conduite humaine ; 3° à cause d'une certaine complication tout artificielle de la doctrine, qui, formée en partie d'éléments incompatibles au fond, résiste à une saine intelligence et à la vulgarisation réelle des vérités fortes et profondes dont elle s'inspire. Mais d'une autre part je tiens que les erreurs de Kant peuvent êtres corrigées, suivant les principes mêmes du criticisme ; je continue à me rattacher sérieusement à ce grand réformateur, malgré les modifications très graves que j'essaie d'apporter à son œuvre, et, pour cette raison, j'espère, en examinant celle-ci, jeter plus de lumière sur les pages qui précèdent et celles qui doivent suivre.

Quand je considère le sort de la morale dans le monde, je suis frappé de deux faits qui, en eux-mêmes, ne peuvent être contestés de personne et dont certaines conséquences me semblent forcées. Mais il faut *vouloir* y réfléchir.

Le premier fait est l'existence d'un écart particulier presque continuel entre la conduite d'un homme quelconque, je dis même en matière de juste, et ce que ce même homme sait et avoue qu'on devrait faire en général si l'on regardait la conscience, non la coutume ou les nécessités nées de la volonté des autres. Il y a, sans doute, diverses doctrines de morale, mais il n'y en a aucune dont les préceptes ne fussent très suffisants, pour constituer la moralité individuelle au-dessus de ce que nous la voyons être. On peut ne pas tomber d'accord sur la théorie, puis différer encore sur la pratique proprement dite ou sur ce qu'il y a à faire dans un cas donné ; mais on s'entend presque toujours sur le précepte et ce que j'appellerai ici la pratique abstraite et généralisée, c'est-à-dire formulée sous certaines conditions que l'expérience, dit-on, ne réalise pas actuellement ; et presque toujours on s'éloigne en pratique de cette pratique-là. Ceci est vrai des personnes en particulier, mais bien plus constamment et universellement des peuples et de leurs assemblées, quoique en pareil cas les résolutions soient soustraites plus souvent qu'on ne pense à l'empire des passions égoïstes et des intérêts de ceux qui délibèrent.

Le moraliste ne manque pas d'alléguer la faiblesse humaine, qu'il voit dans l'individu, et cette cause réelle, qu'il s'exagère en la prenant à part, le dispense d'en regarder une autre qui fait en grande partie l'efficacité de celle-là. Je veux parler de la faiblesse dans la masse, ou, pour mieux préciser, de celle que chacun est à peu près assuré de trouver dans chacun et dans tous, dans l'homme à qui il a affaire et dans les personnes quelconques des volontés desquelles, non moins que de la sienne, doivent nécessairement dépendre les conséquences de ses actes pour autrui et pour lui-même. L'inévitable considération de l'état de moralité des autres pour décider de la possibilité des actes moraux de chaque homme, supposé moral en principe, est une espèce de solidarité humaine qui s'ajoute à tous moments à celle qui déjà antérieurement a agi pour établir l'état de moralité de tous en dehors plus ou moins des lois rationnelles de la conduite. En dépit des principes les plus absolus, qu'il se plaît à reconnaître et qu'il se garde d'appliquer, tout agent raisonnable (on dit alors de *sens commun* et de *bon sens*) détermine tels ou tels de ses actes, dans une mesure ou dans une autre, vis-à-vis d'un autre agent, les détermine, dis-je, en raison de ce qu'il croit pouvoir attendre à son tour de celui-ci et de plusieurs autres, actuellement ou dans la suite. Il ne considère pas cet autre et ces autres comme des *agents raisonnables* simplement ; il se soustrait de fait aux obligations *pratique* et *catégorique* ; il sort de la morale en tant que science et susceptible d'une application stricte. Et comment n'en serait-il pas ainsi ? Les conditions d'une telle science appliquée ne sont point données.

C'est pour cette raison, ce n'est pour aucune autre, que les moralistes les plus rigides sont réduits à distinguer les devoirs en larges et stricts, parfaits et imparfaits, puis à établir en face du terrain de la science, dès lors énervée, celui d'une *casuistique,* c'est-à-dire d'une dialectique morale sans principes fixes qui sert à mettre en doute les vérités, pour l'application, et à substituer aux règles certaines des règles probables dont les éléments mêmes de probabilité restent flottants. Kant lui-même, concession et faiblesse trop peu remarquées, admet des devoirs larges et ne sait comment marquer la limite des devoirs stricts, formule des suites de points de casuitique et n'ose discuter et résoudre les cas qu'il énumère, assuré qu'il serait ainsi de favoriser le relâchement ou d'exiger de l'agent moral des vertus impossibles.

Le second fait qui me frappe est une sorte de coexistence de deux morales dans l'esprit de la plupart des hommes de notre temps. L'une de ces morales s'attache à un idéal de bonté, de pardon et de sacrifice à réaliser en chaque personne et de liberté à laisser à toutes : ou encore, car il convient de réunir ici deux doctrines d'ailleurs différentes, cette première morale prend la raison et la liberté, la raison qui commande seule, sans secours étranger, la liberté qui spontanément exécute, pour les coefficients uniques des actes dits moraux. Mais à côté de celle-ci, on connaît une autre morale qui parle de justice matériellement obligatoire, de devoirs imposés par contrainte, de manquements à la loi châtiés, de libertés mutuellement limitées sous la sanction de la force. Encore ici nous rencontrons Kant, lui, l'auteur du principe de l'*autonomie de la volonté*, parmi ceux qui font de la contrainte un élément rationnel du droit et qui dans le concept de la justice pure introduisent les formes propres de l'injustice.

Cette alliance de mots, de choses qui jurent ensemble est tellement habituelle, soit dans les doctrines méditées, soit dans les esprits, qu'on voit passer à tout instant d'un point de vue à l'autre, elle est d'un usage si commode dans le milieu à demi libre, à demi violent où nous vivons tous qu'elle ne nous étonne point et que nous sommes à peine capables d'y faire attention. On se l'explique sans peine, une fois remarquée, par l'influence d'une passion de l'homme qui veut à la fois envisager son idéal dans les faits, se flatter de l'y retrouver, et porter dans l'idéal, afin de le rendre mieux applicable, des maximes, des notions nées des faits mêmes où l'idéal se trouve renversé. J'aurai à examiner comment de la justice libre une justice de contrainte peut se déduire, mais en tenant compte alors des éléments empiriques de l'homme et de l'histoire ; tandis qu'en mêlant la morale pure avec celles de ses applications qui se font sous des conditions qu'elle n'accepte point, on fausse d'abord la science, on la rend impossible, toute science exigeant des données abstraites et toujours concordantes ; ensuite on tente inutilement d'imposer des lois fixes invariables et certaines, des lois autres que de tendance, absolues autrement qu'*à la limite*, à des phénomènes aussi irréguliers et troubles que ceux qu'entraîne le conflit des volontés humaines. On arrive ainsi à formuler des préceptes, ou trop rigoureux, destinés à demeurer vains, en tant que l'on prétend ramener à la raison toutes les conditions empiriques du devoir, ou vagues et qui n'obligent que dans les mots et pour des circonstances indéfinies, on ne sait quand réalisées, en tant que l'on avoue aussi l'existence de perturbations dont on ne possède pas la théorie. On peut même encourir ces deux reproches à la fois : je crois permis de les adresser à Kant.

Le fait de la double morale généralement admise a les mêmes racines que l'autre fait, que j'ai d'abord signalé, et qui consiste dans l'écart plus ou moins inévitable entre la pratique et la théorie chez tout homme, considéré même comme raisonnable et moral. La cause radicale qu'il faut reconnaître, c'est en un mot la solidarité du mal ; j'ai expliqué ce que j'entendais par là, et je le répète en rappelant que tout homme se trouve placé quant à l'œuvre de justice, par exemple, à l'égard d'autres agents, dans des relations telles qu'il doit juger extrêmement probable que les conditions du débit et du crédit ne sont point remplies de fait, et que, par conséquent, son obligation propre ne saurait être estimée justement dans les termes rigoureux de la science. Si nous voulons nous assurer de cette vérité, commençons par réclamer d'une personne quelconque, médiocrement morale, l'aveu de son *écart* propre habituel : nous n'aurons pas de peine à l'obtenir ; demandons-lui ensuite s'il pense qu'un tel écart puisse être annulé pratiquement tout entier chez qui que ce soit et chez celui-là même qu'on appellerait un saint : il répondra négativement ; alors demandons-lui si la morale pure lui paraîtrait bien difficile à réaliser, si lui-même n'espérerait pas sérieusement conformer sa conduite à son idéal, dans l'hypothèse où on pourrait lui garantir dans les actes présents et futurs des autres personnes une conformité pareille et des déterminations toujours correspondantes à la justice des siennes ; ici, c'est par l'affirmative qu'il nous répondra, ou plutôt lui-même nous aura prévenus en alléguant pour sa justification, après son aveu, une raison qui est dans la bouche de tous en toute occasion et ne saurait être valablement récusée sur ce motif que les scélérats aussi y ont recours.

Il ne faut pas de bien profondes réflexions maintenant pour s'apercevoir que le défaut de vérité et le défaut de liberté, le mensonge et l'appel à la force, tant dans les relations des individus que dans la constitution sociale à l'encontre de chacun d'eux, proviennent en grande partie de la solidarité du mal comme je l'ai définie, sans que l'on soit obligé, pour tenir compte des faits, d'introduire dans la science de la morale des conditions qui la pervertissent, puis de transporter dans la morale appliquée, par une contradiction dès lors naturelle, les purs préceptes inapplicables à la rigueur qu'on n'a pas pu ne point poser dans la science. Mais il a plu aux philosophes, toujours possédés du besoin de l'absolu, d'une part, de considérer la science, encore que toute rationnelle, comme quelque chose qui se doit purement et simplement porter dans le domaine de l'expérience et de l'histoire ; d'une autre part, d'envisager dans les principes de l'ordre social, comme nous les voyons, une nécessité morale et une vérité morale pures, quoique ces principes soient en partie immoraux et subversifs de la liberté et du bien à ne consulter que la raison.

La théorie que je développe résout des difficultés, des antinomies dont j'imagine que nous avons tous au fond quelque sentiment, et qui nous embarrassent beaucoup sans que nous voulions jamais les regarder en face. J'ai donc la prétention d'apporter un éclaircissement tout nouveau pour la science de la morale et les principes du droit. C'est ce que j'achèverai d'expliquer en critiquant quelques thèses de Kant. Il est bien entendu que j'accepte, quant à l'idée, le plan de ce philosophe, et aussi, on l'a vu, quant à l'exécution de parties essentielles. Je cherche après lui à constituer une science, et cela sous les conditions d'une science, la généralisation, l'abstraction, la rationalité des données. C'est ce qu'il appelle construire une *métaphysique des mœurs*, mot peut-être malheureux dans la bouche du démolisseur des métaphysiques, idée juste en ce que toute science, faite ou à faire, repose sur des idées générales et sur des faits généraux, soit constatés soit à découvrir. Ici les idées sont des *concepts a priori*, comme il les nomme, non pas tellement *a priori* cependant qu'ils ne dépendent aussi d'une certaine constatation expérimentale que chacun opère en lui-même et qui s'accorde avec les constatations pareilles d'autrui. Le seul point très grave sur lequel je m'éloigne de Kant en ceci, c'est que je n'entends pas réduire la loi morale à la raison qu'on appelle pure, mais à une raison moins abstraite, complétée et fortifiée par les éléments généraux passionnels de la nature humaine (V. chap. xxviii et suivants).

Pour ne pas m'éloigner maintenant de mon sujet, il faut que j'examine le principe de l'obligation, tel que le conçoit Kant. L'obligation morale résulte d'un jugement synthétique qui lie dans la conscience une fin à atteindre avec un devoir à remplir (chap. v). C'est bien aussi la pensée de Kant ; il fait reposer la morale sur un système de connaissances pures, aprioriques, d'où elle tire sa valeur obligatoire, son caractère de législation intérieure universelle ; mais il n'essaie pas de démontrer, il ne se demande même point comment il se peut faire que l'obligation se conserve pure quand il s'agit des relations mutuelles des personnes, et quand ces relations, qui par hypothèse ne sauraient dépendre d'une seule de ces personnes, cessent d'être conformes à la donnée abstraite des êtres raisonnables et de leurs concepts aprioriques purs. Loin de se poser ce terrible problème qui devrait l'arrêter dès le début, il veut transporter l'obligation dans l'ordre empirique des choses et la fortifier encore en quelque façon ; il prétend déduire, et analytiquement cette fois, non pas en invoquant un second jugement synthétique, l'existence d'une législation juridique, extérieure et de contrainte : d'où se tirent des devoirs toujours stricts, qu'il appelle *de droit*, en regard des autres devoirs toujours larges qui se rapportent à l'obligation intérieure et qu'il appelle *de vertu*.

Qu'est-ce que cette prétendue démonstration ou preuve analytique ? Kant la cherche, avec les publicistes du xviiie siècle, dans la considération des libertés et de leur limitation mutuelle, et passe, sans y prendre garde, de la *métaphysique* à une grossière *physique des mœurs*. Il peut bien sans difficulté définir le *droit* « un ensemble de conditions qui permettent à la liberté de chacun de s'accorder avec celle de tous, » formuler ce précepte général du droit : « Agis extérieurement de telle sorte que ta liberté puisse s'accorder avec celle de tous suivant une loi générale » : ce sont là des notions régulièrement applicables, en effet, à la société des êtres raisonnables qui s'estiment tous liés par la relation bilatérale de débit et de crédit, par la loi générale du respect et par celle de la généralisation des maximes (chap. xiv, xv, xvii, xviii). Mais comment tirer de là sous le prétexte de tenir compte des *mobiles de la nature humaine sensible*, une loi de contrainte matérielle dont la nécessité, dès qu'elle existe, constate précisément que les conditions essentielles du grand contrat ne sont pas remplies ? Comment arriver à dire que « le droit implique faculté de contraindre », qu'il existe « un accord entre la contrainte générale réciproque et la liberté de chacun » et qu'enfin un tel accord est le droit même [1] ? Ce n'est plus le même droit, ce n'est plus la même liberté ; la dignité de la personne et le respect sont anéantis.

Kant raisonne ainsi : la faculté de contraindre résulte du droit même, dit-il, parce que toute action conforme au droit, c'est-à-dire conciliable avec la liberté de tous, étant juste par définition, l'obstacle à une action de ce genre est injuste, et, par conséquent l'action qui lève cet obstacle est juste à son tour, ou conforme à la liberté générale [2]. Il est triste qu'on puisse détruire en quel-

---

1. Kant, *Métaphysique des mœurs, première partie : doctrine du droit*, p. 41-46 ; *seconde partie : doctrine de la vertu*, p. 28-41, traduction de M. Barni (F. Alcan).
2. Id., *Doctrine du droit*, p. 42-47 (F. Alcan).

ques mots l'argumentation en forme d'un grand moraliste et d'un grand logicien, mais il en est ainsi, et c'est une preuve de plus de l'influence des préjugés publics sur les philosophes et du danger du raisonnement dans les doctrines où les mots ne reçoivent pas un sens précis, unique, invariablement le même. L'action qui *lève l'obstacle* selon Kant, il ne saurait pourtant la déclarer juste, quelle qu'elle soit, ou de cela seul qu'elle le lève ; encore faut-il que ce soit par des moyens compatibles avec le droit et qui ne créent point à leur tour de semblables obstacles. Mais cette action de lever l'obstacle est, dit-il aussitôt, *conforme à la liberté générale* ; oui, en supposant la liberté générale compatible avec la contrainte matérielle exercée sur les individus ; mais alors il fallait démontrer que cela est possible, et Kant se borne à le supposer. C'est donc une pétition de principe, dissimulée par une équivoque ou par un abus de mots.

Au fond et sans faire de syllogismes, avouons que de vouloir ainsi donner aux mots droit et liberté un seul et même sens, dans l'hypothèse d'une société empirique où la liberté et le droit sont fondés sur la contrainte générale et réciproque, et dans l'hypothèse du monde moral idéal (en partie réel aussi toutefois) où il n'existerait de contrainte qu'intérieure, personnelle et libre, ni de droit et de devoir que par consentement mutuel, c'est introduire une confusion capable de vicier la meilleure des constructions éthiques. La contrainte, si ménagés et si légaux qu'en puissent être les procédés, est visiblement le premier degré d'un *droit de la guerre*, et un tel droit ne peut s'établir qu'en un sens tout différent du droit dont j'ai analysé le concept. La combinaison des idées de contrainte et de liberté inflige une sorte de souillure au droit supérieur de justice pure que définit la morale en tant que science. Puis il advient, par une sorte de vice inverse, que, passant de la théorie aux faits et à l'histoire, on manque d'éléments pour déduire, de la contrainte légale abstraite qu'on a conçue, une véritable explication des moyens de coercition et de défense à l'usage des institutions sociales et des individus eux-mêmes.

La division Kantienne des devoirs en devoirs de vertu, intérieurs et larges, et devoirs de droit, extérieurs et stricts et donnant lieu à contrainte, amène une autre fâcheuse conséquence. Ce qui, dans la loi morale et dans les relations de justice, est éminemment obligatoire et de l'obligation la plus stricte (chap. XIV et XV) Kant semble conduit par sa division à le traiter de devoir large, en tant que de vertu, et comme si l'obligation véritable ne pouvait naître que de la faculté de contrainte extérieure. Il n'en est pourtant pas ainsi ; on le voit par l'établissement apriorique des *impératifs*, et ensuite dans une déclaration expresse et répétée, portant que le devoir de vertu, comme tel, comprend le devoir de droit ; mais Kant ne trouve pas pour cela moins convenable de réserver ce nom de devoir de vertu aux devoirs spéciaux non exigibles en droit, non susceptibles de contrainte. Ainsi suivant son langage et ses classifications, les devoirs de droit entrent il est vrai dans les obligations qui sont la matière de l'éthique, mais seulement par les impératifs, ou d'une manière générale, et leur accomplissement n'exige pas l'exercice des vertus : la justice et les autres vertus qu'elle suppose ne sont pas des vertus. Arrivant à ce qu'il veut appeler exclusivement vertu, il ne voit nulle part que devoirs larges ou devoirs imparfaits, quoique les concepts de plusieurs des devoirs tant envers soi-même qu'envers autrui qu'il énumère comportent de formelles obligations qu'il y aurait à démêler ou à définir. Les devoirs de bonté et d'assistance usurpent toute la place qui devrait en partie revenir à des devoirs plus stricts (voir plus loin chap. XXII et suivants). Enfin la casuistique paraît et accompagne partout la vertu : la casuistique admissible sans doute, si la question était de prononcer pratiquement sur la possibilité d'une application de l'idéal moral au domaine de l'expérience, mais qui ne peut entrer légitimement dans l'ordre de la science. Le philosophe qu'on accuse parfois d'un excès d'abstraction et de rigueur se trouve, à un autre point de vue et contre ses propres tendances, amené à traiter son sujet comme l'aurait pu faire un moraliste latitudinaire. Le vice paraît n'être guère que dans les mots et suffit néanmoins pour répandre beaucoup d'obscurité sur l'exposition de la doctrine morale.

Un autre défaut auquel je me suis proposé de remédier existe à mes yeux dans la détermination de l'objet de l'obligation. Malgré la rigueur avec laquelle Kant exige de l'agent moral *le devoir pour le devoir même*, indépendamment de toute passion qui puisse l'animer (et de toute fin à atteindre, à ce qu'on croirait, car nul homme ne saurait en fait séparer sa fin de la passion qui le porte à sa fin), il ne se voit pas moins obligé d'introduire le concept de fin dans le concept de devoir, sous peine de n'admettre que des obligations en quelque sorte vides. Les fins qui sont des devoirs suivant lui et résultent, dit-il, du concept même du devoir sont au nombre de deux : la perfection de soi-même et le bonheur d'autrui. La première se déduit sans difficulté, et je crois avoir été fidèle au fond à la pensée de Kant en formulant les devoirs envers soi-même, dans ce que j'ai nommé la sphère élémentaire de la morale. La seconde est moins nette, quelques éclaircissements et réserves qu'on y puisse ajouter. J'ai cru en rectifier la notion en m'attachant de préférence à l'idée de l'association de deux agents raisonnables, étendue ensuite à un nombre quelconque de ces agents : hypothèse et fait naturel tout ensemble, aisés à abstraire et à rationaliser, qui m'ont permis de faire entrer dans la morale (sphère supérieure) les principes les plus généraux du devoir réciproque et de ce que Kant appelle la doctrine du droit. Je n'ai fait ainsi cependant que dégager le contenu de la preuve que fournit Kant à l'appui de sa thèse du bonheur d'autrui comme fin pour moi-même : « Si je veux être une fin pour les autres, et je le veux assurément, il faut bien que je veuille aussi, pour que ma maxime en cela devienne une loi universelle et reçoive un caractère obligatoire, que les autres soient à leur tour des fins pour moi [1]. » Le philosophe qui s'exprime ainsi suppose au fond et l'idée d'une association des êtres raisonnables, pour la recherche de certaines de leurs fins en commun, et le principe des obligations bilatérales, tel que je l'ai développé (chap. xiv). Seulement il y mêle des considérations d'amour de soi et d'amour des autres en vue de soi dont il eût mieux fait, lui surtout, de faire abstraction dans ce cas, quoique inséparables de la conscience humaine. La modification que j'ai apportée dans la théorie des devoirs mutuels, rapprochée des autres sur lesquelles je viens de m'expliquer, change complètement la face de la science comme je la comprends.

J'ai déjà touché quelques mots d'un dernier reproche à adresser à Kant, et sur lequel je m'étendrai ailleurs (chap. xxviii); mais je voudrais en terminant signaler une nouvelle source d'obscurité qui résulte du parti pris d'envisager le pur devoir dans l'exclusion de tous les mobiles passionnels. Kant a beau se montrer absolu dans l'énonciation de cette thèse et la reproduire en toute occasion, il ne se peut pourtant pas qu'il ne tienne compte en quelque autre manière des éléments nécessaires de la nature morale. Nous l'avons vu tout à l'heure admettre des fins, et par suite des passions, pour servir à la détermination du devoir; ailleurs il admet de certaines *qualités morales* données dans l'homme à titre de *prédispositions esthétiques à être affecté par des idées de devoir en général*. Il en nomme quatre, parmi lesquelles l'*amour des hommes* et le *sentiment moral* ou « capacité de recevoir du plaisir ou de la peine de la seule conscience de l'accord ou du désaccord de notre action avec la loi du devoir. » Si ce sont là, comme il le pense lui-même, des prédispositions naturelles qu'il ne serait pas possible d'ériger en devoirs et sans lesquelles l'homme ne serait pas capable d'être obligé [2], il y a

---

1. Kant, *Doctrine de la vertu*, p. 34.
2. *Doctrine de la vertu*, p. 43.

une sorte de contradiction à demander que le devoir se fasse uniquement par devoir, c'est-à-dire moyennant abstraction des prédispositions qu'on ne supprimerait point sans que le devoir cessât de se faire connaître. Or ce qui est vrai de ces prédispositions, soit de l'amour des hommes en général, soit de l'*intérêt* que le plaisir et la peine nous font trouver à bien faire, on peut le dire également de toute bonne passion attachée à l'accomplissement du devoir, car il s'y en attache toujours quelqu'une, et les prédispositions se déterminent pour s'adapter aux cas particuliers. Du devoir retrancher la passion, c'est en retrancher la matière et n'en garder que la forme, tout en avouant la nécessité préalable de la matière. Si ce n'est point là une contradiction formelle c'est au moins une obscurité étrange et qui se répand dans toute la *Métaphysique des mœurs*.

Peut-être ne faut-il pas attribuer le paradoxe de Kant, sa thèse du devoir pour le devoir seul, à un rigorisme excessif que son œuvre entière et son caractère confirment moins qu'on ne pense. J'en chercherais plutôt la cause dans l'idée juste et profonde qu'il avait de la nature et des conditions d'une science, et dans son vif désir de fonder la morale comme science. Il devait, pour atteindre ce but, éliminer les mobiles sensibles et passionnels autant que possible, et formuler le devoir en concepts rationnels. C'est aussi ce que j'ai essayé de faire après lui, et avec la même rigueur. Seulement je me suis rendu compte et de l'abstraction et de la nécessité de restituer les éléments mêmes qu'il était d'abord nécessaire d'écarter. Cette restitution doit s'opérer, non par un simple aveu des prédispositions de la nature humaine, tout devoir à part, non plus qu'en bannissant le droit et le devoir strict du domaine mêlé des passions et de la vertu, mais en accordant la place voulue à tous les grands mobiles qui confirment la raison quoiqu'ils s'y *doivent* subordonner, qui sont même indispensables pour que la raison existe à l'état intégral et pour ainsi dire vivant, et que tant de moralistes enfin n'auraient point élevé au rang de premiers critères si, au

— défaut de la forme propre de l'obligation morale, qu'ils méconnaissaient, ils n'y avaient aperçu telles et telles matières qu'on n'en peut séparer dans la réalité.

Je reviens maintenant à l'exposition de mon sujet pour envisager les devoirs relativement à l'idée complète d'une société d'êtres raisonnables.

CHAPITRE XXI

DES DEVOIRS EU ÉGARD A L'IDÉE DE LA PERSONNE EN GÉNÉRAL

Les exemples des devoirs déduits de la loi morale (chap. XIX) n'auraient pu être mieux choisis pour montrer ce que la notion du devoir devient dans la sphère du Juste, et quelles sont les obligations principales qu'entraîne l'idée seule d'une relation, c'est-à-dire d'une société entre des agents raisonnables. Énonçons-les dans les termes généraux qui conviennent à ce point de vue, et d'abord considérons la transformation que subissent aussi les devoirs envers soi, dont l'origine a été prise dans l'agent isolé. Ce sera rendre l'unité aux deux parties de l'éthique.

Le devoir envers soi consiste, en ce qu'il a de formel, dans l'application de la raison au règlement des actes internes et, par suite, des actes externes qu'ils déterminent. Or l'accomplissement de cette œuvre est soumis à une double condition qui sera parfaitement désignée sous le nom de loi intime de vérité et de liberté : de vérité, parce que l'agent doit se connaître lui-même et se rendre compte de ses mobiles et de ses maximes, sans illusion et sans faiblesse ; de liberté, parce qu'il doit user sciemment et fermement autant qu'il le peut de la faculté d'option qu'il s'attribue. Obéir à cette double loi, c'est atteindre un premier but donné dans le sujet même et se conformer à sa propre nature raisonnable et morale.

Le devoir envers soi, considéré matériellement, est le but que l'agent se représente en se conformant ainsi à sa nature, et qui est de se conserver et de se développer dans toutes les fonctions qui le constituent. De là un double travail pour lui : établir en lui la raison et l'appliquer aux œuvres qui dépendent de lui. Mais je reviendrai tout à l'heure sur cette notion du travail.

Généralisons maintenant l'idée de la personne. Nous le pouvons de deux manières : l'une, pratique, en nous mettant en rapport avec des égaux ; l'autre, théorique, en distinguant en nous-même l'être empirique et l'être général et idéal, celui-ci qui doit être selon la pensée, et celui-là qui est et dépend de beaucoup de conditions dont plusieurs sont en son pouvoir et peuvent le rapprocher ou l'éloigner de l'idéal, suivant qu'il les détermine. L'être idéal obtient sur l'être empirique des sortes de droits : il suffit pour cela que l'être idéal soit conçu par l'agent, et il l'est naturellement, surtout à la faveur du fait de la multiplication des personnes, lesquelles, ayant des droits réels les unes sur les autres, se jugent mutuellement et se comparent à l'idéal de chacune, dans chacune. Alors l'obligation pratique née de la considération de la personne d'autrui peut n'être plus seulement le respect de cette personne, mais se formuler dans le respect de la personne en général et comprendre à ce titre la personne de l'agent, respectable pour l'agent ; de même que l'obligation catégorique, ou loi de généralisation des maximes, exige de nous que nous puissions ériger nos maximes en lois universelles, c'est-à-dire émanées de la forme universelle de la personne.

Sous ce point de vue, il reste vrai, ce que nous avons reconnu, que les devoirs envers soi n'admettent pas de droits corrélatifs (chap. VI) ; car nulle fiction, à quelque vérité idéale qu'elle réponde, ne peut remplacer l'obligation bilatérale de l'ordre concret. Mais il est vrai aussi que l'obligation envers soi-même revêt un caractère nouveau et plus accusé, qui se trouve surtout mis en relief quand nous regardons à nos rapports avec les personnes nos égales. En effet, nous voyons immédiatement dans ce cas que l'accomplissement de nos devoirs envers nous, en général, tend à nous mettre en état de satisfaire à notre débit envers autrui ; et, au contraire, en négligeant ces premiers devoirs, nous arrivons toujours progressivement à ne pouvoir plus remplir les autres. On ne peut pas dire, pour cela, que tous les devoirs envers soi deviennent strictement obligatoires, à titre de conditions nécessaires des autres devoirs, car il y a une certaine mesure d'infidélité vis-à-vis de soi qui n'entraîne pas l'infidélité vis-à-vis d'autrui ; mais cette mesure est indéterminable en général, et par conséquent, on peut dire en général aussi que la première garantie de la fidélité de l'agent à ses obligations quelconques est dans le parfait respect de lui-même ou des devoirs qu'il se reconnaît envers soi. La source première de la notion d'obligation nous fait d'ailleurs remonter à ce même point intime où la conscience rentre et se retrouve définitivement seule en face d'elle-même. Et enfin on ne doit pas s'étonner si l'existence d'une société idéale (celle où les devoirs mutuels seraient tous et toujours remplis) réclame, universellement parlant, pour membres de la société des personnes idéales (celles qui observeraient toujours les devoirs quelconques qu'elles se représenteraient).

Les devoirs engendrés par l'idée de société se ramènent aux mêmes termes généraux que les précédents que nous rapportions à la personne en général et mise en regard d'elle-même. Vérité, liberté, c'est encore ainsi qu'il faut les appeler, et ces noms disent tout.

Certes, si nous envisageons la société comme elle est sous nos yeux, nous douterons qu'il soit possible de dire toujours la vérité aux hommes et de les traiter en associés libres et raisonnables, en toute occasion de conduite intéressant eux et nous. Je dis *nous* et *les hommes*. Ce *nous* représente l'homme tel que volontiers il se suppose, l'associé parfait qui manquerait d'associés véritables ; et *les hommes* sont alors ceux qui, sans doute, n'ont pas l'entière dignité d'hommes. Parler ainsi, c'est prendre une position commode en morale, et que pourtant nous verrons plus tard n'être que trop motivée. Ici, il est d'autant plus nécessaire de considérer la société comme elle doit être, ou selon le concept, et l'éthique invariable comme elle est. Nous sommes, si l'on veut, dans l'abstrait. Il s'agit d'une société d'êtres raisonnables ; ils ont tous des crédits ou débits réciproques, et ils ont à pourvoir aux biens particuliers de chacun et à d'autres qui dépendent de l'association, ainsi qu'à se limiter dans ces biens particuliers en raison des biens semblables d'autrui. Une condition indispensable de ce concept est que les associés doivent s'abstenir de tous actes par lesquels ils *se feraient agir* les uns les autres autrement que d'eux-mêmes et en pleine connaissance de cause. C'est dire qu'ils se doivent en tout *la vérité*, sans laquelle ils ne seraient ni dignes ni égaux et ne participeraient point les uns comme les autres à l'entente et à la conduite de leurs passions et de leurs affaires ; et qu'ils se doivent la *liberté*, savoir ce franc exercice de leurs propres déterminations extérieures dont le nom est à bon droit pareil, quoique d'acception différente, à celui que nous appliquons à la thèse de notre arbitre interne.

Ainsi, la condition fondamentale de la société pose l'existence d'un crédit et d'un débit dont l'application possible à la société de fait est souvent contestée. Cette dernière est, en effet, bien loin de satisfaire à la définition rationnelle d'un ordre social. De là, les difficultés qui nous attendent quand nous voudrons traiter la morale en science appliquée, non plus en science pure.

La vérité et la liberté constituant, pour ainsi dire, la forme d'une société d'êtres raisonnables, la matière en est ensuite donnée par le développement des fonctions des associés, ce qui nous conduit aux autres devoirs essentiels. Le premier, logiquement, est la vie individuelle même, en tant que soustraite à la libre disposition de l'agent moral, qui doit la conserver comme le moyen de s'acquitter de son obligation fondamentale envers soi et envers autrui. Après cela, l'obligation se définit par l'objet, d'où résulte la loi de travail. En effet, il s'agit de pourvoir à la conservation et au développement de la personne et des fonctions de l'agent et de ses associés ; les fins personnelles sont liées les unes aux autres par l'idée de la société et par la reconnaissance du crédit, où chaque pouvoir individuel s'étend, du débit, où il expire ; elles le sont aussi par le fait de l'existence des biens de communauté, qui pour être obtenus et gardés imposent à chacun une part de tâche dont il ne peut s'exempter sans en laisser chargés ses coopérateurs : ainsi les devoirs envers soi deviennent des devoirs envers autrui, ou des débits, et cela directement dans beaucoup de cas, indirectement dans tous les autres, et constituent un travail obligatoire.

Il faut insister sur cette idée capitale du travail que nous avons employée plusieurs fois, mais que nous n'avons pas rigoureusement définie. Le travail est un effort que l'agent raisonnable fait sur lui-même en vue de produire des actes différents de ceux que ses instincts, ses sensations, sa libre imagination et ses passions actuelles et spontanées pourraient déterminer à eux seuls. En ce sens essentiel et le plus général, la réflexion et la raison sont le travail même, une force mise en œuvre dans le sujet pour la règle de ses mouvements et de ses décisions internes. Mais ce premier travail, outre qu'il a sa fin propre qui est de constituer le sujet raisonnable, a pour effet de faire reconnaître des fins reculées, ordinairement désirables entre toutes, mais qui ne sauraient s'atteindre autrement qu'à l'aide de moyens qui, eux-mêmes et considérés à part, ne seraient pas des fins qu'on se proposât volontiers. On doit agir pour préparer ces moyens et les réaliser, sans attrait direct, et souvent non sans répugnance. Le travail consiste alors en une suite d'efforts destinés à produire des actes qui ne sont pas des biens immédiats et ne procurent la satisfaction de l'agent ni par leur nature, ni bien souvent dans leurs suites immédiates, mais seulement en conduisant à l'obtention d'une fin plus ou moins éloignée.

On voit par là que le travail est un devoir. En effet, tout devoir qui ne se rapporte pas à des fins sensibles immédiatement et sans réflexion comme bonnes exige un travail pour être accompli. Or tous les devoirs, en tant que tels, sont dans cette condition, car la nature humaine est ainsi faite que les devoirs dont la passion actuelle et spontanée suffit à amener l'accomplissement, sans aucun emploi de moyens et d'intermédiaires que la passion seule ne suggérerait pas, se font effectivement *par passion*, et non point *par devoir* aussi. L'accomplissement du devoir impose donc le travail, et, par suite, le travail est un devoir pour l'agent moral. Et on voit que réciproquement le devoir est un travail : travail sur soi en général, pour établir la liberté et l'empire de la raison ; travail sur soi et pour soi, dans la série des devoirs envers soi ; travail sur soi et pour autrui, dans la série des devoirs envers autrui ; et tout ce travail aboutit enfin à la constitution des travaux extérieurs et matériels auxquels l'usage applique plus communément ce nom de travail : si bien que les deux notions de devoir et de travail se trouvant équivalentes, on les pourrait substituer sans peine l'une à l'autre dans la science de la morale.

Si je remplaçais en toute occasion le mot *devoir* par le mot *travail*, ainsi que je m'y trouve pleinement autorisé, je réaliserais ce grand avantage de marquer une grande vérité de la manière la plus expresse et la plus vive, savoir par une innovation de langage. Il y aurait à cela peut-être un autre profit pour la morale : c'est qu'un terme devenu banal, usé, par la faute de tant d'écoles qui en ont fait un usage incorrect, et par celle d'un public qui s'est éloigné des sources de la science et refuse de les reconnaître, céderait la place à un terme plus vivant et lié aux préoccupations à la fois les plus profondes et les plus justes de notre temps.

Enfin, la notion du crédit et du débit, la théorie de la justice, la définition des devoirs ou travaux obligatoires et l'origine de l'obligation proprement dite recevraient de ce changement du vocabulaire moral une clarté toute nouvelle. Mais de si grands avantages seraient compensés par l'inconvénient de rompre avec une tradition respectable, que l'éthique de Kant a rétablie dans sa pureté, et de paraître rejeter des notions dont je voudrais au contraire augmenter la force. Il devra me suffire d'avoir appelé l'attention sur une synonymie importante et propre à éclairer l'idée du devoir dans la suite de mes études.

Revenons à la loi du travail pour autrui, déduite de l'obligation pratique et du fait moral de la société. Cette loi est de la sphère du Juste. Toute justice faite ou rendue est un travail qui paie un débit de nous à autrui, ou fait honneur à un crédit d'autrui. C'est ce qui résulte clairement de la seule génération logique des idées morales, et devient encore plus manifeste quand nous nous transportons au sein d'une société vivante, dont les membres survenants, par la nature et l'ordre des naissances, *doivent* tant de biens acquis et accumulés au travail de leurs prédécesseurs et de leurs contemporains, avant d'avoir pu rien faire eux-mêmes, qu'à moins de nier le fait social pour leur compte et d'en rejeter les bienfaits, ce qui n'est pas en leur pouvoir, ils *doivent* aussi se juger tenus de travailler pour leurs contemporains et pour leurs successeurs.

Quant aux limites de ce devoir, ou à celles du droit corrélatif que les hommes ont sur le travail les uns des autres, c'est une question très simple et sans difficultés dans la théorie et dans l'abstrait, puisque la libre entente des associés est alors supposée dans toutes les choses particulières et que les principes généraux sont constants. Le problème ne devient complexe et difficile qu'au moment où l'on admet dans les faits la violation de quelque loi première et essentielle inhérente à la notion de société (V. le livre quatrième).

CHAPITRE XXII

DU DEVOIR DE BONTÉ DANS LA SPHÈRE DE LA JUSTICE

Cherchant pour la science de la morale une base certaine, j'ai d'abord considéré l'homme seul et sur le moindre théâtre où ses fonctions pussent s'exercer. De ces fonctions, et de celle d'entre elles qui s'offre à lui pour la règle des autres, j'ai déduit des devoirs envers soi. Puis j'ai restitué la nature vivante dont j'avais fait abstraction, et j'ai déduit des devoirs de respect et de bonté qui se ramenaient encore en principe à l'agent qui se les reconnaissait. J'ai mis en regard de l'homme des agents semblables à lui-même, et j'ai trouvé dans la raison le fondement d'un contrat, soit positif et toujours possible, soit tacite ou naturel, d'où résultaient une transformation du devoir, la naissance du droit et la constitution d'une sphère de la justice. Le respect est ainsi transformé comme l'obligation ; mais que deviennent les devoirs de bonté ? C'est ce qu'il faut rechercher ici.

De l'homme à l'homme il y a des rapports de passion qu'il est permis de supposer naturellement, et en tant qu'ils ne sont pas pervertis par quelque cause, mais cette cause n'est pas encore de mon sujet, qu'il est, dis-je, permis de supposer favorables à la conservation et au développement de chacun par l'action volontaire de l'autre. J'entends indépendamment de toute idée de justice. Les agents raisonnables *se veulent* donc *du bien*, non par raison, mais par passion aussi. Je n'ai pas à examiner en ce moment si cette bienveillance ou bonté et les autres sentiments de la même nature sont des éléments moraux nécessairement liés à la connaissance et à la pratique des devoirs (V. ch. XXIX). La question est toute différente : elle est de savoir si cette bonté même est un devoir. Or ceci n'est point une subtilité, mais bien une difficulté fondamentale de la science des mœurs, et suivant qu'on y satisfait la science change ou doit changer logiquement de caractère. Disons plutôt que la morale n'est compatible réellement qu'avec une seule solution.

Si, en effet, la bonté est un devoir, comme, de sa nature ou en tant que passion, la bonté n'a point de règle, elle entraînera nécessairement les autres devoirs dans l'incertitude et les contradictions. Etant souvent contraire à la justice, en fait comme tout le monde le sait et l'éprouve, en théorie, puisqu'il n'est rien de si aisé que de supposer des cas où l'exécution des promesses (la justice même) est un mal pour ceux à qui elles ont été faites, ou pour d'autres personnes et des sociétés entières, si la bonté qui s'y refuse est un devoir et si ce devoir est accompli, la justice est violée. Il faut que le devoir soit certain et conciliable avec lui-même ; autrement il n'existe plus.

On dira qu'il y a des devoirs stricts et des devoirs larges et que la bonté est un de ces derniers. Mais c'est avouer qu'il y a des devoirs envers autrui qu'il est permis de ne pas remplir, des devoirs envers autrui qui ne lui sont pas dus et qui ne répondent pas à ses droits. Je refuse de leur donner ce nom, quand il s'agit des rapports de l'homme à l'homme, afin de conserver à la science une clarté, une détermination des termes sans laquelle on ne peut avoir que des idées en désordre, source de discussions sans fin. Veut-on entendre par ces devoirs larges des devoirs réels, mais tels cependant que d'autres qu'on appelle stricts les fassent taire à l'occasion ? Alors, je ne répéterai pas que l'essence d'un devoir, dans la sphère de la justice ou des relations entre hommes, est que rien au monde ne puisse le faire taire, et qu'il ne saurait y avoir de devoir contre ce devoir qui suppose un droit correspondant ; mais je dirai en d'autres termes que le devoir large dont on parle ici, exprime la convenance morale, et le devoir envers soi, et la passion approuvée par la raison : la passion de conformer sa conduite à l'inspiration du cœur et de suivre l'attrait de la bonté, à la condition qu'on le peut sans violer un devoir strict, c'est-à-dire éminemment envers autrui. Ce n'est donc pas là, tant s'en faut, un débit, c'est simplement et généralement un certain bien-faire auquel l'ordre du crédit et du débit impose des limites. Dès qu'on ne veut pas exprimer autre chose sinon que l'homme *doit* cultiver ses bons sentiments et leur obéir quand la justice ne s'y oppose point, il n'est pas nécessaire et c'est même un contre-sens d'alléguer, pour expliquer ce *doit*, le devoir envers autrui. Le devoir envers soi-même est seul en jeu, outre les sentiments qui parlent pour leur compte et desquels l'humanité est le premier.

Revenons donc à ce devoir de bonté que nous avons établi au nombre des devoirs envers soi. Il se rapporte à la nature vivante et sensible, comme à son objet, à la nature qui n'offre à l'homme aucun terme corrélatif de l'homme pour servir à la relation de droit et de devoir. Précisément parce qu'il se rapporte au soi comme sujet, il se trouve soumis à des conditions bien différentes de celles qu'impose le droit d'autrui, et même toutes contraires : un devoir fondamental envers soi le domine, celui de la conservation, lié aux nécessités impérieuses de la vie matérielle de l'agent moral (V. chap. x). Voulons-nous maintenant faire entrer la personne d'autrui dans la sphère des objets de ce devoir? Nous le pouvons, mais ce ne sera pas proprement la *personne,* ce sera la *nature* d'autrui qui y prendra place : l'homme comme animal et non pas comme homme. L'objet de notre bonté, dans notre semblable, existe assurément ; mais il n'est pas celui qui porte une dignité comme la nôtre, un droit inviolable pour nous, des droits qu'il nous revendique ; il est l'être sensible, et peut-être souffrant et peut-être coupable. C'est donc un semblable encore, mais non plus un associé ni le contractant d'un contrat bilatéral. Nos devoirs envers lui, sous ce rapport, sont du genre de nos devoirs envers nous-mêmes, se subordonnent à d'autres de ces derniers et à tous ceux qui sont de vrais devoirs envers autrui, c'est-à-dire absolument obligatoires.

La bonté peut enfin s'élever à un degré supérieur et se conformer à une loi rationnelle. Mais dans ce cas encore elle constitue chez l'agent moral un état qu'il faut distinguer profondément de la justice, ainsi que nous le reconnaîtrons dans les chapitres suivants, et plus tard dans les formules définitives auxquelles nous conduira la question du mérite (chap. XXXVIII).

CHAPITRE XXIII

DU DEVOIR PERSONNEL D'ASSISTANCE

J'ai étudié ci-dessus, à la suite de Kant, trois exemples de l'application du principe d'obligation de conscience (chap. XIX). Le troisième de ces cas est pour lui un devoir *contingent* et *méritoire,* c'est-à-dire large, que j'ai jugé être parfaitement strict, au moins dans sa teneur générale. Il en ajoute un quatrième qu'il appelle également *méritoire,* et dans lequel on aurait, ce me semble, une grande distinction à introduire. Le moment est venu de l'examiner. Il s'agit du *devoir* de soulager des hommes *aux prises avec l'adversité,* en supposant *qu'on ne leur doit rien et qu'on n'apporte d'ailleurs aucun empêchement à leurs moyens particuliers d'être heureux.* Après avoir remarqué que l'insensibilité systématique est cependant moins condamnable que l'hypocrisie, si commune en pareil cas, le philosophe convient encore que la maxime de l'abstention de secours, si on la généralisait, ne contredirait pas expressément l'existence de l'humanité comme loi naturelle ; mais il est, dit-il, impossible de vouloir cette généralisation, car on se priverait soi-même de tout espoir de soulagement dans les rencontres possibles où l'on aurait besoin de l'assistance d'autrui. De là cette conclusion que l'*impératif* est applicable dans l'espèce. D'ailleurs, ajoute-t-il plus loin, le précepte de regarder l'homme en général comme une fin par soi-même ne peut avoir *tout* son effet qu'autant que les fins de l'homme sont aussi *les miennes* autant que possible.

La thèse de Kant est vraie, en général ; et comme vraie, c'est de la justice en général qu'elle dépend, et alors l'obligation est stricte, nullement large et *méritoire*, au sens où l'on entend le mérite. Mais comme précepte applicable indépendamment de toute détermination du Juste, la même thèse ne saurait être fondée, car en toute société la justice se détermine et se limite et ne saurait ensuite s'appliquer comme générale à des cas que son application même a déjà soumis à des conditions particulières. Expliquons-nous : les plus simples notions de société et de justice exigent la reconnaissance du *bien commun* (Voir ci-dessus chap. XIV), et c'est assurément une partie de ce bien que chacun puisse atteindre sa fin particulière. Le contrat que j'ai appelé naturel demande que les efforts de chaque personne s'appliquent à la poursuite du bien commun, et par conséquent des biens particuliers qui y entrent. La maxime d'abstention ne peut donc pas être généralisée par la conscience. Mais toute la question n'est pas là.

Il s'agit surtout de savoir s'il y a devoir personnel de venir en aide à toute personne qui a besoin de secours, quand on le peut matériellement, et en un mot si la négative ne pouvant être généralisée, l'affirmative peut l'être. Or elle ne le peut sans mépris de la justice déterminée et abandon des droits particuliers, naturels ou acquis. Le contrat naturel, en effet, se détermine et se limite lui-même par l'entente formelle des hommes et par les obligations spéciales qu'ils contractent en l'appliquant. Soit vice de leur part, soit impuissance naturelle, ils ne parviennent pas en se liant par la justice à s'assurer tout ce que leur promettait la justice ; mais c'est elle-même, une fois le lien formé, qui devient un obstacle à l'accomplissement total des fins proposées. Nous sommes alors sous le régime des contrats spéciaux, publics ou privés, positifs ou tacites, engagés de tous côtés et dans l'impossibilité logique de donner à l'usage comparativement gratuit ce que nous devons réserver pour l'usage obligatoire.

Kant ne pouvait ignorer ces choses, et il y pensait en admettant des devoirs larges, des devoirs qu'il faut remplir, *s'il est possible,* et songeant ici à des possibilités tout autres que matérielles ; il savait que, sans parler de ceux des devoirs stricts qui obligent de travailler aux fins d'autrui, soit communes soit particulières, au détriment ou en oubli des fins d'autrui sous certains autres aspects, il y a un devoir de conservation personnelle, lequel peut enfermer le devoir d'assistance dans des bornes étroites. Or rien de pareil n'existe à l'égard des vrais devoirs envers autrui, nés d'un contrat formel, par exemple, rien qui permette d'échapper aux conséquences d'un droit avoué et certain : il faut peut-être mourir, mais il faut y satisfaire. C'est encore ce que Kant a su mieux que personne. Pourquoi donc appliquer ce même nom de devoir, en tant qu'il s'agit de justice, à des cas où il est juste, et à d'autres où l'on ne peut dire qu'il soit juste, à d'autres où il est injuste peut-être d'agir dans le sens que comporteraient nos bons sentiments si nous n'avions pas à consulter la raison ? Il y a là un vice logique dont la correction apportera, j'espère, quelque clarté pour moi dans des questions difficiles. Je conclus donc que le devoir d'assistance n'existe que d'une manière générale pour tous selon la justice, et que la justice même empêche qu'il soit d'application universelle pour chacun aux cas individuels. Mais cette espèce d'antinomie réclame quelques explications nouvelles.

CHAPITRE XXIV

DE L'OPPOSITION ENTRE LES DEVOIRS QUANT A L'ASSISTANCE

Si l'assistance n'était qu'un devoir de bonté, du genre des devoirs envers soi, par conséquent, et soumis aux restrictions, contenu dans les limites très claires de ces derniers, nous n'aurions nulle difficulté à l'entendre, et la difficulté de l'appliquer serait toute du ressort de la morale pratique. Mais l'assistance appartient à l'ordre du Juste, à cause de la fin commune que suppose l'idée d'une société d'agents raisonnables, et attendu que les fins particulières sont des éléments de cette fin. Pourquoi donc n'est-il pas moralement possible en général de satisfaire à un devoir généralement posé, et que veut dire cette contradiction ?

Déjà nous avons reconnu l'existence des oppositions entre les biens. Pour mieux dire, la sphère entière d'application de la raison aux passions chez l'agent moral isolé, réduit à lui-même, n'est qu'un assemblage d'oppositions pareilles. Il est clair que des oppositions entre devoirs doivent naître aussi de ces données, et qu'il peut y avoir conflit entre les déterminations à prendre. Mais la raison qui les compare les domine, les met en ordre, et la contradiction proprement dite ne peut exister quand l'agent moral est tout et ne connaît aucun droit qu'on puisse lui opposer.

Quand les devoirs de respect et de bonté sont venus, pour l'agent placé en face de la nature et des êtres sensibles, il s'est déclaré une impossibilité de concilier pleinement ou toujours les devoirs les plus impérieux envers soi avec ceux qui se produisaient spontanément vis-à-vis du monde externe, par le fait seul de la conformité de la raison et de tout l'ordre rationnel aux *bonnes* passions et de la répugnance de cet ordre pour les *mauvaises*. Il a donc fallu choisir, mais la contradiction des devoirs n'était point formelle, parce que tout se ramenait encore au fond à la personne toute seule. La nature demeurait chargée de ses œuvres et l'homme était maître des siennes.

L'homme cesse d'être entièrement maître de ses œuvres, lorsque d'une part il reconnaît en général des droits à autrui et que, de l'autre, il s'oblige envers autrui par des promesses particulières, ne fussent-elles que tacites. Comment, dans ces relations d'homme à homme, si claires en principe, obligatoires de leur nature, comment l'obligation peut-elle maintenant créer une impossibilité morale de satisfaire à l'obligation, et cela quand je suppose à l'agent tout pouvoir matériel et la disposition à donner s'il le faut jusqu'à sa vie pour le devoir ? Je ne répondrai pas qu'il a pu s'engager par promesses particulières, en violation du droit général qui devait toujours être réservé ; que ses devoirs se trouvent ainsi contradictoires par sa faute, et qu'ayant mal fait il est encore tenu à mal faire, soit qu'il tienne sa parole ou qu'il y manque. Cette réponse est souvent fondée en fait et explique un vice très ordinaire de l'homme, et dont la portée dans son histoire est grande. Mais enfin la contradiction n'est pas alors dans la morale. Je suppose la vertu de l'agent.

Faut-il supposer aussi qu'il ne pèche pas par ignorance ou faux jugement ? Ici, nous sommes plus près du cœur de la difficulté. Remarquons que l'homme est tenu d'agir, et cela non seulement dans les cas d'intérêt personnel mais dans ceux qui impliquent un jugement sur les droits et les devoirs communs. Ces droits et devoirs existent par soi dans la raison humaine, ce qui ne signifie point qu'on puisse éviter de les déterminer dans le particulier, et dès lors failliblement et à travers toutes sortes de conditions qui prêtent à l'erreur, non moins qu'à la faute. La détermination, qui est ainsi nécessaire en fait pour chacun, l'est en outre pour tous en principe, puisqu'ils sont des êtres raisonnables associés, appelés en cette qualité à procéder par entente commune autant que possible. Ils peuvent donc faire et ils font effectivement des contrats positifs, touchant leurs biens particuliers et généraux. Ils sont à la vérité guidés dans ces contrats et obligés en dehors d'eux par ce que j'ai appelé le contrat naturel. J'ai défini ce dernier comme le représentant universel et tacite d'une infinité d'autres contrats positifs possibles qui seraient conformes dans leurs termes au jugement commun que les agents savent ou croient porter sur le bien commun. Généralement, ou dans l'abstrait, idéalement si l'on veut, il n'y aurait aucune différence entre le contrat naturel et les principes de la raison. Dans le déterminé et dans l'application aux faits, il y en a une grande qui se compose de toutes les erreurs humaines. Je conclus de là qu'en se transportant des phénomènes primitifs ou idéaux de l'ordre social, conçu scientifiquement, aux phénomènes dérivés et à l'ordre réel et complexe des choses, il faut reconnaître la présence dans l'humanité d'une justice qui n'est pas la justice et qui pourtant oblige comme telle en vertu d'une série de contrats et du commun accord où ils ont leur légitimité.

Revenons maintenant à l'assistance; il est clair que le devoir, quoique fondé en principe, peut se juger aussi d'après les articles du contrat naturel empirique qui représente à un moment donné les droits personnels et les attentes mutuelles des hommes, comme ils sont dans une société de fait, et doit se subordonner aux contrats positifs qui déterminent ce contrat naturel. On ne pourrait souvent se soustraire que par l'injustice à l'ordre même qu'on regarderait comme injuste. Que la cause en soit dans l'impuissance naturelle de l'homme, pour reprendre des termes que j'employais plus haut, ou qu'elle soit dans ses vices, qui s'y mêlent toujours, la contradiction, on le voit, n'est pas imputable à la morale comme science, mais bien aux agents qui en ont appliqué les principes. La science est en droit de supposer d'abord la rectitude de ceux-ci. Si ensuite elle intervient encore dans la sphère qu'ils ont constituée, elle ne peut répondre de les mettre d'accord avec eux-mêmes, ni de leur rendre tout ce qu'ils ont perdu.

Est-ce là tout? On pourrait se plaindre, si ce n'est d'une contradiction, au moins d'une opposition trop forte entre ce que prescrit le principe suprême de la morale, dans l'ordre idéal, et ce qu'il commande eu égard à l'état des conventions actuelles. Je voulais supposer la vertu de l'agent, et pourtant c'est encore dans ses fautes si difficiles à séparer de ses erreurs que j'ai été conduit à chercher la justification de la science. La morale n'est-elle donc en rien responsable des oppositions de devoirs dans la question qui m'occupe ? Qu'elles résultent de la situation que l'agent social s'est faite et de l'enchaînement né de ses résolutions, cela est possible, cela est même certain, mais n'en peut-on pas assigner qui seraient essentiellement légitimes, c'est-à-dire qui se fonderaient sur l'essence même de la société et des membres dont elle se compose ? N'y a-t-il rien qui soit de la nature d'un contrat entre des êtres raisonnables libres et qui doive autoriser dans certains cas le refus de secours de l'associé à l'associé ? Voilà ce qui reste à examiner.

CHAPITRE XXV

DU PARTAGE DES DEVOIRS ET DE LA RESPONSABILITÉ

Il m'était difficile de poser correctement, dans les chapitres précédents, un problème qui touche aux impuissances et aux défaillances de l'humanité au lieu de n'intéresser que les thèses de la morale rationnelle. Quand j'aborderai réellement les questions de la morale appliquée, je me trouverai en présence de conditions bien autres que celles qu'implique un refus d'assistance de l'homme à l'homme dans les cas particuliers, alors que l'assistance paraît être pourtant de règle en général. Je devrai me placer, pour déterminer la justice, en présence de sociétés où la justice est violée constitutionnellement et de plus outragée à tout moment par les personnes. Mais il fallait ici se renfermer dans l'abstrait, quelque effort qu'il en coûtât. La tâche est plus aisée pour ce qui suit.

Je pars de l'idée d'une société d'êtres raisonnables. Ils ont des biens communs et des fins communes, c'est-à-dire qui les concernent précisément comme associés et parce qu'ils sont tels ; et ils en ont d'autres dont la communauté toute morale porte sur ce qui est respectivement et également propre à chacun. Je me demande comment les devoirs se partagent selon la raison, entre les membres de la société, pour la poursuite de ces biens. Quant aux premiers, qui ne sont pas en cause maintenant, on répondra sans peine, en ne sortant pas des termes généraux, que les devoirs doivent se partager également entre ceux qui se promettent une participation égale au bénéfice de l'association. Ainsi le veut la justice. Comment on jugera de ces choses, comment on les définira, c'est une autre question et le commencement de la politique proprement dite. La morale rationnelle peut dire seulement qu'elle exige le libre consentement de tous les associés. A l'égard des seconds biens, qui sont les principaux, puisqu'ils renferment la conservation et le développement de chaque personne, en tant que fin par soi-même, on peut faire trois hypothèses sur la distribution du travail nécessaire pour les obtenir ; et on n'en peut faire que trois en général :

Ou bien tous les associés seront appelés à travailler pour chacun, chacun pour tous ; ou bien chacun sera livré à ses propres efforts, en ce qui touche le principal de sa fin personnelle, ne comptant que sur le respect de la part d'autrui ; ou, enfin, on essaiera d'une combinaison quelconque de ces deux principes de distribution.

Dans la première hypothèse, on admet nécessairement un partage égal et des travaux et des produits de tout genre qui sont d'une utilité essentielle pour chacun. Mais si l'obligation morale de maintenir cette double égalité par la volonté de chacun n'est pas transformée en obligation matérielle, à l'aide de n'importe quels moyens, chacun se trouvera dépourvu de garantie contre les erreurs ou fautes de jugement et de conduite de tous. Le principe social sera compromis à force d'être trop bien supposé. Si par impossible il ne l'est pas, la dignité de chacun sera du moins suspendue à cette circonstance que chacun dépendra de la bonne volonté d'autrui dans les choses les plus indispensables à son développement. Et si nous supposons que la trop grande imperfection des personnes exige à la fin que l'obligation morale devienne matérielle, alors la dignité est irrévocablement perdue ; l'homme est un agent contraint et non plus libre ; la société développe des actes forcés, non spontanés et moraux ; le précepte qui veut que nul ne soit simple moyen pour la fin d'autrui est violé par les procédés mêmes qui prétendent l'appliquer et chaque personne réduite à l'état de simple moyen pour les fins de tous, qui comprennent les siennes. Ainsi la justice et la raison répugnent à cette méthode. Le communisme, en tant que loi de contrainte, est incompatible avec la loi morale.

La troisième hypothèse fait une part au facultatif et au particulier, une part au commun et au contraint dans les devoirs dont l'accomplissement est nécessaire à l'obtention de chaque fin individuelle. En tant qu'il y a communauté et contrainte, nous rentrons dans le système que je viens de juger, et la liberté, le précepte du respect sont violés. En tant que l'agent reste libre de ses travaux, au contraire, et maître de ses jouissances, nous passons à la seconde hypothèse, dont il reste à se rendre compte.

En supposant qu'une sphère propre est réservée à chacun pour la poursuite et la jouissance de sa principale fin individuelle, je suis amené à supposer aussi que la société part d'un certain état initial où d'égales sphères de ce genre sont à la disposition de chacun. Je ne me demande pas maintenant s'il est possible de les instituer de manière à satisfaire à cette nécessité de justice, en ayant égard aux relations de famille et à la multiplication des hommes et sans manquer à la prévision de l'avenir. Les problèmes complexes viendront plus tard. Il suffit, pour celui qui m'occupe, que je puisse et que je doive rationnellement admettre les *sphères* données en fondement, d'une façon quelconque, à la société des êtres raisonnables. Et, quoi qu'il en soit, on ne contestera pas qu'au moment où se présente un de ces cas d'assistance dont je traite, plusieurs des personnes qui la réclameraient et dont j'examine le droit n'aient été par le fait en possession d'une sphère suffisante, où elles se sont développées comme elles l'ont voulu. Je pourrais, à la rigueur, me borner à considérer des personnes ainsi loties : je les prends pour exemples de ce qu'il faut qu'elles soient toutes en principe.

La sphère propre dont je parle est ce qu'on doit appeler la *propriété* : un certain assemblage de choses d'avoir propre de chacun, autour de lui, et qui renferment pour lui des moyens suffisants d'atteindre ses biens particuliers essentiels sans dépendre d'autrui.

Mais, sitôt que la propriété est posée, chacun se trouve chargé de la partie de la tâche sociale qui concerne son développement propre. C'est librement qu'il doit y pourvoir ; c'est donc sous sa responsabilité personnelle : jamais idées ne furent mieux liées. Le partage des travaux et des biens ne serait pas sérieux, s'il n'était fait que sous la réserve d'un recours à autrui de la part de celui qui néglige ses travaux ou dissipe ses biens. L'associé peut avoir des droits sur ses associés, à d'autres égards et par l'effet de toutes sortes de conventions réelles ou tacites : il n'a ici que des devoirs. Non seulement il ne serait pas juste d'intervenir dans la situation que la propriété a créée, de mettre purement et simplement un homme en présence d'un homme, et de lui donner droit au concours de ce dernier, mais même à l'instant où ce concours devient nécessaire, souvent c'est le droit de ce dernier et c'est le droit de tous qui est violé par le fait du manquement de l'autre à son propre devoir. Ainsi la justice peut se trouver formellement contraire à l'assistance, dans l'hypothèse d'une société rationnelle.

Quand la justice cesse de parler, et même quand elle a droit de se plaindre, le sentiment subsiste et se plie de sa nature à tous les cas particuliers dont la matière casuistique est grande. Mais alors le devoir de bonté est limité, comme nous le savons, par la justice : justice envers soi, ou devoir de conservation de chacun ; justice proprement dite, ou envers autrui, à cause de la série des obligations de chacun (V. les deux chapitres précédents).

Je reviendrai, pour conclure, au problème de l'opposition des devoirs et à l'examen d'un moyen proposé pour tout concilier.

CHAPITRE XXVI

DU DEVOIR D'ASSISTANCE CONSIDÉRÉ SOCIALEMENT

L'opposition de la justice et de la bonté est réelle, mais elle est levée par la suprématie nécessaire de la justice partout où elle apparaît. Un ordre est apporté par la raison dans nos affections, et, sans cet ordre, nous ne serions capables ni d'aucune société entre nous ni de nous régler nous-mêmes. Que par suite il y en ait, parmi nos sentiments, et de ceux que généralement nous devons estimer les meilleurs ou les plus conformes à l'harmonie en nous et dans le monde, qu'il y en ait, dis-je, dont nous avons à réprimer le développement dans beaucoup de cas, celui qui en fait la remarque, ne fait autre chose au fond qu'affirmer l'existence du mal et l'impossibilité morale de tout accepter et de tout concilier dans la nature. Or c'est précisément cette impossibilité qui nous oblige à régler la nature humaine par la raison.

L'opposition des devoirs, dans la sphère même de la justice, est entièrement levée par l'institution de la propriété qui, juste en soi, a pour effet de décharger chaque personne de la responsabilité du travail de chacune des autres dans la poursuite de la partie indispensable et fondamentale des fins individuelles.

Mais il y a nécessairement dans la société, et par l'effet des conditions naturelles où elle doit se mouvoir et se développer, des cas nombreux de *force majeure* qui posent la question de l'assistance sans qu'on puisse dire que pour cela personne ait violé la justice ; d'autres, où du moins les réclamants ne l'ont pas eux-mêmes violée. Ces sortes de cas sont quelquefois complexes et troubles dans la pratique, mais il est aisé de les épurer pour les définir dans l'abstrait, et il faut les admettre ; il faut y compter les plus clairs de tous et les plus importants, ceux qui dépendent de ce que les survenants et les naissants d'une société constituée peuvent en fait se trouver privés des secours des personnes qui avaient le devoir spécial de les élever ou de les aider et vis-à-vis desquelles ils avaient des droits. Dans ces circonstances, il semble que la justice se retrouve à l'état initial, pour ainsi dire, et témoigne en faveur du droit à l'assistance invoqué contre un membre quelconque de la société rationnelle, puisque tout autre membre doit avoir comme celui-là les moyens d'atteindre sa fin, et que s'il les a perdus, ce n'est point par sa faute ; car telle est l'hypothèse.

Il serait dur de répondre que la justice a déjà fait, par hypothèse aussi, son œuvre de répartition, et que si les maux inévitables de la nature peuvent l'obliger de la reprendre ou de la mieux adapter aux faits (V. chap. LXXX) en tout cas les fautes des personnes ne constituent point, pour l'une d'elles en particulier, un droit contre une autre qui n'a pas à se les reprocher. Sans trop presser cet argument, quoique l'idée pure du juste m'y autorisât, j'aime mieux conclure immédiatement que l'assistance, comme devoir de bonté, si elle n'est toujours que cela, revêt dans les cas de *force majeure* un caractère tout particulier, si ce n'est d'obligation, au moins d'exigence (V. chap. LXXIX).

D'une autre part, il est manifeste que la personne considérée individuellement, par des raisons que j'ai développées, n'a point la possibilité morale, non plus que matérielle, en général, de satisfaire à l'exigence du sentiment qu'elle éprouve et des faits qui se présentent. On est alors conduit à considérer la société en corps, afin de lui imputer le devoir jugé inapplicable à chacun de ses membres. Ce concept une fois formé s'étend encore plus loin (et aussi loin que l'on veut ; on peut le faire servir à l'accomplissement de tous les devoirs de bonté, à la réparation de tous les maux réparables et même à celle des erreurs et des crimes que les auteurs du mal ne peuvent réparer eux-mêmes. Qu'est-ce donc que ce concept?

S'il s'agit de se représenter la société comme une sorte de personne, et non pas seulement comme une réunion de personnes raisonnables et libres, de lui imputer des droits et des devoirs et de la mettre en cause vis-à-vis de la justice, autrement qu'en appelant devant ce tribunal des individus responsables, je ne puis voir là qu'une fiction propre à dénaturer les vérités de la morale. D'un côté, les personnes invoquent la fiction pour se décharger de la responsabilité des devoirs qu'elles pourraient remplir, soit individuellement, soit par la meilleure entente possible entre elles à tous les degrés où il leur est donné de s'associer; de l'autre, celles qui se posent à l'état de réclamants et qui ne trouvent nulle part cette fiction à qui parler, ne manquent pas de faire peser sur d'autres qui en sont innocentes le crime de leurs droits méconnus. Pour que cette société eût des droits et des devoirs et accomplît des fonctions quelconques, il faudrait d'abord qu'elle existât; mais elle n'existe que comme une de ces idées de la métaphysique dite réaliste qui personnifie le bien, le vrai, la raison, l'amour et tant d'autres notions abstraites. Un devoir, quelque étroit ou large qu'on le suppose, doit toujours être attribué à quelqu'un en particulier, ou à plusieurs à la fois mais proprement à chacun; et un droit de même est sans fondement s'il n'est pas conçu revendicable sur des personnes déterminées. Penser autrement, c'est de deux choses l'une, ou imputer une responsabilité à ce qui n'est point une personne, et cela est inintelligible, ou rendre au fond chaque personne responsable de ce que l'ensemble de toutes ne se porte pas à certaines résolutions, ce qui est injuste.

S'il s'agit, au contraire, de l'ensemble réel des personnes qui composent la société, il n'est pas douteux que les devoirs de bonté et d'assistance ne puissent être remplis plus facilement et plus convenablement par leur entente que par des œuvres tout individuelles. Les devoirs de ce genre incombent alors à la société, comme les devoirs de justice, en tant qu'ils incombent à ses membres ; ils sont seulement plus faciles à remplir et plus efficaces, dès qu'ils sont possibles. La possibilité en est d'ailleurs subordonnée à des conditions matérielles et à d'autres de justice, ainsi que le veulent la nature, à laquelle on ne fait pas la loi, et des devoirs contractés nécessaires et antérieurs. De plus, le devoir devenu social, et qui n'est tel que parce qu'il est individuel au fond, cesserait presque d'être individuel et, par suite, réel en proportion de ce qu'il serait social : je ne veux pas dire ici en ce que l'œuvre de tous remplacerait celle de l'un quelconque, mais bien en ce que l'individu ne saurait répondre du consentement d'autrui pour l'œuvre commune. Il ne faut donc demander à l'individu que son effort, et c'est toujours à lui, à lui seul, qu'il faudra revenir pour lui dicter un devoir.

Voulons-nous envisager les sociétés telles qu'elles sont ? Nous trouverons qu'elles se prêtent en effet à des œuvres d'assistance, en partie grâce à l'initiative individuelle, ou plus ou moins composée, en partie au moyen d'institutions publiques. Seulement, nous serons obligés de dire à leur charge que n'étant constituées que très imparfaitement, à peine fondées sur la justice, les sociétés n'arrivent guère, dans l'ordre de la bonté, qu'à organiser une sorte de réparation (et combien misérable !) pour des injustices tout autres que privées et accidentelles, pour celles qui se commettent en corps et pour les flagrantes violations de droit que tous les États, toutes les constitutions et presque toutes les lois impliquent.

Mais envisageons plutôt la société rationnelle dont nous traitons ici. Celle-là est supposée avoir tout fait d'abord selon la justice. Elle est supposée n'avoir pas été rendue elle-même impossible ou trop défectueuse par les fautes de l'humanité. Elle existe, c'est-à-dire que l'entente des hommes se produit suffisamment et avec assez de rectitude pour appliquer des efforts communs à l'accomplissement de ceux des devoirs de tous qui comportent une action collective. Les devoirs de justice passent les premiers et portent un caractère d'obligation auquel il n'est rien de comparable. Ensuite, soit désordre et mal dans la nature, soit erreur humaine, et soit faute, en une mesure compatible avec le règne de la raison, il se produit au détriment des personnes des accidents et des maux du genre de ceux qui touchent le sentiment et la sympathie mutuelle et auxquels s'appliquent les devoirs de bonté. La même société, ou plutôt les membres unis et libres qui la composent s'appliqueront à les guérir autant que la nature et les souveraines nécessités du droit et du devoir le permettront. Si l'empire suprême de la justice nous paraît dur, c'est que nous ne remarquons pas assez combien il est nécessaire, combien la règle de la conduite humaine, la raison, est indispensable à la garantie, à la durée et à la bonne administration de nos biens, et que nous ne savons pas nous rendre compte des désordres qu'entraîne partout et toujours le sentiment pris pour mobile exclusif des actes ; c'est aussi que nous ne sentons pas la beauté du Juste, et que nous lui reprochons d'exclure les affections qu'il ne fait que régler, nous laissant tromper peut-être par l'hypocrisie de ceux qui couvrent leur insensibilité sous le manteau d'une froide et fausse raison. Si enfin l'empire de la justice nous semble insuffisant pour le bonheur des hommes, c'est que nous sommes malheureusement privés de ce spectacle que la terre n'a jamais contemplé. Jamais les hommes n'ont pu se rendre compte, et même de bien loin, de ce qui arriverait dans un monde où chacun ferait son devoir, je dis seulement à peu près, et en supposant qu'il ne le ferait que *par devoir*, tous sentiments exclus, si c'est possible. Mais ce n'est pas possible ; en réalité, ce monde où la *raison* commanderait serait un monde où la *bonté*, libre enfin des chaînes dont l'iniquité la charge de toutes parts, nous paraîtrait régner toute seule. La justice ne serait pas plutôt établie, si véritablement elle l'était, qu'on verrait le mérite éclater de toutes parts dans les relations humaines (Voir, au sujet du *mérite*, ci-dessous chap. XXXVIII).

CHAPITRE XXVII

LE PRINCIPE SUPRÊME DE LA MORALE. AUTONOMIE DE LA RAISON

Après avoir déduit de la personne seule et de ses idées constitutives, qui sont l'unique fondement d'une science rationnelle, les principes généraux de la morale, il faudrait rechercher si, en fait, l'établissement de la vertu est possible socialement ; ou comment, entre quelles limites, avec quelles garanties la raison et la justice peuvent régner, et ce que devient la moralité théorique et pratique de la personne dans un milieu où le mal moral a établi son empire.

Quand nous considérions la personne seule et ses devoirs, ses devoirs rapportés alors à elle-même ou à la nature qu'elle se subordonnait, les résultats et la sanction de ses actes ne la dépassaient point. Soit qu'on la supposât restée dans le devoir, ou très éloignée en fait de son propre idéal, on pouvait lui dicter les préceptes nés de cet idéal, et tout s'arrêtait là. Mise en regard d'autres personnes ses égales, on peut encore lui montrer ses devoirs qui deviennent les droits d'autrui et ses droits qui deviennent les devoirs d'autrui, lui enseigner la justice, sans employer d'autres éléments que la connaissance d'elle-même, à laquelle il suffit de la ramener. Mais il s'en faut bien alors que tout soit fini, que ses déviations ne regardent qu'elle ou que les déviations d'autrui ne la regardent point.

Socialement, et quand on pose le fait de la faillibilité humaine, et du mal moral passé à l'acte, il se forme un état général solidaire, composé des états individuels de moralité et de leurs altérations réciproques ; de nouveaux principes d'action apparaissent, dont il n'est plus possible de faire abstraction ; de nouvelles *justices* entrent dans le monde : justice défensive, justice répressive. Pour aborder un sujet si différent du premier, il faut considérer le juste et l'injuste, non plus simplement, mais au point de vue de leur mutuelle influence et dans l'ordre de la solidarité humaine. Il faut tenir compte de l'histoire, au moins générale et psychologique, et de celles des lois de cette histoire qui portent le caractère de la nécessité. Ce serait se faire une grande illusion, d'espérer qu'on poserait sur d'autres fondements des règles de morale appliquée et de droit positif, pour une société dont les membres ne vivent pas habituellement dans la justice et où de nouvelles idées de justice naissent précisément de ce que la justice ne se fait pas. Si elle se faisait, la société parfaite et ses lois naîtraient de soi, sans théorie, de l'application des préceptes purs, en vertu du consentement universel soutenu de la constante bonne volonté de tous.

L'objet des livres suivants sera de réintégrer les divers éléments moraux que j'ai dû écarter pour l'établissement des principes les plus généraux et les plus abstraits de la morale : abstraits, mais qui n'ont pas moins l'irrécusable valeur et la haute supériorité qu'ils tiennent de leur pureté même et de la force de la conscience. Je considérerai donc de nouveaux mobiles, aussi bien ceux qui altèrent et peuvent détruire la moralité que ceux qui lui viennent en aide. Ensuite je poserai les problèmes, je déduirai les antinomies de la morale appliquée au règne du mal.

Mon premier livre, tout relatif à la personne, n'est arrivé à la société que par elle et en elle, c'est-à-dire en raison de ce que la loi de la société des personnes n'est ni plus ni moins que la loi même d'une personne. En effet, la raison générale est la raison individuelle répétée, la justice générale est la justice individuelle répétée. La société est une collection d'agents raisonnables, et, comme telle, sa loi est la loi de chacun d'eux, répétée dans chacun et appliquée aux rapports de chacun avec chacun. Ceci me conduit à une conclusion qu est en même temps une récapitulation philosophique et le principe suprême de la morale, admirablement formulé par Kant quoique sous un nom contestable : l'autonomie de la volonté.

Nous avons trouvé le droit et le devoir inclus dans deux grands principes de la raison pratique avoués par toute conscience : le principe de la *généralisation des maximes*, qui sont tenues de valoir comme lois universelles ; le principe du respect de toute personne par toute personne, en tant que fin pour soi au même titre qu'elle-même. Or l'idée générale de ce double principe, dont l'unité est sensible, c'est l'idée d'une volonté qui agit dans l'ordre pratique en se reconnaissant obligée par une loi universelle de la raison ; c'est donc l'idée de la volonté de tout être raisonnable, en tant que tel, considérée comme volonté législatrice universelle ; et c'est *l'autonomie de la volonté* ou plutôt *de la raison*[1] puisque l'agent raisonnable trouve sa loi en lui-même et la suit librement, et que cette loi n'est dans tous que parce qu'elle est ainsi dans chacun, ou universelle que parce qu'elle est éminemment particulière et tout à fait propre et constitutive de toute conscience.

La propriété du principe suprême de la morale est de n'impliquer aucune connaissance expresse des biens objectifs et des fins réelles des êtres ni de soi-même, quelles qu'elles puissent être. Il vaut toujours de sa nature, ou par sa *forme*, indépendamment de la *matière* à laquelle il s'applique d'ailleurs nécessairement (Voir le chapitre suivant). Cette même indépendance a souverainement lieu pour les agents moraux à l'égard les uns des autres. Le droit et le devoir sont donc réduits à la conscience, elle-même réduite à son essence comme législatrice et loi. Rien d'extérieur ne peut être opposé au droit et au devoir, à la justice dans sa pureté. Nulle impossibilité ne la touche : elle n'en reconnaît

---

[1]. Kant a donné la préférence à la formule obscure *autonomie de la volonté*, obscure surtout en ce qu'elle a trait chez lui à l'incompréhensible théorie de la liberté pure identique à l'obligation morale.

point. Si les hommes observaient la loi, si l'idéal et le réel se confondaient ainsi dans leurs consciences, telles qu'elles se déterminent, la société, le *monde* des êtres raisonnables existerait par là même, et ce *règne des fins* dont parle Kant serait établi en vertu seulement de la législation propre à toute personne comme citoyen d'un tel monde : une union systématique d'êtres raisonnables, sous des lois communes aptes à leur faire atteindre leurs fins particulières, une association parfaite qui, sans doute, n'implique point l'accession de la nature à l'harmonie ni par conséquent le bonheur accompli, mais qui est seule et entièrement obligatoire comme loi morale, et dont l'établissement produirait, en surcroît de la justice, tous les biens que l'humanité peut attendre d'elle-même [1].

[1]. Kant, *Fondement de la métaphysique des mœurs*, trad. Tissot, 3ᵉ éd. p. 81 et suivantes ; *Id.*, Barni, p. 11.

LIVRE DEUXIÈME

RESTITUTION DES ÉLÉMENTS ÉCARTÉS DE LA LOI MORALE

PREMIÈRE SECTION

PRINCIPES SECONDAIRES DE LA MORALE

CHAPITRE XXVIII

DU BONHEUR ET LES FINS VOULUES POUR ELLES-MÊMES

Au milieu de tant d'éléments que l'analyse morale devait écarter pour obtenir des lois et constituer la science, il y en avait un qui demeurait toujours présent, même sans qu'il en fût fait mention, et qui n'occupait pas au fond une moindre place que la raison. Si, en effet, la raison apporte la règle des actes moraux, et si elle doit par là devenir à son tour un mobile pour les produire, elle n'en est pourtant pas naturellement le premier moteur. Ce moteur, celui que j'entends ici, n'est pas non plus la volonté, qui a besoin d'une loi et qui la cherche soit dans les passions, soit dans la raison ; mais c'est la cause finale, principe des passions, le bien en général, le bonheur. La raison n'a de prix et ne se fait reconnaître qu'autant qu'elle est supposée lui être conforme et le servir.

Le bien est une fin voulue pour elle-même, constamment et toujours : ce que nul moraliste ne conteste. Il est vrai que le bien est aussi une idée générale, et qu'à ce titre il n'implique nécessairement aucune fin en particulier. Il n'empêche donc pas la raison de poser la loi morale qui vient les primer toutes. Mais lorsque cette loi est posée, et qu'elle l'est, je suppose, en vertu du principe d'obligation de conscience, il faut que l'agent moral croie qu'elle est *bonne*, non seulement comme obligatoire, non seulement à cause des sentiments qui le portent à vouloir se conformer à son essence raisonnable, et dont je traiterai dans les chapitres suivants, mais en tant que la plus propre de toutes à assurer le bonheur de celui qui la suit. C'est en vue du bonheur, ou du bien en général, c'est-à-dire des satisfactions de tout genre que poursuit la nature sensible, passionnelle et intellectuelle de l'homme, mais considérées universellement, que la raison et le devoir envers soi d'abord, ensuite et plus éminemment la loi morale peuvent exiger de lui qu'il renonce à ce bonheur, à ces mêmes satisfactions dans les cas particuliers. Autrement, il y aurait une antinomie insoluble, une contradiction dans le système des fonctions humaines.

Il est vrai que la contradiction existerait et que le bonheur serait loin de sembler toujours compatible avec la soumission à la loi morale, si l'idée générale de bonheur se renfermait dans la série des satisfactions clairement appréciables et positives. Mais la conscience de l'humanité ne se reconnaît pas entière dans cette borne, et la plupart des religions la franchissent, se réclamant en cela, au fond, de la psychologie et de la morale, que vainement elles prétendent conduire. La morale envisagée en elle-même n'est pas une religion et ne conduit nécessairement à aucune religion, mais elle est en état de leur fournir le principe d'une conciliation finale entre le devoir et le bonheur, soit dans la vie présente, soit au delà.

En se tenant, dans les termes de la science, on peut remarquer que l'idée du bonheur est tout à fait générale ; qu'elle meut les êtres raisonnables, comme tels, précisément par sa généralité, non par des applications spéciales ; que l'ignorance où nous sommes de l'avenir, et de la plupart des bonnes conditions d'une vie actuelle particulière et de toutes celles d'une vie future nous met dans l'impuissance de déterminer positivement les éléments certains de notre bonheur ; que c'est dans cette situation que la morale s'impose à nous, comme principe de conformité de nous-mêmes à notre propre nature selon la raison, et que dès lors nous devons accepter le postulat d'une conformité finale quelconque de cette même loi avec le bonheur, afin d'éviter une contradiction dans le sujet de notre étude et de le soumettre tout entier aux lois de la pensée. Cette acceptation, cette croyance, en termes généraux seulement, car ils suffisent et ils sont la dignité du savant, est l'induction, l'hypothèse propre de la morale.

Je ne nie pas qu'il ne soit possible à l'homme de pousser l'abnégation de soi jusqu'à la renonciation au bonheur, entière, définitive et sans réserve, pour obéir à sa conscience. Ne lui est-il pas possible, inversement, de placer le bonheur en première ligne, et de se proposer, comme s'il le connaissait, d'en tirer les lois de la conscience ou de les y soumettre ? Mais je nie que l'homme soit tenu à cet effort, non plus qu'à cette théorie, et que la science ait mission suffisante de les lui demander et de l'y suivre, quand il faut pour cela qu'elle coupe en deux la nature humaine et en en rejette la moitié, l'une ou l'autre moitié, on ne sait sur quel fondement.

La morale ne conduit donc pas seulement par la meilleure voie aux spéculations sur la *religion dans les limites de la raison*, ainsi que l'entendait le fondateur du criticisme ; mais, dans sa propre sphère, elle parvient à l'aide de la généralisation nécessaire de l'idée du bonheur, à un *postulat* également général qui pose l'harmonie naturelle et finale des phénomènes, et dont elle a besoin pour former la contre-partie de la loi de raison. Elle ne saurait, en effet, repousser l'idée d'un but universel, tandis qu'elle promulgue une loi universelle des mêmes actes qui se dirigent en fait et constamment vers un tel but, bien ou mal compris, mais toujours supposé par toute conscience.

Il ne serait pas juste d'objecter que la morale perd de son indépendance et de sa pureté, si elle invoque et suppose un principe étranger pour elle, étranger de plus à l'expérience et à toute science possible. La morale, comme je l'entends, ne *suppose* pas ce principe pour se fonder, mais, après qu'elle est fondée, elle *l'apporte* en commun avec les passions, dont elle vient expliquer et compléter les données propres à le suggérer. Elle *demande* qu'on le lui concède pour l'accord de ses données propres avec l'ordre des phénomènes qui lui échappent et qui fuient l'expérience, mais auxquels il est inévitable qu'on pense et dont une supposition quelconque est engagée dans le fait de la poursuite du bonheur par tout agent sensible. Lui refuse-t-on le postulat ; elle ne laisse pas d'exister, elle s'impose toujours, et avec toute la force qu'elle tire de ses principes, les seuls pleinement rationnels et entiers, nécessaires et suffisants dont la nature humaine soit en possession. Seulement, voici la conséquence.

Le sentiment de l'obligation pratique et la loi catégorique du devoir ne sont pas, ne peuvent pas se trouver atteints en eux-mêmes, ou dans ce qui les constitue. Mais le refus du postulat emporte cet aveu qu'il peut exister une antinomie entre la loi du devoir et la loi naturelle de la recherche du bonheur. De là un affaiblissement du sentiment de l'obligation et de l'empire de la raison pratique, un affaiblissement qui ne devrait pas être, puisque d'un côté il y a assurance et pleine lumière, et de l'autre, doute seulement ; mais qui sera, si le doute amène l'hésitation et la crainte, et surtout s'il fait place, comme on le voit souvent, à la négation décidée de l'harmonie entre le bonheur et la vertu. Alors l'agent moral opposera peut-être à l'obligation de justice une autre obligation, celle de sa conservation propre, et au devoir l'intérêt, tel qu'il se le représentera, car on se le représente toujours de quelque manière. Au nom de quoi lui enjoindrons-nous d'opter pour le devoir ? Nous fonderons-nous sur ce que le devoir est certain par lui-même, n'impliquant aucune connaissance extérieure à la raison, tandis qu'il est douteux que le véritable intérêt y soit contraire ? Mais ce sera recourir obscurément au postulat, en supposant qu'il peut au moins se faire que l'intérêt et le devoir s'accordent toujours au fond malgré les apparences les plus sensibles, et en engageant cet agent à tenir compte de cette possibilité. Nous serons donc réduits, si nous voulons éviter toute hypothèse, à favoriser celle où nulle harmonie n'existerait, puis à imposer néanmoins le choix de la justice et de la raison. Or, l'agent sommé de se conformer à sa nature raisonnable, opposera sa nature sensible de laquelle il faudrait qu'il se séparât. Tel, je le veux, se portera vers la première, y trouvera son *vrai bonheur*, la satisfaction de son sentiment dominant. Mais ce n'est pas tout de compter sur la simple possibilité de cette assiette de la conscience, il faut pouvoir en combattre une différente. Tel autre infirmera la loi morale en alléguant le vœu de la nature et tous les jugements empiriques à l'appui, faibles pour la raison, plausibles dans la vie. Il pourra même juger la satisfaction des passions mieux adaptée aux fins de l'homme que le devoir, qui n'est peut-être qu'un pur sacrifice. Et pour l'engager à sortir de cette position, logiquement inexpugnable, il faudra lui soumettre le postulat qui réclame l'harmonie entre l'ordre complet et connu de la raison et l'ordre inconnu des phénomènes en leur enchaînement total.

Ce postulat est donc le *complément de la science de la morale* : non pas un *postulat de la morale*, c'est-à-dire nécessaire pour la fonder, mais plutôt en ce sens un *postulat des passions*, nécessaire pour les légitimer et les faire entrer dans la science : une induction pour l'accord de la morale avec l'ordre et le développement des fins objectives dans le monde, et, par suite, un moyen de son ferme établissement dans l'esprit humain à qui cet ordre quel qu'il soit ne peut rester indifférent, puisque l'impérieuse donnée en est inscrite et constatée dans le caractère universel des passions.

Une autre question d'une importance capitale se présente maintenant, et nous la résoudrons comme la précédente en donnant satisfaction à la loi de la recherche du bonheur. Le bonheur étant toujours une grande fin voulue pour elle-même, il n'est pas légitime d'interdire à l'agent la poursuite des fins qui le composent et qui se joignent à la fin rationnelle du devoir. L'obligation de faire son devoir uniquement par devoir, en vue du devoir seul, est un paradoxe de Kant. Cette réduction de la loi morale à la *forme*, indépendamment de toute *matière*, est vraie sans doute, en ce sens que la loi, comme générale, se subordonne tous les cas particuliers, toutes les fins particulières ; elle n'est ni ne peut être vraie, quand on entend par là que l'acte conforme à la loi devrait être fait en dehors de la tendance à la fin universelle ou au bonheur, soit même à une fin particulière quelconque et encore que justifiable par la loi.

En fait, la détermination à agir n'a jamais lieu que pour une fin déterminée, et ce fait universel, lui aussi a force de loi. La détermination se fonde sur un jugement particulier, lequel ne se rapporte jamais exclusivement à la loi morale qu'il y a lieu d'appliquer, mais bien encore à quelque chose bonne et désirable en soi. On ne peut donc pas refuser à l'agent la faculté morale d'agir, en se conformant au devoir, pour des fins que ses passions lui présentent et sans lesquelles il cesserait d'être un agent naturel et serait à peine intelligible dans l'abstrait. Mais Kant lui-même admettait des sources de moralité en dehors de la conscience de la loi ; il n'était donc pas plus fondé à exclure les grands mobiles des déterminations particulières qu'on ne le serait d'éliminer la raison, laquelle est une donnée universelle comme eux et n'intervient dans les actes humains qu'à ce titre, et plutôt pour les régler que pour les inspirer.

La réduction du devoir à sa forme entraîne naturellement une conséquence qui répugne pratiquement à la conscience : c'est la thèse célèbre des stoïciens, de l'*éducation des devoirs* ; et il faut y joindre celle qui nie l'existence des actes indifférents. En effet, si le devoir est étranger de sa nature à la considération des fins, il ne saurait être plus ou moins lui-même ; un acte donné y est ou non conforme ; entre le devoir accompli ou non, quels que soient les cas, il n'y a rien qui permette une mesure. D'un autre côté, les actes dits indifférents ne sont ainsi nommés que par rapport au devoir, car dès l'instant que nous nous y portons, il est constant que nous les dirigeons à des fins petites ou grandes, d'agrément ou d'utilité. Mais au fond, si nous cherchions bien nous trouverions toujours quelque devoir engagé dans la détermination et dans le choix. Si donc nous entendons le devoir à la manière de Kant, il faudra en poursuivre l'application aux derniers détails, et ce sera un précepte de ne rien faire qui n'en résulte, de ne rien admettre comme indifférent à ce devoir pur. C'est ce qui est impraticable. Au contraire, quand nous acceptons la considération des fins comme légitime, nous pouvons demeurer dans les limites du devoir tel que nous l'entendons, en le laissant se déterminer spontanément par les fins, et nous appelons alors indifférents les actes qui à cause de la minimité de ces dernières et de l'absence de plus importantes, sont *étrangers au devoir*, c'est-à-dire, selon nous *n'intéressent aucun grand devoir*. C'est bien ainsi que parle la conscience morale, tout système à part. Elle nous enseigne aussi que tous les devoirs ne sont pas égaux, parce que les fins dont ils sont inséparables ne sont pas égales, et que la nature des passions liées à nos actes, d'une part, de l'autre, les suites qu'ils ont, *quand nous les prévoyons*, sont éminemment propres à aggraver ou à atténuer nos manquements au devoir ; d'où il suit que le devoir lui-même ne s'impose pas toujours avec la même force. La solution de cette question, envisagée ici dans l'abstrait, devient encore plus impérieuse et plus nette quand on a égard aux conditions empiriques des sociétés où le devoir pur est à peine applicable (V. *passim* dans la suite et particulièrement chap. LII et suivants et XCIV).

La considération des fins ne pouvant être exclue du devoir, il est arrivé naturellement que les moralistes les ont envisagées dans les classes qu'elles composent, ont fait leur choix parmi celles-ci pour composer des systèmes d'éthique. Ils ne se sont pas trompés en pensant que les fins sensibles ou rationnelles, personnelles ou impersonnelles sont vraiment des mobiles moraux, mais bien en ne cherchant pas une loi générale qui les gouverne ; et ils ne se sont pas entendus sur la préférence à donner aux unes ou aux autres en tant que rectrices, parce qu'elles sont toutes bonnes, telles que ordinairement il les ont définies, mais qu'il n'en est aucune qui porte règlement pour les autres ni pour elle-même.

La loi de Kant a cet incomparable mérite de n'impliquer point de fin déterminée à atteindre, mais de s'appliquer à l'une quelconque en la réglant, et en même temps cependant de poser, sous ce nom de loi, la plus radicale fin qu'il y ait pour toute personne, savoir la personne même à respecter par la personne : d'où le droit et le devoir ; ensuite de donner, dans le principe de la généralisation des maximes, un critère d'application qui est, on peut le dire, la forme même de la raison pratique. C'est par là qu'il a fondé la science. Il n'y a d'ailleurs nulle difficulté à comprendre que la loi morale n'exige l'abandon ni l'oubli, dans l'acte de devoir, d'aucune fin qui paraisse désirable pour elle-même. La loi demande seulement que la fin ainsi poursuivie souffre l'application de la loi, ou ne soit point contraire au devoir. Cette correction des formules de Kant ne fait que rendre à la nature son dû et supprimer un paradoxe, et laisse à la morale toute son élévation et sa force.

Je vais parcourir rapidement les principes secondaires de la morale, c'est-à-dire les fins qui réunies sous certaines classes servent à édifier des systèmes et conservent, tout système à part, une valeur considérable, non plus à titre de loi mais à titre de grands mobiles d'action compatibles avec la loi et capables d'en assurer l'empire, si on les entend bien, si on les dépouille de ce qu'ils ont d'exclusif chez les moralistes qui les ont préconisés. Ce n'est nullement parce que je les crois dè peu d'importance que je les nomme secondaires : ils sont au contraire d'un grand prix, et par eux-mêmes, et à cause du nombre immense des hommes qui ne s'élèvent pas encore à d'autres. Mais il faut les subordonner au principe suprême de la science, une fois reconnu.

CHAPITRE XXIX

RAPPORTS GÉNÉRAUX DE LA LOI MORALE AVEC LE SENTIMENT ET AVEC LA SYMPATHIE

Ce n'est pas précisément un principe secondaire de la morale que cette bienveillance et cette sympathie naturelles qui lient l'homme à ses semblables, non plus que ce sentiment ou sens moral qui descend de la source secrète des instincts et vient à l'appui de la loi. Ce sont plutôt des éléments profonds, essentiels de la nature humaine, dont on a dû faire abstraction pour déduire la loi, car la loi est rationnelle, mais qu'on doit réintégrer, après qu'on l'a déduite. La personne est douée de sensibilité, d'instincts et de passions, aussi bien que de raison. L'ensemble de ces sentiments, pour les réunir ici sous ce nom, convergent à deux points principaux, quand il s'agit de nos déterminations actives. Le premier est le bonheur personnel, dont j'ai parlé dans le chapitre précédent, le second est encore le bonheur, mais considéré en autrui. La bienveillance envers autrui, la sympathie pour les biens et les maux d'autrui, le désir de procurer s'il se peut les uns et d'éloigner les autres, sont incontestablement, et en concurrence avec l'amour de soi-même, un premier mobile des actes humains, quoique des sentiments contraires naissent aussi de cette concurrence. L'antagonisme est assurément très grand; on verra plus loin si je refuse de le regarder en face ; mais ce facteur de l'histoire n'exclut pas le facteur contraire, et la nature des passions les réclame l'un et l'autre. Une forte induction porte à penser que, sans la bienveillance et la sympathie mutuelles des personnes, aucune société n'eût été possible au delà de la famille, et la famille elle-même à peine.

Quoi qu'il en soit, c'est quelque chose de plus encore qu'une induction, c'est un fait psychologique véritable, que la présence de la sympathie au nombre des éléments qui portent l'homme à des actes favorables au bonheur d'autrui. Oté ce fait, et supposé qu'une association d'hommes fût encore possible, il resterait qu'il a lieu cependant dans l'association telle qu'elle se forme, et fournit un mobile du bien commun et vient à l'appui de la loi morale, de quelque façon qu'on la définisse. Pour nier cela, il faut ou mutiler la nature sensible, ou admettre que certains éléments fondamentaux de cette nature n'interviennent pas, ou *devraient* ne pas intervenir là précisément où la place en est marquée dans l'ordre mental.

Devraient ne pas intervenir dans l'acte vraiment moral, c'est la thèse de Kant, qui est bien loin de ne vouloir compter que les passions insociables dans l'homme naturel et de mutiler ainsi la nature à l'exemple de Hobbes, mais qui juge que les passions même les plus nobles, en se joignant au mobile rationnel, abaisseraient la vertu. Rien n'était mieux fait pour nuire à la diffusion des principes de Kant dans le monde que de demander si inutilement pour le fond de sa théorie, si vainement vis-à-vis de l'homme comme il est, et même de la nature humaine comme on peut la comprendre, que l'action moralement bonne fût absolument exempte de passion. Lui-même avouait ne pas savoir si jamais action avait été faite de la sorte ; et j'ajoute que je ne sais pas si l'agent purement rationnel, supposé possible, serait moralement supérieur à l'agent passionnel pur, étant donnés des actes de part et d'autre identiques. Il est permis d'en douter. Répétons donc à propos de la passion ce que nous avons dit plus haut à propos des fins voulues pour elles-mêmes. Dès qu'un acte est fait par raison et devoir, si la bienveillance et la sympathie existent aussi, il doit se faire aussi par bienveillance et sympathie, et cela ne se peut autrement. Et dès qu'un acte est fait par bienveillance et sympathie, la raison et le devoir étant présents, comme ils le sont chez l'agent moral, il ne doit pourtant se faire que si la raison et le devoir l'autorisent. Et pourquoi? parce que la passion est de la nature de l'homme, et que la raison est sa règle, parce qu'il est de l'essence de l'agent à la fois passionnel et rationnel d'établir une règle de ses passions et de s'y conformer. En ce sens, l'action moralement bonne se fait certainement *par devoir*, et au fond, on pourrait aller jusqu'à dire avec Kant qu'elle se fait *uniquement par devoir*, s'il était permis d'entendre par là que, se faisant *aussi* par passion, elle ne se ferait pourtant pas dans le cas où il y aurait devoir contraire.

Voilà donc un premier rapport général entre la justice et le sentiment. Mais il est un autre rapport encore plus profond, si ce n'est le même, vu dans sa source. Toutes les passions du genre de l'amour, soit qu'on les rapporte à soi-même, ou qu'on les rapporte à autrui, sont justes pour autant qu'elles tendent à la conservation et au développement de chaque personne dans sa nature et dans ses biens, car la justice n'est qu'une promesse et une garantie mutuelle de ces choses. En tout ceci l'amour est approuvé par la raison, à la fois rationnel et raisonnable. Réciproquement la raison est aimable, la justice est aimable, puisqu'elles conduisent aux meilleurs et aux plus sûrs de tous les biens et sont des conditions de ceux que nous pouvons rechercher sans nuire à autrui ou à nous-mêmes. L'accord général de la raison et du sentiment est complet. Il se dément quand la raison nous refuse des biens particuliers, ou quand le sentiment nous porte à de tels biens, que la raison envisage comme des maux. Mais il se rétablit en vertu de l'ensemble généralisé des biens propres à chaque personne et par la considération universelle des personnes elles-mêmes; il serait parfait, autant que la nature externe des choses s'y prête, si la nature humaine se conformait à son idéal.

Cet idéal unit, on le voit, la raison et le sentiment. Aussi quand on approfondit l'idée de la justice, on s'aperçoit qu'il n'est pas possible de la concevoir en acte, pour ainsi dire, dans le cœur humain, à moins d'y faire intervenir le principe passionnel de la bienveillance ou de la sympathie. Quand l'homme se conforme au devoir envers soi-même, par exemple dans la vertu de tempérance, qui ne touche autrui qu'indirectement, le mobile de l'amour-propre est indispensable pour donner un sens à l'empire de la raison sur les appétits : de même, quand il s'agit des devoirs envers autrui, on ne comprendrait pas le sens des actes de vertu, si quelque chose, outre la raison, n'inclinait pas l'homme à poser la loi morale en se reconnaissant des égaux et à préférer, parmi ses affections propres, celles qui le placent avec autrui en communauté de biens et de maux à celles qui lui montrent en autrui des instruments ou des obstacles (V. *Essais de critique générale, Quatrième Essai,* p. 101 et suiv.). Ce quelque chose est l'amour de l'humanité, dont je ne saurais concevoir, ni que l'honnête homme soit dépourvu, ni que, le possédant, il ne fasse point usage pour être juste.

En traitant ici du sentiment et de son rapport avec la loi morale, je ne puis me dispenser de généraliser, et de nommer, après le sentiment de l'humanité, celui qui nous inspire la bienveillance envers tous les êtres sensibles, ou même envers tout ce que l'imagination nous représente comme doué de vie et digne de l'existence. Ce dernier sentiment est donné assurément dans notre nature et forme l'unique appui de ce que par extension on appelle des devoirs à l'égard d'êtres différents de l'homme, celui-ci seul, ayant de véritables droits vis-à-vis de son semblable. En pareil cas, si la bienveillance est affaiblie par la donnée de sentiments contraires et trop souvent excités, elle est corroborée par la connaissance des liens qui unissent nos passions entre elles et à nos vertus et les constituent indirectement bonnes ou mauvaises (V. chap. x), et par la généralisation du devoir envers nous-mêmes, laquelle nous oblige, vis-à-vis des autres êtres, à cultiver les bons sentiments et à combattre les mauvais (V. chap. xxi). Quoi qu'il en soit, c'est ici une sphère de devoirs qu'il ne serait nullement possible à l'agent moral d'aborder et de comprendre s'il ne partait point de l'existence de ses sentiments comme première et indispensable donnée.

L'abstraction est utile et nécessaire pour la constitution de la science, même morale. Mais il ne faut pas la continuer jusque dans les conclusions qui arrivent à la pratique et supposent alors l'intégration des fonctions qu'on a divisées. Toute thèse qui scinde définitivement les éléments de la nature humaine est erronée. L'homme est un ordre, une harmonie de fonctions réciproquement conditionnées et, par le fait, inséparables. Nous ne pouvons que les accepter et les étudier, et l'analyse qui perdrait entièrement de vue, dans les rapports qu'elle définit, les rapports qu'elle écarte irait contre le but de la science.

CHAPITRE XXX

DU SENS MORAL

Le sens moral est une combinaison naturelle de la sympathie ou bienveillance dont je viens de parler, du penchant social qui en est la suite, avec la raison qui pose l'égale dignité des personnes, avec la justice qui est le respect de cette dignité. En tant que les éléments psychiques de la combinaison ne sont point démêlés, et que la justice demeure engagée dans la sphère obscure des affections et presque des instincts, on peut y voir une sorte de sentiment complexe, et le nom de *sens* n'est pas trop mal appliqué. En effet, la réflexion elle-même existe en puissance chez l'homme, avant de venir à l'acte ; ceux des produits de la raison qui plus tard se distingueront si nettement des impressions et des sentiments commencent par en affecter la forme ; ainsi le sens moral peut être pris comme un premier degré de la nature morale, et, en même temps, comme la donnée confuse proposée à l'analyse. Beaucoup d'hommes ne s'élèvent pas au-dessus de ce degré ; pour eux, le sens moral est l'unique forme et par conséquent le principe de la morale ; pour tous, il est un principe secondaire, parce que tous, en un grand nombre d'états et d'actes de la vie, sont déterminés exclusivement par des sentiments très mêlés dont la réflexion se dégage à peine et ne dégage point le contenu.

Mais vouloir prendre le sens moral pour principe de l'éthique, c'eût été déjà chez les anciens qui avaient fait de si belles et fortes analyses, ce serait aujourd'hui, à plus forte raison, *invento fruge glandibus vesci*. L'œuvre de la science consiste à faire sortir les vérités des sentiments et non à les y faire rentrer, à chercher les lois cachées sous les données naturelles, et à les formuler aussi rationnellement que possible, non à les envelopper dans une existence concrète. D'ailleurs, ce n'est pas seulement la science, c'est aussi l'homme qui n'atteint complètement son état d'agent raisonnable qu'à la condition d'opérer le dégagement de ses mobiles de conduite au lieu de les tenir enfermés et dissimulés sous la rubrique d'un *sens*.

Toutefois on retrouve, au plus haut degré de l'état de moralité, quelques-unes des caractères qui conviennent à l'état le plus bas. Kant lui-même, si peu porté qu'il fût vers la morale du sentiment, après avoir développé les formules de l'obligation et de l'autonomie de la volonté, arrivé au bout de sa déduction, remarquait que les principes déduits tendaient à se manifester comme intuition et comme sentiment pour la conscience. En cela il reconnaissait dans la *loi* quelque chose de semblable au sens moral ; il posait dans le cœur humain une fonction intégrale, un accord de la raison, de la volonté et des affections, et rendait à l'instinct ce qui après tout était descendu de l'instinct. Que n'a-t-il insisté sur cette vue profonde et restitué partout à la nature humaine son intégrité, lui qui avait si bien posé les fondements de l'œuvre en détruisant la métaphysique de la raison pure!

Le retour des principes rationnels à l'intuition et au sentiment qui les ont d'abord enveloppés a lieu de deux manières : premièrement au fond, en vertu de l'unité des fonctions humaines, car l'analyse qui les distingue ne les rompt pas, et il faut bien que l'agent qui, dans la pratique, a nécessairement tiré tous les principes et mobiles de ses actes d'une *puissance* préexistante, et que le philosophe qui, dans la théorie, n'a pu que définir et coordonner les parties de cet unique sujet restituent à la fin l'unité d'où ils sont partis ; or celle-ci se témoigne par un sentiment et rien autre n'est propre à la témoigner. Ensuite le retour a lieu par l'habitude de la vertu. Et, en effet, l'habitude des actes que la réflexion et la raison engendrent tend à en ramener les principes à la forme de l'instinct. L'agent moral reviendrait donc par cette voie à l'état d'indistinction et de confusion des notions, qui fut son point de départ, et se trouverait de nouveau réduit au sens moral. Mais de même que les synthèses auxquelles parviennent les sciences diffèrent en vertu des analyses faites, et que le savant n'oublie point, des synthèses confuses et grossières que fournit d'abord la nature, de même il faut que l'agent moral ne laisse point sa réflexion s'oblitérer, ne perde jamais de vue les motifs raisonnés des actes qu'il arrive à faire comme sans motif, et que le sens moral chez lui diffère aussi, par l'analyse faite, de ce que ce sens a pu être antérieurement à l'analyse.

Le *sentiment*, dont je viens de parler, n'a rien de commun que le nom avec un autre principe éthique qui consiste, pour certains, à donner la préférence à l'amour sur la raison comme premier mobile moral : question que je toucherai plus loin.

CHAPITRE XXXI

DES MOBILES DE L'INTÉRÊT ET DE L'UTILITÉ

Avant de continuer l'examen des mobiles moraux, je dois m'expliquer sur le sens de quelques mots, des plus communément employés par tout le monde, et des plus mal fixés pour cette raison même entre les philosophes. Ceux-ci ne se disputent pas tant *sur les mots* qu'ils ne se disputent les mots, ce qui rend leurs débats de ce genre moins puérils. Je veux dire que tantôt ils ont à cœur de ne pas sacrifier les grands noms que l'humanité respecte, mais qu'ils sont alors forcés d'en altérer le sens pour les employer dans leurs théories ; l'histoire du mot *liberté* serait un curieux exemple de ce cas ; tantôt, s'étant attachés à des mots d'une acception restreinte qui conviennent à leurs opinions, ils ne veulent pourtant pas avouer ce que ces opinions ont d'incomplet et prennent le parti d'étendre la signification des noms, afin de conserver au fond des idées bornées et de paraître en avoir de plus larges. Désignons les mots comme plus élevés ou plus bas selon qu'ils se rapportent à des sphères de dignité plus ou moins grande de la pensée : on peut dire que certains philosophes ou moralistes revendiquent ces mots élevés, mais pour les affecter à des offices inférieurs, et que d'autres s'emparent de ces mots relativement bas pour les élever aux plus hauts emplois. C'est ainsi que les mots *intérêt* et *utilité* ont été souvent tirés du rang secondaire où les tenait la morale et érigés en principes souverains de la doctrine des mœurs.

Le principal est toujours de s'entendre sur le fond, et, pour cela, il faut définir. Il faut prendre garde aussi de donner trop de compréhension aux termes, parce que l'on supprime de cette manière des distinctions nécessaires que le langage commun a consacrées et qu'on ne sait plus comment rétablir ensuite. Je crois rester fidèle à ce langage en désignant par le mot *intérêt* le groupe des fins humaines qui comprend trois sortes de biens ou éléments du bonheur : 1° Ceux qui touchent directement la conservation de l'individu ; 2° ceux qui touchent ses jouissances d'ordre matériel ou passionnel, quand ses passions n'ont que lui-même pour but ; 3° ses moyens ou sa puissance accumulée de se conserver et de jouir. Cette dernière espèce de biens est celle qui résume le mieux l'idée de l'intérêt à cause de la faculté qu'a l'homme de prévoir et de généraliser. Remarquons maintenant que l'intérêt, tout relatif à l'individu, s'étend par l'adjonction des intérêts similaires d'autrui, ou de ceux que l'individu fait siens par ses instincts et par ses passions. Et ajoutons que ce mot peut se transporter comme beaucoup d'autres du sens individuel au sens collectif. Il y aura donc des intérêts de famille, des intérêts corporatifs, et même un intérêt social. L'intérêt ainsi agrandi tend naturellement à s'allier à des idées d'une autre nature, et par exemple à celle de justice, mais on ne doit pas en oublier pour cela le vrai sens et confondre des notions qu'il n'est permis que d'unir. La racine de l'intérêt est toujours dans les biens individuels d'une certaine espèce.

J'accorde plus d'extension à l'idée d'*utilité*. L'utile n'est il est vrai que ce qui sert l'intérêt, et chacun l'entend primitivement ainsi. Mais le moyen est ici plus général que la fin, ou *ce qui sert* plus vaste et plus complexe que *ce à quoi il sert*. De là l'extension dont je parle. L'homme, en sa qualité d'être raisonnable, arrive à comprendre que le développement de l'esprit sert à l'acquisition des biens matériels, et l'expérience lui apprend que la connaissance de beaucoup de choses qui semblent d'abord indifférentes est un moyen d'atteindre toutes sortes de fins désirables. Il fait donc entrer dans la sphère de l'utile tout ce qu'il croit bon pour le conduire directement ou indirectement, immédiatement ou plus tard, d'une façon prévue ou imprévue, mais sur la foi de l'exemple, à la satisfaction de son intérêt. Ainsi le domaine de l'utilité embrasse des soins et des travaux intellectuels, et par suite une culture de la personne, dont la relation avec l'intérêt personnel est d'abord cachée mais se dévoile à la réflexion, surtout si l'on considère l'état social. Et, en effet, l'utilité, comme l'intérêt, passe au sens collectif, mais sans cesser de s'appliquer à l'individu et à ses biens matériels en dernière analyse. C'est que l'utilité de tous n'est pas étrangère à l'utilité de chacun, et, sous ce rapport, les intérêts d'autrui satisfaits peuvent tourner à l'utilité individuelle. Il y a même des biens, j'ai déjà nommé la justice, qui ne sont pas du genre de l'intérêt et ne laissent pas d'être utiles à la société et à l'individu. Mais il ne faut pas perdre de vue, comme il arrive trop souvent, les faits d'antagonisme et de conflit qui ne sont ni moins réels ni moins considérables que les rapports d'harmonie entre l'utilité de l'un, l'utilité de l'autre, l'utilité de tous, ou entre la justice et l'utilité soit d'un individu, soit d'une société. Les définitions dont je m'occupe ont l'individu pour premier sujet, j'examinerai plus loin s'il est possible d'accepter pour la morale un autre sujet fondamental que la personne.

Si l'accomplissement des devoirs envers autrui entre dans la sphère agrandie de l'utile, au moins en un sens et en partie, et quoique la notion des devoirs ait une autre origine plus claire où il n'entre point de contradiction, il en est de même aussi de l'exercice des devoirs envers soi. Le travail de la raison par lequel se dégagent les vertus de prudence, de tempérance et de courage est essentiellement fondé sur ce que ces vertus donnent à l'homme la pleine possession de sa nature propre, comme être raisonnable, mais il l'est en même temps sur ce qu'elles ont son utilité pour fin lorsqu'au lieu de se tenir à la considération de ses biens immédiats il pense à la suite entière du développement de sa vie. Il est donc vrai que les vertus sont utiles. Mais entre l'utile et l'utile, il y a toujours conflit possible, encore que dans un même sujet ; le critère des jugements d'utilité n'est pas donné dans l'idée d'utilité, quand il faut comparer un bien avec un bien, ou un temps avec un temps, ou l'intérêt strictement personnel avec celui des personnes ou des objets qu'on se lie et qu'on fait inhérents à soi par la passion. La raison doit alors intervenir avec des motifs autres que ceux dont la source est dans l'intérêt, et les vertus n'auraient pas un fondement suffisant et sûr si on les définissait par leur rapport avec l'utilité seulement.

L'utilité relative à l'individu et appréciée par la raison, sans autre mobile fondamental, est l'*intérêt bien entendu*. On exprime en effet par ces mots un intérêt généralisé ou dont la satisfaction se concilie avec la conservation et le développement des moyens qui permettent de satisfaire d'une manière durable et cet intérêt même et les intérêts voisins ou rivaux. C'est bien là le caractère de l'utilité. Or la condition exigée, savoir la conciliation des intérêts dans l'intérêt bien entendu, ensuite la présence supposée d'une raison munie de ce qu'il faut pour résoudre les problèmes d'antagonisme des biens nous font de nouveau sentir ce qui manque au principe de l'utile pour être placé au premier rang dans la morale. On voit cependant combien la sphère de l'utilité est vaste et ce qu'elle renferme de mobiles légitimes d'un agent raisonnable.

Cette sphère s'accroît, au delà du domaine primitif et restreint de l'intérêt, de toutes les parties de la culture intellectuelle qui peuvent être jugées servir indirectement à l'acquisition des biens matériels. Mais ce n'est pas encore tout. Les moralistes utilitaires ont souvent demandé qu'on leur permît de faire entrer dans l'intérêt de l'homme la satisfaction des besoins psychiques qu'il se crée en appliquant son esprit à des objets désintéressés, à la science, à l'art, à l'intérêt d'autrui, au bien public. Au fond, il n'y a nulle difficulté à les contenter. Le mot *intérêt* est mal choisi, sans doute, et le mot *utilité* ne vaut pas mieux, parce que l'utile a sa racine dans l'intérêt ; mais le mot *passion* serait irréprochable au point de vue où ils se placent, puisqu'ils remarquent, et cela est incontestable, que l'homme a des tendances d'un ordre général et désintéressé et que ses tendances quelconques lui créent des goûts, des passions, des besoins. Or tout ce qui est donné comme passion à satisfaire, quelle qu'en soit l'origine ou la nature, peut figurer dans le rang des intérêts. A ce compte, tous les mobiles humains, y compris les mobiles désintéressés entreraient dans l'intérêt, et les objets les plus inutiles feraient partie de l'utilité dès l'instant qu'on se les proposerait. Il ne resterait que la question de mots, importante il est vrai, en ce qu'elle constaterait que l'utilitaire admet d'une part le désintéressement et, de l'autre, persiste à le classer dans l'intérêt; mais même avec cet agrandissement forcé le principe de l'utilité ne saurait s'étendre autant que la morale et en donner la loi.

Non seulement on ne peut pas dire que l'utile est toujours juste et toujours bon, bon dans le sens général et sans réserve du bien : ceci chacun le reconnaît, et par rapport à la personne qui trouve si souvent son utilité contraire à la justice et distingue à merveille ce qui *est bien* d'avec la simple satisfaction de ses passions ou attraits quelconques, et par rapport à la société qui poursuit si souvent son intérêt comme corps au grand dommage de la justice vis-à-vis des sociétés voisines ou de ses propres membres; mais il n'est pas vrai non plus que le juste et le bon soient toujours utiles, à ne considérer que le monde actuel et les choses de l'expérience. Tel acte de justice est manifestement nuisible et reconnu tel, soit pour l'individu, soit pour une société, sans qu'on puisse autrement qu'à l'aveugle et par pure hypothèse concevoir qu'il se tourne en utilité au fond; tel autre est utile en ceci, dommageable en cela, favorable aux uns, désavantageux aux autres, douteux en somme. Veut-on se mettre au point de vue de la société parfaite, où le juste et l'utile concorderaient toujours? il faudra fournir le plan de cette société, et comme c'est de l'utile qu'on part, non du juste, il faudra découvrir le critère des actes et des lois vraiment et complètement utiles ; et jusqu'à ce que le plan et le critère soient trouvés, la morale attendra.

En résumé, il est impossible de soustraire les notions d'intérêt et d'utilité, si étendues qu'on les fasse, à la donnée d'un antagonisme d'agent à agent et de l'agent avec lui-même, tandis que la justice s'impose, en s'élevant au-dessus de tous les conflits, et que le devoir envers soi, fondé sur la raison et l'idéal, domine également toute considération d'utilité, même la plus compréhensive. Sans doute l'utilité est un vrai mobile, souvent légitime. Sans doute aussi la conscience peut dans beaucoup de cas juger de l'utile selon la raison et décider en dernier ressort, tout comme elle le ferait d'ailleurs en se prononçant sur le juste ou sur la conformité de l'acte avec l'idéal, dans la pratique. Mais, outre les conflits auxquels l'application de l'utilité est toujours sujette, et dont elle n'a par elle-même aucun moyen de sortir, il y a pour la situation de la conscience une différence capitale selon qu'elle prend le juste ou l'utile pour règle. Ici se place une des plus belles observations de Kant, dont les adversaires de sa morale ne semblent pas encore avoir senti toute la portée.

C'est que les éléments du jugement du juste, et il en est de même de ceux du jugement de conformité de l'acte avec l'idéal, sont donnés toujours et immédiatement dans la conscience qui se détermine. Au contraire, les éléments d'un jugement d'utilité dépendent de beaucoup de connaissances, le plus souvent reculées et inatteignables, et comportent des erreurs nécessaires et continuelles. Or la loi morale ne doit supposer que des données à la portée de l'agent. C'est ainsi seulement qu'elle peut constituer une véritable autonomie de la raison, par opposition aux principes ou mobiles secondaires, qui tous appartiennent à l'hétéronomie, suivant le langage de Kant. Si, en effet, la loi, au lieu de se prendre dans le domaine propre et toujours ouvert de la moralité, se cherche au dehors, il ne dépend plus de l'agent de la connaître. L'agent *sait* toujours si son acte est juste, car c'est assez qu'il le croie juste en conscience, et la justice pratique n'est que cela; mais il ne *sait* point si son acte est utile, parce que l'utilité ne dépend pas de sa pensée.

Pour attribuer au principe de l'utilité une valeur de critère moral, il faudrait abandonner l'utile réel, quel qu'il puisse être, rentrer dans la conscience et demander qu'il suffit à la moralité de celle-ci de suivre l'utile apparent et de s'y conformer. Mais cette concession s'accorderait mal avec le principe, objectif de sa nature, et ferait revenir par une voie détournée aux lois de la justice et de l'idéal que l'utilitaire veut éviter. Cet expédient une fois écarté, il n'y a plus qu'une ressource, qui consiste à ramener, dans la théorie même, à l'idée de l'utilité celle du devoir ou de l'obligation, ou tout autre principe plus élevé que l'intérêt personnel, par exemple le *perfectionnement de soi-même*, ou l'*utilité générale*. J'examinerai à leur tour ces principes. Ici je ne veux plus que montrer, ou plutôt rappeler, après beaucoup d'autres moralistes, l'impossibilité où l'on est de les imposer à l'individu au nom de la seule utilité qui doit toujours se rapporter foncièrement à lui.

Quant au perfectionnement de soi-même, il est visible que ce principe se rapporte formellement aux idées de perfection ou d'idéal. L'agent, raisonnable comme on le suppose, qui sera invité à se perfectionner en vue de son utilité propre, reconnaîtra la valeur du précepte, suivant ce qui a été dit plus haut de l'extension de l'utilité; mais il lui sera permis d'objecter dans les cas particuliers son utilité immédiate et directe, laquelle est si communément opposée à l'intérêt de son perfectionnement et doit lui sembler plus nécessaire.

La situation est la même à l'égard de l'utilité générale. L'agent y souscrira, en tant qu'il l'estimera ordonnée pour son utilité personnelle, mais il ne verra pas qu'elle le soit toujours. On lui prouvera que l'utilité générale est nécessairement celle de l'individu en général, et il en conviendra, mais il n'est pas, lui, l'individu, en général, il est tel en particulier, et il peut lui être moins utile de prétendre aux avantages qui lui reviendraient comme individu en général, à la suite d'un sien acte conforme à l'utilité générale, que de s'assurer ceux qu'il trouve comme particulier à faire un acte contraire. On gagne, en effet, un millième, un millionième, en tant que membre d'un corps, là où l'on gagne une unité entière en sacrifiant ce millionième ; et, par conséquent, on sacrifie l'unité chaque fois qu'on agit de manière à s'assurer la fraction. Cette loi est sensible, par exemple, dans la comparaison de ce que gagne et perd un travailleur associé en consacrant à l'association le temps qu'il lui doit ou en en détournant l'emploi pour son profit exclusif. Il est vrai qu'on répond à cela que si tous pensaient et agissaient ainsi comme particuliers, la ruine de l'utilité générale entraînerait celle de chacun. Mais c'est au fond rentrer dans le même argument de théorie. En fait, il n'en est point ainsi ; pour une raison ou pour une autre, tous ne pensent pas et n'agissent pas de même, et chacun peut en profiter pour penser et agir ainsi, et le principe de l'utilité générale n'a pas la vertu de prouver à chacun que son utilité propre, effective, est de s'y conformer.

Je ne parle pas de la bienveillance, ni du sentiment moral. Il est trop manifeste que les sentiments et les passions ne prennent place dans la sphère de l'utilité de l'agent qu'autant qu'il les éprouve. Or, s'il ne les éprouve pas, nous sommes impuissants à lui faire accepter des préceptes qui les supposent, et la théorie de l'utilité n'a nul moyen de les déduire.

Reste le devoir ou l'obligation d'agir d'une manière conforme à l'utile en général, et non selon les cas particuliers seulement. Mais sur quoi fondé ? nécessairement sur le désir de la tranquillité et la crainte de la peine, l'une ou l'autre étant attachées, au moins comme possibles, à l'accomplissement ou à la violation de ces prescriptions utiles à soi ou à autrui et qu'on nomme des devoirs. C'est ainsi que de tout temps les utilitaires l'ont entendu. Mais il faut alors supposer que cette tranquillité et cette peine entrent en première ligne dans ce qu'il est utile de posséder ou d'éviter, et ceci dépend des passions de chacun. Un homme peut dire et dit souvent en effet préférer la satisfaction des passions vives à la paix de l'âme et à la longue vie que promettent les moralistes. L'utilité est donc renversée pour lui ; et comment la redresser sans invoquer aucun autre mobile ? De même, dans la sphère de la justice, un scélérat systématique, et il y en a de tels, triomphera de la théorie de l'utile, s'il déclare, au nom du calcul des probabilités appliqué à ses passions, que les grandes jouissances, avec les chances de malheur qui résultent du crime, sont plus propres à le satisfaire que la possession de quelques maigres biens avec toutes les chances possibles de paix et de repos. Il juge librement de ce qui lui est utile et son jugement est inattaquable.

En plaçant ici des redites malheureusement nécessaires, je n'ai nullement l'intention de combattre le principe de l'utilité individuelle. Que ce soit là un mobile en effet, c'est incontestable ; qu'il soit pur, dès que l'application en est éclairée par la connaissance de la justice et des premiers devoirs envers soi-même, auquel cas l'intérêt et l'utilité se limitent eux-mêmes ou se transforment, je ne le nie pas davantage, ou plutôt je le réclame ; et j'ajoute que lorsque le sens du principe utilitaire est dégagé par la raison et porté à l'idéal, lorsque, en pratique, l'exercice de la vertu le rattache à la notion et au sentiment du devoir, il arrive à se confondre dans la loi morale. Il suppose l'accord de cette loi et du bonheur. Mais le juste est premier, l'utile vient en second. C'est l'utile qui doit fléchir dans les cas où la conciliation ne paraît pas possible. La morale s'arrête à ce point, invoquant seulement à titre de postulat l'existence d'une utilité totale et dernière des personnes, supérieure à ce que l'expérience humaine peut atteindre et qui serait en harmonie avec la justice (V. chap. xxviii). La justice est la règle fondamentale donnée à la conscience, la seule, en effet, qui lui soit parfaitement connue et toujours à sa portée.

CHAPITRE XXXII

DES MOBILES DU PLAISIR ET DE LA PEINE

Il ne paraît pas que le plaisir soit moins recherché des modernes qu'il ne l'a été des anciens, ni qu'il occupe une moindre place qu'autrefois dans les préoccupations réelles de la vie. Cependant les moralistes, en général, ne concèdent au plaisir que la plus faible part possible d'attention dans leurs théories, et semblent embarrassés de sa présence, soit qu'ils l'accueillent, soit qu'ils le repoussent. Les utilitaires mêmes, successeurs naturels des épicuriens, le voilent ou affectent de l'attacher principalement à un ordre de jouissances qu'ils disent le plus élevé, et qui n'y tient qu'au plus faible degré. Cette disposition commune des philosophes modernes est due probablement aux effets de la pression exercée pendant si longtemps sur les intelligences par une religion qui excluait le plaisir du nombre des mobiles légitimes de la vie. Il en est résulté une cause secrète de discrédit pour la philosophie morale, qui semblait faire du principe du devoir, ou de celui de l'utilité, moins une règle, une loi supérieure, qu'un moyen de proscription de tous les charmes de la vie, et s'opposait ainsi sans autorité suffisante ni raison péremptoire aux tendances naturelles des hommes. Par suite, on a vu les esprits se tourner plus volontiers du côté de cette même religion, tolérante en pratique autant qu'exclusive en théorie, dont la théorie même est singulièrement adoucie, facilitée dans ses approches par la primauté qu'elle accorde à l'amour sur la raison, c'est-à-dire à la passion sur la règle, et qui, enfin, donne et promet à ses adhérents des jouissances toutes particulières.

La question morale du plaisir est aisée après ce qui a été dit de la loi et des devoirs d'une part, du bonheur et des fins recherchées pour elles-mêmes de l'autre. Qu'est-ce d'abord que le plaisir? J'ai défini le bonheur par l'ensemble des satisfactions sensibles, passionnelles et intellectuelles de la nature humaine. Cela posé, le plaisir est une de ces satisfactions particulières, envisagée au moment où elle est goûtée. Cette jouissance est donc un élément du bonheur. Les conditions de durée, d'ordre et de conciliation, soit des plaisirs entre eux et dans leur succession, soit du plaisir avec d'autres faits moraux n'y entrent nullement. En un mot, rien de rationnel n'en fait partie. Mais quoi qu'il en soit, il suffit que le plaisir soit un élément constituant du bonheur pour qu'il soit une fin comme lui, et devienne en quelque sorte un des mobiles constituants de ce mobile universel.

Le plaisir est donc poursuivi constamment et nécessairement par l'agent sensible et passionnel; et la peine est fuie, soit qu'on nomme ainsi la simple privation ou la douleur formelle. Je me borne à mentionner ce terme contraire dont les propriétés se déduisent toujours facilement de celles de l'autre terme.

Mais l'agent sensible et passionnel est aussi l'agent raisonnable, et il est en rapport avec des égaux. Il se forme un idéal de vie d'où naissent des devoirs envers soi-même, ne fût-ce que pour assurer ses plaisirs et les accorder. Il sent et comprend la justice et se reconnaît des obligations. Dès ce moment, il n'est plus permis de dire que le plaisir, non pas même le bonheur intégral soient sa fin première, puisqu'il les subordonne à une loi, mais ils sont toujours sa fin en tant qu'il les poursuit dans les limites de cette loi, ou que cette loi est observée. Et comme le mobile même de la raison et de la loi est toujours accompagné d'un autre qui est pris des choses désirées pour elles-mêmes, comme cet autre est lié à des satisfactions passionnelles, c'est-à-dire souvent à des plaisirs, on dira très justement que l'agent peut poursuivre encore le plaisir, même quand il renonce à un plaisir, et qu'enfin il peut poursuivre le plaisir pour le plaisir même, indépendamment des autres objets que sa raison lui propose. Il ne le poursuit pas seulement pour la conservation ou le développement de son être, et dès lors accessoirement, mais aussi pour le goûter, ce que veut sa nature sensible et ce que sa raison ne lui défend pas.

Les plaisirs purement sensibles sont loin d'occuper dans la nature humaine le rang infime où les relèguent les moralistes. Ceux de l'ouïe et de la vue tiennent de la manière la plus étroite au sentiment esthétique, quelque part qu'on veuille faire à la raison ; et les arts entrent assurément dans le plus haut idéal de la vie heureuse. D'autres, ceux du goût par exemple, se lient aux jouissances les plus délicates de la sociabilité, pour ne rien dire de la relation, excellente sans doute, puisqu'elle est si nécessaire, qu'ils soutiennent avec les lois profondes et mystérieuses de la vie. Et celui qu'on n'ose ordinairement nommer, le plaisir de l'union sexuelle est inséparable de l'amour, vérité qui peut bien être indifférente à la raison pure, mais que les mystiques ont toujours sentie et que leurs raffinements de langage laissent transparaître en voulant la dissimuler.

Toute passion est accompagnée de plaisir, au moins imaginé, dans la fin qu'elle se propose ; il faudrait donc bannir la passion pour bannir le plaisir des mobiles de l'être raisonnable ; mais la raison est législatrice des passions et ne saurait les repousser en général sans se priver de sa propre matière : elle n'agit pour ou contre les passions qu'avec une passion motrice, elle ne règle les autres fonctions qu'à la condition de les mettre en œuvre.

Les plaisirs intellectuels mériteraient bien peu ce nom de plaisir s'il fallait les placer, comme on paraît le faire quelquefois, dans les travaux même de l'entendement, c'est-à-dire dans la peine que la raison nous engage à prendre pour éviter d'autres peines, ou nous procurer des plaisirs, ou remplir des devoirs. Comprenons bien la condition du travail en tous genres : le plaisir en est essentiellement absent et la peine y est présente, puisqu'il n'y a *travail,* par définition (chap. XXI), qu'en tant que l'on produit des actes qui ne sont des biens et n'amènent de satisfaction ni en eux-mêmes, ni souvent dans leurs suites prochaines, mais seulement par l'obtention d'une fin plus ou moins éloignée. Mais comme il arrive que l'imagination rapproche le but, et comme il peut se faire aussi que dans le cours du travail on atteigne accidentellement des fins désirables (exercice et montre de la force, passions déployées, etc.), quelques esprits ont glissé dans l'illusion et confondu logiquement les propriétés du travail même avec ses propriétés finales ou adventices. C'est précisément ce que l'on ferait en parlant des plaisirs intellectuels, si l'on comprenait sous ce nom l'exercice laborieux d'un entendement discipliné, et non pas ce mouvement et cet échange libre de sentiments et d'idées, ces communications et ces déploiements faciles de l'intelligence, d'ailleurs liés aux sensations et aux passions, en un mot des jeux aimables dont le prix est en proportion de la peine qu'on s'est donnée auparavant pour se mettre en état d'y trouver et d'y apporter du plaisir.

Le plaisir est donc primitivement un bien, et la peine primitivement un mal, je veux dire tant qu'il n'est pas tenu compte de la raison. Mais la comparaison des biens divers et les notions du travail sur soi-même et des devoirs envers autrui, la raison et la justice changent souvent en un mal, à tout prendre, ce qui était simplement un bien; et réciproquement. Il s'ensuit de là que le plaisir ne peut jamais servir de principe dans la morale. Nous avons vu que l'utilité même n'y suffirait pas, quoique l'utilité embrasse avec le plaisir les autres intérêts et y joigne un élément rationnel. Mais le plaisir est dans les cas particuliers de la vie, comme l'utilité dans le plan de la conduite, et comme le bonheur universellement parlant, un mobile aussi légitime que nécessaire, étant donné l'empire à la nature raisonnable dont le propre est de savoir s'imposer la peine.

CHAPITRE XXXIII

DU PRINCIPE DE L'UTILITÉ GÉNÉRALE

Travailler sur soi pour conformer la nature humaine à son idéal, envisager l'idéal dans la sphère certaine de la raison pratique, remplir ainsi ses devoirs envers soi-même, travailler pour autrui, c'est-à-dire remplir ses devoirs envers autrui et observer la justice, c'est aller à l'utilité générale par le plus sûr chemin. Ceux qui ont reproché à Kant de n'avoir point défini ce qui constitue le bien en général, tout en donnant un critère assuré de la moralité, n'ont pas voulu voir que tout le bien moral est là ; et que l'autre bien, ou le bonheur, ne pouvant ni s'en déduire, ni se le subordonner, ni d'ailleurs être connu en général, il n'appartient point à la morale de le déterminer. Ils n'ont pas senti non plus, ce qui est cependant assez manifeste, que toute la part de bonheur et par conséquent d'utilité que les hommes peuvent tirer les uns des autres, *dans la sphère de la morale*, résulterait de leur soumission respective à la loi morale. Combien cette part est grande, on le fixerait difficilement, mais on n'a point de peine à le pressentir.

Les principes de la politique et de l'économie politique, la science à faire, la science faite et accomplie, si elle l'était, qui déterminerait les moyens extrinsèques de travailler à l'utilité générale, a sans doute de grands rapports avec la morale. Ce sont essentiellement des rapports de sujétion, si la morale est vraie. Mais la politique et l'économie ont des contenus que la morale ignore, et n'ont rien de ce qu'il faut pour imposer ce que la morale impose. La morale n'apprend point à l'individu en quoi consiste son bonheur ou celui des autres, justice à part ; elle n'exige pas qu'il le sache ; et la politique, en cherchant ce bonheur, ne demanderait rien à la conscience, ni la conscience à la politique qui le cherche, si ce n'était qu'il y a des lois supérieures à toute science et à toute satisfaction externes et qu'on doit respecter, sans aucune exception possible. Si donc nous prenions l'utilité générale pour principe de la morale, nous supposerions que tout être moral a les connaissances nécessaires, ou du moins un critère quelconque pour décider de ce que cette utilité réclame en un cas déterminé : hypothèse que la morale et la politique même n'ont pas les moyens de réaliser ; et nous supposerions de plus que l'utilité générale, devenue pour nous la loi supérieure, renferme en soi quelque chose de capable de commander à toute personne. Mais cela n'est point ; nous l'avons déjà reconnu en traitant des mobiles de l'intérêt et de l'utilité relativement à l'individu ; il sera bon d'y revenir encore.

Il faut entendre par l'utilité générale la collection des utilités individuelles ; sans quoi nous passerions à des doctrines d'une autre nature, doctrines métaphysiques ou religieuses qui, pour établir leurs thèses d'utilité suprême ou pour nous en imposer la loi, nous feraient sortir de la sphère de la morale (V. les chapitres suivants). Alors vient le problème de l'accord des utilités individuelles. Supposons-nous une conciliation implicite, en sorte que la poursuite de l'intérêt commun soit recommandée à chacun comme son intérêt propre ? Ce n'est pas tout de supposer, il faut prouver, et faire abstraction, pour la prétendue preuve, des cas de conflit donnés dans l'expérience universelle ; ensuite, chercher une voie de persuader à chacun que son intérêt n'est pas l'intérêt que lui constituent ses goûts, ses passions et son caractère tels qu'ils sont. Admettons-nous l'antagonisme de fait, mais voulons-nous déterminer, réaliser un milieu social autre que les milieux connus, dans lequel les divergences d'intérêt ne soient plus possibles ? Nous construisons des systèmes de politique et nous sortons de la morale, aussi bien que si nous proposions des philosophies ou des religions pour la dominer ; nous avons même cette fois la prétention de la rendre inutile. J'examinerai plus loin le principe de ces systèmes. Avouons-nous enfin que l'utilité particulière peut être opposée à l'utilité générale, et exigeons-nous de la première qu'elle se subordonne ? Quelles bornes faut-il mettre à ce sacrifice, et sur quoi fondées ? Si petit soit-il, au nom de quelle puissance nous est-il donné de le demander ? A cela, l'utilité ne peut répondre ; il faut se référer au moins tacitement à d'autres principes.

Soit que l'on suppose alors la sympathie, ou le sens moral, ou les goûts élevés et désintéressés qui se forment par la culture humaine, ou la vraie notion de la perfection individuelle, ou la passion du bonheur universel, afin d'apporter dans l'utilité la moralité qui en est naturellement absente, on sort toujours du principe qu'on avait assuré être suffisant, et l'on se tient dans une position confuse, difficile à attaquer parfois, mais peu flatteuse pour le philosophe qui la prend, car elle est due au défaut de clarté des idées et de sincérité de l'esprit. Implicitement, on reconnaît partout de bien autres mobiles que l'utilité, d'autres principes de bien faire ; puis, quand il s'agit expressément d'un de ces derniers, on fait des efforts que j'ose appeler misérables pour en trouver la source dans ce même principe d'utilité qu'ainsi l'on distingue et qu'en même temps on confond.

C'est ce qu'un philosophe utilitaire essaiera pour la justice, par exemple. Il cherchera l'étymologie ancienne du mot dans cela qui désigne la loi ; il placera la notion primitive dans l'idée de conformité à la loi, pour n'arriver qu'ensuite à l'idée de ce que la loi *devrait* être ; et il ne songera pas que jamais les hommes n'ont pu imaginer de se donner des lois, fût-ce en croyant les recevoir d'un Dieu, et ne pas penser en même temps qu'une loi *doit* prescrire une chose plutôt qu'une autre, et n'a même que cette destination ! Il placera la distinction originelle du mal d'avec le bien moral dans la passion qui nous fait désirer de voir certains actes punis, et la source du désir de punir les agents de ces actes (désir qu'il lui convient d'appeler *justice*) dans le mouvement de la défense personnelle, joint à la sympathie intéressée que nous éprouvons pour ceux qui souffrent. Et il ne remarquera pas que nous ne désirons jamais qu'une action soit punie, sans prétendre et nous persuader que nous voulons cela parce qu'elle est injuste ; et que si nous pourvoyons à notre défense personnelle ou à la défense de ceux dont nous lions les intérêts aux nôtres, ce n'est pas, psychologiquement, avant d'avoir conçu quelque idée de justice, mais bien toujours sous l'impression fondée ou non fondée d'une injustice qu'on veut ou qu'on pourrait nous faire : car il s'agit de tout autre chose ici que du pur mouvement de conservation physique, lequel n'est nullement un fait de moralité, ne renferme rien des données et des conditions d'un fait de cette espèce. On ne parviendrait pas à faire sortir la morale de ceux des phénomènes de l'agent où les éléments moraux n'entrent point. Il semble que c'est là ce que les utilitaires se proposent !

Il est extrêmement à regretter qu'une école recommandable par les efforts qu'elle fait, non sans succès, pour assigner une fin positive au travail de l'humanité, et dégager les mobiles humains des liens des doctrines métaphysiques ou religieuses, soit poussée par l'esprit de réaction au point de nier la vérité la plus nécessaire à l'établissement de ces mobiles tels qu'elle-même les comprend. L'utilité générale, en tant qu'on réussit à la déterminer, est un principe de la morale, mais sous la suprématie du devoir envers soi de l'agent, et de la justice. Ce principe se déduit de la justice, à cause de l'existence du bien commun dont la poursuite impose des devoirs et donne des droits à toutes les personnes (V. chap. xiv), en tenant compte d'ailleurs des sentiments dont la justice ne se sépare point. L'utilité générale serait déjà satisfaite en partie, de cela seul que la justice, qui n'en suppose point la connaissance, aurait son accomplissement. Pour le surplus, c'est encore la justice qui fixe les limites dans lesquelles on peut exiger que chaque personne s'emploie ou se subordonne au bien commun, de quelque manière qu'on arrive à le connaître.

CHAPITRE XXXIV

DU PRINCIPE DE LA FIN DE L'HOMME

Beaucoup de moralistes ont été naturellement amenés à regarder la détermination et la poursuite de la fin de l'homme comme le premier principe de la morale, car la fin est identique au bien, et il est clair que la morale vise à atteindre le bien. Mais la fin ou le bien, c'est le bonheur, c'est aussi le développement des facultés, c'est ce développement sous la conduite des passions ou sous la direction de la raison. Le mot *fin* n'a pas la vertu de mettre l'ordre dans ces éléments dont l'accord n'est pas toujours apparent. De plus, la fin est individuelle, ou elle est générale et portant sur l'humanité : autre conciliation à obtenir. Et d'où tirer soit la suprématie, soit la subordination de la justice par rapport à la fin, quand il est manifeste que la fin, comme on croit la voir, et la justice sont souvent contraires.

Si pour établir le principe de la morale on se met dans la dépendance d'une loi à connaître, laquelle déterminerait la fin de l'homme avec des éléments autres que purement moraux et nécessairement connus de tous, une fin objective, personnelle d'ailleurs ou universelle, on élève une doctrine et on consacre l'*hétéronomie de la raison* : c'est-à-dire qu'on fait dépendre la direction morale de l'arbitre, de la connaissance certaine de ce qui constitue le bien en soi, hors de la conscience. Cette doctrine, il faut la faire recevoir et la soustraire aux débats sur le souverain bien, qui ne finissent jamais ou recommencent toujours les mêmes. Il est vrai que la morale, de quelque manière que nous l'entendions, nous avons dans tous les cas à la fonder comme science et à la faire reconnaître ; mais la situation est bien différente selon que nous y introduisons des éléments complexes, où se trouvent impliquées, comme on disait jadis, toutes les *connaissances divines et hu-*

maines, ou que nous la réduisons à quelques points fondamentaux dont le siège est dans la raison de tout homme venant en ce monde. C'est tout autre chose de demander à l'agent moral d'avouer la loi morale, ou de s'engager à lui révéler sa destinée entière et celle de l'humanité. Ici, il ne faudrait rien moins que résoudre tous les problèmes de la vie ; là on se tient dans les conditions rigoureusement limitées d'une science qui a ses définitions et ses axiomes, et, comme on ne sort pas de la raison personnelle et de ses données constantes on pose l'*autonomie de la raison.*

Si par la fin de l'homme on n'entendait rien de plus que cette fin qui est de s'en proposer une comme être raisonnable, par-dessus toutes celles que comporte la nature sensible et passionnelle (et sans les exclure), ensuite de reconnaître à autrui une fin semblable, de la respecter et de la servir, on rentrerait dans la morale telle que je l'ai exposée. Il suffirait de déduire les préceptes moraux du contenu de la nature humaine, sans rien supposer sur les fins externes et sur l'ordre général des choses. Le principe de la fin, entendu de cette manière, s'identifierait avec celui de la science, car la conscience qui fonde ici la science part de ces faits premiers qui lui sont propres, savoir, qu'elle s'attribue une fin selon la raison et qu'elle attribue une fin pareille à toute personne. De cette fin, toujours connue ou connaissable généralement parlant, dérivent les devoirs envers soi et la justice. Ses déterminations particulières, ainsi que le choix des mobiles et la poursuite des fins subordonnées de la nature, sont laissés à la responsabilité de l'agent qui doit se guider sur la fin maîtresse et s'aider du critère des préceptes qui s'en déduisent.

La fin maîtresse est donc le devoir et la justice. Dans toute autre hypothèse qu'on voudra faire, on rencontrera les difficultés vraiment insurmontables que j'ai indiquées, et dont l'histoire des systèmes de morale n'est pour ainsi dire que le développement. Mais, de plus, on subalternisera le devoir et la justice, à l'égard du principe quelconque dont on aura la prétention mal justifiée de les faire descendre. Il y aura une fin supérieure à ces fins, et à laquelle elles devront au besoin être sacrifiées. Un devoir objectif, une justice objective se trouveront posés, si l'on veut, qui altéreront la pureté subjective de ces notions, telles que la seule conscience les possède. Les moyens d'atteindre la fin envisagée hors de la conscience, *moyens nécessaires* d'une fin jugée obligatoire par elle-même, seront *nécessairement justifiés* par cette fin, et on verra paraître dans la morale une maxime, avouée ou non, mais dès lors inévitablement supposée, qui en est le renversement. La morale ne sera donc plus que la servante dégradée d'un système et le fanatisme usurpera la place de la conscience.

CHAPITRE XXXV

DU PRINCIPE DE PERFECTION OU DE PERFECTIONNEMENT

Le principe de la perfection adopté par plusieurs philosophes, et donné comme fondement à la morale, n'est qu'une autre forme du principe de la fin, puisque la perfection est le bien accompli, la fin dernière par conséquent, et que le perfectionnement est le résultat d'un travail fait pour atteindre cette fin supposée connue. La perfection peut d'ailleurs, aussi bien que la fin, s'envisager dans la personne ou dans la société, puis se définir diversement selon les doctrines. Les remarques déjà faites sur le principe de la fin de l'homme sont donc applicables ici.

Il faut savoir en quoi consiste la perfection, soit individuelle, soit sociale, pour travailler à son perfectionnement propre ou à celui de l'humanité. Or si cette perfection est placée dans des faits externes, déterminée par des caractères externes, et qui ne s'empruntent point des données constantes de la nature humaine, la morale n'a ni stabilité ni certitude ; sa loi est une *hétéronomie de la raison,* et l'agent est dans l'impuissance d'embrasser les éléments et de fixer la forme essentielle de ses devoirs. Il lui faut, antérieurement à la morale, une doctrine qui définisse la perfection, comme il en fallait une tout à l'heure pour définir les fins. Alors viennent la théologie et la philosophie avec leurs problèmes transcendants et leurs débats sans issue, ou la politique et l'économie, mais une politique appelée à dominer la morale, et non à s'y soumettre.

Si pour éviter les doctrines on se borne à formuler le précepte de se perfectionner et de travailler au perfectionnement d'autrui, en laissant chaque personne juge du bien, de l'idéal et du possible, on ne fait qu'ouvrir la carrière aux différents mobiles humains, l'utilité, le bonheur, le sentiment, le devoir, sans fournir de critère, sans tracer de limites aux obligations et aux droits, sans même pouvoir donner la raison d'un précepte dont la matière demeure tellement indéterminée.

Mais si on fait consister la perfection dans l'acte de se conformer à sa nature raisonnable et de travailler à réaliser l'idéal de la raison, si on fixe un tel idéal en se reconnaissant des devoirs envers soi-même, des devoirs et des droits vis-à-vis d'autrui, et si on détermine ceux-ci par la stricte notion du juste (sans exclure au surplus ni les mobiles subordonnés ni les sentiments naturels dont la raison même est inséparable), on accepte la morale telle que je l'ai exposée. Cette morale, en ce sens, peut être dite aussi se fonder sur le principe de la perfection. Il n'est d'ailleurs aucun système qui voulût n'y pas prétendre. Le tout est de savoir ce qu'on entend par la perfection de l'homme.

Je ne dis rien de l'*ordre*, autre nom d'un principe qu'on a choisi quelquefois comme notion première de la morale. L'ordre dans l'humanité, ou dans la conscience individuelle, c'est encore le bien, la perfection et la fin en tant que conformes à la raison. Les mêmes considérations sont exactement applicables.

CHAPITRE XXXVI

DU MOBILE DE L'OPINION ET DE L'HONNEUR

Les principes que j'ai passés en revue ont cela de commun qu'ils sont empruntés aux notions caractéristiques de la conscience, aux déterminations diverses du bien qui s'ensuivent, parmi lesquelles on veut en appeler une à dominer les autres, afin de constituer la morale. Il n'en est pas ainsi de ceux dont il me reste à rendre compte. L'un est l'*honneur*, qui suppose l'autorité de la pensée d'autrui prise pour mobile, et semble fait pour dispenser la personne d'avoir un jugement propre sur le bien moral ; l'autre est le principe de la loi positive, avec le mobile ou de la *crainte*, ou d'une sorte de justice dérivée et secondaire qui élimine toute préoccupation de ce qui est bien en soi.

L'honneur ne serait pas même un principe de morale si ce n'était qu'il vient en substitution des autres principes, inefficaces ou perdus. Dans une société où règne le mal, où la solidarité des mauvaises coutumes et des mauvaises lois trouble la conscience au point qu'elle n'ose plus juger des bonnes, on n'a plus la force d'obéir à son jugement, l'honneur comprend la série des motifs moraux qui se tirent de l'opinion d'autrui, ou de l'autorité du très grand nombre et de ce qui peut s'avouer et se professer sans opposition et sans danger. Les habitudes d'une société quelconque impliquant nécessairement une masse de biens avec une masse de maux, il arrive que toute personne dont la conscience est oblitérée, située moralement au-dessous de la moyenne du monde, trouve dans l'opinion et dans l'autorité un stimulant pour le bien et un appui. Et, comme de plus, la société possède un idéal, et attendu que ce qui s'avoue et se professe est toujours au-dessus de ce qui se pratique, les hommes même de la moyenne trouvent profit à consulter les lois de l'honneur. Et enfin, si ferme que soit une conscience, il peut se faire encore en certains cas qu'elle ne soit pas bien assurée d'une vérité morale. Il est peu de personnes à qui la décision de l'autorité du monde où elles vivent n'apporte jamais quelque lumière, ou un doute utile ou une confirmation précieuse pour leurs propres décisions. L'autorité est indispensable à la faiblesse, et qui donc peut dire n'être point faible ?

Il est vrai que la passion de l'honneur manque ordinairement de la clairvoyance qu'il faudrait qu'elle eût pour venir à l'appui de la loi morale. Elle consiste avant tout à désirer de n'être point, encore plus de ne point paraître au-dessous de ce qu'attendent les autres hommes et de ce qu'ils estiment ; et un vif intérêt la stimule, celui de ne pas souffrir le mépris et de n'être pas rejeté du milieu dans lequel on est placé. De là vient que l'honneur est souvent un mobile du mal, autant que du bien, j'entends du mal même que la conscience de l'agent connaît et réprouve. On en a de continuels exemples dans ce qu'on appelle les préjugés de l'honneur, dans le respect humain, dans l'esprit de corps et de compagnonnage et dans le ton des sociétés ou réunions particulières. Il n'est pas moins vrai que le même mobile, appliqué dans un milieu convenable, est d'un grand secours pour les vertus, notamment du genre de la tempérance, pour le courage, toujours si important quelque altérée qu'en puisse être la notion, pour tous les devoirs envers soi du moment qu'ils ont des effets extérieurs, et pour la justice même, qu'il n'inspire pas, mais qu'il imite. A ces titres je ne devais pas omettre l'honneur parmi les principes de la morale, fût-il le plus secondaire et le plus accessoire de tous en théorie, car s'il ne prend un rôle capital dans les faits que par suite de l'impuissance ou de la dégradation de la conscience, il y représente pourtant quelque chose de l'appui légitime qu'une conscience cherche dans la conscience d'autrui. En ceci, la théorie même ne saurait le répudier [1]. Ajoutons que l'influence en est grande

---

[1] Voir *Essais de critique générale*, Deuxième essai, § 14 et 19 et toute la théorie de la certitude.

et nécessaire dans l'éducation et dans toute cette partie de la morale à l'état de puissance, ou en voie de formation, telle qu'on peut la considérer chez des esprits dont la raison n'est pas encore entièrement développée.

Cependant on n'a pas essayé, que je sache, de faire du principe d'honneur, comme de plusieurs autres, un principe unique de la morale. C'est qu'on a senti qu'il fallait toujours remonter à une source première de la notion du bien dans la conscience individuelle. Et ceux qui n'ont pas reconnu cette nécessité ne se sont pas contentés de l'opinion de l'humanité comme critère ; ils ont eu recours à quelque chose de supérieur, à une parole divine, et tout au plus au consentement universel pour confirmer le fait d'une révélation.

CHAPITRE XXXVII

DU PRINCIPE DE LA LOI POSITIVE ET DU MOBILE DE LA CRAINTE

Le mobile de l'honneur, supposé qu'il fût unique et pût suffire à tout, admettrait les arrêts du jugement moral pour ainsi dire partout, chez tous les hommes, excepté chez l'agent même qui devrait les prononcer consciencieusement pour s'y conformer. Mais le mobile que j'ai maintenant à mentionner évacue entièrement les notions dont on lui demande d'établir l'empire. L'honneur est encore un principe moral, en ce que l'agent qui lui obéit peut croire embrasser le bien, parfois un bien élevé, un bien qu'il estime le plus sûr : il juge encore, au moment où il ne fait que soumettre son jugement. Mais la crainte pure tient de la moralité à peine, car celui qui la subit se règle, en cela, sur le bien le plus bas, écarte la raison et toutes les notions éthiques, en même temps que les passions vigoureuses, et agit constamment mal en faisant le choix de la peur, alors même que son acte se présenterait d'ailleurs comme bon, et que les passions qu'il réprime seraient au contraire des plus subversives.

Sans doute il n'arrive pas souvent que l'agent obéisse exclusivement à la crainte de la douleur, quand lui-même aperçoit d'autres biens que ceux qu'il assure à son corps par cette obéissance ; mais si le cas arrive, ou en l'admettant par manière d'abstraction, si c'en est une, on peut affirmer que la passion subsiste à peu près seule dans cette hypothèse, et que la raison, la moralité par conséquent est réduite à l'emploi le plus inférieur, dont elle est capable chez les animaux mêmes dès qu'ils ont assez de mémoire et de prévoyance.

C'est cependant à la crainte, comme mobile moral, qu'ont dû se rapporter exclusivement les philosophes qui n'ont fait commencer la morale qu'avec l'établissement d'une loi positive. D'une part n'admettant point de notions ni de faits de moralité proprement dite avant la loi, la crainte unie au besoin de sécurité leur a paru l'unique motif de cet établissement. D'une autre part, l'homme ne pouvant être changé à leurs yeux et acquérir, par l'effet de la société et du gouvernement, des idées et des facultés dont le fondement n'était pas en lui auparavant, ils ont vu dans la force organisée et dans la crainte qu'elle inspire, non seulement une garantie, mais aussi le mobile unique d'une conduite des individus conforme à leurs communs intérêts.

D'ailleurs il n'importe pas philosophiquement, moralement, que le promulgateur de la loi ait été un Dieu, un homme ou une assemblée. Loi imposée, loi conventionnelle, quelle que soit l'origine du lien, si celui qui impose n'allègue que sa volonté, si ceux qui contractent n'écoutent pour former la convention, ensuite pour y obéir, aucune autre raison que la raison de la crainte, on a mis de côté la morale, on ne parviendra pas à la rappeler sous des conditions dont on a eu soin de bannir tous ses éléments.

Il est clair que j'entends ici par la *crainte*, exclusivement, la forme de cette passion rapportée à la douleur et aux autres maux physiques. Si, en effet, on voulait généraliser, les notions morales rentreraient subrepticement dans l'esprit avec la crainte admise de faire le mal, avec le désir corrélatif de faire le bien et avec les lois de la raison qui permettent de juger de ce qui est bien ou mal. Mais le langage reçu des moralistes a toujours donné au mot *crainte* une acception très limitée dans la question qui nous occupe.

Un philosophe ne saurait, sans se contredire, faire dépendre de la loi positive l'établissement des premières notions morales et compter après sur d'autres mobiles que la crainte pour obtenir l'obéissance à cette loi ; ni par conséquent ne pas réduire au fond ces notions à cette crainte. En effet, passion ou raison, amour ou justice, quelles qu'elles soient, elles auraient dû figurer parmi les fonctions humaines antérieurement à la loi, la suppléer avant qu'elle existât, servir à la formuler, ou du moins à l'inspirer ou à la faire comprendre au moment où elle s'est établie. Songeons, par exemple, à la plus essentielle des notions quand il s'agit de contrat, je veux dire à celle qui nous prescrit la fidélité aux engagements contractés. Comment serait-il possible qu'une telle idée, qui n'est autre que la justice, prît naissance à la suite d'une convention, lorsque la convention même n'est intelligible qu'à cause de la présence naturelle de l'idée ? Que sera-ce qu'un droit positif, s'il n'y a pas un droit naturel qui d'avance en contient la *forme*, à quelque *matière* d'ailleurs qu'on veuille l'appliquer ? La justice positive, dérivée, apostériorique, suppose, je ne dis pas le contenu et les applications variables, mais la notion même de justice, c'est-à-dire d'obligation mutuelle possible, antérieure à tous les cas particuliers. Et de même une loi qui n'aurait rien de commun avec une convention, mais qui émanerait d'une autorité quelconque, devrait toujours répondre à une certaine attente des hommes et mettre en œuvre des données de leur nature, soit pour être comprise, soit pour être obéie. La morale promulguée et la morale convenue impliquent nécessairement une morale antécédente chez ceux qui la reçoivent ou qui la formulent.

La loi positive est donc fondée sur la loi naturelle, laquelle est aussi la loi rationnelle chez l'agent raisonnable, chez l'homme. Son caractère obligatoire dérive d'une notion tirée de celles de bien et d'idéal, de liberté et de justice. Ses limites légitimes sont par là clairement établies en principe. Reste seulement la question du conflit possible entre les deux lois, et voici tout ce que j'en puis dire en général, au point où je suis parvenu.

Quand les formes du droit ont été observées, c'est-à-dire quand l'agent est soumis à une loi positive librement consentie, ou, pour mieux préciser encore, aux termes d'un véritable contrat, s'il arrive cependant qu'il reconnaisse s'être engagé à tort, et se trouve mis en demeure de mal faire en tenant sa promesse, c'est un problème de casuistique qui se pose. Par hypothèse, nous sommes sortis de la morale dans une première faute, et nous n'y pouvons rentrer que dans une seconde. Choisir de deux maux le moindre et, par exemple, celui qui, à tout prendre, facilite le mieux le retour à l'état normal, tant de l'agent que des intéressés eux-mêmes, est une œuvre souvent fort ardue, parce que s'il faut s'écarter pour cela de la justice pure en faveur du droit positif, on doit savoir que celui-ci, de sa nature, ne permet pas facilement de revenir à l'autre ; et s'il faut, en faveur de la justice pure, manquer au droit positif, c'est embrasser un grand mal et qui a de grandes conséquences. En effet, le respect du droit positif est de soi seul un très grand bien et très général, quelque erronée qu'en puisse être la matière. Mais le problème se complique encore davantage quand il s'agit de l'obéissance à une loi commune dont l'agent n'est qu'indirectement consentant ou n'accepte l'autorité qu'implicitement.

Quand la forme du droit est violée, l'agent qui n'est obligé ni par contrat synallagmatique ni par aucune voie régulière équivalente à ses yeux, semble d'abord ne pouvoir être contraint que par la force ou mû que par la crainte à obéir ; en sorte qu'il n'y aurait plus d'obligation morale. Toutefois, nous verrons que, même dans ce cas, des questions sérieuses de devoir se posent dans l'état social. Je les examinerai en traitant de la morale appliquée par la conscience à un ordre de choses où ce n'est pas le bien seulement qui règne parmi les hommes. Mais avant de passer à l'étude de l'injustice et de ses effets, je dois suivre celle de la morale théorique jusque dans les régions pures que la pensée humaine a établies au delà de la justice.

DEUXIÈME SECTION

DU BEAU ET DU MÉRITE

CHAPITRE XXXVIII

DU MÉRITE

On dit communément qu'il n'y a point de mérite à ne faire que son devoir, et la maxime est vraie en théorie. Les mots *mérite* et *devoir*, autrement, auraient les mêmes objets, correspondraient aux mêmes actes moraux, avec cette seule différence que le premier exprimerait de plus l'existence d'une difficulté à vaincre pour l'agent, l'admiration causée chez le témoin de l'œuvre, et le sentiment d'une *récompense* due. Mais la théorie pure ne saurait admettre qu'il soit difficile de faire son devoir, ni qu'on doive être récompensé pour l'avoir fait, comme si on avait excédé en quelque chose le paiement de ce qu'on devait. La théorie suppose l'homme placé dans le milieu représentatif normal de la raison, de la sensibilité et des passions, sans que ses erreurs et ses fautes lui aient créé des chaînes ; et elle doit l'envisager aussi dans un milieu social harmonique avec son propre degré de perfection. Sous ce point de vue, le devoir est la raison même appliquée à la conduite de la vie, et il n'y a ni difficulté ni mérite, rien d'admirable à ce que l'agent remplisse les fonctions de sa nature raisonnable, parmi des personnes fidèles à cette même nature : ou du moins la difficulté, l'effort propre à la surmonter ne dépassent point alors la mesure obligée de cette raison personnelle dont l'un des noms est cette vertu qu'on appelle la force.

Il n'en est pas de même dans la pratique, ou dans l'ordre du mal une fois supposé. Le même sentiment vulgaire qui professe qu'il n'y a point mérite à ne faire que son devoir, et qui attache par cette maxime un caractère de nécessité morale aux lois de la raison, se change facilement en admiration devant les plus simples devoirs remplis, et loue comme méritoires des actes qui consistent simplement à s'abstenir de choses agréables, mais nuisibles, injustes même et connues pour telles, quand il semble facile et présentement sans danger de se les procurer. Cette contradiction apparente provient de ce qu'il y a véritablement mérite à faire son devoir dans le milieu moral actuel, milieu particulier, milieu général des idées et des passions comme elles sont et de l'injustice accoutumée, et lorsque ce n'est pas sans effort qu'on peut se soustraire aux influences et aux précédents qui contrarient le devoir.

D'après cela, dans l'ordre de la théorie et de la morale pure, où placerons-nous le mérite ? Il faudra que ce soit dans des actes impliquant quelque chose de difficile, un effort nouveau et pouvant provoquer l'admiration, se prêter à la pensée que l'agent s'est mis pour ainsi dire en avance sur ce qu'on attend de tout homme dans la situation où il se trouvait. Ce sera donc dans le bien cherché au delà du simple devoir envers soi-même, au delà de la justice. Mais qu'est-ce que ce bien et en quoi exige-t-il un effort nouveau de la part de l'agent ?

Le devoir envers soi-même, au plus haut point d'universalité possible, est, on l'a vu, cette espèce de justice qui dédouble la personne et la considère, d'une part, comme un agent particulier soumis à la raison, de l'autre, comme une personne en général qui serait la raison même, et qui aurait des droits au travail de la première et lui prescrirait sa conduite (V. ch. XXI). Ce devoir épuise tout le contenu du bien moral possible, relatif à la personne seule. Il faudrait, pour en juger différemment, recourir à des lois ascétiques, dans la pratique desquelles on ferait alors consister le mérite. Mais de telles lois, quand même la raison les avouerait, n'ont jamais de sens que dans un état de lutte et de désordre moral, et il ne peut en être question ici. Le devoir envers soi, dans sa plus grande généralité, n'implique donc rien de méritoire dans l'acte qui l'accomplit, qui est l'identification de l'agent empirique avec sa propre nature idéale mais normale. Quel effort particulier pourrait exiger et quelle admiration provoquer cet acte de conformité à soi, cet acte d'être soi-même, quand on ne tient pas compte de l'éloignement de fait où l'agent se trouve de sa nature vraie et des circonstances qui le tiennent en grande partie enchaîné ?

C'est donc, je le répète, au delà du devoir envers soi-même et au delà de la justice ou des relations mutuelles des hommes et de l'ordre issu de ces justes relations, qu'on doit chercher la place théorique du mérite. On supposera d'abord les vertus essentielles régnantes et la justice satisfaite, à titre de premier des biens et seul indispensable. On se gardera de traiter le devoir de méritoire, comme ceux qui ont sans cesse les mots sacrifice et dévouement à la bouche en payant leurs dettes réelles, et on n'oubliera pas que la simple théorie du Juste étend déjà très loin la sphère du travail exigible de chacun dans la poursuite du bien commun. Mais on remarquera qu'il peut cependant rester à l'agent une part disponible de travail, après que ses devoirs sont remplis. Il est libre de donner son temps à sa pure satisfaction personnelle, peut-être à ses plaisirs, peut-être au développement utile, mais enfin particulier de son intelligence et de ses goûts, ou de le consacrer à l'accroissement du bien en général, ou du bien d'autrui et de telle personne qu'il lui plaira. L'effort nouveau, par delà la vertu, consiste alors dans le don que l'agent peut faire de ce qui lui appartient en propre et qu'il ne doit point, dans la privation et dans le changement de destination de ce qu'il avait le droit de se réserver, à plus forte raison dans la peine qu'il prend pour le bien des autres et dans les renoncements personnels qu'il s'impose en augmentant le fonds commun des biens de l'humanité par des travaux qui passent la mesure de l'obligation. Cela posé, et toujours sous la réserve du devoir strict accompli préalablement, même envers soi, le mérite appartient à la préférence qu'on donne sur ce qui est particulier ou personnel à ce qui intéresse l'universel ou les autres personnes.

Il y a donc toujours dans l'acte méritoire quelque chose de ce qu'on nomme dévouement ou sacrifice. Il semble même que nous ayons défini le sacrifice en définissant le mérite. Et il en serait ainsi effectivement, si l'on n'entendait jamais par ce mot *sacrifice* le dévouement sans réserve qui exclut la raison et n'admet pas même le principe de la conservation de soi, ni, pour ainsi dire, le fait de l'existence personnelle, si ce n'est pour commander de la donner et de la perdre.

Quel est maintenant le vrai mobile du mérite chez l'être raisonnable ? Quelles en sont les bornes ? Si le mobile de ce *bien faire* extrême et de ces *libéralités* était tout entier dans le sentiment de l'amour appliqué à l'objet de la bienfaisance, on ne pourrait pas dire assurément qu'il y eut vice, injustice de l'agent, puisque celui-ci est supposé ne donner que du sien, mais il n'y aurait pas mérite non plus ; l'ordre et la conformité à quelque loi sont indispensables en tout ce qui est de la raison ; aucune passion obéie ne saurait faire mériter l'être passionnel, non plus que la justice rendue l'être rationnel ; et l'amour, même le plus noble, quand il est particulier, se montre plutôt propre à entraîner jusqu'au manquement à la justice. D'un autre côté, l'amour est nécessaire dans tout acte de renoncement pour le bien d'autrui. La solution de ce litige dépend de ce que l'amour doit, pour constituer le mobile du mérite, être un amour raisonnable et qui ne veut voir dans l'homme que l'homme sans acception de personnes.

Le mobile que nous cherchons est la notion d'une solidarité libre entre tous les hommes, le sentiment de l'humanité, mais généralisé, devenu rationnel, la bonté, mais dans l'ordre de la raison et appliquée à la poursuite active de cette fin commune de tous qui se composerait des fins propres de tous atteintes et possédées.

On a vu (chap. XXII) que la bonté, considérée par rapport au devoir, n'est point un débit, mais bien un devoir envers soi, fondé sur la nécessité morale où se reconnaît l'agent de cultiver en lui-même les bons sentiments, desquels l'humanité est naturellement le premier. C'est ce devoir envers soi qui entièrement rationalisé ici, étendu à l'objet universel du désir de l'homme social, transfiguré par la notion du but où tend la société humaine au delà même des préceptes obligatoires observés et de la justice rendue de chacun à chacun, change de caractère, devient, de subjectif qu'il était, objectif, et pose le fondement du mérite.

On a vu (chap. XXIII et suivants) que le devoir d'assistance d'homme à homme existe d'une manière générale selon la justice, la loi morale ordonnant de travailler à l'obtention de la fin propre de chacun, comme partie de cette fin commune de tous, objet de l'idée de société ; mais que la justice même empêche que ce devoir ne soit universellement applicable aux cas individuels : ceci, non pas seulement à cause des erreurs ou des fautes que l'agent peut commettre en contractant des liens particuliers, permis et nécessaires en principe, mais aussi par l'établissement d'un droit positif en général, entraînant propriété et responsabilité partagée entre les personnes. Cette sorte d'antinomie ne pouvait se résoudre que par le retranchement, opéré dans la sphère du Juste, d'une espèce de bien moral qui semblait d'abord y être renfermée. Ici, la part retranchée, et nous dirions presque cette justice empêchée par la justice, reparaît au delà de ce qu'il a fallu définir comme justice pure, mais reparaît en supposant celle-ci accomplie, et dès lors sous une forme différente, pour constituer l'objet du mérite, et non plus du devoir [1].

Le mérite ainsi défini s'applique à plusieurs sphères

[1]. On objectera peut être que la justice reparaissant après tous empêchements levés est toujours la justice, et ne change point de nature. Mais il faut se rappeler que le droit positif, la propriété reconnue et la responsabilité propre imputée aux partageants ont pour effet de modifier l'état de la question et de limiter les devoirs d'une manière irrévocable, ainsi que je crois l'avoir démontré aux chap. XXV et XXVI.

d'activité. On peut d'abord l'envisager dans l'action de l'agent sur lui-même, quand ce dernier consacre une part disponible de son travail à son propre perfectionnement et à l'extension de ses différentes puissances d'agir, en vue, non de sa simple satisfaction personnelle, mais de l'accroissement du capital commun de l'humanité. On le trouve encore dans les efforts de l'agent vis-à-vis de ses associés, quand il veut les amener à consacrer un travail commun à l'amélioration physique et morale de ceux d'entre eux qui demeurent, après que la justice est supposée rendue, au-dessous du degré d'avancement obtenu par d'autres. On le voit enfin se déployer directement dans toutes les œuvres d'assistance individuelle ou collective dont cette justice rendue laisse subsister une matière.

Ces deux dernières tâches dévolues au mérite consistent donc (et la première admet au fond le même point de vue) dans une sorte de distribution des biens restés disponibles aux mains de chacun, toutes dettes payées : distribution dès lors gratuite, jamais arbitraire, qui se réglerait sur une bonté rationnelle et tiendrait compte des facultés, besoins et conditions de chacun, autant qu'il est possible d'en juger. Une société dont tous les membres seraient méritants de cette manière, ce n'est guère que dans celle-là que le mérite de chacun pourrait se développer et atteindre son plein effet, réaliserait l'idée platonicienne de la *justice distributive*, mais non dans une monarchie avec un *roi philosophe* : dans une république de rois également appelée à posséder et à donner. N'oublions pas seulement que la justice distributive n'est pas la justice, et que d'ailleurs la même association de mots a été appelée plus logiquement par Aristote à désigner l'altération que la justice subit dans une société de fait où n'existe pas l'égalité des personnes (V. chap. LIII).

Quoi qu'il en soit, l'agent méritant fait partie de la république pour laquelle il travaille ; il en est l'unité constitutive, et la morale fondée sur la personne ne se prête point à feindre de ces touts métaphysiques qui engloutissent leurs composants, et par là s'annulent à leur tour en qualité de sommes réelles et intelligibles. Il y a donc des bornes naturelles au renoncement dans le mérite. Les propres besoins, la conservation et le développement de chaque unité physique et morale sont supputés parmi les objets de la distribution des biens: chacune se compte, et ne doit pas seulement être comptée par autrui. C'est ainsi que le sacrifice rationnel inhérent au mérite se distingue de celui qui émanerait du pur amour, de la passion, ou de cette charité religieuse dont l'exaltation provoquée par le règne du mal pousse le saint à se livrer tout entier pour le salut des méchants.

La justice distributive des biens, pour donner encore ce nom à l'œuvre de bonté rationnelle, est un domaine libre que le mérite crée. Lui faire une autre place dans la morale entraînerait à violer les droits de l'homme au profit de quiconque serait investi, sans mutualité ni garantie possible, du privilège et des devoirs de distributeur. Il faut donc que d'abord la justice règne, que les droits rationnels de l'humanité soient respectés en toute personne et qu'enfin la fidélité aux devoirs positifs qui naissent des contrats soit pour ainsi dire épuisée, avant que le mérite ait sujet de s'exercer ; à moins que le libre consentement des hommes, dans une société donnée, n'érige en devoirs légaux et désormais obligatoires, des actes qui ne constituaient auparavant que des mérites. Mais c'est là ne dépasser la règle que pour y rentrer immédiatement et la confirmer.

Le propre du mérite, ainsi conçu dans la sphère de l'idéal, est de n'admettre pas de démérite corrélatif ; et cela est tout simple. La société où ce mérite pourrait s'étendre et se distinguer sans peine de la simple vertu est celle que l'observation générale et constante de la justice approcherait de la perfection, et qui n'en serait plus séparée que par cette sorte d'intervalle et d'excédant que laisse le devoir accompli. Mais ce ne serait pas alors démériter que de ne point mériter. Le démérite implique dans notre pensée quelque chose de strictement reprochable à l'agent moral ; et rien ne serait à reprocher à celui qui manquerait de mérite dans l'ordre idéal. Si, au contraire, nous considérons une société de fait, où ne règne pas le devoir, nous ne trouvons plus aussi chez les hommes qu'une ombre, une application imparfaite et incertaine du vrai mérite. Or le caractère dominant, par suite duquel les sociétés et leurs membres en sont à ce point, n'est pas l'absence de ce mérite, mais c'est la faiblesse de la raison et la violation de la justice ; et le mérite qui dès lors subsiste à peu près seul pour eux, et qui admet cette fois un démérite corrélatif (injustice et vice), est celui dont j'ai parlé au commencement de ce chapitre : la vertu de faire son devoir dans un milieu défavorable et malgré le désordre invétéré de l'imagination, de la sensibilité et des passions.

CHAPITRE XXXIX

DE LA LIBERTÉ PAR RAPPORT AU MÉRITE

Selon le symbole qui représente théologiquement la déchéance de l'humanité de son idéal, on regarde la liberté comme affaiblie dans l'état présent de l'homme. Il est plus exact de dire que la liberté est demeurée invariable et que le mérite s'est affaibli en fait et en puissance. Mais on a exprimé, par une erreur qui vient du penchant ordinaire des théologiens à diminuer la part de l'arbitre, un sentiment vrai au fond, quand on compare l'ordre de l'injustice régnante avec l'ordre idéal du bien : c'est que l'échelle des biens moraux accessibles est abaissée et que beaucoup de possibles, qui sont tels dans la théorie, cessent de le paraître, vu l'état de l'agent et des autres personnes auxquelles ses actions se rapportent. Le mérite vrai n'existe que rarement et à peine, et en cela encore on a dit vrai, quoiqu'on entendît faux, en posant dogmatiquement que l'homme ne peut maintenant mériter par lui-même. Il mérite, mais dans un autre ordre que l'ordre idéal. La liberté ne lui est que plus nécessaire, il n'en a le sentiment que plus vif.

En effet, si nous supposons le règne de la justice établi, la facilité plus grande qu'on a d'être juste et de faire le bien qu'on a toujours fait, quand d'ailleurs le bien vous est toujours rendu pour le bien, peut dissimuler jusqu'à un certain point l'application du libre arbitre : l'*habitude* première, on peut dire dès lors la *nature* de la vertu, en diminue, en exténue à la fin l'effort ; le mérite porte sur le bien au delà du juste, et la liberté dont le jeu se place entre le bien et le meilleur, plutôt qu'entre le bien et le mal à proprement parler, ne reçoit pas les excitations terribles qui suivent l'invasion de l'injustice. En supposant le règne de l'injustice, au contraire, on est en présence d'une liberté aiguillonnée par le sentiment des fautes et par l'espoir ou la crainte des possibles auxquels il est encore donné de revenir ou d'échapper.

Il est vrai que, dans cette dernière condition, l'exercice de l'arbitre peut s'affaiblir ensuite et s'appliquer à des cas de moins en moins nombreux, à mesure que l'habitude croissante du mal rend les actes refléchis plus imparfaits et plus rares. Mais même alors, pourvu que nous exceptions le cas final de l'abrutissement par le vice, le sentiment de la liberté subsistera à l'égard de quelques objets et retrouvera toute l'intensité possible. On n'est point libre à demi, encore que cet état de tension de l'agent qui veut être et se maintenir libre puisse fléchir habituellement ou presque toujours ; mais la liberté consiste dans le fait d'une pensée qui, méditant de passer à l'acte, envisage deux futurs comme dépendants de la volonté et pouvant se réaliser oui ou non, à l'exclusion l'un de l'autre, au même instant ; et par conséquent, elle existe ou n'existe pas, sans aucun terme moyen imaginable [1].

---

1. V. *Essais de critique générale, Deuxième essai*, § 13, 17 et 22.

Une telle pensée est inséparable de toute vertu et de tout mérite, comme de tout jugement moral de l'agent sur ses propres actes et sur les actes d'autrui. Ce qu'il en est de la vérité extrinsèque et de l'objet du sentiment que nous avons, la morale peut laisser les systèmes libres de le débattre, lorsque les systèmes la respectent et assument la charge de se concilier avec elle. Mais le sentiment lui-même est inévitable et s'impose pratiquement aux philosophes, qui n'en contestent jamais la valeur d'un côté qu'en la confirmant de l'autre. Il est le premier moteur de la morale au même titre que la raison (V. ci-dessus, chap. II).

Le mérite ne dépend pas d'une liberté, dite d'indifférence, qui, si elle existait, ne donnerait jamais lieu qu'à des actes sans motif, arbitraires et par là moralement indifférents comme leur cause. Il ne serait pas davantage possible de l'attribuer, non plus que la responsabilité, à un agent qu'on jugerait nécessité dans son acte, en telle manière que nul autre acte ne parût réalisable à un moment donné. Mais le mérite appartient à celui qui, suspendu entre deux déterminations, préfère la meilleure, en toute réflexion et pleine conscience, alors que lui-même et les témoins de sa délibération estiment qu'elles peuvent être également réalisées l'une ou l'autre par sa passion, à sa volonté.

CHAPITRE XL

DU BEAU EN GÉNÉRAL

J'ai déterminé les éléments du mérite : le sacrifice, dont j'ai dû chercher le sens rationnel ; l'effort, lié à la liberté dont je viens de parler, et l'admiration, qui accompagne l'effort et le sacrifice et demande à son tour quelques explications.

L'objet de l'admiration est toujours du nombre des choses qu'on dit belles. Il faut ici que je remonte jusqu'à l'idée générale de la beauté pour définir le rapport de cette idée avec celles du bien et de la moralité. D'abord, il est incontestable que tout ce qui nous touche en qualité de beau est pour nous l'objet d'une certaine satisfaction, en tant qu'il nous est acquis sciemment, ou d'un certain désir et d'une certaine poursuite, au moins d'imagination, en tant qu'il n'est pas réalisé. La possession, au moment où elle est obtenue, soit par nous-mêmes, soit en notre présence ou à notre connaissance, nous cause un certain transport. Ainsi le beau est en général de la nature des fins et des objets des passions.

Il n'est pas moins certain que la fin envisagée dans le beau diffère essentiellement de la fin envisagée dans le bien. Non que celle-ci ne se joigne souvent à la première ; non même que le beau ne soit aussi un bien, dès qu'il est une fin, et qu'il n'y ait en conséquence un désir, un amour pour nous y porter, et un *intérêt* particulier à l'atteindre : appelons-le l'intérêt esthétique ; mais c'est plutôt le bien qui n'est pas toujours le beau, et qui est plus général, et dont les plus communs caractères mettent la beauté des choses à l'écart. Sitôt que l'utilité proprement dite, à plus forte raison la nécessité, tout ce qui intéresse directement la conservation et le développement indispensable de l'agent se présente et se fait écouter, la beauté, en cela, n'existe pas ou n'existe plus, et se trouve éliminée de la pensée. Ce n'est donc pas dans le bien ainsi entendu qu'elle consiste, et il est vrai de dire dès lors qu'elle est une *fin désintéressée*, quoique attachée profondément au bien en général par l'attrait d'un *certain autre ordre d'intérêts* [1].

Après la détermination de ce caractère essentiel, mais négatif, si nous cherchons quelle propriété commune appartient aux objets que nous aimons comme beaux, nous rencontrons d'abord en nous un sentiment original, mais confus, ou du moins indéfinissable, qui nous

---

[1]. V. *Essais de critique générale, Deuxième essai*, § 7.

porte sans cesse à confondre et non point à distinguer les cas si nombreux, si hétérogènes dans lesquels nous croyons apercevoir les éléments de la beauté. On serait tenté de penser qu'il n'est possible de classer les objets de ce sentiment que par rapport aux différentes fonctions humaines où il se mêle ; et que peut-être même ils n'ont rien de commun entre eux, si ce n'est par voie de similitude et d'analogie, grâce à des rapports secondaires, tels qu'il en existe entre des choses quelconques. L'obscurité du sentiment et la pénurie du langage, s'expliquant l'une par l'autre, auraient forcé de donner un même nom à des impressions vagues et diverses ou à des objets qui les produisent, sans qu'il y eut entre ceux-ci, non plus qu'entre celles-là, d'autre lien qu'une ressemblance variable aussi facile à sentir que malaisée à fixer et à mettre en catégories.

Mais il n'en est pas ainsi, et l'analyse peut, au contraire, découvrir plusieurs propriétés générales, outre les simples analogies, pourvu qu'on se préserve du vice commun aux systèmes, qui font choix d'un élément, rejettent les autres ou les faussent, et ne tiennent pas compte de l'intervention réelle, bien que parfois cachée, de toutes les grandes fonctions de l'homme dans celle où ils ont jeté leur dévolu. Considérons le beau par rapport à la sensibilité, aux passions, à l'entendement, à la raison morale enfin, sans vouloir établir entre les fonctions diverses, inférieures ou supérieures, une scission, qui sans doute peut toujours se marquer plus ou moins dans le jeu des phénomènes représentatifs, mais qui se comble aussi secrètement sans cesse et avec la plus grande facilité. Ce serait se faire illusion que de chercher à former dans une sphère isolée de la représentation un concept dont le développement appartient à l'homme intégral.

Deux organes des sens sont manifestement exclus du nombre de ceux qui donnent des objets à la beauté : le goût et l'odorat ; et il en est de même des sensations qui se rapportent à des fonctions presque tout organiques et physiques, la chaleur par exemple. Un troisième organe, le tact, admet une sorte de domaine du beau : c'est grâce à ce qu'il offre en commun avec la vue, et au sentiment des formes auquel il prête un moyen, quoique imparfait, de s'appliquer. La vue et l'ouïe révèlent enfin la beauté. Mais l'agréable, non le beau, domine tout d'abord dans les objets de ces deux sens, si bien qu'il semble se trouver seul dans les plus simples. On ne peut nier l'existence d'un lien entre le plaisir goûté et la beauté sentie vis-à-vis d'une même chose, quand elle est de nature à se prêter à l'un comme à l'autre. Cependant, de deux choses l'une : ou nous trouvons un objet agréable, et ne lui appliquons pas le nom de beau ; ou, si nous le lui appliquons, ce que nous trouvons d'agréable en lui n'épuise pas, ne rend pas la notion de ce que nous y trouvons de beau. Réciproquement, il faut bien convenir que le plaisir peut cesser de qualifier le beau, lorsqu'il s'agit d'objets complexes et qui mettent franchement en jeu ou les passions ou les catégories de l'entendement : j'entends *qualifier* proprement et provenir de l'objet sensible comme source, car une jouissance quelconque est toujours attachée à l'émotion forte ou faible qui accompagne le sentiment du beau. Concluons de là que ce qui caractérise le beau, même dans les objets sensibles, appartient plus spécialement à l'application des fonctions autres que la sensibilité.

Les passions en premier lieu se présentent. Celles qui se joignent aux sensations des formes et des sons ou qui en résultent peuvent être généralement exemptes d'intérêt proprement dit, et leurs fins n'être pas directement agréables ou utiles, mais demeurer toutes contemplatives. En ceci déjà la condition essentielle du beau se trouve satisfaite. Elles apportent avec elles un agrément qui s'unit à celui qui tient aux sensations mêmes. Mais ce nouveau plaisir est d'un caractère tout particulier dont le désintéressement est la condition et sur lequel j'insisterai dans la suite. Je constate seulement que des passions sont éveillées par les objets de la vue et de l'ouïe ou par les combinaisons qui se forment de leurs éléments : elles le sont surtout indirectement, comme le désir, la sympathie, l'ardeur, la mélancolie et toutes sortes d'états de l'âme et de pensées, à cause des associations d'idées, naturelles ou acquises, instinctives ou habituelles, et à cause des signes ou symboles plus ou moins obscurs, mais réels et profonds, que les phénomènes sensibles offrent continuellement aux fonctions passionnelles, intellectuelles et morales. Dans les cas où nous appliquons le nom de beau à quelque objet très simple des sens (à une couleur unie par exemple) si l'expression ne dépasse pas notre sentiment et si le nom d'agréable ne suffit pas pour le rendre, c'est que la sensation se rattache secrètement à un état de passion, ou nous en suggère l'idée par voie d'association, ou en manière de symbolisme, ou se lie enfin à l'une de ces formes de l'entendement qui ont des représentations sensibles dont la reproduction ne nous lasse jamais, ne fût-ce qu'un plan manifesté par une couleur, ou une durée par un son monotone. Mais ceci concerne la fonction intellectuelle.

La fonction intellectuelle apporte, pour développer le jugement du beau, et certainement aussi pour le rendre applicable, pour en constituer tels éléments impossibles à séparer, des idées comme celles d'ordre et d'arrangement dans l'espace et dans le temps, de perfection des moyens employés et disposés pour une certaine fin, d'unité dans les choses diverses et de variété dans celles qui s'unissent, d'adaptation réciproque et de convenance des parties d'un tout, et d'heureux emploi, d'expression exacte des forces ou désirs de l'homme dans ses œuvres quelconques, ou dans celles-là mêmes qui lui sont étrangères et supérieures, mais qu'il juge comme s'il eût été appelé à les ordonner. En tout cela, la notion de finalité doit se présenter comme désintéressée et réduite pour ainsi dire à sa forme. Il en est de même des passions qui se joignent aux formes intellectuelles dans le sentiment du beau : leurs fins sont en représentation ou en image seulement ; à l'instant où la passion et sa fin deviendraient actives, pressantes, impérieuses, le bien prendrait la place de la beauté.

Enfin la raison morale amène encore d'autres caractères et les prête aux objets que j'ai considérés jusqu'ici, pour les faire envisager comme beaux. Elle a, dans l'ordre de la beauté, ses objets propres dont je parlerai plus tard, mais elle communique aux premiers, c'est-à-dire éminemment aux formes, aux couleurs, aux mouvements et aux sons, des beautés particulières, grâce aux symboles que l'esprit trouve dans la nature pour exprimer l'élévation, la force, la douceur, etc., et à d'autres plus complexes qui ont servi dans la mythologie et dans les arts.

Les métaphores du même genre et toutes celles qui tiennent au symbolisme des passions s'unissent, d'une part, aux qualités purement sensibles et, de l'autre, aux propriétés intellectuelles pour constituer le beau dans le langage, ensuite dans la poésie. Ici les phénomènes de la sensibilité deviennent décidément accessoires; l'objet du beau réside surtout dans les idées et dans les passions exprimées par des signes; les signes eux-mêmes peuvent à la fin n'être que conventionnels.

Ainsi la beauté, considérée comme complète, c'est-à-dire avec tous ses éléments réunis, où toutes nos fonctions prennent part, consiste dans un spectacle de l'ouïe ou de la vue, auquel se joignent d'un côté des passions et des idées dont les objets sensibles sont les occasions, les symboles ou les simples signes, mais qui demeurent à l'état désintéressé, et de l'autre des notions plus ou moins composées, plus ou moins implicites de coordination et d'adaptation réussie des parties d'un tout et des moyens d'une fin.

Les passions et les produits de l'intelligence ou de l'activité de l'homme se trouvent être des spectacles pour l'homme, et, par là, des objets du jugement du beau, en se liant aux formes et phénomènes de la sensibilité et se prêtant aux mêmes effets que les objets purement sensibles. Mais si nous les considérons abstraitement et comme essentiellement soumis à la raison, ils se rapportent au beau qu'on appelle moral et qui demande à être distingué. C'est un sujet qui viendra plus loin.

Nous reconnaissons ainsi de nombreux éléments généraux de la beauté ; nous les trouvons non seulement multiples mais complexes, étroitement unis dans un grand nombre de cas et dans tous les plus importants, au contraire des philosophes qui les ont ordinairement séparés, cherchant à mettre les uns en évidence, puis à expliquer les autres ou à les bannir. Mais si tant de caractères, sensibles, passionnels, intellectuels, moraux, conviennent au beau, quand il se présente complet dans un grand objet, il n'est pas moins certain que beaucoup d'entre eux peuvent s'évanouir et laisser subsister le beau. On peut alléguer que plusieurs sont à l'état latent dans les cas en apparence très simples où tout semble se réduire à une sensation. Mais cela ne suffit pas, car alors on demandera lesquels sont nécessaires et lesquels accessoires dans l'objet, ou quels sont ceux qu'on peut en éliminer sans que la notion du beau cesse d'y être applicable. On serait conduit de cette manière à réduire la beauté à un minimum peu satisfaisant et d'ailleurs impossible à déterminer. Ainsi la question du caractère général, à la fois nécessaire et suffisant, se pose toujours, et les auteurs de systèmes d'esthétique sont justifiés de n'y pas renoncer. Par la même raison, le rapport intime de la beauté avec l'art est demeuré inexpliqué. Il y a donc là un *desideratum* dont la découverte devra résoudre à la fois deux importants problèmes.

Le principe radical du beau me paraît dépendre d'une transformation, qui est en même temps l'explication du principe si important et si lumineux du *désintéressement*, formulé par Kant. Puisque la beauté ne se rapporte aux fins et au bien dans les choses, aux moyens propres à atteindre un but, aux objets qui procurent un plaisir, éveillent une passion ou une idée et révèlent un ordre naturel ou intelligent, qu'en tant que nous les contemplons et que nous nous en désintéressons, il est clair que ce n'est jamais la chose même qui nous touche dans le beau, mais l'image, la représentation, la production ou reproduction pure de la chose, ou encore du bien, de la passion et de l'idée qui conviennent à la chose, soit qu'on la réalise elle-même ou non. Le beau est toujours un spectacle, et son principe est la représentation pour la représentation même, la représentation qui a pour fin la représentation. On comprend sans peine à présent comment il se peut faire que la représentation de l'objet comme beau se forme d'éléments plus ou moins nombreux et de nature variable, fournis par toutes les fonctions que leur exercice réunit au fond et souvent aussi semble diviser en les appelant à primer les unes sur les autres : raison, passion, imagination, sensation ; sensation même réduite à une expression très simple ; et que le fait seul de la contemplation continuée ou redoublée, avec la conscience que nous en avons, suffise pour maintenir le caractère essentiel du sentiment du beau jusque dans les cas où sa matière ordinaire a presque disparu.

La génération de l'idée de l'art est maintenant manifeste et achève d'éclaircir pour nous l'idée du beau. L'homme est artiste, en effet, par la fonction de reproduction de conscience et ensuite d'imitation sensible des choses par toutes sortes de moyens. Autour de la parole, orateur, conteur, poète, mime, tragédien, comédien, il ne voue, pour ainsi dire, à ce qu'il cherche ou à ce qu'il fait pour son bien, que la moitié de ses œuvres ; il consacre l'autre moitié, s'il le peut, à la représentation pure qu'il se donne de ses actes ou états quelconques et de ceux de ses pareils, et enfin de la nature. Il s'empare des rapports symboliques dont il a l'instinct entre ses sentiments, ses passions, ses idées mêmes, et l'ordre des sons ou celui des formes, des mouvements et des couleurs que la nature lui offre ou qu'il sait arranger, et il devient artiste de langage, artiste musicien, artiste plastique ou peintre, inventeur de cérémonies, de danses, de processions et de fêtes. Que fait-il en cela que de se donner des représentations à lui-même et d'appliquer le principe du beau en vertu duquel il se satisfait de ses sensations, de ses sentiments, de ses idées, de ses passions, de ses biens, de ses fins, non plus pour l'utilité qu'il en peut retirer, mais pour la pure représentation où il se complaît ? Quand il considère ainsi les objets naturels comme représentations, simples d'ailleurs ou complexes, obscurs ou clairs que soient les rapports qu'il y sent avec lui-même, il les trouve beaux ; et quand il s'agit de ses propres œuvres, des œuvres d'art, il les trouve belles si la représentation qu'il a voulu se donner est fidèle, ou, plus généralement, si en les contemplant il se sent appelé à un état de représentation sensible, intellectuelle, passionnelle, morale, qui met en jeu, sans proprement les intéresser, telles ou telles de ses fonctions consécutives. De là cet *intérêt*, ce *plaisir*, cette *jouissance* esthétiques qui diffèrent des phénomènes ordinaires de même dénomination en ce qu'ils atteignent leur but en eux-mêmes, ou sous une forme contemplative qui n'implique rien des biens et des maux actifs de l'existence.

En résumé, ni l'agréable, ni l'utile, ni le vrai ou le bien quel qu'il soit, nulle fonction intervenante de l'entendement ou de la passion ne constituent le beau, mais tous ces phénomènes y entrent comme éléments en diverse mesure, à la seule condition de s'y subordonner à la représentation prise en elle-même et pour sa propre fin. Ainsi les réalités, pour donner ce nom à toute la matière du vrai et du bien, n'appartiennent au beau que par leurs représentations, et un sentiment juste suggérait la formule, quoique obscure et enveloppée de métaphysique réaliste, qui définissait la beauté l'*image* du bien, Schiller fut aussi profond philosophe et observateur plus exact, lorsque, s'inspirant en artiste des théories de Kant, il plaça dans le *jeu* l'essence des exercices qui se rapportent au beau et donna de si nobles développements à son idée par rapport à l'eudémonisme et à la fin de bonheur de l'humanité[1]. Qu'est-ce en effet que *jouer*, dans le sens le plus élevé que ce mot comporte, ou que du moins nul autre encore ne peut rendre, si ce n'est se donner toutes sortes de représentations en dehors du but de la vie et se complaire dans les formes de cette vie, dans ses formes pures incessamment reproduites et contemplées ?

On reprochera peut-être à la doctrine que j'expose de ne point se prêter à la distinction nette du beau et du laid, comme se flattent de le faire les systèmes qui s'attachent exclusivement aux caractères intellectuels de la beauté. Mais ce défaut, quand il s'agit d'esthétique pure, hors de toute direction morale, sera plutôt un mérite aux yeux de ceux qui savent combien les deux termes contraires pris dans toute leur extension, avec toute leur portée, sont difficiles à appliquer à l'art, considéré en sa forme ou dans ce qui lui est propre. L'agent raisonnable et moral regarde en effet comme entachées de laideur des représentations qui ne seraient point telles nécessairement pour l'artiste pur. Je vais maintenant introduire les notions morales dans le sentiment de la beauté, non plus seulement à titre d'éléments de représentation, mêlés à beaucoup d'autres, mais avec un rôle directeur, et chercher si quelque distinction du beau et du laid en général peut résulter de cette étude.

CHAPITRE XLI

DU BEAU ET DU LAID. RAPPORT DE L'ESTHÉTIQUE A LA MORALE

Parmi les éléments que le jugement du beau met en œuvre, il en est qui ne peuvent être remplacés par des termes contraires sans que la représentation, objet d'un désir ou attachement quelconque de notre part en dehors

---

[1]. *Lettres sur l'éducation esthétique de l'homme*, traduites par M. F. Zurcher dans le journal *La science sociale*, 1867-8.

de l'intérêt, ne nous cause inversement du dégoût ou de la répulsion. Ce sont surtout les éléments intellectuels d'ordre et d'agencement des parties et cette correspondance exacte des moyens avec la fin, cette perfection d'œuvre que nous voulons trouver dans tout ce que réalise un être raisonnable et dans les choses quelles qu'elles soient que nous envisageons instinctivement comme si elles avaient un auteur. Lorsque ces éléments se trouvent défectueux, la laideur remplace à nos yeux la beauté. Aussi, sont-ce là des éléments formels de l'art, indépendants de sa matière. Quand on n'en considère pas d'autres, la distinction du beau et du laid s'opère, sinon toujours et tout à fait sans peine, au moins de manière à conduire la critique à des résultats concordants chez les peuples qui appliquent la raison à l'art. Ce n'est là, toutefois, qu'une des conditions à remplir dans l'objet esthétique. Il reste à savoir comment peuvent encore se classer, en tant que belles ou laides, des œuvres de la nature ou de l'art qui satisfont également aux conditions intellectuelles réclamées d'une composition quelconque.

Les éléments passionnels que l'art ou la nature mettent en jeu dans la représentation du beau doivent à leur tour ne rien contenir de manifestement nuisible à l'agent esthétique, ou qui répugne aux lois de sa conservation et de son développement. Tout doit y être inoffensif et respectueux, afin que rien de défavorable, rien de contraire au bien n'y prenne naissance; et si les notions morales interviennent avec les passions, il faut qu'elles ne soient jamais sérieusement altérées ou viciées, de manière à ce que cet agent, qui est agent moral aussi, reste fidèle à sa nature. Mais ce qui touche ici le plus la question, c'est que des phénomènes, soit matériellement nuisibles à l'être raisonnable, soit de perversion morale, ne pourraient être suscités dans la conscience représentative du beau sans que celle-ci perdît son caractère et que la passion désintéressée qui lui est propre tendît à devenir une passion vive et agissante.

Mais la distinction du beau et du laid sur ce nouveau fondement, la distinction morale n'est pas simple et facile comme la précédente. Il s'agit de la représentation pure et désintéressée, et il est constant que beaucoup de pensées et de spectacles y sont supportables, si ce n'est plaisants, qui répugneraient et paraîtraient décidément nuisibles ou fâcheux, par conséquent incompatibles avec le beau, si la réalité s'y trouvait en cause. La limite extrême où la représentation peut aller, surtout avec une mise en œuvre excellente, sans troubler ou offenser l'acteur ou spectateur esthétique, est effectivement très reculée, et c'est une propriété de l'artiste en toutes choses de la porter le plus loin possible. Le jugement moral est seul apte à rendre raison de la limite.

Ce n'est pas tout. Le domaine du beau s'étend légitimement dans celui du vrai, moral ou non moral, et se l'assimile en quelque sorte par le mérite de la représentation en elle-même, par le fruit qui s'en retire et qui consiste dans la connaissance d'un certain ordre et d'une certaine perfection dans leur genre dont tous les phénomènes, même subversifs, sont susceptibles, par la satisfaction de sentir et de réfléchir les choses, les hommes et soi-même comme ils sont et se conduisent, enfin, et ceci est capital, par la loi de la *purgation* des passions. Cette loi indiquée par Aristote est une des découvertes les plus profondes que nous lui devons et mérite d'être un objet d'analyse pour les modernes.

Elle consiste en somme dans ce fait général, que la passion pour ainsi dire imaginée, feinte, *imitée*, comme disait Aristote, à l'état désintéressé, comme nous disons, ou telle enfin que la musique, la poésie et le théâtre peuvent la communiquer, encore que d'elle-même elle puisse n'être pas satisfaisante et irréprochable en morale, a cependant la vertu de purger la passion : je dis cette fois la passion réelle. Et j'entends ce mot *purger* dans le double sens qu'il permet : épuration des éléments passionnels, qui ne sont pas mauvais de soi et indépendamment de toute application ; évacuation de la partie peccante des affections ou de leur exercice. La passion, de cela seul qu'elle est vraiment désintéressée, et il faut la supposer telle, se réduit en grande partie à sa forme, qui est bonne, et par conséquent s'épure. Dans sa matière, qui est l'homme en général, car l'agent esthétique envisage l'homme en général dans l'homme, fût-ce en lui-même et dans sa propre conscience passionnée, la passion s'épure encore. Vis-à-vis d'autrui, le même caractère de désintéressement amène la substitution de la sympathie et de l'indulgence, ou encore de l'indignation et d'une juste antipathie aux affections violentes et déraisonnables de l'amour, de la colère et de la haine qui se déploieraient en présence d'objets réels. Or, l'épuration, sous toutes ces faces, a pour conséquence une certaine élimination du mal de la passion, puisque la raison, la réflexion, la généralisation tendent à se mettre au lieu des jugements particuliers et partiaux, et de l'égoïsme et des sentiments spontanés et aveugles ; et que les forces passionnelles disponibles de l'agent sont éclairées, dirigées, exercées dans une voie favorable, détournées, ainsi, autant qu'il est possible, des usages mauvais que comporterait la nature. On peut dire que l'agent esthétique est, d'une part, mis à l'œuvre comme agent passionnel, dans la sphère purement représentative, et, de l'autre, préparé à faire un emploi moins intéressé de la passion dans la sphère réelle. Par ce double motif, sa passion est exercée et satisfaite comme bonne, évacuée comme mauvaise, autant du moins que l'art est efficace. Aucune autre théorie n'arrive à expliquer comment les mêmes actes et les mêmes affections qui avilissent dans la réalité élèvent et ennoblissent par leurs images et disons même par la participation idéale qu'on y prend. Ou ils s'épurent alors, en effet, ou ils sont éliminés, comme réels, par le fait même de l'*imitation* et de ses conséquences ; ou enfin, s'ils paraissent décidément trop odieux, une réaction survient qui suscite les passions contraires jusque-là endormies, et cela toujours à l'état esthétique.

Jusqu'à quel point la pratique de l'art satisfait aux conditions qui légitiment une représentation quelconque, c'est-à-dire qui l'embellissent, l'artiste ou le critique peuvent l'apprécier dans les cas particuliers. Cette sorte de casuistique appartient à l'art par le sentiment, et à la morale par la raison. Le rôle de l'esthétique, considérée à la manière d'une science, et quelque avancée qu'on la supposât, resterait ici secondaire en devenant possible ; ou plutôt l'esthétique même ne peut guère se comprendre à cet égard que comme donnant des applications à l'éthique, puisque ce n'est définitivement qu'au nom de la morale qu'on peut bannir de la beauté et de l'art les représentations jugées propres à exciter les passions sans les purger, à vicier la connaissance de l'ordre naturel ou humain et non à la développer. Il est vrai de dire que les représentations, dans ce cas, cesseraient souvent d'être esthétiques en même temps que d'être morales, et que la grande condition du désintéressement y ferait défaut, selon toute apparence. Mais c'est encore l'éthique qui possède les éléments nécessaires pour apprécier ce dernier point en théorie.

On voit que la distinction morale du beau et du laid dans l'art (et par suite dans la nature en tant qu'assimilable à l'art) dépend de ce que la passion que la représentation comporte est ou n'est pas purgée, en même temps qu'excitée ou rappelée et imitée chez le spectateur. Il y a toujours beauté obtenue là où la passion est purgée. Là où elle ne l'est point, il y a laideur plus ou moins accusée, ou bien encore absence d'impression esthétique. Si des notions morales, plus généralement des notions portant sur le vrai ou le faux sont mises directement en cause, c'est toujours la nature de la passion éveillée par la représentation qui en détermine le caractère esthétique. L'impression du faux n'est compatible en aucun genre avec celle de la beauté, à moins que l'œuvre même qui la produit ne la corrige d'une manière plus ou moins latente, et par là, au fond, ne l'élimine.

La théorie résout sans peine une question souvent débattue et qui tient de près aux précédentes. L'art est-il purement formel, ou est-il matériel aussi, et l'artiste comme tel peut-il et doit-il se proposer un but ? L'art réside essentiellement dans la forme, et, sous ce point de vue, l'artiste ne doit point se proposer d'autre fin que de produire la représentation désintéressée quelle qu'en soit la matière. La beauté appartient à l'œuvre, dès que la satisfaction esthétique est obtenue. Mais l'artiste est de plus un agent moral, car il est un homme et toutes les puissances de l'homme lui sont données. A ce titre, il peut et doit naturellement, outre la forme de la représentation et de l'œuvre, se proposer un but ultérieur et cette fois moral, qu'elles lui permettent d'atteindre. Ce but ne doit pas être trop particulier, ni déterminé trop didactiquement, sans quoi le désintéressement et ce que Schiller nomme le jeu disparaîtraient, pour l'artiste d'abord, ensuite pour ceux à qui l'œuvre est destinée, et les premières conditions de l'art seraient manquées. Il s'ensuit de là que le but moral doit être senti plutôt que pensé, ou n'être pensé qu'implicitement avant l'exécution, et avec précision qu'après, par l'auteur, auditeur ou spectateur alors devenu critique. Remarquons en passant qu'une raison analogue interdit à l'artiste tout empiètement systématique de son art sur des arts d'une autre nature, en vue d'atteindre aux effets propres de ceux-ci. Tout travail de ce genre a pour effet de substituer la recherche au sentiment et de détruire l'inspiration : l'inspiration, c'est-à-dire cet état de l'artiste où les fins, soit rationnelles, soit morales qui l'attirent, subsistent à l'état latent et l'entraînent, sans qu'il se détache jamais de la contemplation désintéressée du beau.

Si l'artiste est soumis à cette loi de ne pouvoir ni comme tel ni durant l'œuvre, mais seulement en qualité d'agent moral et de critique, se proposer un but rationnellement conçu, à plus forte raison ne peut-il point viser à une fin immorale, que l'éthique et l'art réprouvent à la fois. C'est donc à double titre qu'il doit se préoccuper, s'il en est besoin, des conditions de vérité et de moralité auxquelles sont assujetties la représentation esthétique des choses et le mouvement esthétique des passions. Mais le véritable artiste se confie à l'harmonie naturelle des fonctions du beau, du bon et du vrai dans l'homme. La maxime de *l'art pour l'art*, s'il l'applique étant homme complet lui-même, raisonnable et moral, ne peut le conduire qu'à des œuvres morales.

Des fins qui semblent grandes, justes, excellentes de soi, auxquelles cèdent les artistes médiocres et se laissent parfois tenter les bons, ne peuvent être ainsi subordonnées pour l'art que parce qu'il a lui-même une fin supérieure ; et c'est précisément le désintéressement, la connaissance et la passion purement esthétiques, la contemplation. Si le désintéressement devait avoir pour résultat le renoncement, le mépris de la vie active, de ses attraits et de ses biens, il serait immoral, c'est-à-dire condamné par le sentiment et la notion du devoir envers soi et de l'obligation envers autrui, de la justice. Alors l'éthique, en résolvant par la reconnaissance des droits et des devoirs humains la question jadis si agitée de la vie active et de la vie contemplative, réprouverait l'art ; et il faut bien avouer qu'un certain excès de la vie artistique, certains abus des goûts et des jouissances esthétiques mènent à un égoïsme auquel la maxime citée ci-dessus sert d'enseigne et qui ne diffère pas moralement, quoique intellectuellement plus élevé, de celui qui se satisfait par un abandon total aux plaisirs vulgaires.

Mais le désintéressement de l'art est tout autre chose, en tant qu'il nous élève au-dessus de nos passions actuelles, de nos petits et même de nos grands intérêts, mais souvent incomplets ou aveugles, pour nous faire un moment supérieurs à ce que nous sommes et nous rendre à notre intacte nature. L'art en cela nous fait même sympathiser avec la vie humaine tout entière, loin de nous porter à l'égoïsme, et généralisant nos sentiments et nos passions, nous forçant, pour ainsi parler, à réfléchir le sentiment de ces sentiments, nous met dans l'état d'une personne universelle, d'une personne sœur de toutes les autres personnes et à qui *rien d'humain n'est étranger*. L'art est donc éminemment moralisateur et l'agent peut-être le plus efficace, autant que le signe assuré de toute civilisation.

On peut dire davantage. L'homme n'est pas agent moral seulement, il est agent sensible et esthétique : esthétique ici dans le sens le plus étendu du mot ; et il tend au bonheur. L'idéal du bonheur est un état où toutes les satisfactions de l'être étant supposées atteintes, il arriverait logiquement que les divisions, les luttes, tout ce qui dans les déterminations particulières implique une opposition réelle s'évanouirait, en sorte que les mêmes émotions naturelles qui troublent ou altèrent dans la réalité, n'existeraient plus que dans la forme contemplative, et comme des images projetées par l'imagination et le souvenir sur le plan d'une sérénité inaltérable. Que ce rêve ait un objet ou non, là n'est pas la question, et il est certain d'ailleurs que tel n'est pas le but actuel et direct du travail humain, la morale étant précisément faite pour en montrer un autre qui s'impose à nous ; mais enfin ce n'est pas moins un idéal, et conforme à notre nature. C'est donc un bien situé dans nos songes, si ce n'est dans notre espérance, au delà de la justice, et dont il n'est pas déraisonnable de penser que la justice ouvrirait l'entrée, si jamais elle achevait son œuvre, et en supposant de plus un monde harmonique et consentant une nature transformée. Or, de ce bien idéal, le beau acquis, durable et constant dans toutes les représentations possibles, serait nécessairement la marque et la garantie. S'il est vrai que l'homme doit recueillir toutes les semences de son être, sous la seule condition d'ordonner selon la raison ses objets et l'emploi de ses forces, il ne doit pas lui être interdit de goûter dès à présent certaines jouissances d'un état éloigné et, si l'on veut, impossible, mais qui néanmoins lui sont offertes. L'art développe en nous les passions de l'état paradisiaque, et le paradis est toujours bon, même en rêve et sur la terre, pourvu qu'il ne fasse pas négliger le travail. *Mais il faut cultiver notre jardin.*

CHAPITRE XLII

DU SUBLIME ET DE L'IDÉAL

J'ai envisagé le beau dans la sensibilité, dans la passion et dans la raison. Ces trois fonctions en fixent les éléments dans le sujet qui sent et qui juge, et leur exercice en fait atteindre les objets. Je n'ai point parlé de la volonté et des actions qui s'y rattachent. Prise séparément, la volonté n'entre pour ainsi dire pas dans la perception esthétique, laquelle doit être spontanée et désintéressée, et elle n'entre qu'accessoirement dans la production du beau, où la critique aurait tort de la chercher, puisque la poursuite d'un but trop déterminé est exclue des conditions de l'art. Les actions volontaires n'apportent non plus aucune matière au beau, quand elles s'offrent simplement telles quelles dans la vie vulgaire, ou même quand elles s'y disposent avec des qualités d'ordre qui partout ailleurs donnent lieu à des impressions esthétiques. Il faut alors quelque chose de plus. C'est une opposition singulière avec d'autres fonctions, comme la sensibilité, dont le plus simple exercice éveille le sentiment du beau. La théorie de l'idéal va me rendre compte de cette anomalie, qui n'est qu'apparente, et me conduire à la détermination du beau moral.

On établit aisément par des observations psychologiques que nul spectacle entièrement accoutumé ne nous touche ou ne nous frappe en qualité de beau. L'objet que nous appelons beau doit être comparé d'une manière plus ou moins consciente, sous un point de vue quelconque, avec un autre objet ou avec lui-même, savoir : augmenté ou diminué de tels attributs, considéré dans telles relations. La chose que nous attendrions et que nous percevrions toujours la même sous les mêmes rapports et les mêmes circonstances, dans la nature ou dans les œuvres humaines, nous paraîtrait bonne ou mauvaise, utile ou nuisible, selon notre but, en tant seulement que nous pourrions la comparer avec cette même chose mentalement modifiée, sans quoi l'habitude rendrait l'idée même du bien inapplicable pour nous. A plus forte raison, le sentiment esthétique, ou de l'ordre désintéressé, ne peut nous saisir qu'au moment où la réflexion vient rompre une représentation accoutumée ou attendue, en lui opposant une autre représentation possible, si ce n'est réelle, à quelques égards différente de la première. Il y a donc une nouvelle condition à dégager des conditions du beau que j'ai reconnues, savoir, l'existence d'une certaine *surprise* à l'instant où l'impression est reçue. Que la surprise soit sensible et marquée, ou qu'elle se dissimule en prenant la forme d'une simple comparaison implicite entre ce qui est d'une manière et pourrait être d'une autre, elle existe toujours, et quand elle permet un degré suffisant de durée et de réflexion, joint à la satisfaction intime de l'agent esthétique, elle se traduit en ce qu'on appelle l'*admiration*.

Si les phénomènes survenants sont au-dessus de l'attente ordinaire de l'agent, il les admire ; s'ils sont au-dessous, il les dédaigne ou les méprise ; s'ils la trompent, il perçoit le ridicule ou le laid par les oppositions et les disproportions qui se révèlent à lui, entre les qualités sur lesquelles il comptait et celles qui se manifestent, entre les passions qui devaient, suivant lui, se produire et celles qui en prennent la place. Mais si l'attente est vivement trompée en sens inverse, il vient un surcroît dans le sentiment du beau, lequel, à certain degré, dans certaines circonstances, s'élève jusqu'au sublime.

Le sublime achevé appartient aux cas où la limite extrême du possible semble atteinte dans le beau, pourvu qu'en même temps l'impression ait quelque chose de rapide et de fort ou qu'elle soutienne le sujet dans un état de tension qui équivaut à cette même impression incessamment renouvelée. Il se produit alors, en effet, une sorte d'étonnement grandiose et une secousse répétée qui est le *transport* de la passion au moment où elle atteint sa fin, sans l'avoir entièrement prévue : mais toujours sa fin désintéressée, car la condition n'est pas moins nécessaire pour le sublime que pour le beau. On conçoit d'ailleurs que les objets de la nature ou de l'art capables de produire une émotion de ce genre, sont ordinairement ceux qui se distinguent par quelque chose de grand, d'extraordinaire ou de puissant, ou qui éveillent des idées propres à remuer profondément par la représentation seule.

Tous ces phénomènes n'ont lieu que parce qu'une comparaison se fait toujours, pour le beau comme pour le bien, entre ce qui est, ce qui peut être et ce qui doit être afin de satisfaire nos fonctions intellectuelles, passionnelles ou sensibles. C'est dire en d'autres termes que la notion de l'idéal est inséparable des notions du sublime et du beau. Pour le sublime d'abord, il est clair que le spectacle inattendu n'émeut que par la réalisation de quelque idéal. L'agent esthétique ne serait ni frappé de quelque chose qui répondrait simplement aux actions ou propriétés qu'il suppose et qu'il a coutume de rencontrer dans un objet, ni mis en exercice par des manifestations externes qui surpasseraient ses facultés au lieu de leur offrir une application, et dans lesquelles il ne trouverait pas l'expression des idées et des passions dont il possède les puissances. Mais l'idéal, dont la nature est de n'être pas donné actuellement, ni même toujours actuellement pensé, mais présent à l'esprit par ses éléments, l'idéal se trouve tout d'un coup atteint, en même temps que conçu, et le sublime est senti.

S'il s'agit simplement du beau, le fait seul qu'il existe des conditions intellectuelles et passionnelles du jugement esthétique exige que l'objet, vaguement offert à l'imagination de l'agent avant de l'être en spectacle, renferme certaines propriétés en plus ou en moins, afin de répondre à son attente en qualité de beau. L'objet non réalisé qu'on imagine possédant ces propriétés est donc nécessairement un *idéal*. J'entends par là qu'on se représente ce qu'il *doit être* et non pas seulement ce qu'il est. La notion de ce *doit être*, comme que s'en offre ici la matière variable, établit une grande affinité entre l'esthétique et la morale, puisque nous avons vu cette dernière science donner pour premier fondement aux devoirs (aux devoirs envers soi) une notion toute semblable. Il est vrai que le devoir être esthétique diffère beaucoup du devoir être moral, en ce qu'il admet des éléments qui répugneraient à l'éthique. Et toutefois, en constatant ceci plus haut, nous avons montré aussi comment l'éthique était appelée à justifier l'emploi de ces éléments et à le contrôler.

Autre chose est la reconnaissance nécessaire de l'idéal quelconque auquel toute œuvre d'art et tout objet réputé beau sont tenus de satisfaire, autre la question si controversée de savoir jusqu'à quel point il convient que l'artiste pousse la représentation des choses idéalisées, au détriment de celle des choses réelles et attendues. Il est clair qu'un fonds considérable de réalité doit se conserver dans les œuvres de l'imagination, et cela dans l'intérêt même de la beauté qui ne saurait se passer d'une matière connue, et l'on sait à quel genre faux et froid arrivent les artistes qui cherchent trop systématiquement l'idéal, outre qu'ils ne le prennent pas toujours où il faut. Mais, d'un autre côté, l'attachement le plus scrupuleux au réel et au vrai, et jusqu'à l'esprit de système, réagissant contre la doctrine de l'idéal, ne dispensent jamais l'art d'un certain travail de choix, d'épuration et de généralisation, soit dans le beau proprement dit, soit aussi dans cette espèce de laid que la représentation esthétique fait beau. Le pur particulier et le pur banal, à moins de s'universaliser précisément comme tels et par là de s'idéaliser en quelque manière, ne s'offriraient point comme objets esthétiques. Ce qui est connu et attendu, ce qui est ordinaire et selon la coutume, s'il est peint à sa place et en son détail tel qu'il est, sans que rien y vienne en saillie pour éveiller en nous quelque sentiment, tout cela ne nous offre que choses, il est vrai reproduites, mais alors comme si elles étaient elles-mêmes et non pas reproduites, et le beau dans l'art ne se trouve obtenu en aucune façon. La simple imitation n'est donc pas un principe de l'art, au moins en ce sens, qui n'est pas celui qu'Aristote entendait.

En résumé, la véritable question de l'esthétique n'est point de décider si l'art doit poursuivre l'idéal, car il le poursuit nécessairement, soit que l'artiste le veuille ou non. Mais elle commence au moment où l'on se demande quelle est la matière de l'idéal dans chaque art particulier, quels en sont les genres, et dans quelles bornes le respect du réel et du vrai doit les maintenir ; ou, réciproquement, quel est le minimum d'idéalité, la moindre intervention des éléments propres de l'esprit, qui puisse imprimer à la reproduction des réalités extrêmes un caractère esthétique. Ces problèmes n'intéressent pas directement la morale.

CHAPITRE XLIII

DU BEAU MORAL

Puisque la représentation du beau entraîne nécessairement celle d'un idéal de nature quelconque, il en sera de même encore quand l'objet de la beauté sera pris parmi les phénomènes moraux et les faits dépendants de la liberté de l'homme. Bien plus, il résulte du chapitre précédent que les actes volontaires n'entrent dans le domaine esthétique qu'au moment où ils s'envisagent clairement, et non pas seulement d'une manière obscure ainsi que tant d'autres phénomènes, sous le point de vue de l'idéal. Mais alors le genre de l'idéal est parfaitement déterminé. Il s'agit de morale, et l'homme est un agent moral : le caractère esthétique des actes humains dépendra de leur rapport à l'idéal moral.

Dans l'ordre des choses de la nature et dans les arts qui se rapportent à la nature, l'idéal est souvent obscur, en ce qui touche la moralité surtout. Les fins à considérer tantôt nous échappent, tantôt semblent bonnes en elles-mêmes, ou nécessaires, sans être bonnes pour nous ni morales. Mais sitôt qu'il s'agit des phénomènes intéressant la moralité dans le sujet, et non plus dans l'objet, l'idéal devient manifeste, et des notions que nous appliquions seulement par voie d'hypothèse et d'analogie portent cette fois sur leur matière propre et sur celle qui nous est le mieux connue.

Nous avons encore une nature et un art à considérer dans cette nouvelle sphère. Mais quelle nature ! celle de l'homme, qui est donnée à l'homme pour être travaillée et façonnée ; et quel art ! l'œuvre morale de l'agent qui s'accomplit lui-même. Chacun de nous est artiste et spectateur à la fois de cet art nécessaire et souverain. Chacun a la représentation des œuvres de cet art chez lui-même et chez autrui, et est appelé à porter un jugement sur leur beauté.

La volonté et l'action libre, dans leur exercice journalier et accoutumé, les faits et événements vulgaires de la vie, l'ordre même qu'un homme apporte dans sa conduite, plus que cela, les vertus de portée moyenne et commune, et la justice appliquée aux cas ordinaires où chacun s'attend à voir les autres l'observer, tout cela ne produit pas le sentiment de la beauté, parce que l'idéal y fait défaut, ou que du moins la mesure d'idéal qui s'y trouve atteinte a cessé de se présenter sous cet aspect et disparaît devant un plus élevé qui se montre. Il peut y avoir estime, il n'y a point admiration, et le beau ne frappe pas plus qu'il ne ferait dans la représentation pure et simple d'un objet, d'une idée ou d'une passion semblables à ceux dont on a le spectacle continuel et distrait.

Quelque chose de difficile, de rare et de méritant doit se rencontrer dans les actions des hommes, non moins que dans leurs actes ou caractères imités par l'art, pour que se réalise le beau moral : quelque chose de méritant, c'est-à-dire qui paraisse tel. Et remarquons bien que dans le mérite où éclate la beauté, ce n'est pas la passion, mobile des sacrifices, qui la constitue ; car il est aisé de s'assurer, en consultant la conscience et en observant les faits, que l'amour aveugle d'où naît l'entier dévouement, et que le sacrifice en lui-même, poussé jusqu'à l'abandon de soi par principe de passion, ne forment pas l'objet où réside le beau moral : il y a là bien plus souvent matière de dédain ou de moquerie. C'est donc plutôt l'effort qu'il faut considérer, et le travail de la raison par lequel l'agent fait régner l'ordre et la généralité des lois jusque dans la bonté, en renonçant à des biens personnels qu'il pourrait goûter sans mal faire et les sacrifiant librement à un bien plus universel.

La beauté morale appartient donc au mérite tel que je l'ai défini (ci-dessus, chap. XXXVIII) et au mérite seul. Mais j'ai distingué un mérite pur, ou conforme au pur concept, et qui n'est à notre égard qu'un idéal dont la réalisation suppose déjà la justice accomplie pour s'avancer au delà ; et un mérite relatif, placé dans le règne de la lutte et du mal, et qui consiste dans l'accomplissement du devoir au sein d'un milieu contraire. Le beau moral se rapporte à l'un et à l'autre de ces mérites. Ce que l'esprit de l'homme a fait pour le mérite, il l'a fait aussi pour la beauté. Capable d'atteindre à la pensée du plus haut idéal, mais non point de s'en donner le spectacle, il a dû consentir à envisager l'idéal possible, dans une sphère moins élevée où se développent les mêmes puissances, bornées sans doute, combattues, mais d'autant plus intéressantes. Le beau lui est apparu dans la justice, toutes les fois que l'œuvre juste coûte un effort à sa raison et à sa liberté. Et cependant si l'on imagine la justice devenue coutume, la justice qui n'est que le simple devoir et ne devrait être que la vie même, non la fleur de la vie, la beauté, il est clair que les conditions esthétiques cessent d'être remplies. Selon cette hypothèse, permise si ce n'est à la spéculation réelle, au moins à l'analyse des idées, car on a besoin de connaître la portée entière des notions pures, le beau moral apparaît en son siège véritable et définitif, c'est-à-dire dans le spectacle de l'accomplissement du bien au delà de la justice.

Il est remarquable que la première de toutes les conditions, celle du désintéressement, est pleinement satisfaite dans la supposition d'une société parfaite des êtres raisonnables, ou du règne de la justice. On peut croire, en effet, que nul bien nécessaire ne manquerait aux hommes et que nulle grande utilité ne demeurerait en souffrance parmi eux, si tous également étaient fidèles à leurs devoirs. Alors le beau moral n'aurait avec le bien nul rapport de nécessité en aucun genre et serait tout de surérogation. Il n'en est pas tout à fait de même dans les sociétés irrationnelles que nous connaissons. Là, le philosophe ne saurait se dissimuler que la beauté morale est attribuée à des actes dits de vertu dont la totale absence rendrait ces sociétés mêmes impossibles. Mais l'utilité qui s'attache ainsi au beau dans cet ordre est déguisée dans le jugement, par cela seul que l'intérêt engagé ne touche pas directement l'individu, ou semble même ne valoir qu'à son détriment et porter tout entier sur l'universel et le social, dont on est si loin d'avoir l'idée habituellement présente quand il s'agit de biens à poursuivre. Il en est encore ainsi pour les devoirs envers soi, dont certains paraissent beaux à remplir, quoiqu'au fond ils ne soient pas inutiles à l'agent; mais on oublie cet intérêt pour ne penser qu'à l'effort, aux biens actuels sacrifiés, aux préceptes généraux à suivre, et le jugement esthétique devient applicable.

Le fait seul de la généralisation du point de vue et des maximes suffit pour produire le désintéressement et par suite le principal caractère du beau. Nous venons d'envisager le beau moral dans les actes; mais prenons les idées mêmes auxquelles ils se rapportent, les idées du bien et du vrai, non moins que l'idée du juste : dépouillons-les de tout ce qu'elles comprennent de particulier et considérons-les comme des mobiles en elles-mêmes, indépendamment de toute application ; elles s'identifieront aussitôt avec le mobile du beau, ainsi que le constate en partie l'usage de notre langue, éminemment celui de la langue admirable des philosophes qui les premiers ont généralisé les notions morales (V. ci-dessous chap. LXVIII).

Dans l'état actuel des esprits et des choses, nous n'avons pas besoin de nous élever à des concepts si universels, non plus qu'à un parfait désintéressement, pour nous trouver émus par le sentiment du beau dans les actes humains et dans les produits qu'ils engendrent. Nous nous contentons même de très peu. Cette infériorité de nos jugements ordinaires sur le beau moral, aussi bien que sur le mérite, n'est que celle de notre état de moralité. Et je ne parle ici que de l'infériorité générale eu égard à la raison et à l'idéal, car il y a encore une autre bassesse, cette fois individuelle, quoique très commune, et qui descend trop souvent dans le monde à un degré qui fait rougir l'honnête homme. Mais enfin chacun de nous met le beau, ainsi que le mérite, où il peut, et comme il le place toujours quelque part au-dessus de son milieu, de sa coutume et de ses forces ordinaires, il y trouve un mobile qui s'ajoute à celui du bien proprement considéré et se montre souvent le plus efficace des deux pour déterminer son progrès.

Le laid et le ridicule dans les actions humaines se rattachent par leurs caractères au caractère du beau. Nous jugeons laid tout acte qui n'atteignant pas l'idéal, comme nous le voyons, nous paraît même sensiblement plus bas que le niveau moyen des vertus et passions communes où n'entrent point d'éléments esthétiques. Le mépris remplace l'admiration. Suivant que l'écart est plus ou moins grand, nous marquons des degrés de vilenie ou de honte qui pénètrent enfin dans une autre sphère, au moment où le laid devient décidément odieux grâce à l'intervention de nos sentiments intéressés. Si au contraire nul intérêt ne nous touche, si l'acte nous semble inoffensif et qu'en même temps il se produise des oppositions singulières, des disproportions entre le fait et l'idée, une attente déçue, un jugement brusquement démenti, etc., c'est le ridicule qui est perçu. En un mot, tout se passe, pour les faits réels de la vie, conformément à ce qu'on a vu plus haut touchant le sublime et le ridicule dans le domaine de l'art, attendu que le beau moral est de la nature du sublime.

Afin de compléter ce que j'ai à dire de la notion du bien au delà de la justice, il y aurait à examiner le principe des doctrines qui placent le bien tout entier dans cette sphère, en subalternisant la justice et par suite en la méconnaissant. Mais c'est un sujet que je vais retrouver en traitant des sanctions réelles ou supposées de la morale.

TROISIÈME SECTION

DES SANCTIONS DE LA MORALE

CHAPITRE XLIV

SANCTIONS NATURELLES ET RATIONNELLES

La sanction d'une loi s'est d'abord entendue de ce qui pouvait la rendre sacrée pour ses observateurs. En ce sens, les lois de la morale ont pour sanction, premièrement, la conscience du sujet qui les tient pour obligatoires, et, en second lieu, la confirmation venue de la conscience d'autrui. En effet, nous ne reconnaissons rien de plus sacré que la conscience, ni rien qui puisse nous paraître tel sans son assentiment. La morale trouve donc sa sanction dans sa source même, et cela lui est propre.

Mais on a étendu l'idée de sanction à tout ce qui peut, par plaisir ou peine, espérance ou crainte, ou enfin sentiment de la nécessité des choses, engager l'homme à observer la loi. En ce nouveau sens, l'éthique reconnaît des sanctions naturelles, et d'autres que la raison, la croyance ou l'autorité y peuvent joindre, et dont il faut étudier la valeur.

C'est une première sanction que ce plaisir ou cette peine de nature particulière que nous éprouvons, selon que nous nous jugeons auteurs du bien ou du mal dans nos actes libres, et qu'on nommerait volontiers une sensibilité de la conscience. Je n'insiste pas sur une propriété du sens moral, si souvent observée et par tous les moralistes.

Une autre sanction que l'on peut dire naturelle, encore que la raison s'y emploie essentiellement, est l'intérêt bien entendu, tant celui que nous trouvons à observer nos devoirs envers nous-mêmes que celui de la justice et des règles ou préceptes réductibles à la loi fondamentale, mais dont la violation entraîne des maux particuliers prévoyables. Ajoutons l'intérêt agrandi qui se lie à la considération générale des devoirs comme mutuels ou matière d'échange, le bien collectif, qui nécessairement touche chacun, n'étant possible qu'autant que chacun se conforme au bien en sa personne.

Ces sanctions n'ont aucune vertu obligatoire, on l'a vu (ci-dessus, chap. XXXI); elles sont néanmoins réelles et efficaces. Elles ont des promesses et des menaces, des biens à rendre pour le bien et des maux pour le mal, et comme il est impossible à la vertu de n'en pas tenir compte, tout en se déterminant par d'autres motifs, ce serait aller contre la nature des choses que d'exiger d'elle de n'attendre point de rémunération. Elle est d'autant plus fondée à en vouloir une qu'elle l'est ici en droit, et qu'il ne s'agit pas de ces mérites et de ces sacrifices portés au delà du devoir, et qui changeraient de caractère s'ils se faisaient en vue d'un échange, mais bien de ces devoirs stricts qui sont au fond des espèces de contrats.

La question m'amène à une distinction subtile, en première apparence, mais des plus importantes quand on l'approfondit. Nommons, en effet, *rémunération* le retour dû et rendu entre les agents raisonnables pour les actes de devoir et de vertu. Ce retour, cette rémunération ou devoir rendu pour un devoir ne sont pas des récompenses, puisqu'il n'en est point dû à la justice. D'une autre part, on a vu qu'un des éléments du mérite, c'est-à-dire du bien porté par l'agent au delà du juste, est la notion de la *récompense* méritée par cette sorte d'effort et de sacrifice. Ici la récompense n'est point rémunération et chose due, et cependant l'esprit conçoit naturellement la convenance d'une libre compensation à établir et d'une égalité des apports des agents dans l'œuvre du bien, égalité qui dépendra cette fois de leurs bons sentiments gratuits et non de la reconnaissance de leurs dettes. Le *retour* caractéristique de la *récom-*

pense est donc celui auquel pensait peut-être le poète qui énonçait une maxime d'amour vrai plutôt que de justice, et encore moins de psychologie expérimentale, en disant que *l'amour ne permet à nul être aimé de ne pas rendre l'amour*.

On peut, d'après cela, considérer la sanction naturelle de la loi morale comme double en quelque manière. Elle se rapporte à la raison quand elle promet à l'agent, s'il est juste, l'échange des biens de la justice, auxquels il a intérêt; et aux passions, quand elle lui fait espérer le retour des sentiments mêmes qui le portent à donner à autrui sans les mesurer les biens qui sont de sa dépendance. L'intérêt n'est pas moindre pour lui dans ce dernier cas : c'est toujours son bonheur qui se trouve en jeu.

Une autre sanction est attachée au concept idéal, mais que nous voyons se réaliser partiellement sans cesse sous nos yeux, dans un sens ou dans l'autre, au concept, dis-je, du perfectionnement de la nature individuelle ou de son abaissement. La perfection n'est pas seulement relative à la conscience et à la raison. A ceux des éléments de perfection que la morale a pour fins, dans les devoirs envers soi et dans la justice, des lois naturelles en joignent d'autres qui intéressent l'ensemble de la vie de l'intelligence et des passions, et ensuite le corps même à cause des rapports de l'organisme avec l'entendement et la moralité. L'expérience constate une dépendance telle entre le bien moral et le bien physique, entre le beau ou le laid exprimés matériellement et le beau ou le laid de l'ordre des passions et des idées, et on voit si bien les organes se modifier, se modeler selon leurs fonctions habituelles, qu'il n'est pas douteux que la vie humaine prolongée, si elle pouvait l'être assez, et l'abandon, de plus en plus instinctif, de certains hommes à tous les vices, la domination acquise de certains autres sur leurs facultés tournées au bien, ne nous montrassent à la longue des monstres d'un côté, des hommes véritables de l'autre. De là une sanction qui ne peut manquer de toucher quiconque regarde la perfection de sa propre nature en général comme désirable et sa dégradation comme à craindre. Cette perfection n'a d'ailleurs rien de transcendant; on la définit simplement par la paix de l'âme, la santé, la beauté en ce qui dépend de nous, et par le plaisir sans trouble des passions conciliées avec la justice et le travail ; on la réduit à l'unité par le sentiment d'une détermination totale de la nature humaine rendue conforme à la raison autant que la volonté en est capable.

Si la rémunération ainsi accordée à la vertu est renfermée dans les limites de la vie présente, aussi bien que restreinte par les conditions que font à chacun la nature et la société, dès sa naissance, elle ne laisse pas d'être considérable, en regard surtout des punitions infaillibles attachées au vice. Mais si elle va, si seulement elle peut aller au delà de cette vie, son importance monte à la hauteur d'une loi universelle dont la simple possibilité n'est pas indigne d'être un mobile pour les âmes les plus désintéressées.

CHAPITRE XLV

SANCTIONS A TITRE DE POSTULATS

En réclamant la conciliation suprême de la loi morale, motif premier et obligatoire des actes libres, avec la loi du désir du bonheur, mobile nécessaire et impérieux quoique rationnellement secondaire de tous les actes possibles, la science arrive au postulat de l'immortalité de la personne humaine (ci-dessus, chap. XXVIII). La science *demande* une croyance, non pas pour se fonder, mais pour se satisfaire en dehors d'elle-même et ne point se clore avant d'avoir conçu son propre rapport avec la nature. La croyance à l'immortalité, si je la suppose acquise, apporte une sanction transcendante à la loi, puisque la rémunération future des actes est précisément le moyen par lequel se peut faire la conciliation demandée, imparfaite ou nulle dans l'état présent des choses. Il est d'ailleurs permis de voir dans cette même rémunération un prolongement naturel de la série des phénomènes qui dès à présent mettent les conditions fondamentales et même les conditions physiques du bonheur dans la dépendance de la moralité. Mais on ne doit pas oublier que l'ordre des anciennes doctrines est changé, la méthode renversée, qu'en un mot le dogme, si ce nom pouvait convenir encore, mais il ne convient plus, se réclame de la morale, et non plus la morale du dogme.

A ce postulat et à cette sanction se joignent ceux de l'existence divine, au sens le plus indéterminé, matériellement parlant, et le plus purement moral[1]. A peine diffèrent-ils des précédents, auxquels ils donnent cependant une forme cosmique, la plus universelle possible; car on les énoncerait aisément ainsi : l'extension de la loi morale au monde, la croyance en une nature et en un ordre tels des choses, que, sans pouvoir ni sonder l'origine de l'univers ni le comprendre comme un tout, on puisse affirmer qu'il subit la souveraineté du bien et que les conséquences de ses lois sont d'accord avec les fins de la morale.

Les croyances particulières vont au delà de l'affirmation générale, sans doute, et trouvent des sanctions plus déterminées dans un ordre divin plus décidément anthropomorphique. Elles pensent en trouver aussi dans un ordre métaphysique dont je parlerai tantôt, qui les leurre. Mais elles ne sauraient en imaginer qui aient la probabilité, ni par conséquent la force que donne la raison à une hypothèse où toutes les fonctions de l'âme humaine se réunissent et se concilient sans rien admettre d'arbitraire. En effet, l'esprit ne peut sonder, moins encore déterminer l'ordre universel, même moral; mais il peut le supposer, et cette indétermination puissante où il se tient a toute la vertu qu'il faut pour assurer l'agent qu'en faisant le bien de sa conscience il fait le bien du monde, qu'en réalisant l'harmonie de sa na-

1. V. *Essais de critique générale, Deuxième essai,* § xx et xxiii.

ture propre il travaille à l'harmonie de la nature entière, et qu'enfin celle-ci, toujours triomphante à la fin, promet une rémunération infaillible à ses propres efforts.

La liberté morale, en tant que réelle, est une autre espèce de sanction, un autre postulat. Nous suivons dans l'ordre pratique une liberté apparente (ci-dessus, chap. II et XXXIX). Si de plus nous nous croyons effectivement doués de la puissance de donner un premier commencement à des phénomènes, et si nous pensons que les faits à venir qui dépendent de nous peuvent être imprédéterminés réellement, et non pas seulement d'une manière illusoire, ou à cause de notre ignorance, nous avons la certitude de posséder les moyens actuels d'atteindre nos fins morales et de nous rendre bons dans toutes les circonstances. Suivant la même hypothèse, nous perdons la ressource de rejeter sur les défauts de la nature, sur ceux des hommes et sur les nôtres, la responsabilité du mal dans les choses qui se présentent comme de notre ressort; et nous renonçons au droit absolu d'arguer d'infidélité à la loi les agents quelconques aveugles ou clairvoyants, dans leur part, quand nous sommes nous-mêmes infidèles dans la nôtre. Comment accuserions-nous justement le milieu humain dont nous formons un des libres éléments, tant que nous ne parvenons pas à essayer complètement dans notre sphère ce que la justice de chacun peut pour l'ordre moral de tous? La liberté est donc une sanction de la loi parce que, si elle est réelle, elle nous rend réellement capables de l'observer, partant responsables et sujets d'une rémunération de droit autant que de fait. Ce n'est point une sanction de plaisir ou de peine, d'espérance ou de crainte, mais c'en est une fondée sur le sentiment de la responsabilité qui prend alors une force et une majesté inconnue dans les doctrines nécessitaires.

Cette responsabilité s'étend jusque dans le passé. Parmi les défauts et les vices de la personne actuelle, qui semblent si souvent excuser ses actes en les rendant inévitables, il en est beaucoup, et l'ignorance même peut être dans ce cas, qui se trouvent acquis par un usage antérieur de la liberté, et reprochables à ce titre. Un étude rétrospective et suffisamment approfondie de la personne morale éclairerait souvent les raisons pour lesquelles une responsabilité sérieuse existe, encore que les éléments ne paraissent point en être donnés dans le présent. Et la même loi expliquerait comment il se peut faire que la conscience se porte sans trouble à des actes que son état de bonne intention rend irréprochables et moraux dans le moment actuel, mais qui sont tout le contraire en somme, suivant le jugement éclairé d'autrui, et le seraient aux yeux de l'agent lui-même, si sa liberté s'était exercée avec assez de force et de droiture dans le passé.

La liberté est encore une sanction, en ce que se fortifiant et se développant par l'exercice constant des fonctions réfléchies, elle devient sa rémunération à elle-même. Les œuvres morales s'étendent et se facilitent et nous apprenons à trouver dans leur accomplissement une part considérable du bonheur.

CHAPITRE XLVI

DE LA SANCTION MÉTAPHYSIQUE

Je ne veux point parler de nouveau de la sanction qui se tire du concept de la perfection individuelle, et peut ensuite s'étendre à la perfection générale, envisagée du moins dans la société des hommes et en tant que dépendante du travail de chacun. Cette sanction, qu'on pourrait nommer philosophique, est entièrement rationnelle et n'emploie d'autres notions que celles d'une nature humaine et d'un idéal moral pleinement accessibles à la conscience. Mais je veux caractériser maintenant, pour la rejeter, une sanction métaphysique, une doctrine illusoire en son objet, immorale en ses conséquences où beaucoup de philosophes ont placé le terme dernier de leurs spéculations et de la vie de l'âme.

Ici la nature du monde remplace celle de l'être raisonnable et moral, et l'on suppose sous ce nom de monde, ou sous le nom de Dieu, l'existence d'un tout unique dont l'ordre toujours et nécessairement parfait embrasse les faits moraux comme les phénomènes physiques, et ne reconnaît partout, jusque dans les apparences individuelles les plus accusées, autre chose que des éléments inévitables et indissolubles de sa propre essence. Dans cette hypothèse, il est clair que tous les préceptes possibles de la morale doivent se réduire à un seul, qui est de se tenir à sa place dans l'ordre universel, c'est-à-dire de s'y tenir de bonne volonté, puisqu'il serait impossible d'ailleurs de n'y pas être.

Comme cet ordre est visiblement fondé sur le sacrifice des individus au tout, le précepte est une loi de sacrifice volontaire. Accepter, aimer, bénir les choses comme elles sont, en les rapportant au tout où elles ont leur nécessité d'être; renoncer par conséquent à soi-même, renoncer au monde en tout ce qu'il présente de particulier; renoncer du point de vue de chaque chose et de chaque personne, à tout ce que cette chose ou personne *pourrait* ou *devrait* être, semble-t-il, en faveur de ce qu'elle *est* ou *sera* ou *peut réellement être* à l'égard de l'ensemble, ce parfait sacrifice est le fond de beaucoup de systèmes de métaphysique et de morale, qui souvent semblent différer les uns des autres et qui se déguisent parfois, même à leurs propres adhérents, grâce à un certain usage des mots Dieu et liberté.

Et comme ces idées d'ordre universel absolu et de dévouement individuel absolu ont pour effet d'élever celui qui les forme, et qui accepte le sacrifice, à une hauteur où rien ne lui manque du côté de l'amour et de la volonté, si ce n'est du côté de la connaissance, pour s'identifier lui-même avec le tout auquel il se donne, il pense se diviniser. Il est membre de l'unité, il est donc l'unité même, qui n'a pas à proprement parler de membres, et dans laquelle se confond tout ce qui ne se fait point l'illusion de se distinguer. Cette divinisation est la sanction de la morale ainsi entendue.

On invoque la raison pour ce genre de doctrines.

Cependant la raison ne peut jamais raisonnablement aboutir à la passion du sacrifice, car le renoncement à la conscience est le renoncement aux seuls motifs et aux seuls mobiles capables de nous faire chercher les lois de la vie morale. Le philosophe qui abandonne les droits de la conscience personnelle, en faveur d'on ne sait quel désir et quelle contemplation, répudie ce qui seul peut donner du prix et de la réalité à l'objet de son désir. L'amour sans réserve ne saurait se justifier rationnellement, puisque la raison est la règle et le tempérament des passions; et le don de soi à l'inconnu est incompatible avec la composition normale d'une sphère de la moralité. Enfin le sacrifice de l'individuel à l'universel n'est point une base sur laquelle puissent s'élever la justice et la loi des relations humaines. De là naissent plutôt les systèmes qui prétendent tirer le bien général du mépris des biens particuliers et de la violation des droits. Si le penseur qui se place à ce point de vue ne jette pas l'anathème au monde pour se retirer tout entier dans la contemplation de l'*un* et de l'*immuable*, il embrassera le mal avec le bien et voudra justifier l'un par l'autre.

Au fond, ces doctrines ne sont pas rationnelles, et c'est la passion qui les conduit et les inspire. L'amour est le mobile, avoué ou non, auquel elles en appellent. Or l'amour n'exclut pas le contraire de l'amour, puisqu'il n'est la règle en aucune chose et que l'*esprit souffle où il veut*, en matière de passions. L'amour invoqué sous le nom de raison, pour motiver le sacrifice de soi, motive ensuite le sacrifice d'autrui, involontaire et forcé, pour la réalisation d'un plan prétendu de bien commun, ou peut-être de félicité transcendante. Dès que l'individu, sa conscience, sa raison et son droit ne sont point posés comme la plus générale des lois de l'ordre moral un système qu'on se fait, doit infailliblement aboutir à l'arrangement arbitraire de la société, puis de l'univers, au gré du philosophe ou du prêtre et de leurs passions, et il n'existe plus de garantie pour la justice. Il est naturel, en effet, que l'amour ne pouvant de lui-même connaître que des fins, recoure aux systèmes, sitôt qu'il cherche un plan de bien général pour se satisfaire.

L'amour comme mobile principal du bien doit être subordonné à la justice. Le mérite du bien accompli au delà de la justice ne peut venir rationnellement que par surcroît, après l'épuisement de l'ordre du juste. Aussi ne faut-il pas croire que l'enseignement du sacrifice soit né du développement naturel et complet de l'idée et de la pratique du bien moral. Ce développement n'a nulle part été suffisant, tant s'en faut qu'il ait surabondé. C'est donc l'inverse qui est le vrai. La doctrine de l'amour qui se sacrifie est le produit de l'établissement du mal dans la conscience bouleversée, et une sorte de pis-aller des religions et des philosophies; non certes en ce sens qu'on se soit contenté alors de quelque chose de moins que la loi morale, mais au contraire en ce que désespérant d'obtenir le possible, c'est à l'impossible qu'on a demandé le salut. Dans l'ordre pur de la morale et de la raison, le sacrifice lié à l'accomplissement du bien au delà de la justice n'amènerait point le mal pour le sacrifié. Mais dans l'ordre du mal moral régnant sur l'humanité, on a fait contre mauvaise fortune bon cœur et embrassé, à la place du bien qui manquait, la résignation et l'acceptation volontaire du mal jusqu'à l'anéantissement de la conscience.

CHAPITRE XLVII

DE LA SANCTION RELIGIEUSE

La sanction que je viens d'examiner n'est pas étrangère aux religions, mais convient surtout aux théologies qui se développent dans leur sein ou aux doctrines qui rivalisent avec elles. Il y a trois formes de la sanction propre que la religion prétend apporter à la morale : la forme déiste, suivant laquelle la notion de rémunération devient positive et claire ; la forme de législation révélée, d'où les préceptes tirent une autorité externe infaillible; la forme mythologique, enfin, qui réunit les précédentes en y joignant le symbole de l'Homme-Dieu, la légende de ses exemples et la croyance en son œuvre de rédemption. Occupons-nous d'abord des deux premières.

L'autorité externe, outre qu'elle n'est jamais qu'un objet de foi pour l'homme, est, en cette qualité d'externe pure, une illusion qu'il se fait, car il doit, pour la poser, substituer à sa conscience, juge en dernier ressort et agent moral unique, les dictées que cette même conscience lui apporte sous une autre forme. La révélation prophétique ou divine, qui semble donner un corps aux vérités morales, a besoin d'être elle-même acceptée moralement. Nulle législation, d'où que la source en paraisse venir, ne peut être obligatoire et porter sa sanction avec soi qu'aux yeux de ceux qui sont déjà capables d'en poser les principes, de la comprendre et par conséquent de l'édifier, la trouvant bonne. Ainsi la sanction religieuse à cet égard n'est en rien plus certaine que la raison morale toute pure et que la conscience réduite à son for intérieur. Il est bien vrai que la doctrine de la révélation et de la législation d'*en haut,* fait dépendre la vérité de l'enseignement de celle du fait acquis de ce même enseignement, dont l'auteur est infaillible; mais elle avoue parfois aussi que la vérité reconnue prouverait mieux le fait que le fait prétendu ne prouve la vérité. Et si elle ne l'avoue point, elle rencontre une cause de faiblesse dans la nécessité où elle est de démontrer des faits dits historiques, dénués de toutes les conditions de réalité que la critique historique exige.

Un autre grave défaut de la sanction législative suprême tient encore à l'illusion qui la pose hors de la conscience. L'homme prête son œuvre à Dieu et dès lors se démet de la responsabilité de conceptions qu'il ne croit plus siennes. Celles-ci s'immobilisent et communiquent leur fixité à des lois et à des coutumes qui dès ce moment prétendent dominer et diriger la conscience et cessent de l'accepter pour juge. Or la conscience peut bien conserver sa liberté et sa pureté lorsqu'elle s'engage vis-à-vis d'elle-même, mais elle perd infailliblement l'une et l'autre dès qu'elle ne s'engage ainsi qu'insciemment et croyant abdiquer en faveur de quelque chose de plus haut qu'elle.

Quant à la sanction des peines et des récompenses, elle devient, non pas plus simple aux yeux du philosophe, mais moins générale et moins sûre, en même temps que plus sensible à l'imagination vulgaire, en prenant la forme d'une rétribution accordée par une personne que nous avons le droit d'appeler *particulière*, en dépit des attributs infinis dont on la charge. Il faut avouer aussi qu'un certain abaissement de vues accompagne cette forme religieuse de la rémunération, comparativement au concept de l'ordre naturel et universel des fins morales et physiques dont les moyens nous sont inconnus. Ce serait aller trop loin cependant que d'accuser la morale de déroger quand elle accueille, sans la demander, la sanction tirée de la croyance à une rétribution, même positive. Il faut que ceux dont le désintéressement se scandalise de l'espérance du bonheur promis selon d'autres à la pratique de la vertu, se fassent une bien pauvre idée de la nature des biens que l'homme peut désirer, plutôt encore comme l'accompagnement légitime, et je dirai logique, que comme le prix de l'état de moralité où il s'est élevé. Rendons aux théologiens cette justice qu'ils n'ont pas toujours tracé un indigne tableau des récompenses et des peines futures. Mais ce qu'ils n'ont pas fait, ils l'ont du moins laissé faire aux prédicateurs. La platitude des notions courantes au sujet du ciel et de l'enfer a été la cause du décri où sont tombés auprès des âmes nobles les dogmes de la rémunération directe et du dernier jugement. La basse crainte ayant pris, dans l'enseignement courant des églises, la place de la crainte philosophique de déchoir, et de voir se dérouler les suites de la déchéance, il est arrivé que les philosophes ont pu trouver de la vertu à ne rien craindre et à ne rien espérer. La crainte et l'espérance sont en effet les moindres des sanctions, et n'ont presque plus rien de moral, quand elles se rapportent à l'intérêt proprement dit et à la puissance d'un souverain qui disposerait des choses à sa volonté.

Je me bornerai à signaler deux vices, attachés bien souvent à la thèse des peines et récompenses édictées par un juge suprême. C'est d'abord que les promesses de rémunération tendent à se rapporter à l'accomplissement de certains rites ou à la fidélité à des pratiques dont l'importance morale est insaisissable, et que nulle conscience libre n'imaginerait. C'est ensuite que le désir de résoudre le problème du mal engendre des systèmes théologiques en vertu desquels l'idée naturelle de justice est faussée et le principe de la rétribution souveraine changé en une loi arbitraire et inique.

Au reste, on me comprendrait mal, en pensant que je veux proscrire ici les formes religieuses des sanctions de la morale, et que j'attribue à la science, ou aux croyances fondées en raison, le droit d'exclure des croyances plus particulières. Je prétends seulement dégager, du milieu de chaque forme positive qu'une religion donne à la sanction tirée de l'origine ou des fins de la personne dans le monde, l'idée d'une sanction plus nécessaire et universelle, qui y est toujours enveloppée et supposée, et qui en fait toute la valeur rationnelle. Si les religions voulaient opérer ce dégagement pour leur compte, elles gagneraient la possession d'une doctrine philosophique solide qui serait un grand bien pour elles. La morale leur serait connue dans son vrai fondement, et elles la respecteraient. Elles pourraient par là se mieux défendre des illusions qu'elles mêlent à leurs théories de la révélation, et des vices plus graves encore dont les idées qu'elles se font de la rémunération sont ordinairement accompagnées. Il leur resterait un domaine propre suffisamment étendu. Un progrès immense résulterait de l'accord ainsi établi par la critique entre les hommes dont les croyances sont diverses, et dont la raison est une. La raison dégagée constituerait la morale, suivie du postulat de ses sanctions, mais rationnelles. Le surplus regarde la foi libre, et ne concerne pas l'éthique autrement que pour en tirer l'autorisation de se produire sans préjudice des lois générales de la conscience.

CHAPITRE XLVIII

DE LA SANCTION MYTHOLOGIQUE

La mythologie dont je veux parler est essentiellement la croyance en l'Homme-Dieu, homme que le sacrifice divinise, ou Dieu que l'amour incarne et sacrifie. Cette foi promet à la morale une sanction nouvelle, dont le concept, ébauché par d'autres religions, s'élève dans le bouddhisme et le christianisme au point de perfection. Il ne s'agit plus seulement de révélation, de législation, ni d'un souverain juge préposé aux œuvres humaines. Nous avons les exemples de l'homme parfait, la morale pratique du Dieu. Le bouddhisme nous propose l'idéal réalisé par son fondateur, afin de nous apprendre comment se peut dépouiller la vie de chacun de nous et s'obtenir la béatitude du renoncement à l'existence et à ses formes changeantes. La même religion nous montre, dans les espaces infinis, des êtres parfaitement épurés et heureux qui descendront volontairement à revêtir la forme humaine, quand l'heure sera venue. Le christianisme offre à son tour un modèle du sacrifice de l'homme et du Dieu, et respectant le principe de l'existence, nous apporte la réconciliation de la vie avec le bien par le sacrifice même, et, pour plus de sécurité, l'assurance d'être sauvés par la foi, ce que nous ne pourrions avec le faible secours des vertus dont le péché nous a laissés capables.

La morale à laquelle cette sanction s'applique n'est point celle des devoirs envers soi, conçus rationnellement, et de la justice. C'est la morale du dévouement absolu, si nous avons la force de la suivre. Sinon, c'est la foi dans le sacrifice ; c'est ensuite la pratique d'un culte de plus en plus étroit et spécialisé : rien qui se rapporte aux lois de l'éthique et aux *œuvres* réelles, hormis les préceptes, mais communs ou de la sagesse de tous les temps, que ne relève aucun appel énergique à la conscience du droit et à l'obligation du devoir. De tels préceptes ne sont point particulièrement liés à la morale chrétienne, qui se dit nouvelle et a trait tout entière au renoncement et au sacrifice. Ils lui sont plutôt contraires, quand on les considère dans leur fondement et dans leurs exigences, et la religion dans son esprit véritable.

Une histoire de l'éthique peut seule développer les vices des doctrines ascétiques et mystiques et montrer quelles altérations, quelles déviations résultent, pour la morale, des notions du mal et du salut formulées par le christianisme. Ce qui importe maintenant à mon plan, c'est de remarquer conformément aux observations des chapitres précédents, que les sanctions propres au bouddhisme et au christianisme ont ce caractère de convenir à un ordre moral troublé, d'être incompatibles avec l'ordre normal de la raison et de la vie, enfin de se présenter comme des sortes de remèdes demandés exclusivement à la passion pour les passions humaines déchaînées.

Cette loi qui régit l'œuvre morale des grandes religions dans l'histoire se constate à la fois dans la sphère des devoirs envers soi-même et dans celle de la justice. Là, ne pouvant obtenir la règle et la modération de l'âme, un sérieux exercice des vertus de prudence et de tempérance, on soumet ses passions à l'empire de l'amour et de la haine convenablement dirigés, on attaque le mal dans sa matière, c'est-à-dire dans la vie et dans la nature même, et on entreprend de se faire haïr ce que naturellement on aime, et aimer ce qu'on hait. Ici on se reconnaît impuissant à faire régner la raison sur le monde, aussi bien que tantôt sur sa propre conscience, et on désespère de la justice dans l'humanité ; on se condamne alors à subir l'injustice avec résignation, on renonce à des biens que l'on croit vain de penser pouvoir obtenir sans Dieu, on s'enferme dans le cercle d'une perfection individuelle et mystique et on tire son salut de sa seule soumission, sans essayer de faire triompher le droit sur les méchants. Tel est du moins l'idéal, quoique perdu de vue bien souvent, et non moins difficile à approcher que tout autre pour un nombre d'hommes tant soit peu considérable. Il est clair qu'une morale ainsi fondée sur l'existence du mal, encore plus que sur la notion du bien, cesserait d'être possible ou même imaginable, aussitôt que la justice d'un homme serait censée devoir répondre en général à la justice d'un autre. Du même coup les mythes qui donnent un corps à l'enseignement religieux perdraient en grande partie leur raison d'être. C'est dire que la morale mythologique et ses sanctions n'ont aucune valeur de théorie pure, puisque les lois de l'éthique, telles que je les ai exposées, supposent l'existence d'un agent raisonnable et moral en relation avec d'autres également moraux. Mais ce n'est pas dire qu'il ne subsiste pas un grand problème.

CHAPITRE XLIX

PROBLÈME DE LA MORALE APPLIQUÉE. CONCLUSION DES DEUX PREMIERS LIVRES

Le problème de la pratique de la morale et de la possibilité de ses applications, car c'est de celui-là qu'il va être question pour nous dans la suite, a été résolu par la religion comme on vient de le voir, ou pour mieux dire il a été tranché, ou enfin, je peux maintenant l'affirmer en dépit du préjugé régnant, la morale a été rejetée et remplacée par des devoirs passionnément conçus, d'une tout autre nature. Mais le problème n'existe pas moins pour cela, et les moralistes, en paraissant de leur côté ne le pas voir, pour continuer impassiblement depuis des siècles à étudier les devoirs et à présenter à l'homme des modèles inimitables, ne réussissent à le dissimuler à leurs propres yeux que grâce à un certain empire de l'habitude, d'où résulte l'obturation des consciences.

Je dis qu'ils se le dissimulent, quoiqu'ils semblent l'avouer sans cesse en parlant de la faiblesse humaine. Mais c'est précisément le problème de cette faiblesse qui devrait les tirer de leur *sommeil dogmatique* et leur faire sentir la nécessité d'étudier les rapports de la morale avec l'histoire et de chercher si l'histoire entière est à condamner, ou la morale à changer, ou s'il reste un troisième parti.

Les hommes se sont accoutumés à s'entendre prescrire des obligations et à se les prescrire eux-mêmes, j'entends des plus strictes, et à n'en tenir pas compte dans leur conduite, même dans leurs jugements. S'il n'en était pas ainsi, savoir dans l'hypothèse où il y aurait un moindre écart entre les principes reçus et les applications, celles-ci étant d'ailleurs à peu près ce que nous les voyons, et les plus hautes notions morales se trouvant encore tout à fait sourdes dans la conscience au lieu d'y être à demi oblitérées seulement; et si les écrits et les discours des moralistes paraissaient tout d'un coup au milieu de l'humanité comme doctrines sérieuses et qui n'entendent pas rester lettre morte, il y aurait dans les esprits une révolution comparable à celles que les fondateurs de religions ont toujours produites, et on verrait commencer des luttes analogues. Il est vrai que les hommes de religion ont un mérite qui a presque toujours manqué aux hommes de philosophie, celui de se préoccuper vivement des misères humaines, des misères morales.

C'est un grand fait, auquel on ne réfléchit pas assez en dehors des religions, que l'homme est né pour avoir des idées morales et semble né aussi pour ne les point pratiquer généralement parlant et dans son ordre social. C'est un fait, que nulle sanction n'est assez efficace pour obtenir de lui ce que la raison pure n'obtient pas pour le règlement de sa conduite vis-à-vis de lui-même et d'autrui. L'homme pèche et se corrompt, fait ainsi pécher et se corrompre les autres. Les hommes corrompus corrompent la société, qui en retour corrompt les hommes. Quand le milieu est une fois fait, il existe une morale pratique, s'il est permis de la nommer ainsi, une coutume qui commande la fraude et la violence, et qu'on s'efforce de concilier avec les vrais devoirs auxquels on ne veut pas obéir et qu'on ne peut pas toujours méconnaître. Des sophistes abaissent l'éthique au niveau des faits; des philosophes l'édifient péniblement dans la pensée pure et n'agissent pas sur les passions; des prêtres renverseraient à la fois la passion naturelle et le devoir au nom du ciel, si leur propre corruption ne venait les rendre infidèles à la pensée dont ils procèdent; des politiques flottent incertains et font pencher tantôt dans un sens et tantôt dans l'autre, presque toujours injustement, la balance des idées et des faits. Dans cette situation, dans le milieu social ainsi constitué, est-il encore possible à l'agent moral d'être moral, ou, si cela ne lui est plus possible, quelle sera désormais sa règle et que veut de lui la raison qui ne peut se vouloir elle-même toute entière?

La corruption dont je parle ici n'est pas la chute d'une vie heureuse, et d'une société parfaite avec l'exercice de toutes les vertus, dans les abîmes du mal moral. Je ne fais point d'hypothèses, et celle-là serait bien peu probable. Je pose un grand fait généralisé et vu dans ses conséquences : ce fait, que l'homme a par sa nature un idéal en lui-même, une notion de ce qu'il *doit être* et de ce qu'il *doit faire*, opposée à la connaissance de ce qu'il est par ses œuvres; et peu importe d'ailleurs que la notion soit fondée ou non sur des possibilités réelles, extrinsèques. Mais l'idéal, quel qu'il soit, qu'il porte en sa conscience, il n'y conforme pas sa vie. C'est assez pour qu'on puisse le considérer partout et toujours comme dégradé en lui-même et dans les sociétés qu'il forme. Dégradé, il l'est en effet à ses propres yeux, même peu clairvoyants, et il l'est devant cette raison et cette morale que son travail de réflexion formule, et qui lui offrent le tableau de sa nature à l'état d'accomplissement et de pureté.

Dans cet ordre des choses réelles et historiques, inférieures à la conscience, la justice perd son caractère rationnel ingénu. ᴌ ᴅlitaire et de contractuelle, de librement *catorthique* qu'elle est par essence, elle devient, d'une part, *distributive,* et de l'autre *coercitive, répressive* : distribution, contrainte, deux choses fondamentalement contraires au juste, dès qu'elles supposent, l'une un distributeur privilégié, l'autre la violation du devoir pur. La grâce et la colère, les récompenses et les peines remplacent en grande partie les échanges de biens physiques et moraux. Et ce sont là pourtant de visibles nécessités, si l'on ne veut point que l'injustice de l'un triomphe jusqu'au bout de la justice de l'autre, et que celui-ci soit réduit à donner sa tunique après avoir été dépouillé de son manteau. Il s'établit ainsi, jusqu'au fond des relations qu'on ne renonce pas à nommer *de justice,* une espèce de droit de la guerre, bien différent du droit pur qui ne suppose que la paix et qui l'exige.

Sous ces conditions répugnantes à la raison et néanmoins imposées, les devoirs envers soi-même subissent à leur tour de terribles altérations, car à moins de renoncer à la société des hommes, qui est une obligation pour l'homme, ou de rendre ce qu'on se doit à soi entièrement indépendant de ce qu'on doit à autrui et de ce que les autres estiment universellement qu'on leur doit, et cela ne se peut, il est clair que les règles strictes de la morale se trouvent souvent inapplicables. Les lois de la solidarité conduisent l'agent raisonnable à participer de plein gré à des actes contre la raison, dans une mesure ou dans une autre, sans parler des causes qui tendent à vicier son propre jugement et qui n'y réussissent que trop communément.

Il ne faut pas s'étonner si dans un tel état de choses, et alors que la conscience existe toujours quoique violée, et proteste, fût-ce contre elle-même, on voit naître des systèmes religieux ou politiques qui, en vue de prévenir de plus grands écarts, introdisent des maîtres dans le ciel et sur la terre, substituent leurs commandements à la raison et fondent les sociétés sur l'obéissance, et non point sur l'idée d'une république des êtres raisonnables, ainsi que le voudraient la nature morale et la notion la plus profonde de la justice. Mais la théocratie et les autres pouvoirs dits *d'en haut* n'ont jamais d'autre appui dans leurs entreprises que cette même conscience à laquelle ils tentent de se substituer, ni d'autre mérite en leurs œuvres que celui qu'elle leur prête pour un temps. Ils ne réussissent à rien qu'avec elle, et échouent définitivement parce qu'au fond elle les condamne toujours.

D'autres systèmes prétendent refondre la société par une révolution brusque et la conformer tout d'un coup à la raison. Il en est d'autoritaires dans leur conception et qui seraient du même genre que les précédents, si ce n'est qu'il leur manque précisément une autorité graduellement acquise, environnée de prestiges et qui tire sa force du temps et de sa conformité générale avec les habitudes des hommes. Et il en est qui entendent respecter la liberté et la mettre en œuvre en modifiant seulement, et encore par son moyen, le milieu où elle s'exerce. Ce n'est plus ici le contresens d'une autorité qui a besoin de se supposer pour être, et qui n'est pas fondée à se supposer ; mais c'est le contresens analogue d'une liberté qui ne peut se faire un bon milieu et ensuite s'y tenir, qu'à la condition de s'exercer conformément à la raison, et qui, d'une autre part, attend pour se conformer que le milieu existe.

Le socialisme, dans la plupart des théories qui ont pris ce nom, est une espèce de médecine sociale qui se flatte de guérir radicalement et d'un trait les maladies constitutionnelles de l'humanité. Supposons un vulgaire médecin, faux savant, artiste sans génie, observateur sans précision, expérimentateur sans méthode, un de ces empiriques utopistes qui cherchent dans l'iatro-mécanique ou l'iatro-chimie un remède sûr et prompt pour une maladie quelconque. Il ignore que les constitutions pathologiques et leurs produits divers dérivent des maux antérieurs et des vices profonds des individus, des races et de l'espèce entière. Et il se fera cette illusion de pouvoir conduire tout malade à l'état sain, si seulement il dispose des éléments qui environnent le corps et peuvent agir sur le corps. Tel est le socialiste dont je parle. Il se propose de guérir les hommes de leurs vices et de les préserver de leurs méfaits envers eux-mêmes et envers autrui, en construisant extérieurement un milieu social tout nouveau pour les y placer. Il ne voit pas qu'une société quelconque est bonne pour des associés bons, ou deviendra bonne, et que la meilleure société possible est ou deviendra mauvaise pour des associés qui ne sont pas bons. Il ne voit pas non plus que le malade social, pour consentir à prendre le remède et se l'administrer en bonne règle, a tout juste besoin d'autant de santé qu'on lui en promet après qu'il l'aura pris.

Revenons à la morale. Faut-il donc qu'elle ne soit qu'un pur idéal, réduite à donner d'éternels modèles éternellement inimitables et à s'y tenir? Ou peut-elle, sans les abandonner, en proposer d'autres qui soient mieux adaptés aux conditions historiques de l'homme, et propres à lui offrir un idéal encore très élevé dont la poursuite assidue le rapprocherait de plus en plus du parfait idéal? Continuons l'étude de la morale en joignant maintenant aux notions de la raison ingénue la psychologie et l'histoire des passions. Essayons de nous rendre compte des difficultés, des antinomies, puis des modifications inévitables de l'éthique appliquée à un ordre moral troublé. Cherchons s'il existe pour cet ordre même, ou pour ce désordre, des principes qui aient aussi leur fondement dans la raison, et qui soient des lois impérieuses de la conduite humaine; s'il est possible, enfin, de formuler un droit naturel et historique, différent du droit rationnel pur, et adapté à cette humanité réelle qui n'a pas seulement formé le concept d'une éthique absolue, mais qui a produit, en dehors de cette éthique, les coutumes, les lois, les tribunaux, les religions et gouvernements que nous connaissons et la guerre, forme générale de toutes ces choses plus ou moins incompatibles avec le règne de la conscience sans trouble et de la justice sans mélange.

PRINCIPES DU DROIT

LIVRE TROISIÈME

LE DROIT OU TRANSFORMATION DE LA MORALE DANS L'HISTOIRE

PREMIÈRE SECTION

CONFLIT DE L'HISTOIRE ET DE LA MORALE

CHAPITRE L

HYPOTHÈSE DE LA PAIX. PÉTITIONS DE FAIT ACCORDÉES.

La paix est, par essence, un état des relations humaines où chacun estimerait non seulement devoir à autrui, en général, tout ce qu'il estimerait lui être dû à lui-même, mais encore où chacun apprécierait, dans les cas particuliers, tout ce qu'il doit et tout ce qui lui est dû, exactement comme les autres apprécieraient ce qu'il leur doit et ce qu'ils lui doivent, et où chacun travaillerait de toutes ses forces à remplir ses engagements tacites ou formels, sans que nul doutât jamais de la bonne volonté qu'un autre y apporterait. Dans cette hypothèse, il n'existerait ni plaintes ni sujets de plainte, ni débats, ni luttes ni occasions de rupture des associés, ni fraude, ni violence, fût-ce en imagination seulement. Dans toute autre, la paix ne serait pas dans les cœurs et ne pourrait pas rester longtemps dans les actes.

La paix est donc, pour reprendre ici des termes déjà employés, une constante balance du crédit et du débit de chacun sur son propre livre et sur le livre d'autrui, une égalité du travail qui doit et de celui qu'il est fondé à attendre, ou de son devoir avoué et de son droit reconnu. La paix est, de cela seul, non pas seulement un accord des consciences entre elles, mais aussi de chaque conscience avec elle-même et une rectitude de supputation morale, car en supposant la parfaite entente des agents moraux on suppose nécessairement la moralité pratique de l'un quelconque d'entre eux.

De là résulte une satisfaction implicite de ce que j'appellerai les *pétitions de fait* de la morale, considérée pratiquement. En effet, la science de la morale est fondée sur l'hypothèse d'agents raisonnables et que *la raison* soumet à l'observation de la loi morale. L'autonomie des *raisons personnelles* est le dernier mot de cette loi, et tous en la suivant tendent à des fins pareilles. La pleine communauté d'une association où tous travailleraient également pour chacun et chacun pour tous, ce principe ailleurs si injuste, n'apporte aucun empêchement à la justice et à la liberté dans l'hypothèse. L'établissement de la propriété et de la responsabilité, système social opposé à l'autre (V. chap. XXV), fonctionne avec la même perfection. Dans le premier cas, la justice des consciences empêche tout abus; dans le second, elle s'attache à réparer les effets de l'impuissance ou de l'erreur des personnes dans leur sphère d'action propre et responsable, et ne saurait les leur imputer à crime. Il n'y a de maux possibles que ceux qui proviennent, non de l'agent moral, mais de la nature humaine et des fatalités extérieures. Si la justice de l'un pouvait correspondre à l'injustice de l'autre dans les relations mutuelles, s'il fallait reconnaître des droits et des devoirs qui impliqueraient la lutte des agents, le droit de défense personnelle, par exemple, les conditions de la science pure n'étant pas satisfaites, une opposition se prononcerait entre le fait et la loi.

La *pétition de fait* ne serait pas accordée à la morale et deviendrait de la part du moraliste (du moraliste réclamant de l'individu pratiquement l'observation de la loi morale pure) une *pétition de principe*. Mais si les consciences des hommes sont justes et concordantes, il n'y a plus à se demander ce que devient la morale chez l'agent moral dont la justice est mise en relation avec l'injustice d'autrui au lieu de l'être avec la justice.

Une autre opposition qui s'évanouit avec la première, et qui d'ailleurs s'en distingue à peine, est celle que la pratique met en évidence dans l'histoire entre la liberté et l'autorité. Il faut entendre ici par l'autorité, comme qu'elle soit représentée, l'état général des consciences en tant qu'elles sont juges des faits de l'ordre moral, et par liberté, en un sens très large, les volontés ou actes d'une personne qui suit ses propres inspirations. Aucun conflit entre cette autorité et ces volontés ne serait possible puisque la première se forme de l'ensemble des autres, qu'on suppose d'accord. Il est donc clair que toute constitution matérielle d'autorité serait inutile, en ce sens que les agents moraux se passeraient de pouvoirs contraignants. L'accord des consciences morales n'implique pas, il est vrai, celui des jugements en matière de faits et de moyens, mais tend à le produire, et cela dans une forte mesure probablement. L'ignorance inévitable en beaucoup de points et les dispositions variables des hommes à suppléer par ce qu'ils croient à ce qu'ils ne savent pas resteraient les seules causes de divergences, touchant les moyens d'atteindre les grandes fins communes, et pourraient exiger l'emploi d'une méthode ou d'une autre pour déterminer les décisions et le consentement général, en un mot l'organisation d'un gouvernement ; mais quelle que fût celle qu'on adopterait, la parfaite bonne volonté de chacun la rendrait efficace et sûre, sinon pour le résultat matériel en vue, car je n'admets aucune infaillibilité, au moins pour la continuation de l'entente universelle et la conservation de la paix.

Il ne faut pousser l'hypothèse que jusqu'au degré où

elle est nécessaire pour la morale. Il serait chimérique de supposer des consciences infaillibles, autant que de demander un monde, une nature où tout serait consentant aux vues de l'homme. Mais ce n'est pas une chimère, ou c'en est une de toute autre sorte d'imaginer, au lieu d'un état des phénomènes moraux où nulle conscience n'est en paix avec elle-même, ni avec aucune autre, une société d'êtres raisonnables qui suivraient la raison, c'est-à-dire la règle de leurs propres natures. Dans cette société, la constante droiture de chacun, supposée par tous, rendrait les réalités égales aux attentes, empêcherait que l'erreur de l'un fût jamais imputée à faute par l'autre ; enfin, la certitude des intentions mutuelles ferait encore sortir la paix des conditions matérielles les plus fâcheuses et de tous les écarts du jugement individuel sur les points qui n'intéressent pas la moralité.

L'accomplissement de la justice ouvrirait la carrière au mérite pur et par suite au sacrifice (chap. XXXVIII), mais à un sacrifice qui ne participerait désormais en rien de la douleur morale. Ce mérite ayant pour mobile l'amour de l'humanité, c'est-à-dire la plus élevée des passions, exciterait en autrui, de la part de chacun, une passion pareille, provoquerait ainsi une mutuelle attente et, par là, tendrait à se confondre avec la justice, et, la surpassant toujours, établirait le règne du beau par-dessus le règne du bien. Ces jeux de la passion dont s'alimentent les formes les plus nobles de l'art, poésie, musique et plastique, et dont l'essence exige un désintéressement difficile à obtenir pleinement au milieu du désordre moral, atteindraient leur suprême idéal, quand les éléments de trouble et de douleur qui s'y rencontrent ne seraient plus que des souvenirs ou de pures spéculations sur les possibles du cœur humain. Les religions, alors toutes faites d'adorations et d'espérances, regarderaient elles-mêmes comme de mauvais rêves les mythes dans lesquels on imaginait le mal racheté par le mal, la peine et la mort détruites dans leur affirmation même et la vie du bourreau régénérée dans le sacrifice de la victime.

Il est vrai qu'il faudrait que le mal n'eût jamais existé dans l'humanité, que l'injustice n'eût pas régné, ou qu'étant vaincue enfin, elle n'eût pas laissé des traces indélébiles.

CHAPITRE LI

SUITE. PÉTITION DE FAIT INTERNE

Une difficulté qui a dérouté presque toujours les théoriciens et engendré plus de sophismes de conduite et de jugement qu'aucune autre, est celle qui met en opposition la pureté de la conscience en elle-même et l'excellence plus ou moins probable des fins que se propose l'agent passionnel. L'imperturbable moraliste a beau faire valoir l'incertitude constante des motifs empruntés au monde externe et de la prévision des événements, comparativement aux grands principes du respect de la liberté et de la généralisation des maximes, et à leur caractère fixe et obligatoire, il n'est pas possible à l'agent, placé dans un ordre moral troublé, de ne se point préoccuper des conséquences des actes plus que de leur nature intrinsèque, et de ne point préférer l'hétéronomie de la raison, même flottante, à une autonomie rigoureuse qui lui semble grosse de périls et de catastrophes.

Cette opposition cesse d'exister dans l'hypothèse de la paix. En effet, du moment que les relations humaines sont supposées se fonder sur la fidélité de chacun à ces mêmes préceptes qui paraissent impraticables quand on les imagine observés par un homme et violés par presque tous, le bonheur moral, suite de la raison universellement obéie, réalise la première et la plus importante des fins que l'humanité puisse se proposer, et la seule qui dépende pleinement d'elle. Il devient visible que les autres fins sont moins assurées, et qu'en tout cas la meilleure condition du travail à faire pour les obtenir est d'avoir atteint d'abord la première et de ne s'en jamais départir. La *pétition de fait* qui réclame l'accord entre la pureté de la conscience et l'utilité effective des fins se trouverait satisfaite, sitôt qu'on aurait reconnu que les fins ne sont bonnes, profitables et certaines que si la conscience est pure, et que la conscience n'est pure qu'en pratiquant les préceptes comme s'il n'y avait pas d'autre fin que de les pratiquer; reconnu, dis-je, non pas en théorie seulement, ce que l'on peut dès maintenant, mais par l'expérience de la félicité qui appartiendrait infailliblement à un état de choses où chaque personne serait fidèle à son autonomie.

La même hypothèse résout encore l'opposition de la passion et de la raison, d'ailleurs étroitement liée à la précédente. La raison constamment passionnée, la passion constamment raisonnable, unies l'une à l'autre selon les principes que j'ai exposés en traitant des mobiles de l'agent moral, ne pourraient entrer dans aucun conflit, puisque, en vertu de la théorie qui les assemble et que je suppose appliquée, l'une serait la loi de l'agent, l'autre la matière de sa loi, l'une la règle et le jugement, avec des principes fixes et clairs, l'autre l'objet et le *moteur* exclusivement admis sous contrôle et pour être dirigés. C'est donc encore une *pétition de fait* accordée à la morale.

Une dernière opposition, la plus générale de toutes, disparaîtrait à son tour, supposé l'état de paix entre les hommes. Je veux parler du libre arbitre en tant qu'opposé aux déterminations qui naissent des motifs d'agir. Celle-ci peut sembler d'une nature différente des autres. Elle n'en diffère pourtant point et n'a pas plus de réalité qu'elles en raison et en théorie, soit que nous admettions la vérité du libre arbitre, ou celle de la nécessité de tous les actes. Mais continuons à regarder la liberté comme une apparence inévitable, un jugement pratique nécessaire. Nous avouerons qu'au défaut d'un titre réel et fondé sur la nature, le conflit des motifs et de la liberté possède une existence historique et joue un rôle immense dans les phénomènes moraux, puisque les hommes opposent continuellement à ce qu'ils font ce qu'ils pourraient ou devraient faire, selon leur propre jugement. Elle est donc comparable aux autres que la science morale pure n'avoue point et qui se font place dans les faits, telles que de la passion avec la raison, ou de la pureté de la conscience avec la bonté des fins extérieures.

L'opposition historique cesserait d'exister historiquement, quand par hypothèse les hommes agiraient constamment de la manière qu'ils croient pouvoir et devoir agir moralement et ne seraient plus mis jamais en demeure d'opposer le devoir faire au faire, de louer ou blâmer, chez eux-mêmes ou chez autrui, aucun acte envisagé sous le point de vue du juste. La liberté pourrait encore avoir son jeu sensible et diversement interprété, en dehors de la morale, dans le domaine de la pure spontanéité, des accidents, s'il y en a, des propositions portant sur des sujets mal connus. Mais, réelle ou non dans le fond, son apparence serait bannie de l'ordre principal des relations humaines. L'accord pourrait à la rigueur s'établir entre ceux qui se croiraient déterminés par les lois impersonnelles de la raison, et prêteraient, comme Leibniz ou Kant, à cette nécessité morale le nom de liberté; et ceux qui, se tenant pour encore plus autonomes que cela, se diraient les auteurs mêmes de la raison en eux, les acteurs du bien, alors que le choix du mal leur serait cependant toujours loisible, suivant eux. Du moins aucun fait de perversion ne viendrait donner de l'intérêt et de la vie à ce débat tout théorique, en apportant aux partisans du libre arbitre, je ne dis pas une preuve de leur opinion, car l'expérience n'en saurait fournir, mais un vif stimulant de spéculation et de controverse. Comment expliquer cette sorte d'évanouissement d'une question ardue, qui perdrait aux yeux de tous toute importance sur le terrain de l'éthique et passerait en entier dans celui des croyances les plus facultatives?

Très aisément, selon la théorie de la liberté, en tenant compte de la loi de l'habitude. Si en effet la liberté a un fondement réel, il n'est pas moins vrai que les déterminations mentales, d'abord libres, tendent à se nécessiter par une répétition suffisamment prolongée; les motifs délibérés et voulus, en devenant habituels et habituellement suivis d'actes conformes, sont progressivement assimilables aux fonctions de l'instinct et aux lois de la nature; enfin le libre arbitre s'absorbe dans la vertu accomplie, comme à l'extrême opposé il se perd dans le vice tourné en brutalité pure. La nécessité morale est donc pour ainsi dire le but de la liberté, quoique ce but ne puisse jamais être atteint, tant que l'homme conservera la connaissance des possibles, la réflexion de ses actes et la conscience de son pouvoir.

Suivant la théorie contraire, la nécessité amène le bien et le mal à leurs places et en leurs temps, comme les moments d'un seul et même développement où tout est solidaire. La liberté n'est alors que le jeu du phénomène des oppositions dans la conscience d'un agent, une apparence que ces oppositions rendent inévitable et dont on a seulement le tort d'arguer dans le jugement théorique. Si elles tombaient, si elles s'éloignaient du domaine moral, ce qui arriverait dans l'hypothèse où chaque agent obéirait à des lois rationnelles qui sont les mêmes pour tous, la liberté ou son apparence s'évanouirait comme dans l'hypothèse précédente, et les deux doctrines se concilieraient dans la pratique en ne gardant l'une et l'autre qu'un intérêt spéculatif ou peut-être religieux.

Quoi qu'il en soit des deux hypothèses, entre lesquelles je n'hésite point, mais sans croire que la morale soit absolument tenue d'accepter la première et de réprouver la seconde, pourvu qu'on lui laisse la faculté de s'appuyer sur la loi des inévitables apparences (V. chap. II et XXXIX), on voit que l'établissement pratique d'une nécessité morale parmi les hommes est la forme même de la paix, telle que je l'ai définie. C'est le bonheur en tant que dépendant de la conscience, abstraction faite des conditions dont elle ne dispose point ; c'est la société parfaite dans la famille, dans la cité et dans la religion même, celle-ci fût-elle multiple et divisée, puisqu'elle serait l'œuvre de la conscience, accomplie sous le respect de la conscience d'autrui ; c'est la vie sanctifiée par la soumission à l'ordre insondable du monde, en tout ce qui ne contrarie point l'existence et le développement de l'humanité sur la terre ; c'est enfin le paradis, sinon comme l'imagination se le représente en disposant des lois de l'univers, au moins tel que nos propres forces pourraient le conquérir. Cet idéal qui doit paraître bien absolu n'est pourtant que la morale, une simple observation, mais fidèle et constante, d'une loi que nous avouons. Et ce n'est que la paix, que nous nous flattons quelquefois de pouvoir posséder sans peine ! Mais nous ne la possédons pas, et la morale est frappée d'impuissance chez chacun, par le fait qu'elle ne règne pas sur tous. Les *pétitions de fait* sont niées à la morale appliquée et deviennent des *pétitions de principe* dans le passage de la théorie à la pratique. Nous n'avons point la paix, nous avons la guerre, et c'est à un *droit de la guerre* qu'il faut demander en partie les bases d'une éthique concrète, la raison de lois exigibles et de préceptes praticables qui tiennent compte de l'expérience et de l'histoire, en laissant ouverts, en ouvrant de plus en plus, s'il se peut, les chemins de la paix et de la morale.

CHAPITRE LII

LA CONTRAINTE, LA GUERRE, PRINCIPE DU DROIT HISTORIQUE

La guerre, opposée à la paix que j'ai définie, est cet état des relations humaines où chacun, non seulement n'apprécie pas dans les cas particuliers ce qu'il doit et ce qui lui est dû, exactement comme les autres apprécient ce qu'il leur doit et ce qu'ils lui doivent, mais où il n'estime pas même en général devoir à autrui ce qu'il estime lui être dû à lui-même ; et où il est permis à chacun de douter raisonnablement de la bonne volonté d'un autre et de sa fidélité à remplir ses obligations quelconques. D'un tel état naissent les plaintes et les justes sujets de plainte, les débats, les querelles, les luttes et enfin l'emploi de la fraude et de la violence, moyens auxquels a recours l'agent moral dévoyé pour relever la balance de la justice, ou, plus réellement, pour établir, dans l'échange des injures, une autre espèce d'équilibre.

Ce nouveau crédit et ce nouveau débit, nés de l'inégalité du crédit et du débit moral, au compte de chacun, comprennent toutes les formes de l'injustice, auxquelles, il est vrai, la justice prête la sienne, afin que la conscience et la raison puissent fonctionner encore. Chacun donne le moins qu'il peut, en tout genre, croyant avoir moins reçu, ou s'attendant à moins recevoir, et exige le plus qu'il peut par provision. Ainsi, la situation se tend entre les associés, jusqu'à la rupture complète qui produit, ici tous les éclats de la guerre, et là l'organisation d'une lutte sourde qui a les apparences de l'ordre et de la paix.

L'homme se trouvant lié au passé de sa propre conscience par les maximes qu'il a adoptées et pratiquées, selon ce que j'ai nommé ailleurs la loi de solidarité personnelle, étant d'ailleurs attaché par la loi de la solidarité sociale aux maximes que la coutume et l'autorité consacrent à la place de la pure loi du juste, toutes les conditions de la théorie morale sont altérées. Ces maximes sont ou le fruit de la guerre, commencée en fait, ou l'aveu de cette guerre à soutenir ou à prévenir. Au reste, c'est seulement la forme et l'origine rationnelle de la guerre que je veux décrire, et je pars pour cela du double fait de l'existence et de la dégradation de la morale. Les phénomènes de l'histoire sont suffisamment représentés sous ce point de vue, et peu importe ici la manière dont ils se sont produits. Il suffit qu'on ne puisse contester le fait de l'écart entre l'idéal humain et les phénomènes humains. Je prétends ne faire aucune hypothèse. Le lecteur adoptera, s'il lui plaît, celle de l'origine de l'humanité dans la brute. Toujours est-il qu'il est venu un temps où les hommes ont connu la morale, accepté le principe de la justice et pratiqué néanmoins des maximes injustes. A ce moment, la situation s'est trouvée la même pour eux que s'ils fussent déchus d'un état réel de connaissance et de pureté morales. Voilà l'origine rationnelle dont je parle. La loi de solidarité est vraie dans toutes les suppositions; mais la loi de la raison ne l'est pas moins, non plus que de l'apparente liberté des actes, et la guerre ne saurait dès lors avoir pour racine que l'inobservation de la loi morale.

La guerre règne dans les affections, chacun cherchant à donner le moins et à recevoir le plus, dans toutes les espèces de mutualités que réclame la justice des passions, et cela même avec des apparences de l'amour le plus désintéressé ou le plus dévoué. La guerre règne dans les relations de famille, où la contrainte prend la place de la persuasion et de la raison, où l'expérience et les vertus se transmettent difficilement, mais où les mauvais exemples fructifiant, la vraie liberté n'existe ni pour ceux qui commandent ni pour ceux qui obéissent, et qui n'ont tous également que la coutume pour règle, avec des passions pour créer la coutume, et pour la violer. La guerre règne dans chaque conscience particulière, car l'homme ne parvient pas à mettre d'accord ce qu'il fait avec ce qu'il croit devoir faire, et à se contenter lui-même ; et entre les différentes consciences, dans tous les genres de rapports : dans l'échange des services, dont l'habitude n'introduit jamais que des mesures variables et disputées ; dans l'échange des denrées que chacun apprécie ou déprécie selon son intérêt ; dans l'appropriation des instruments de travail, et principalement du sol, parce que si les uns y trouvent des conditions de sécurité pour eux, les autres demeurent privés de garanties semblables. L'ordre logique des moyens de lutte est tel : on a premièrement les pensées et les paroles, d'où la véracité est bannie ; on cherche et on parvient à se tromper soi-même sur les motifs qu'on a d'agir, et on ne fait pas difficulté d'induire autrui en erreur, en lui donnant pour pures vérités des apparences plus ou moins spécieuses qui sont tout ce qu'on attend de lui en pareille occasion. La lutte passe dans les actes ; on les combine de manière à faire croire à autrui ce qu'il ne croirait pas, à lui faire faire ce qu'il ne ferait pas si l'état des choses et des personnes était ce qu'il doit être et connu comme il doit être connu ; on viole avec toutes sortes de déguisements l'autonomie d'autrui et on donne à la sienne propre des mobiles impossibles à généraliser, inavouables. La lutte arrive enfin du mensonge et de l'injustice plus ou moins couverte aux fraudes grossières, et au vol, par lequel on s'approprie la chose et jusqu'à la personne d'autrui, et à la violence ou guerre ouverte, qui a pour effet de faire prévaloir la force sur la justice, même alors qu'elle se donne pour but de faire triompher le juste de la fraude et de la violence. La guerre éclate entre les individus, les familles, les tribus, les nations ; elle se propose tous les objectifs possibles y compris enfin celui de la guerre pour la guerre, et s'étend à tous les sujets sur lesquels un homme peut vouloir faire du corps, du jugement et de la volonté d'un autre homme une dépendance de son corps, de son jugement et de sa volonté. Les croyances mêmes n'y échappent pas, car l'esprit de la guerre est entré à tel point dans les fibres humaines que l'on voit des hommes se croire en paix avec les autres et vouloir en même temps imposer les dieux de leur conscience à la libre conscience d'autrui.

L'injustice des pratiques et des coutumes fait que nécessairement l'idée de la justice s'obscurcit et cesse de présider, pour les accorder, aux déterminations auxquelles s'arrêtent les différentes consciences. On voit par des exemples continuels, qui embrassent toute l'histoire, les plus grands hommes, c'est-à-dire ceux qui exercent le plus d'influence sur les autres et devraient être les plus indépendants et les plus équitables de tous, imiter les masses en modelant leurs jugements moraux et leurs actes sur des lois dépendantes en grande partie des milieux et des habitudes. Mais rien ne demeurant fixe, et la coutume et l'idée variant à la fois, les débats sur le juste occupent toutes les têtes et conduisent les événements ou sont conduits par eux. Dans cet état d'anarchie, l'autorité morale devient de plus en plus nécessaire en face de la liberté, et se trouve elle-même insuffisante, si elle ne reçoit une sanction matérielle et n'agit par contrainte en s'appuyant sur la force.

Les institutions sociales n'ont jamais que ces deux buts : constituer des habitudes ; donner à des habitudes constituées une force contraignante vis-à-vis de ceux qui voudraient s'y soustraire ; et la contrainte s'applique de l'une de ces trois manières : par le commandement arbitraire d'un ou de quelques hommes, soit toléré, soit efficacement soutenu par un assez grand nombre d'autres ; par la force spontanée d'une masse populaire qui se soulève à l'effet de ramener à l'ordre commun tout ce qui s'en écarte ; par l'établissement de la loi, cette formule des volontés concordantes ou supposées telles, qui prévoit des cas divers, règle le présent et l'avenir et porte régulièrement remède aux dérogations prévues. Le premier moyen, et le plus brutal, est aussi celui qui dénote la plus grande impuissance ou corruption morale et marque le mieux l'anarchie des volontés, puisqu'il n'entreprend de la corriger qu'en les supprimant au profit de la douteuse raison et de la liberté arbitraire de quelques-uns. Le second est sans doute meilleur, car il s'éloigne moins du sens réel de l'autorité, mais, de sa nature, il fait souvent prévaloir et confirme la domination de la coutume sur la raison ou des passions sur la réflexion. Il ne convient d'ailleurs régulièrement qu'aux petites sociétés. Le troisième atteindrait l'idéal même, si la loi pouvait être à la fois rationnelle et contractuelle, ainsi que le veut la science de la morale, et si les volontés ne manquaient pas de fixité. Tel qu'il est et s'emploie, ce n'est guère qu'un effort, encore trop rare et rarement réussi, pour imprimer à la coutume la forme de la raison, aux passions celle de la justice, et donner à la mobilité des esprits l'apparence de l'inflexibilité du droit.

Ces trois modes d'application de la contrainte ne s'établissent point ou ne sauraient durer sans se mêler. Ils donnent lieu à toutes sortes de combinaisons diverses. Le dernier seul a fait défaut dans le plus grand nombre des cas et des sociétés, mais quand il s'est produit, c'est avec un mélange considérable des deux autres : toujours des interventions de la force populaire pour des jugements à rendre ou à exécuter, pour ce qu'on appelle des révolutions; toujours des constitutions de chefs avec un pouvoir plus étendu que celui d'une simple délégation. La contrainte sous la forme du pur commandement existe d'abord dans la famille, à cause du manque de raison et de liberté morale des membres inférieurs; on l'étend à la société afin de porter remède à un inconvénient tout pareil, aussitôt qu'il est avéré que les hommes ne sont pas d'eux-mêmes capables de justice et fermes dans leurs consciences. Et ce qu'on peut reprocher aux théoriciens qui ont cherché l'origine des pouvoirs héréditaires dans l'assimilation de la société à la famille, ce n'est pas d'avoir imaginé cette assimilation dont il n'y a souvent que trop d'apparence, c'est d'avoir estimé juste, en cela, un fait qui est précisément la négation du juste, et qui supposant le juste violé, comme en effet il l'est, ensuite en consacre la violation. L'humanité, dans le malheur de ses vices qui lui valent des maîtres, n'a pas même cette consolation, que ses maîtres possèdent souvent devers eux la justice qui lui manque et puissent matériellement la lui communiquer. Elle tire d'eux seulement le profit de s'obliger par la crainte à l'observance de ses principales mœurs avouées et des devoirs les plus grossiers qui sont de l'intérêt commun et du leur.

Dès que des pouvoirs civils et politiques exercent au nom de la société la contrainte sur l'individu pour le rendre juste, mais qu'il n'existe point de garantie contre l'erreur ou l'injustice de ceux qui sont revêtus de ces pouvoirs, il arrive que l'individu n'a point de sauvegarde envers les représentants de la société. Il n'en a pas même envers les siens propres, quand il peut regarder comme tels ceux qui sont constitués en commun. Enfin, il n'est pas non plus entièrement protégé contre son semblable, mais il reste à l'état de lutte avec autrui en quantité de cas où la société ne saurait le garder si bien qu'il n'ait pas encore à se défendre lui-même.

De là vient que dans l'établissement des pouvoirs de contrainte il y a des droits individuels réservés, en même temps que des devoirs imposés. Il y en a contre les particuliers, et il y en a contre les chefs, aussi bien qu'en ce qui concerne l'acte de les instituer. Ces droits varient dans la pensée publique et ne sont le plus souvent formulés que très imparfaitement. Nous pouvons néanmoins chercher de quelle forme rationnelle ils sont susceptibles, en nous plaçant au point de vue combiné de la justice et de la *guerre,* d'où procèdent les phénomènes de contrainte sociale.

Le droit historique, dont il s'agit maintenant et que, dans la suite, j'appellerai simplement le droit, diffère du débit, défini par la science morale comme l'un des deux éléments corrélatifs de la justice, en ce qu'il suppose et applique la contrainte et la force brutale. La notion n'en est plus relative à un état de fixité des consciences et de la stabilité du juste, à une constante balance du débit et du crédit entre personnes égales. On la tire plutôt des idées de *direction* et de *correction*. On conçoit que les actes de chacun, en tant qu'ils intéressent autrui, doivent être dirigés par la volonté dans un certain sens, qui est le *droit* même et la *droiture*, mais qui n'exclut pas une altération due à certaines conditions de la *guerre*, et, dans le cas contraire, corrigés par l'intervention d'une ou de plusieurs autres volontés. Au fond, l'esprit se reporte bien toujours à la balance d'équité, mais il la suppose oscillante et troublée et s'efforce de la remettre en équilibre à l'aide de mobiles autres que la liberté. Alors le droit, quant à l'individu, est la sphère de ce que l'individu peut vis-à-vis et à l'encontre des autres, sans violer des devoirs qu'il définit empiriquement, ne les astreignant plus à la condition d'être purs et de correspondre en toute rigueur aux purs droits des autres qui n'observent pas non plus la loi idéale. C'est aussi ce qu'il peut obliger autrui, et au besoin par la force, à faire ou à supporter. De là le droit se socialise et représente ce que des individus associés ou la société même ont de pouvoir légitime vis-à-vis de chacun.

Comme l'idée de règle ne laisse pas d'être applicable ici, le droit historique paraît être en somme la règle des actes que, conformément à la conscience actuelle de tous ou du plus grand nombre, chaque personne est ou libre de faire ou tenue de faire ou de subir, pour la satisfaction de cette conscience et en vue d'un bien commun ou particulier; et que chaque personne peut invoquer, revendiquer contre tout autre, ou la société vis-à-vis de tous. Mais pour ne pas demeurer dans l'empirisme, il y a une condition à ajouter dont le développement viendra plus loin : c'est que la loi morale soit toujours en quelque manière le critère suprême des actes au milieu de leurs déviations mêmes, et nous verrons comment cela est possible.

Au reste, si la conscience d'une telle règle existait historiquement sans varier, sans que l'autorité ni la liberté s'en éloignassent jamais, nous rentrerions encore par le fait, et en dépit d'une contrainte qui cesserait bientôt de se faire sentir, dans l'ordre de la justice tel que la science le comprend. Mais il n'en est pas ainsi, et nous avons à nous demander par quels préceptes moraux la personne et la société ont à régir leurs droits et devoirs altérés, pour appliquer la justice autant que possible, et toutefois en s'écartant de sa pure essence, dans un milieu où elle est habituellement violée et constamment compromise.

CHAPITRE LIII

ÉTABLISSEMENT D'UN DROIT DE GUERRE EN GÉNÉRAL

Le problème du droit de guerre est de savoir comment la relation de justice étant troublée entre les hommes, se modifient les droits et les devoirs de celui qui voudrait demeurer juste pendant que la justice n'est pas en général observée par autrui, mais de qui pourtant il ne dépend point de conserver la pureté d'un rapport dont sa volonté ne forme qu'un terme. Les droits et les devoirs se modifient en effet, et tout d'abord par le retour du devoir de conservation de soi-même, en sa simplicité et son intégrité primitive. Ce devoir limité vis-à-vis de la nature et des animaux par le respect et par la bonté, limité, et toutefois supérieur à tout dès que l'exige impérieusement le travail du perfectionnement personnel (V. chap. VIII et X), nous avons vu comment, vis-à-vis de l'homme et de l'égal, il devient subalterne et va même jusqu'à s'anéantir quand la justice a parlé (chap. XIV et suiv.). Mais s'il arrive que l'agent en rapport avec l'agent moral sorte lui-même des conditions de la moralité et soit supposé n'y pouvoir rentrer, le devoir de conservation reparaît dans sa force. La logique voudrait même alors que l'égal de tout à l'heure tombât au rang des animaux quant à l'application de la règle du juste. S'il n'en est pas ainsi, c'est que le respect de la nature humaine conserve quelque application à des sujets qui n'ont plus que l'ombre de cette nature ; c'est que l'espoir d'un amendement n'est pas interdit et dicte des devoirs particuliers tant qu'il subsiste ; c'est enfin que la bonté a vis-à-vis de l'homme un autre caractère que vis-à-vis des animaux, ne serait-ce qu'à cause des passions contraires qui se développent aussi dans ce cas plus énergiquement et réclament un effort plus grand de la raison pour faire prévaloir les bons sentiments.

Il n'est pas moins vrai que la loi de conservation reprend son empire perdu, du moment que cesse d'exister la relation réciproque de débit et de crédit, en faveur de laquelle une dérogation y fut faite. Et l'on ne saurait rappeler cette loi, la tenir pour applicable à des cas où un homme doit en souffrir de la part d'un autre homme, alors que la justice ne l'eût pas permis si elle eut existé entre eux pleine et entière, sans reconnaître du même coup l'existence d'un droit de guerre quelconque.

Une forme universelle et très grave du droit de guerre est celle dont les hommes ont si bien constaté la puisssance sur leurs esprits et la haute nécessité morale en lui conservant le nom de justice. Je veux parler de la justice coërcitive, qui suppose un déni du droit, une méconnaissance du devoir de la part de certains agents, et avise de la part de certains autres aux moyens de contraindre les premiers à des actes extérieurs, faute de pouvoir en fait contraindre leurs consciences. Cette forme de justice a pour complément naturel la forme répressive et réparatrice. Celle-ci suppose une violation active du juste, et ne pouvant faire que ce qui a été n'ait pas été, répare le dommage, en tant que réparable, aux dépens du délinquant, et tout à la fois inflige à ce dernier, sous le nom de *peine,* un mal corrélatif au mal qu'il a fait souffrir à un autre, afin d'établir entre les maux la même balance qu'on voudrait entre les biens (V. chap. xci). La justice coercitive et répressive est éminemment un fait de guerre, puisque, d'une part, elle implique le mal dans les relations humaines et que, de l'autre, elle ne remédie au mal en partie que par un autre mal.

La passion et la raison concourent à l'établissement de ce pis-aller du juste. Non seulement on se *donne satisfaction* en imposant par la force à la volonté d'autrui ce qu'elle doit et ce qu'elle refuse, mais il n'est peut-être pas d'homme si bon et si doux qui ne se réjouisse d'un fait de châtiment, s'il lui semble mérité, encore qu'il puisse à d'autres égards s'en affliger. Le mérite comme la justice s'étend des phénomènes de l'ordre moral à ceux de la subversion. On voit toutes les religions dogmatiques, y compris celle qui a pris pour loi l'amour infini et le pardon des injures, employer la puissance suprême et la parfaite bonté à tirer *vengeance* des méfaits humains. D'un autre côté, la sagesse ne saurait mieux faire que de procurer pratiquement, comme elle peut, la réalisation externe des actes moralement nécessaires et l'exécution des contrats, puis de dépouiller le méchant du fruit de son crime, de le mettre par l'emploi de la force dans l'impossibilité de nuire à l'avenir et de lui faire sentir par une expérience personnelle l'atteinte des douleurs qu'il n'a pas craint de causer à autrui. Mais tout cela n'empêche point que l'homme juste ne soit ainsi conduit à l'imitation matérielle des actes de l'injuste, et c'est une forme de la solidarité des bons et des méchants, d'autant plus remarquable qu'elle est réfléchie, et qu'elle s'élève des suggestions spontanées de l'ordre pratique jusqu'à la région des seules théories demeurées possibles dans la donnée du mal.

Une autre grande forme de la dégradation de la justice par le fait de la guerre et de ses conséquences a de bien moindres titres que la justice coercitive et réparatrice n'en possède à ce nom sacré, à ce nom de la loi de l'égalité et de l'échange entre les personnes. Je parle de la justice distributive, et non pas de celle qui procède librement de la part des individus, ou par leur commune entente, à la distribution d'une somme disponible de biens après toutes dettes payées, tout droit satisfait : ce serait m'élever jusqu'à la sphère du mérite (V. chap. xxxviii), et non pas descendre au-dessous de la justice. Je songe encore moins à l'ordre forcé que des sectes politiques ou religieuses définissent en imaginant une puissance paternelle chargée de distribuer aux hommes des parts égales de biens et de travaux. Ce dogme théologique et cette fiction sociale impliquent au fond jusqu'à la négation du juste, car ils renversent le fondement de l'égalité et détruisent la liberté des consciences dans l'échange des services et dans la mesure des droits et devoirs réciproques. Mais il s'agit de cette justice qu'Aristote appelle à régler la distribution des avantages de tout genre entre les membres d'une cité, et qu'il regarde comme devant être inégale à raison de l'inégalité des personnes ou de leurs mérites respectifs.

Il est permis de généraliser la notion plus qu'Aristote ne l'a fait et de se placer, en dehors même de la cité, au point de vue de ce que chacun doit à autrui dans des relations quelconques. La vraie justice a l'égalité pour condition ; mais que va-t-il arriver si la condition n'est pas remplie ? En premier lieu, si le respect d'une personne pour une autre, pour plusieurs autres, pour des classes entières de personnes est affaibli ou se change en un mépris souvent trop mérité (le respect, qui est de l'essence de tous les devoirs envers autrui et qui suppose la dignité d'autrui), il est clair que les devoirs ne subsisteront pas tels qu'ils étaient ou du moins ne seront pas valables pratiquement et dans la même mesure. Alors la justice, au lieu d'être égale et simple, admettra l'acception des personnes et deviendra distributive. Jusqu'à quel point de dérogation ? c'est un problème qui demeure posé dès ce moment.

En second lieu, les hommes n'étant pas également

justes, leur débit mutuel est bouleversé, car il n'est pas admissible que l'un doive rigoureusement à l'autre ce qu'il sait pratiquement et probablement que l'autre n'entend pas lui devoir ou lui rendre, et cela dans un genre de contrats qui, par la définition même du juste, implique une parfaite réciprocité. Ainsi, ce n'est pas seulement le partage des affections naturelles et libres, le jeu des passions entre les membres de l'humanité et toute la série des bons procédés échangés et des services mutuels qui sont troublés par le fait de l'indignité d'une partie des hommes et de l'inégalité morale de tous ; mais la justice même devient impropre à l'application dans une mesure quelconque. Laquelle ? où le droit de guerre s'arrêtera-t-il ? C'est la question fondamentale du droit. Quoi qu'il en soit, la justice devient nécessairement distributive en conséquence du fait et de la donnée de l'injustice dans les relations humaines.

Enfin, cette même situation est celle qui conduit aux institutions politiques que nous connaissons et qui les rend indispensables ; et ces institutions en créant des fonctions publiques, puis des privilèges attachés à ces fonctions, des devoirs de sujets pour ceux qu'elles régissent et des rétributions spéciales pour les services exceptionnels de ceux qui en sont revêtus, ces institutions, dis-je, donnent à la justice distributive une existence, non pas la plus profonde, mais la plus frappante de toutes à cause de l'éclat des honneurs et des hiérarchies et de la double faculté attribuée à quelques-unes de retirer du fonds commun une rémunération plus qu'individuelle et d'exercer la contrainte pour le bien public. Même dans une démocratie et dans la plus radicale dont il y ait eu exemples, on envisage chez les citoyens des mérites inégaux, dont l'appréciation reconnaît de tout autres lois que celles de la conscience. Sans doute on n'est pas souvent d'accord sur le fondement de ces sortes de mérite, Aristote en fait lui-même la remarque et ne s'en trouble pas. On l'est du moins sur la convenance d'une *dis-*

tribution qui les prend pour mesure quels qu'ils puissent être.

Dès qu'au lieu de la liberté et de la justice des égaux on cherche le gouvernement des hommes les uns par les autres, il s'élève des compétitions dont aucun système politique n'est exempt, dont aucune définition du mérite (naissance, richesse ou vertu) ne peut lever l'inconvénient, et qui introduisent la guerre au sein de tous les États. Ce n'est pas l'équivalence des droits et des devoirs qu'on veut établir, et ce n'est pas le gouvernement de soi-même que chacun revendique ; c'est le pouvoir sur autrui. L'idéal même n'est alors qu'un État dans lequel tout citoyen obtiendrait, soit la plus grande somme de puissance sur tous, soit une faculté d'intervention égale à celle de tout autre dans la délégation des chefs qui exercent la puissance entière. La démocratie vulgaire n'est précisément que cela. Les partis, qui sont de son essence, y représentent des intérêts de classe ou des intérêts d'ambition et de compétition. On est loin de l'état rationnel et sur un chemin qui n'y mène pas.

Et toutefois ce système de gouvernement est visiblement, dès qu'il en faut un, celui qui supposant les hommes les moins corrompus, les corrompt aussi le moins et les place sur le théâtre de vie et d'action où ils peuvent le mieux se développer, sentir leurs devoirs, chercher leurs droits et pratiquer la liberté et l'égalité jusque dans les actes où ils les démentent.

Nous partons de la donnée de la guerre. Les passions excitées et mal réglées dans les différentes sphères exigent des institutions d'hétéronomie et un gouvernement des personnes, c'est-à-dire une intervention de quelques hommes ou de tous dans les relations du père et du fils, de la femme et de l'époux, dans les contrats qui stipulent des obligations personnelles ou des échanges de services. Il faut que les contrats en eux-mêmes soient permis ou défendus et que l'exécution en soit assurée, quand ils sont légitimes, assurée au besoin par la contrainte. Autrement on renoncerait à cette société humaine qui était dans les données de la morale pure et qui devient plus nécessaire encore, quoique dégradée, dans celles de la morale pervertie. Le droit historique prenant forme ainsi dans la législation et dans l'État, les principes rationnels purs étant remplacés par des principes en partie conventionnels et variables, que devient la morale ?

La morale existe toujours avec ses lois indéfectibles, objet constant des vœux de l'humanité, de la poursuite des sages, et de la spéculation, si ce n'est toujours de la pratique de ceux qui savent se soustraire par la pensée à la solidarité des temps et des hommes. Appliquée à la mesure des réalités, la morale est appelée à juger du degré de conformité entre l'historique et le rationnel, entre les nécessités de fait et les règles inflexibles de la conscience ; à chercher, quand cela se peut, la conciliation de l'acquis ou de l'inévitable avec le bien pur, à donner enfin la direction de l'idéal aux éléments libres de l'âme.

Ce serait à tort qu'on reprocherait à la question ainsi posée d'altérer la morale. L'objection ne serait valable que dans le cas où la morale pure ne serait point établie dans sa teneur formelle, ou encore si nous devions la perdre de vue en l'appliquant. J'espère m'être prémuni contre le premier défaut et ne pas devoir tomber non plus dans le second. Au demeurant, on serait aveugle en niant que les lois strictes d'une entière moralité et d'un règne humain rationnel soient devenues inapplicables en partie, sous les conditions que la solidarité humaine a établies ; et le moraliste qui prétend, sans distinguer jamais le bien pur du réel et du possible, employer la morale absolue pour la règle des relations actuelles des hommes, celui-là mérite éminemment le reproche dont je me défends. Il mêle le réel avec l'idéal, altère le dernier par l'autre, qu'il ne corrige pas. Au fond, il prend secrètement son parti de souffrir des dérogations qu'il sent bien être inévitables. Affaibli, énervé lui-même et dans son action par la résignation tacite de sa conscience au mal dont il les dit vainement libres de s'affranchir, il corrompt ses auditeurs à leur tour par le découragement, si ce n'est par le dédain qu'il leur inspire. Car l'homme est ainsi fait qu'il lâche tout, comme on dit, quand le but proposé à ses efforts est trop manifestement au-dessus de son atteinte.

DEUXIÈME SECTION

LES DROITS INDIVIDUELS LES PLUS GÉNÉRAUX

CHAPITRE LIV

LE DROIT DE DÉFENSE PERSONNELLE

Il existe des droits attachés à la personne, et tous essentiellement réductibles au principe de sa conservation et de son développement. Ce principe lui-même apparaît ainsi comme un droit, qui ne se nommait pas tel à l'égard de la nature, mais se classait plus formellement en qualité de devoir (V. ci-dessus, chap. VIII et X), et qui serait encore demeuré à l'état latent dans la société idéale des êtres raisonnables, faute d'occasions de l'invoquer entre véritables associés. Il se manifeste brusquement sitôt que la justice est violée par l'un, et il se pose dans la justice révoltée chez l'autre. J'ai analysé les notions relatives à ce point de vue.

Le droit individuel est de plusieurs genres : il s'applique à la conservation et notamment à la défense de la personne attaquée, et, par extension, à la conservation et à la défense des personnes liées à la première par une société plus ou moins parfaite, mais qu'on doit ici supposer juste : famille, tribu, nation ; c'est toujours à l'individu que le droit remonte. Il s'applique ensuite à l'établissement et au maintien d'une propriété, c'est-à-dire des moyens matériels de subvenir à la conservation individuelle, moyens dont on s'entoure et que l'on s'approprie, et qui s'étendent comme ci-dessus, quand il s'agit de les défendre, à ceux d'une ou plusieurs autres personnes et d'une société entière. En troisième lieu, nous pouvons regarder comme une extension de la défense, une condition sans laquelle elle manquerait son but, tout moyen et tout ensemble de moyens employés pour contraindre extérieurement à s'acquitter de leur débit les agents qui ne s'y portent point de bonne volonté. Autrement le crédit envers eux nous exposerait aux derniers dangers et deviendrait pratiquement impossible. Ainsi le droit de contraindre, en matière de contrats notamment, vient s'ajouter aux autres droits engendrés par le besoin de la défense. Étudions ces droits en les envisageant dans leur source exclusivement personnelle, car les difficultés ne sauraient être que de là, et il ne s'en trouve point dans l'extension que la conscience fait d'elle-même à une société légitime dont elle est membre. Le principe social érige en devoir l'assimilation du droit de la personne à celui des personnes associées.

Occupons-nous d'abord du droit de la personne en butte à une agression violente. Il n'a pas coutume d'embarrasser les moralistes ; non pas même ceux que leurs principes d'amour pur et d'entier sacrifice sembleraient devoir condamner à ne jamais le reconnaître. Mais la nature crie et se substitue sans façon aux révélations comme aux théories. Il est pourtant manifeste que la morale rationnelle pure ne saurait pas plus que la religion du dévouement absolu admettre un pareil droit. Il lui est complètement étranger et scandaleux, car elle suppose l'observation de la justice entre les agents raisonnables dont elle détermine le débit et le crédit. Mais dès que le droit de guerre s'introduit au lieu du droit de paix et se fonde sur les bases renversées de la justice, la morale, appliquée à des faits qu'elle n'a point constitués, embrasse le droit de défense et le justifie dans le cas le plus extrême, celui de la mort donnée pour éviter la mort ; le justifie, dis-je, par cette déclaration que l'agresseur a cessé d'être un associé et un homme aux yeux de l'assailli, et s'est classé lui-même au nombre des agents aveugles et brutes vis-à-vis desquels l'agent raisonnable, étant sans devoirs, n'a plus à consulter que le devoir envers soi de se conserver.

Ainsi, la morale des relations humaines se tait, et c'est une autre qui parle. Toutefois, même en se taisant devant ce qui est, elle fait entendre au fond des cœurs des paroles de ce qui devrait être et de ce qui subsiste essentiellement sous les phénomènes contingents de la guerre. Cet agent que le droit de défense traite en brute est homme cependant, ou le fut et peut le redevenir. De là l'indication de conscience de n'admettre le droit, ni en dehors de la nécessité, ni au delà de ce qui est nécessaire ; c'est-à-dire un devoir qui résulterait déjà de la seule nature des devoirs envers soi-même à l'égard des agents irraisonnables (V. ci-dessus, chap. x), mais qui se trouve singulièrement corroboré, dans ce cas, par la dette de tout homme envers l'humanité idéale, par l'obligation où il se sent de ne rien faire qui puisse rendre cette humanité plus vaine qu'elle n'est et plus irréalisable dans les faits. Nous ne verrons encore ici qu'un devoir envers soi-même, sans doute, puisque la condition de dignité manque à l'un des côtés de la relation, par hypothèse ; mais envers un soi généralisé qui est l'essence rationnelle de l'homme et auquel les autres hommes d'ailleurs sont censés demeurer conformes, outre soi-même, et à la réserve des seuls indignes.

Déterminer en quel cas il y a nécessité de se défendre, une agression étant suffisamment caractérisée, fixer les limites d'une juste défense qui ne veut point devenir agressive, ou celles d'une agression qui n'est au fond qu'une défense, cette question de théorie exigerait, quelque simples qu'on en prît les données, une analyse poussée jusqu'à la casuistique : heureusement, il y a peu de points sur lesquels la conscience de l'honnête homme soit plus éclairée, dès qu'elle se consulte (au moins quand il s'agit de conflits individuels, car nous verrons que les questions politiques sont plus difficiles). S'il s'agit pourtant de donner des préceptes, on peut en formuler un très général. L'agent raisonnable doit se tenir en garde contre les passions qui naissent de la justice violée en sa personne, et qui ne sont pas plutôt laissées se développer qu'elles affectent toutes les formes de l'injustice. Il vaudrait mieux traiter l'agresseur comme une simple chose, une force brute à laquelle on oppose une autre force, si l'on peut, avec le plus parfait sang-froid et sans intervention d'aucun sentiment, que de le traiter en homme, s'il fallait pour cela s'abandonner contre lui aux impulsions de la passion, bienveillante naturellement, et dès lors renversée, tournée à la haine. De ces deux extrémités, la première est de beaucoup la moins à craindre pour la morale, car il ne manque pas d'hommes qui loin d'incliner à abaisser des personnes au rang des objets sans raison, pour les combattre, seraient plutôt portés à élever les choses au rang des personnes, quand les choses leur sont contraires, afin de pouvoir céder librement à la colère. Il faut donc savoir que l'unique sentiment que l'humanité doive inspirer partout où elle est présente est celui de la dignité et du respect.

La plus grande difficulté du sujet n'est pas encore là. Il y a d'autres limites plus malaisées à tracer que celles de la stricte défense, et ce serait trop simplifier le problème que de le réduire tout entier au cas de l'agression flagrante. La guerre, telle qu'on l'a définie plus haut, existe ou sourde ou déclarée entre les hommes, et dès lors l'état défensif est acquis en fait général à chaque personne, et non pas seulement possible en manière d'accident. Il résulte de là que la défense ne saurait demeurer pour ainsi dire toute défensive, ni devenir efficace à moins de comprendre une suite de précautions et d'actes préventifs de chacun contre les autres, universellement parlant, et plus spécialement contre certains. Les conséquences de la défense proprement dite la dépasseront, puisqu'elles s'étendent, indépendamment de l'inévitable effet des passions, à l'ensemble des moyens de la justice coercitive et répressive ; et les préliminaires ne la dépasseront pas moins, car il faut y compter les moyens et procédés qui s'adaptent aux faits d'appropriation et de monopole, et qui ont pour objet d'assurer la conservation et le développement d'une personne, en écartant de la sphère appropriée tous autres individus capables d'y porter le trouble, quels que puissent être leurs besoins, et même par la force.

A l'égard du droit de défense, ainsi généralisé, la morale posera sans difficulté ce principe, que l'agent raisonnable doit viser à concilier ses actes défensifs et le bien commun des hommes dans leurs sociétés de fait, et choisir les moyens les plus capables à la fois de sauvegarder les intérêts de la défense, et les moins sujets de tous à éloigner autrui et soi-même de l'ordre idéal de moralité où nulle défense ne serait nécessaire parce que nulle agression ne se produirait. Secondement, c'est un devoir très manifeste pour le membre d'une société quelconque de combiner ses moyens de défense avec ses associés, et de n'agir de lui-même et seul qu'à la dernière extrémité, savoir dans les cas qui échappent à toute loi, ou qui ne permettent pas de délai. Dans ces termes généraux, les préceptes sont vagues ; ils peuvent n'offrir à la pratique ni de suffisantes lumières ni de vraies garanties, à cause de la complexité des faits et circonstances, et aussi de l'imperfection du lien social. Mais nous les retrouverons appliqués à des problèmes moins indéterminés, car il n'est peut-être pas une question, parmi celles dont nous avons à traiter, qui ne se présente, au moins sous quelqu'une de ses faces, comme un cas particulier du droit de défense dans un état de guerre plus ou moins caractérisé (V. surtout les chapitres relatifs au droit judiciaire et aux peines, ci-dessous chap. xc et xci, puis toute la dernière section. chap. xciii et suivants).

CHAPITRE LV

ALTÉRATIONS DES VERTUS DANS L'ÉTAT DE GUERRE. LA PRUDENCE.

Si la morale transportée dans les conditions réelles de l'humanité n'est point la morale en son intégrité première, c'est que l'usage de la raison et toutes les vertus qui s'ensuivent ont été transformées pour s'appliquer à des relations humaines inévitables et différentes de l'état de paix en vue duquel les définitions ont été faites. Les vertus de la sphère élémentaire et les devoirs envers soi ne sont pas les moins atteints, et peut-être le sont-ils plus que les autres ; il nous sera facile de nous rendre compte de ce phénomène. N'est-ce même qu'une transformation, les vertus sont-elles encore des vertus ? Il faut examiner cette question.

La sagesse ou prudence, vertu déduite dans l'ordre idéal et abstrait, et cela d'abord dans l'hypothèse de l'agent raisonnable isolé, puis portée sans contradiction dans la sphère de la justice en supposant l'observation de la loi morale par les agents en rapport avec le premier, la prudence résulte de trois éléments : 1° la comparaison et l'expérience des biens comme sujets à conflit ; 2° l'idée du meilleur, c'est-à-dire en somme du bon, selon la conscience ; 3° la croyance à la liberté ; c'est une connaissance et une coordination pratique des biens par l'œuvre de la réflexion, afin d'atteindre ou de poursuivre du moins la fin supérieure en toutes choses. Or s'il arrive que l'agent, au lieu de supposer justice et prudence chez autrui, est tenu de prévoir le mal, d'y parer d'avance, de faire ou d'éviter ceci ou cela, non parce que la sagesse le veut simplement et directement, mais parce qu'une opération extérieure et probablement subversive est prête à en tirer tel ou tel parti ; s'il faut compter avec le mal qui s'engendre du bien même et avec le bien qui s'engendre du mal même, si l'expérience doit presque toujours prendre dans le jugement le rôle qui appartient à la raison et si la raison se trouve impropre à la prévoyance, si enfin la méfiance et un certain égoïsme deviennent les traits dominants de la vertu, comment reconnaître encore celle-ci sous ce déguisement vulgaire et cette forme indigne ?

Les préceptes de la morale pure interdisent à l'agent de se départir jamais du respect dû à autrui, de faire jamais servir autrui d'instrument pour des fins, soit étrangères soit propres à la personne de ce dernier. Mais qu'arriverait-il de la pratique de la loi, si le second agent ne peut être amené que par voie de contrainte extérieure à s'acquitter à son tour de ce qu'il doit au premier ? La morale maintiendra-t-elle une obligation particulière intacte, là où les conditions communes de l'établissement du devoir ont cessé d'exister ?

Les préceptes de la morale pure interdisent à l'agent d'avoir égard aux conséquences objectives de ses actes et de sacrifier jamais l'autonomie de la raison à des considérations externes (chap. XVII et suiv.). Mais quand pour appliquer rigoureusement cette morale que l'on appliquerait seul, si tant est qu'on pût l'appliquer dans l'ordre solidaire des choses, il faudrait abandonner tous les sentiments qui sont faits pour l'accompagner même dans l'ordre rationnel, renoncer à tous les mobiles humains qui n'en sont pas moins naturellement inséparables (chap. XXVIII et suiv.), s'exposer soi-même et exposer autrui aux dangers les plus certains, il est clair qu'on demanderait à la force morale un élan, une indépendance et un genre de sacrifices dont il est douteux que jamais elle ait été capable dans un homme.

C'est visiblement le droit de défense personnelle généralisé qui vient altérer la vertu de prudence, lui communiquer une forme presque méconnaissable aux yeux du moraliste et dispenser l'agent de la fidélité aux obligations rationnelles dans une certaine mesure. J'entends surtout ce droit étendu à toutes les formes d'une contrainte légitime imposée à autrui, puis appliqué à la sphère des intérêts liés et voisins. La première des obligations ou principe pratique suprême (chap. XVII) manque son application aussitôt que le respect cesse d'être possible, et le respect ne saurait être entier chez l'agent lorsque la dignité n'est pas entière dans la personne qu'il a pour objet. L'obligation formulée par la généralisation des maximes (chap. XVIII) est à son tour un critère du jugement moral dont l'emploi différera légitimement quand il sera transporté de l'ordre de la justice pure à celui de la justice défensive, coercitive, répressive, distributive, car *je puis vouloir* en conscience que des mesures de défense et de contrainte soient érigées en lois générales, si elles sont nécessaires ; et la défense de l'être raisonnable ne peut pas n'être pas mêlée de prévention ni attendre, pour les repousser, les agressions ouvertes que le temps perdu rendra peut-être irrésistibles ; et enfin la coordination des biens dont nous chargeons notre prudence ne sera point, quoi que nous fassions, dans l'état de guerre, ce qu'elle devait être dans l'état de paix.

L'altération de la vertu par la défense est bien sensible dans les actes vertueux du genre de la libéralité, de la confiance et de la générosité, car ils tirent leur caractère et leur mérite principal du fait que l'agent s'expose et se découvre jusqu'à un certain point en les pratiquant, et toutefois nous n'exigeons pas qu'ils soient poussés trop loin ; nous leur posons même certaines limites, passé lesquelles nous sommes disposés à trouver qu'ils se changent en vices, quelque nobles ou purs qu'en puissent être les mobiles passionnels. Or si les choses sont ainsi dans notre pensée, c'est que nous savons que les actes généreux, confiants et désintéressés n'ont pas toujours coutume de provoquer de la part d'autrui des actes semblables en échange ; c'est que nous accordons à chacun le droit de se garder et garantir, au lieu de se trop engager dans le commerce des bienfaits ; bien plus, nous lui demandons de faire valoir ce droit contre tous, dans notre propre intérêt, et pour n'être pas amenés nous-mêmes à intervenir en nous exposant à sa suite. Sans doute il y a cercle vicieux à vouloir attendre, pour observer les vertus dans leur pureté, que les autres les observent, et à les subordonner à des calculs de probabilités et de futurs contingents, alors qu'on se flatte de ne pas mériter qu'autrui prenne contre vous les mêmes précautions. Et cependant si de tels calculs sont en général fondés, et ils le sont, comment ne serait-on pas pour le moins excusable en refusant d'échapper seul à ce cercle vicieux où tous sont pris à la fois et enchaînés les uns par les autres ?

L'exemple qui a le plus communément servi de thème aux discussions sur l'absolu moral est tiré de la vertu de véracité. L'homme doit la vérité à l'homme, sans exception ni hésitation : il n'est pas de principe plus clair en morale rationnelle, ou qui se rattache plus directement à l'obligation sous toutes les formes, de même qu'au concept élémentaire d'une société d'êtres raisonnables. Cependant si nous posons la question autrement : un agent doit-il la vérité à un autre agent qui à son tour pense ne la point devoir au premier ? La doit-il obligatoirement, dans tous les cas, à celui dont les actes antérieurs constatent la disposition habituelle au mensonge, à celui qu'il sait pratiquement s'être affranchi des devoirs généraux de la justice ? La doit-il, dans un cas particulier, à celui qui ne recherche la vérité que pour la faire servir à commettre l'injustice ? Il s'en faut alors que la question paraisse aussi simple. Les obligations cessent de s'appliquer en toute rigueur, parce qu'elles supposent au fond la qualité sérieuse et effective d'agents raisonnables à ceux entre lesquels elles établissent la loi d'une société de justice. Dans l'hypothèse extrême et fausse où une partie des hommes seraient actuellement assimilables à des bêtes, il faut bien avouer que vis-à-vis de ceux-là les vertus propres aux relations humaines ne seraient point de mise ; comment donc nier que ces mêmes vertus s'altèrent nécessairement en quelque mesure, dans l'hypothèse moyenne et véritable suivant laquelle on doit attendre de beaucoup d'hommes et dans beaucoup de rencontres des actes moins semblables à des actes d'hommes qu'à des actes de bêtes, plus dangereux seulement ?

Les règles absolues de Kant valent absolument en morale, c'est-à-dire sont fondées sur les données abstraites et idéales de la nature humaine. Elles nous font ainsi connaître la loi ; mais en morale appliquée, nous ne saurions faire porter pleinement la loi où manquent les conditions et où les données sont faussées. Si nous le prétendions en dépit des faits, sachons que nous imposerions à l'agent moral, sous couleur de justice, en réalité le sacrifice ; la raison en est facile à comprendre ; et, d'un autre côté, nous condamnerions indistinctement les actes de sacrifice par lesquels une victime volontaire attire le mal sur sa tête et préserve d'autres innocents en trompant l'injustice. Il est vrai que si les hommes admirent et justifient à bon droit certains de ces dévouements, ils ne font preuve aussi que de faiblesse et d'imprudence en louant la plupart des mensonges pieux, soit même héroïques dont la vie, le théâtre et les romans abondent, et ne craignant pas d'étendre leur approbation relâchée à des cas où la vérité est incontestablement due. En cela la morale vulgaire est pernicieuse, ce que la règle de Kant ne saurait jamais être en aucun cas réel. Mais enfin l'abus ne saurait en rien condamner l'usage. Le droit de la guerre s'impose partout où la guerre elle-même existe, et ce droit est essentiellement la défense généralisée, avec son cortège de conséquences. La règle du juste n'est pas celle des faits, aussi simplement qu'elle est celle de la pure conscience, lorsqu'il ne dépend pas de la pure conscience de déterminer les actes d'autrui, desquels elle peut bien idéalement, mais non réellement et actuellement, être indépendante.

CHAPITRE LVI

SUITE, LA TEMPÉRANCE

La tempérance est un équilibre entre les passions, entre les satisfactions que l'agent raisonnable permet aux passions ; une limitation des biens de la sensibilité ou de l'imagination aux termes voulus pour que les biens essentiels de la vie se conservent et se développent. Cette vertu, comme la prudence, dont elle n'est guère que l'application à une sphère spéciale, semblerait devoir emprunter ses éléments à la connaissance de l'ordre des fonctions humaines et du milieu naturel où elles s'exercent. Mais le milieu social s'ajoute au milieu naturel et, selon qu'il se détermine, influe à tel point par les lois de la solidarité sur les conditions et sur les jugements mêmes de l'agent, que la tempérance se réduit presque toute pour lui à la coutume, ou que du moins il cesse d'en poser rationnellement les règles et les limites.

L'exemple, l'éducation, l'honneur, l'habitude laissent quelque chose à faire sans doute à la force morale, quand il s'agit d'éviter des excès que les sociétés policées réprouvent, et auxquels un si grand nombre de leurs membres s'abandonnent ; mais les mêmes mobiles agissent, et avec une efficacité presque universelle et souveraine cette fois, pour empêcher que la tempérance des individus ne se soumette à des lois rationnelles trop strictes et sévères. Les religions obtiennent seules des résultats, grâce à des groupes sociaux particuliers qu'elles organisent, mais c'est alors pour obéir aux inspirations de la dévotion, non pour appliquer les lois de la raison. Il s'ensuit de là que nous ne savons même plus bien ce que cet empire exigerait, et que la tempérance devient une vertu toute relative. Il faut vivre un peu comme les autres, dit-on, et ne point former caste s'il est possible. C'est en formant caste, pourtant, que d'anciennes sociétés ont échappé à telles ou telles coutumes de vie basse et honteuse et d'alimentation dégradante. Et qui pourrait affirmer de bonne foi, après y avoir bien réfléchi, que notre manière actuelle de vivre ne sera pas jugée condamnable aux yeux de la raison, en bien des points, par des hommes nos successeurs, mieux placés que nous pour consulter la conscience sans partialité ni éblouissement ?

Mais de même qu'il fut des temps où c'eût été renoncer à la société même que ne point participer à certaines religions et à leurs sacrifices, ainsi aujourd'hui, quoique à un moindre degré, certaines lois de tempérance qu'on observerait rendraient la vie sociale difficile, et pourraient même être contraires à l'accomplissement des fonctions et des devoirs tels qu'ils sont et qu'on est obligé de les comprendre. En cet état de choses, et supposé qu'il soit établi que la tempérance rationnelle exige d'autres habitudes et d'autres abstentions que n'en prescrivent la tempérance usuelle et les jugements et obligations du monde, la seule solution morale qui puisse être donnée de la difficulté, c'est que la première tempérance est la vertu même, tandis que la seconde est un droit dont les individus sont libres d'user à raison des conditions que leur fait la société, et d'ailleurs sous des réserves analogues à celles qui entourent les autres droits du même genre.

CHAPITRE LVII

SUITE. LE COURAGE

Ce que la théorie peut avoir d'obscur ou de singulier, quand il est question de tempérance, va s'éclaircir à propos de l'idée de force dont l'altération due à l'état de guerre paraîtra bien autrement grave encore que celle des autres vertus. La force ou courage moral est l'activité même de l'être raisonnable, employée soit à prendre et à maintenir la ferme possession et direction de soi-même, en luttant contre les attraits irrationnels de toutes sortes et au besoin contre les causes destructives émanées de la nature. Mais lorsque à celles-ci viennent se joindre les menaces et attentats de la part des hommes, le courage change de caractère au point de ne presque plus signifier que la hardiesse à se défendre contre les attaques, ensuite à les prévenir, enfin à les faire naître en les supposant constamment avec juste ou injuste raison.

A cette extrémité, la force n'est donc qu'une passion et cesse de tenir de la vertu. Il faut convenir toutefois que le courage guerrier, chez les nations policées qui ont su le soumettre à un régime de discipline, est devenu en partie passif, ou de supportance encore plus que de choc, et que, sous ce rapport, on pourrait le définir une volonté d'accomplir des travaux dangereux, pénibles et persévérants en vue d'atteindre une fin rationnelle et nécessaire. La fin est la conservation de la vie et des biens dans des conditions données, et non seulement de la vie individuelle, mais nationale, et subsidiairement le maintien de l'honneur du combattant, aux yeux des concitoyens. Le travail, c'est éminemment l'effort de surmonter les passions naturelles de crainte et d'amour du repos, pour arriver, à travers mille fatigues, à exposer systématiquement sa vie en donnant la mort à des hommes inconnus.

Quant à l'autre courage, ou bravoure vulgaire, c'est cette fougue du sang et cette ardeur destructive inspirée par des passions injustifiables, forme la plus basse et la plus corrompue de la force, développée chez ceux surtout à qui manque la volonté rationnelle. Le vrai courage, celui qu'il est permis de nommer une vertu, en supposant la nécessité acquise des données où il a son origine, est donc une conquête morale des nations qui ont corrigé jusqu'à un certain point le vice de la guerre et limité son extension que l'histoire nous montre avoir été universelle à certaines époques. L'autre n'est toujours au fond que ce qu'il a été aux temps les plus néfastes, et tel qu'on le voit encore dominer chez les races les plus abaissées : la passion familière et la criminelle ressource de ceux qui ne possédant pas l'empire de l'âme et ne s'assujettissant point à la raison du travail et aux lois de la justice ne savent que jouer leur vie pour tuer autrui et pour le voler.

Il est cependant certain que les passions de haine et de colère dont le courage, en tant que vice, est accompagné, ne peuvent pas ne point tenir une place quelconque dans les éléments du courage en tant que vertu. Il faudrait autrement que la nature humaine se scindât plus qu'il n'est en sa puissance, et qu'en faisant la guerre on ne conservât rien des passions de la guerre, ou qu'enfin la guerre fût toujours assez juste et nécessaire (ce qu'elle ne saurait jamais être que d'un côté, et encore imparfaitement) pour transformer (et conçoit-on que ce fût jamais au point de le justifier ?) l'état mental lié aux actes de destruction et à l'emploi de la violence et de la ruse contre les hommes. On voit qu'en somme le courage militaire ne doit pas s'appeler purement et simplement vertu, de quelque nécessité qu'il se prévale et à quelque forme rationnelle qu'il s'assujettisse en partie. Cette transformation de la force, dans l'état de guerre, doit seulement se présenter comme un droit. Encore faut-il pour cela que le droit se renferme dans les strictes limites de la défense. C'est une limitation que la personne seule ne réussit pas toujours bien à définir et à observer dans la pratique ; mais enfin la conscience est juge des cas. La question se complique étrangement par le fait de la solidarité de la personne avec son groupe social. Nous la retrouverons dans une autre section (V. chap. xcvi).

CHAPITRE LVIII

SUITE. L'EXCÈS ET LE DÉFAUT DANS LA VERTU

Les vertus sont susceptibles de plus et de moins, non pas en elles-mêmes et quant à leurs définitions rationnelles, mais en ce sens qu'on approche plus ou moins de l'état ou habitude interne qui les constitue. Prises dans leur essence, elles ne peuvent donc pécher ni par excès ni par défaut, mais elles sont ou ne sont pas ; et n'ont rien de commun avec cet équilibre instable entre deux passions, entre deux vices, qui constitue ce qu'Aristote nomme une vertu. Ce philosophe le sent assez lui-même, puisqu'il dit quelque part que le milieu entre deux passions, l'une par excès et l'autre par défaut, est pourtant *un sommet, un extrême à l'égard de la perfection et du bien* (Morale à Nicomaque, II, 6, 17). Comment donc ne se trouble-t-il pas à cette espèce de contradiction qui infirme sa théorie ? C'est que la méthode d'observation qu'il suit l'oblige à prendre pour des vertus les seuls états humains que lui soumette l'expérience ; c'est aussi qu'il ne veut pas abandonner tout à fait l'idéal, encore qu'il ne s'attache point à le définir, ou plutôt que ses propres définitions le démentent.

En effet, si la théorie des milieux n'a point de sens dans l'ordre des pures vertus et ce que j'ai nommé l'état de paix, il en est autrement dans l'état de guerre et quand on observe, d'un côté les passions et leurs règlements tels qu'ils sont sortis des conditions historiques, non plus rationnelles, de l'homme et de la société, et de l'autre le droit, c'est-à-dire au fait l'ensemble des précautions qu'il est permis à chacun de prendre, en aspirant à la vertu, pour n'être point victime des vices des autres. Alors la considération de l'excès et du défaut est immédiatement suggérée par la pratique. L'expérience montre que les vertus vulgaires, aussi bien que tout développement de l'activité humaine, comme le dit

Aristote, sont renfermées entre des contraires vicieux qui les comprennent et leur servent de limites.

C'est ainsi que la *prudence*, vertu qui aurait simplement pour contraire l'imprudence et ne serait point elle-même comprise entre des contraires, dès qu'on n'y voit plus qu'une habitude à prendre au milieu des rapports troublés de la justice, s'offre psychologiquement comme une sorte de milieu entre la *fourberie* et la *niaiserie*, deux vices contraires. La *libéralité* se place de même entre la *prodigalité* et l'*avarice*, la *véracité* entre la *fanfaronnerie* et la *dissimulation*, la *dignité* entre l'*égoïsme* et la *complaisance*, la *modestie* entre l'*impudence* et la *timidité*, la *tempérance* entre la *débauche* et l'*insensibilité pour le plaisir*, le *courage* entre la *témérité* et la *pusillanimité*, etc., etc., la *justice* enfin entre le *gain* exigé et la *perte* subie. Il serait inutile d'insister davantage sur ce tableau des vertus, d'ailleurs imparfaitement agencé par les rédacteurs quels qu'ils soient des *Morales* d'Aristote. L'esprit seul en est intéressant pour nous, et les traits principaux qui le caractérisent montrent bien, dans leur incontestable vérité psychologique, à quel point de vue se plaçait le philosophe. Son terrain était celui des relations sociales, comme elles sont, et de l'usage du droit, non de la morale pure dont il eût cherché la théorie dans l'état contemplatif exclusivement, s'il se fût livré à sa pensée et n'eût voulu spéculer qu'en philosophe.

CHAPITRE LIX

SUITE. LA JUSTICE. EST-IL PERMIS DE RENDRE LE MAL POUR LE MAL ?

En parlant de l'altération des autres vertus, j'ai supposé celle de la justice, cause commune en effet de toutes les transformations de ce genre, et dont j'avais déjà rendu compte pour définir l'état de guerre et former la notion historique du droit. Mais il faut revenir sur la personne morale en tant que juste, se demander en quoi précisément elle se modifie et doit se modifier, en quoi elle ne le doit point en quelques circonstances que ce puisse être; pour cela, examiner et comparer les préceptes opposés de *Rendre le bien pour le mal* et de *Rendre le mal pour le mal*, et savoir enfin quelle est la vraie limite du droit individuel (par suite la vraie limite du droit social) né du fait de la violation de la justice par les hommes.

Il s'agit évidemment d'étendre les principes posés au sujet du droit de défense et de les appliquer au cas où nulle nécessité urgente de conservation ne dicte de ces actes forcés, en quelque façon irresponsables, que l'instinct seul fournit quand ils sont assez simples, et qui ne sont qu'une continuation de l'instinct par la prudence tant qu'ils gardent un caractère défensif. Nous avons vu que le droit de défense allait inévitablement à excuser des actes autres que strictement défensifs, mais qu'il y avait alors deux conditions à remplir : la première, de choisir, entre tous les moyens de défense, les moins incompatibles avec un ordre de moralité où nulle défense ne serait nécessaire ; la seconde de les combiner autant que possible à l'aide d'une entente avec ceux des associés qui ont des droits et devoirs communs et veulent rester fidèles à leur loi. C'était dire en d'autres termes que l'agent raisonnable ne devait sortir des relations normales de la justice qu'à la dernière extrémité et au moindre degré, pour être prêt à y rentrer toujours et facilement, s'il ne dépendait que de lui ; ou, en d'autres termes encore, que son obligation permanente était de conformer ses actes au plus grand bien actuellement réalisable selon la conscience. Quant au fondement de cette obligation, on le trouve toujours dans le devoir envers soi-même et dans la loi morale ; car si celle-ci est mise en défaut par les faits, cependant rien ne permet de pousser volontairement le défaut au delà de ce que les faits rendent inévitable. L'agent raisonnable conserve sa nature ;

elle ne l'autorise point à traiter ceux qui ont violé la leur comme s'ils en étaient irrémissiblement déchus. Au contraire, sa propre faiblesse, si réelle, si bien sentie, car nous ne sommes plus ici dans la sphère des abstractions, lui fait un devoir de n'être point impitoyable pour la faiblesse d'autrui ; il doit laisser ouverte, avec quelque sévérité qu'il la garde, la porte d'une société d'égaux d'où les injustes sont bannis par la nature des choses jusqu'à ce qu'ils s'amendent.

D'après cela, la question semble facile à résoudre ainsi posée : Est-il licite de rendre le mal pour le mal ? Il s'agit en effet d'actes délibérés, en dehors du droit strict de défense actuelle, et nul acte de ce genre ne doit se faire qu'en tant que bien ; or, si je ne puis faire moralement que le bien, il est clair que je ne saurais jamais rendre moralement le mal. Bien plus, l'acte de défense lui-même, et le plus spontané et le plus violent, est accepté de la raison comme un bien : elle le prescrirait, elle aussi, si l'instinct attendait son arrêt. Ce qui jette du trouble dans la question, c'est que l'on estime le mal à l'égard d'une personne qui subit l'acte ou ses conséquences, et non seulement de cette personne, mais encore bien souvent de l'idée qu'elle se fait de ce qui est un mal pour elle, tandis qu'il faut en rapporter le jugement à la conscience désintéressée et à la loi morale. En s'exprimant selon cette idée grossière du mal, on doit dire sans hésiter qu'il est permis de *rendre le mal pour le mal*; mais cela signifie qu'en échange d'un véritable mal causé à l'agent, c'est-à-dire commis à son préjudice et contre la justice, ce dernier a le droit de rendre un bien aux termes de la loi morale, c'est-à-dire ce que le délinquant jugera, mais à tort, être un mal en tant que contraire à sa propre conservation ou à ses intérêts. On peut dire à la vérité, et je l'ai dit moi-même ailleurs, que ce bien est encore un mal à d'autres égards que devant l'appréciation de celui qui en souffre, et que tout fait de désordre, de peine et de douleur, en quelque sujet que ce soit, est un mal absolument parlant. Oui, mais le désordre n'existe ici qu'en qualité d'antécédent, essentiellement ; ce qui semble s'y ajouter est encore imputable au premier agent, quant au fait de la subversion morale, désormais acquise, dont il fut l'initiateur. Le second a la charge de la partie corrective seulement ; et observons que la peine est un moyen de correction, au jugement universel de la conscience pour la distinction des éléments de la peine, souvent confondus (V. chap. xcı).

C'est donc un droit de l'agent moral d'être la cause d'un mal matériel, si ce mal est un bien formel. Or des biens et maux de cette sorte résultent de l'altération de la justice, devenue, d'une part coercitive et répressive, à raison de l'existence de l'injuste, et, de l'autre, distributive et inégale par suite de l'inégalité des agents réciproques dans la relation qui constitue le juste.

Mais ce point de vue n'est pas le seul auquel on se place, quand on se demande s'il est permis de rendre le mal pour le mal. Il en est un autre plus psychologique et tout représentatif, dont l'importance est aussi très grande dans la morale. Comme il est de fait que des passions du genre de la malveillance et de la haine se développent ordinairement à quelque degré, et si affaiblies qu'on les veuille, chez l'agent qui résiste, ou se révolte, ou se prépare à la lutte, et enfin s'efforce de nuire matériellement à autrui, dans tous les cas où il estime la justice violée à son détriment, soit au détriment des personnes dont il fait les intérêts siens, le mal, eu égard à de telles passions, s'offre sous un aspect tout nouveau. Que ce mal puisse être encore un bien formel comme ci-dessus, il n'importe, si le caractère que la conscience de l'agent lui imprime est injustifiable de soi. Nuire matériellement et rien de plus, c'est-à-dire froidement et avec l'unique intention de servir la justice et de servir au fond celui-là même à qui l'on nuit ainsi, c'est un droit, quelquefois un devoir. Mais la haine et la malveillance ne sauraient être des droits en aucune circonstance. En effet, les mauvaises passions sont d'abord contraires au devoir envers soi-même ; ensuite elles sont incompatibles avec la mesure de respect que nous devons conserver envers les hommes, et avec le précepte de les traiter en hommes autant que possible, encore qu'ils semblent abandonner eux-mêmes cette qualité. Nous ne pouvons en conscience vouloir que la haine devienne un mobile des actes, fussent-ils d'ailleurs justes et nécessaires, car ce serait renoncer à l'idéal et à la possibilité du retour au bien, d'un côté, comme de l'autre, livrer les exigences de la justice à tous les dangers et hasards de l'inspiration passionnelle. Ce serait enfin corroborer et multiplier le mal par l'échange du mal, alors qu'il s'agit seulement de l'arrêter et de le corriger.

Ce n'est pas à dire que l'agent moral puisse entièrement éviter l'invasion des passions que la nature appelle à se joindre à tous les actes de guerre, légitimes ou non. Il ne le peut que comme il peut se donner et garder la vertu. Sa responsabilité commence à l'instant où ses propres sentiments deviennent volontaires, où il s'aide lui-même et se complaît à les éprouver et à les accepter délibérément pour mobiles. Mais quoi qu'il en soit, la morale appliquée à l'état de guerre, le droit fondé sur les faits en même temps que sur l'idéal ne doivent pas se montrer moins explicites que les doctrines mystiques du pur amour, en condamnant la maxime de rendre le mal pour le mal, savoir en tant que mal et sous l'impulsion des passions haineuses. La différence entre la loi de justice et la loi d'amour consiste seulement en ce que la première admet le fait de la lutte qu'elle n'a point créé, qu'elle n'autorise en aucune manière, mais qu'elle s'attache à limiter, à régler et à réduire en tenant compte des fatalités qui en sont provenues ; au lieu que la seconde le réprouve simplement, universellement, jusque dans l'acte de la défense, puis s'efforce de le supprimer dans quelques âmes choisies, et n'y remédie point en général, mais plutôt l'aggrave.

CHAPITRE LX

PRINCIPE DE DÉVELOPPEMENT ET DE GARANTIE DU DROIT DE DÉFENSE

J'ai rendu compte des vertus altérées par l'état de guerre et devenues des droits relatifs à cet état, relatifs en même temps à l'état de paix qui ne laisse pas de substituer comme idéal, et auquel elles appartenaient exclusivement par leurs premières notions. Cette transformation, nécessaire à cause de la donnée du mal, correspond à la thèse antique de l'impossibilité de la vertu pure ou de la non-existence du Sage. La sagesse engagée dans la solidarité de la démence ne représente plus que le travail plus ou moins heureux de l'agent raisonnable pour maintenir ses droits personnels dans l'état de guerre, en les conciliant avec les droits d'autrui, et tâchant de remonter de la morale appliquée en cette sphère de désordres à la morale des relations normales et parfaites, autant qu'il lui est possible de restituer celle-ci par une pensée qu'il s'efforce de rendre indépendante de l'empirisme des hommes et des choses.

Nous avons vu aussi des droits en général sortir du seul droit de défense conçu dans sa généralité ; il nous reste à étudier la manière dont ils se développent et trouvent des garanties, en passant de la considération des individus à celle des associations, libres et naturelles en principe, au fait et historiquement plutôt contraintes, où les individus sont classés dès leur naissance. Le grand moyen de l'établissement et du maintien des droits, comme effectivement valables, est la société, sans laquelle on n'atteindrait pas au degré de sécurité compatible avec l'état de guerre, et qui devient de la sorte aussi utile et indispensable en cet état qu'elle est rationnellement nécessaire en celui de la paix. Avec la société paraissent les institutions qui la définissent, et par exemple la propriété sanctionnée, remarquable entre toutes à ce double titre de devoir sa garantie et sa force au lien social et de servir de garantie et de défense à l'individu contre la tyrannie de ce même lien.

Si la société était née d'un accord délibéré et d'une convention formelle, hypothèse inutile et d'ailleurs contraire en général à la saine intelligence du jeu des fonctions instinctives, hypothèse qu'on a crue à tort inhérente à la théorie du contrat social, les hommes se voyant dans l'état de guerre et sans autre garantie contre leurs entreprises mutuelles qu'une justice débattue et communément violée, ou des forces individuelles toujours insuffisantes, ils auraient usé des restes de leur raison pour s'entendre et s'assurer le repos jusqu'à un certain point pendant et malgré la guerre, de même qu'ils eussent pu l'employer pleine et entière dans l'état de paix pour régler entre eux leurs travaux, l'usage de leurs biens et l'échange de leurs devoirs. Mais sans admettre la première supposition, non plus que la seconde, à l'égard d'une époque quelconque, il suffit de concevoir en tout temps, à la place de la raison développée en acte, la raison obscure et latente, assez efficace pour dicter sous l'influence combinée des notions morales, et des faits subversifs et du sentiment du droit de défense, les mêmes mesures qu'aurait pu suggérer l'étude réfléchie du problème de la sécurité. Il n'y a nulle hypothèse à affirmer que les institutions dues à l'activité sociale, si spontanées qu'on les veuille, ou spontanément obtenues par la transformation graduelle des formes d'association les plus élémentaires, ont été aussi des moyens rationnels et convenus de permettre à chacun l'exercice de son droit et d'exiger de chacun l'accomplissement de son devoir, dans les limites où le devoir et le droit se renfermaient. Sans cela, sans une convention implicite dont l'existence d'une propriété quelconque, et les litiges et les jugements suffisent à faire foi partout et à toutes les époques, on n'eût pu dire que l'homme fût à aucun degré un être raisonnable.

Une fois la société donnée comme force contraignante, il est clair que cette puissance plus qu'individuelle, et qui réalise assez bien l'abstraction de l'homme en général, tant bon que mauvais, pour être infiniment redoutable à chaque homme en particulier, cette puissance est un danger pour le juste en même temps que pour le criminel, parce que la justice de ceux qui en sont dépositaires, quels qu'ils soient, est suspecte. De là sort nécessairement la considération d'une espèce de défense et d'une espèce de droits autres que ceux qui concernent les relations individuelles. Outre les droits que la société permet à chacun de faire valoir contre chacun, il y a ceux que chacun est obligé pour sa sûreté de se réserver contre elle.

De même que le contrat social est une fiction si l'on veut, mais qui a son équivalent réel dans la nature des choses, de même l'idée familière aux publicistes, que chaque homme entrant dans la société abandonne une part de ses droits, ou mieux de ses pouvoirs naturels, afin de jouir plus sûrement d'une autre qu'il se réserve, et à laquelle il n'est point permis à la société de toucher, cette idée est fictive, si on la prend en un sens trop formel et applicable à tel ou tel moment de l'histoire. Elle n'est pas moins d'une vérité constante et profonde portant sur tous les hommes et à des temps quelconques. Mais pour en donner une expression plus exacte, il faut opposer l'état de paix à l'état de guerre, non l'état social à une période antérieure d'indépendance absolue des personnes ; car on substituera ainsi un point de vue rationnel irrécusable à un autre qui n'est ni admissible à la pensée pure ni recevable en histoire.

Disons donc que les hommes, dans l'état social de paix, nous sont représentés comme rendant toujours leurs volontés conformes à la raison, par conséquent autonomes et souverains, n'exerçant ni pression ni traction les uns sur les autres. Toute l'autorité réside dans la notion commune du juste ; cette notion s'applique avec intervention de passions dont aucune ne divise la conscience contre elle-même ni les consciences entre elles. Mais dans l'état social de guerre, on s'accorde, faute de meilleure entente et de droiture générale, à placer la raison ou son équivalent dans une autorité externe, et l'on s'oblige à tirer d'une telle autorité (loi ou coutume, prince, magistrats ou peuple, il n'importe ici) la formule de son droit et de son devoir; puis à subir, ne le voulût-on plus, des arrêts qu'on n'a pas rendus. Or, quand la question est ainsi posée, il est facile de voir que nulle personne ne peut admettre, en comparant le premier état, qui est l'idéal, avec le second qui est le fait, que son abdication en passant de l'un à l'autre doive ou puisse même être totale, ni que l'obligation qu'elle contracte s'étende à tout, ni que la fiction de la sagesse incorporée dans une institution que les hommes font jouer, doive posséder la vertu de l'infaillibilité par hypothèse. Non seulement ce serait renoncer à la raison et à la conscience, ce qu'il n'est pas en notre pouvoir de faire, alors même que nous reconnaissons nous en éloigner, mais le mensonge en cela impliquerait un cercle vicieux, puisque nous remettrions toute notre conduite et nos destinées à des moyens de décision infectés au fond du même vice de guerre contre lequel nous cherchons remède et garantie ; et nous abandonnerions notre droit personnel de défense à l'égard du pouvoir que nous instituerions, qui peut devenir notre plus dangereux ennemi, tandis que notre but est d'augmenter l'efficacité de ce droit : il y aurait contradiction.

L'expérience concorde avec la théorie. L'absorption totale du droit individuel dans les sociétés les plus énergiquement concentrées n'a jamais été atteinte. Longtemps avant qu'elle ait pu l'être, la révolte est venue détruire le travail des agents de despotisme. Toujours la partie effectivement réservée des droits et des pouvoirs naturels de l'homme a eu plus d'importance que la partie délaissée ou usurpée, même quand cette dernière a paru s'étendre aux points les plus inaliénables ou donné lieu aux entreprises les plus excessives. Il n'est pas moins certain qu'une action quelconque a toujours été exercée par les individus sur l'établissement social et sur le mouvement des lois et des mœurs. D'un autre côté, la seule existence du lien social implique le renoncement que ces mêmes individus font de certains usages de leur raison et de leurs forces, pour des cas où l'autonomie et l'hétéronomie se trouveraient en conflit. Ainsi nous pouvons conclure, en reprenant la formule ordinaire et commode, expliquée et rectifiée, qu'il existe des droits dont l'état social demande le sacrifice dans une mesure quelconque et d'autres qu'il doit conserver ou conserve même nécessairement, et qu'une part de ceux-ci sont dirigés contre la puissance sociale.

Je me placerai principalement au point de vue de la défense individuelle ; et les nécessités empiriques, d'une part, la loi morale, de l'autre, seront les règles et les limites qui me serviront à définir le droit et le devoir appliqués de la personne. J'examinerai les droits individuels que l'état social conserve généralement, ou dans une forte mesure, encore que variable. Ceux qui appartiennent à l'ordre privé, soit civil, soit économique, priment naturellement les autres, et sont les moyens fondamentaux en fait et les plus sûrs de la défense. Je les aborderai donc les premiers, et ce n'est qu'après les avoir étudiés que je m'occuperai des conditions qui en dominent logiquement l'existence, le maintien et le développement au point de vue d'une société contraignante, je veux dire des droits politiques, ou de ceux que la personne a vis-à-vis de la société même, comme telle, soit pour en réaliser et appliquer les institutions, soit pour résister à leur action et tendre à les modifier. J'étudierai ensuite le problème général du conflit de l'individu et de la société, les rapports des diverses sociétés entre elles et les principes du droit international.

Mais il faut premièrement que j'épuise le sujet de la défense, au pur point de vue moral, en rendant compte des passions excitées par l'état de guerre et de leurs conditions de légitimité.

TROISIÈME SECTION

LES PASSIONS

CHAPITRE LXI

DÉFINITION ET DIVISION GÉNÉRALE DES PASSIONS

Toutes les passions sont susceptibles de deux formes contraires, et cela non seulement à cause de l'opposition des biens et maux naturels à rechercher ou à fuir, auxquels elles se rapportent toujours, mais aussi lorsque ayant leur siège dans les relations mutuelles des hommes, que l'état de guerre rend suspects, dangereux ou nuisibles les uns pour les autres, elles peuvent se développer en sens inverse de ce que la raison voudrait. C'est donc ici que nous devons en parler plus spécialement, si nous voulons les juger, au lieu qu'en traitant de la morale pure, et supposant implicitement l'état de paix, il nous suffisait, soit de les justifier en tant que leurs impulsions favorisent la recherche rationnelle du bien, soit d'établir en général l'obligation morale de les régler toutes. Par la même raison, une définition expresse de la passion nous était inutile, dès que nous ne dépassions pas la mesure des notions communes en ce genre.

Affection, impression, émotion, penchant, sentiment, passion sont des termes souvent très vagues et qui se remplacent l'un l'autre aisément, selon qu'on se met au point de vue interne ou externe et que l'on considère l'état de repos ou de mouvement moral d'un agent qui subit des actions étrangères et se modifie en conséquence. J'entendrai généralement par passion la forme de conscience, indéfinissable quant à l'essence, mais descriptible par les propriétés, forme qu'affecte l'être représentatif réagissant, toute réflexion à part, vis-à-vis de ses propres états ; sous laquelle il perçoit et imagine des biens ou des maux actuels ou futurs, envisage par conséquent de certaines fins atteintes ou à atteindre, et se détermine, avec ou sans intervention de la raison, à des actes qui se rapportent à ces fins. La classification de ces formes appartient plutôt à la psychologie qu'à la morale. Je la donne toutefois ici comme je la conçois, et à titre, si l'on veut, de division empirique, sans entreprendre d'en justifier les bases [1].

Il faut distinguer les passions d'avec les caractères, qui sont des aptitudes ou natives ou acquises et habituelles à éprouver telles ou telles passions, jointes à plus ou moins de vertu pour les coordonner et les régler, et à des facultés d'entendement plus ou moins fortes pour les mettre en œuvre. Par exemple, il ne convient pas de nommer l'inconstance une passion, car l'inconstance est un trait de caractère, un trait vicieux quand on l'applique à des fonctions qui exigent un travail soutenu. Il n'existe point d'état spécial et spontané de la conscience qui la porte à changer de fins ; mais il existe des passions variables et diversement excitables selon les circonstances, avec une raison plus ou moins capable de fixer, quand il le faut, la volonté ou de la diriger.

Il faut distinguer aussi les passions des vertus et des vices, ce qui semble d'abord facile ; et cependant l'usage commun des langues, non moins que les nomenclatures des théologiens et des philosophes eux-mêmes, favorise la confusion. Le plus souvent on donne aux vices des noms de passions, mais on en donne aussi aux vertus. Par exemple, dans le tableau des vertus d'Aristote figurent de vraies passions : l'amitié, l'ambition modérée et d'autres encore, ce que le point de vue propre à ce philosophe explique sans doute, et ce qui met en évidence, d'un côté, l'imperfection logique du langage, et,

---

1. C'est la division que j'ai déjà proposée et qui se rattache pour moi à un système de catégories. (V. *Essais de critique générale, Deuxième essai*, § VII.) Je la donne ici améliorée, rendue plus claire et plus méthodique et aussi plus complète.

de l'autre, la part réelle de la passion dans l'assiette vertueuse de la vie, mais ce qui doit nous engager à marquer systématiquement la diversité des éléments qui établissent ainsi en un même état complexe de la conscience l'empire des fins stimulantes et celui de la raison. Ce dernier, avec la force qu'il suppose, est spécifique de la vertu ; l'autre, qui s'il était seul entraînerait la nécessité de tous les états et actes de l'homme, caractérise la passion.

Puisque la représentation d'une fin bonne ou mauvaise, les sentiments indéfinissables qui s'y mêlent et l'impulsion naturelle à se déterminer de quelque manière en conséquence sont les propriétés de la passion, une trichotomie fort simple doit résulter de cette considération, que tantôt la fin se représente comme future, tantôt comme acquise au moment même et tantôt comme fixe en la possession de l'agent. Mais chacun de ces cas se divise immédiatement en deux autres par l'effet de l'opposition fondamentale du bien et du mal, où tous les mouvements passionnels ont leurs sources.

Si la fin future, ou du moins possible, est présumée bonne, favorable à l'agent, à sa conservation ou à son développement, à tout ce qu'il lui convient d'attacher et lier à soi, la passion a la forme dite du *désir*. Si cette fin est présumée mauvaise et nuisible, la passion a la forme contraire, dite de l'*aversion*. De plus, l'aversion et le désir se présentent dans les cas où la fin qui paraît possible ou imminente est de nature à donner l'exclusion à une autre fin qui par elle-même est objet de désir ou d'aversion, encore que la première peut-être eût laissé l'agent indifférent, n'était la présence de ce rapport. Ces passions et leurs subdivisions composent le genre que l'on qualifiait jadis de *concupiscible* et pourraient s'appeler philosophiquement *dirigeantes* et *développantes*.

Si la fin possédée actuellement l'est de telle manière qu'elle soit sentie et non point passée à l'état d'habitude inconsciente, la passion a la forme de la *joie* ou de la *tristesse* (*plaisir* ou *peine* durables) selon que le bien ou le mal sont appréciés comme ci-dessus.

Et si la fin est obtenue dans le moment même, sous les susdites conditions de bien ou de mal représentés, la passion a la forme toute particulière d'un *transport* qu'on peut nommer *ravissement* ou *saisissement,* selon que le cas est favorable ou défavorable, étant rapporté à l'impression spontanée de l'agent. Les passions de transport et leurs subdivisions appartiennent à l'ancien genre de l'*irascible* et pourraient s'appeler *acquérantes*. Quant à celles de joie et de tristesse, passions *possédantes*, elles n'avaient pas autrefois reçu de nom commun que je sache, et c'était le signe d'une impuissance notable de la classification reçue.

D'après cela, ce ne sera pas trop s'éloigner du langage reçu que de désigner plus spécialement comme *penchants* (directs ou inverses) les passions à l'état de tendance, comme *émotions* celles qui se produisent au moment où les fins acquises frappent la conscience, et comme *sentiments* celles qui supposent un état stable des forces morales.

Avant de passer aux espèces, il est à propos de comparer à la morale et au droit les genres ainsi définis. La première remarque qui s'offre ici doit porter sur la nécessité du développement passionnel en regard de l'ordre rationnel superposé. Les passions ne sont pas seulement nécessaires, comme le sujet, la matière à régler dans l'homme et par son œuvre; elles sont encore des mobiles indispensables pour le règlement voulu et la direction choisie; penchants, émotions ou sentiments, elles s'emploient toujours au besoin sous certaines déterminations, pour combattre d'autres déterminations, et ne sont soumises à nulle autre réserve, une fois acceptées, qu'à se renfermer dans des bornes d'intensité convenables, l'expérience nous apprenant que trop de force et de liberté ont coutume de les rendre ingouvernables.

Les contraires en fait de passions développantes se justifient avec leurs contraires, parce que l'opposition des biens et des maux fait les deux formes indissolubles. Un être capable de désir est capable aussi d'aversion, et un seul et même état chez lui comporte à la fois l'un et l'autre, avec de simples changements de points de vue. Observons seulement que l'aversion se rapporte aux causes de maux ou empêchements des biens, non moins qu'à ces maux mêmes ; or les autres hommes sont à l'égard de chaque agent passionnel des causes de cette espèce, principalement avec les données de l'état de guerre. L'obligation morale veut cependant que l'homme soit respecté par l'homme. Ici tout ce que nous pouvons dire en général, c'est que le droit ne va point au delà de la défense, ainsi qu'on l'a vu plus haut, et que par conséquent les passions du genre de l'aversion ont besoin d'être rigoureusement surveillées toutes les fois que les passions du désir, dont elles sont les contre-parties naturelles, s'appliquent à des objets de la dépendance d'autrui ; à plus forte raison quand elles prennent un développement direct en présence de maux émanant de la volonté des hommes.

Les passions acquérantes sont les plus fatales de toutes, à cause du brusque envahissement et de l'entière spontanéité qui les caractérisent. Mais si elles échappent à la raison dans le premier instant, il n'en est plus de même dans le second, et c'est alors que la force morale doit intervenir pour les modérer, pour en retenir, s'il le faut, l'action et les effets au moment où l'instinct se change en volonté, pour prendre enfin le gouvernement de soi-même et l'étendre aussi loin que possible, et jusqu'à rendre par l'habitude les mouvements du cœur moins impétueux et plus gouvernables.

Quant aux passions possédantes, celle de la joie, appliquée à de bonnes fins, et qui de sa nature ne s'applique jamais pleinement à d'autres, semble être la récompense du vrai bien dans la conscience. Les ennemis des autres ont ordinairement fait grâce à celle-ci. Mais ils ont condamné la tristesse, passion contraire, et à juste titre, en la considérant comme volontairement entretenue. En effet, quoique cette passion ne soit pas moins inévitable que le sont en général les contraires, dans le développement de l'ordre passionnel, on peut la soumettre à ce dilemme : ou les fins obtenues qui se lient à des sentiments tristes sont acquises à jamais et irrémédiables, ou elles ne le sont point ; dans le premier cas, la raison doit accepter ce qui est nécessaire et commande en outre la recherche des biens compensateurs que la vie peut admettre ; dans le second, nous devons travailler courageusement à changer ce qui peut changer. L'une et l'autre de ces deux dispositions morales excluent la tristesse entière et abandonnée.

CHAPITRE LXII

SUBDIVISIONS DES PASSIONS. FINS PLUS OU MOINS PROBABLES

La division la plus simple qui se puisse établir dans chacun des trois genres de la passion dépend d'une représentation accessoire attachée fréquemment à la représentation des fins : savoir de la probabilité plus ou moins grande qu'il y a que ces fins se réalisent, ou, étant réalisées se conservent. Les autres subdivisions se tireront de la nature des objets au moyen desquels est attendue ou obtenue la réalisation des fins.

Selon que la fin qu'on désire atteindre est estimée plus ou moins probable, la passion prend la forme de l'*espérance* ou de la *crainte,* et, inversement, de la crainte ou de l'espérance, s'il s'agit d'une fin pour laquelle on a de l'aversion.

Lorsque la fin propre à causer ravissement ou saisissement, au moment de son obtention, est jugée prochaine et imminente, la passion prend la forme de l'*entraînement* ou de l'*abattement*. L'imagination qui devance le temps donne lieu, d'un côté aux phénomènes de l'ardeur, de l'exaltation, de l'enthousiasme et de l'impulsion à agir, et, de l'autre, à ceux de la faiblesse, de la mollesse et de la peur. La confiance parfaite, et une sorte de désespoir aigu, sont les formes extrêmes de ces deux effets de l'attente, à l'instant où l'issue paraît assurée. La *patience* et l'*impatience* sont encore des formes de la passion relative aux fins envisagées dans l'avenir prochain, et que des causes diverses peuvent hâter ou retarder. Mais il faut bien distinguer la part à faire à la vertu dans l'acception ordinaire du mot *patience*. Au reste, ces dernières passions seront mieux classées à l'article suivant.

La fin actuellement possédée et dont la possession engendre la joie, donne lieu, selon que la conservation en paraît certaine ou incertaine, aux deux formes passionnelles de la *quiétude* (calme, tranquillité, sécurité) et de l'*inquiétude*. Il en est de même du cas de la *tristesse*, selon que la fin semble impossible à conserver ou simplement douteuse. Mais, d'elle-même, l'inquiétude appartient toujours au genre de la tristesse, et la quiétude à celui de la joie. Dans le cas de la joie, si la conservation paraît impossible, et, dans le cas de la tristesse si la conservation paraît très probable ou certaine, s'offrent les affections et les différentes nuances de la *résignation* ou du *désespoir*. La patience et l'impatience appartiennent aux cas de l'incertitude et par conséquent de l'attente, soit qu'il s'agisse d'une fin possédée triste et d'un changement espéré, ou d'une fin joyeuse encore à venir, car les deux suppositions sont logiquement identiques. Au demeurant, la patience est, de sa nature, plus près de la quiétude, et par conséquent de la joie ; l'impatience, plus près de l'inquiétude et de la tristesse. Le désespoir est tout entier de ce dernier genre, la résignation tient des deux. Remarquons d'ailleurs que le jugement sur les possibles est influencé par les dispositions mentales au repos ou au mouvement, toutes les fois qu'il peut entrer quelque liberté dans les appréciations.

Toutes ces passions sont naturelles et justifiées par la spontanéité de leur production. Mais, de même que les genres dont elles dépendent, elles réclament un règlement de la raison dès qu'elles deviennent réfléchies et volontaires. Plus généralement encore, le devoir de l'agent est de les mettre toutes autant que possible en condition de n'exister que sous le consentement de la volonté et dans une mesure qu'approuve la raison. Sous ce point de vue, les passions de l'espérance, de l'entraînement, de la quiétude, en leurs différentes modifications, la patience et la résignation mêmes peuvent être aussi des modes de la vertu, tenir du courage moral, de la prudence, de la tempérance, et inversement devenir des vices, lorsqu'elles ne sont pas bien placées et qu'une juste appréciation du devoir exige d'autres attitudes de l'âme. Et les passions de la crainte, de l'abattement, de l'inquiétude et leurs modifications sont des vices, quand elles persistent dans quelques circonstances où elles devraient être modérées ou réprimées, ou enfin tournées à leurs contraires par la raison, qui appelle à cet effet d'autres passions encore et les met en œuvre. Mais il y a des cas aussi où elles sont légitimes et nécessaires, en ne passant pas une certaine mesure.

Reprenons maintenant les trois genres de la passion et faisons varier les objets au moyen desquels peuvent se réaliser les fins qui les animent. Nous obtiendrons des espèces bien déterminées en considérant d'abord le rapport de l'agent à d'autres agents tout semblables ou à leurs actes ; puis à ces mêmes agents non plus en tant que moyens des fins envisagées, mais comme obtenant pour leur compte les fins quelconques que le premier pourrait obtenir lui-même ; puis à cet agent comparé à ses propres actes, et finalement aux objets externes et aux idées capables de susciter des phénomènes passionnels.

CHAPITRE LXIII

PASSIONS INTERPERSONNELLES

L'homme place des fins dans l'homme, tend à s'unir et s'unit effectivement à lui, et poursuit avec lui des fins communes. Les passions les plus simples qui s'offrent sous ce point de vue sont ces modifications du désir qu'on peut nommer la *sociabilité* ou penchant social, à l'égard de l'homme en général ; l'*amitié*, à l'égard des individus ; l'*amour*, quand il s'agit de l'union des sexes ; l'amour ou l'amitié, pour la *philogéniture* et les autres affections de famille. L'idée d'aimer reçoit toutes les acceptions possibles, universelles ou particulières. Si l'aversion se substitue au désir, par suite du renversement des relations humaines dans l'état de guerre, les mêmes passions prises en sens contraires portent les noms communs de *haine* ou d'*inimitié*, avec des déterminations diverses.

Au lieu des fins à atteindre, considérons dans la passion la prise de possession des fins, réelle ou imaginée. Nous avons, sous le chef du ravissement, les mouvements d'*effusion* et de *tendresse* envers les personnes ; sous celui du saisissement, le *resserrement* et la *répugnance*.

Quand des fins satisfaisantes sont obtenues par les actes d'autrui, indépendamment de nos propres actes, le mouvement passionnel que nous éprouvons est celui de l'*approbation*, quoique ce mot soit vague et faible pour s'étendre aux cas nombreux dont la manifestation comprend le simple *sourire*, les *larmes de tendresse* et l'explosion de l'*enthousiasme*. J'entends ici par enthousiasme, non celui qui entraîne aux entreprises en vue d'une fin probable très passionnante, mais le transport qui loue avec éclat, exalte et veut embrasser ou élever et introniser l'auteur de quelque action.

Au contraire, quand les actes d'autrui renversent les

fins que nous nous proposerions si elles dépendaient de nous, le mouvement passionnel produit en nous est celui d'une *désapprobation* ou *indignation* à caractères très variés, et qui peut comme le précédent se témoigner par le rire ou les larmes (rire amer, pleurs de rage). Mais c'est le plus ordinairement une sorte de révolte intime de l'agent passionnel ; et la révolte devient *colère*, la colère *fureur*, quand il se produit un mouvement animal subit, tendant à la destruction de ce qu'on regarde comme le mal ou comme la cause du mal. Cette dernière passion, échappant plus que toute autre à la raison, agit fréquemment contre les choses aussi bien que contre les personnes, mais quelque brutale qu'elle soit, son principe est toujours dans les mouvements que provoquent ou des personnes ou du moins des choses traitées instinctivement comme telles et comme des causes responsables.

Considérons dans le même ordre de relations les fins possédées d'une manière plus ou moins durable. La passion sociale devient *philanthropie*, en ramenant ce mot à son acception primitive pour désigner l'attachement de l'homme à l'homme dans le sens le plus universel. Le penchant amical, l'amour-désir et la philogéniture deviennent *l'amitié*, *l'amour* et *l'affection familiale*, en tant que passions paisibles et qui jouissent de leurs objets. Les mêmes passions renversées nous donnent la *misanthropie*, comme état de répugnance habituelle pour la société, puis *l'inimitié constante* à l'égard de personnes déterminées. Aux passions de l'approbation et de l'indignation se substituent en même temps *l'estime* ou le *mépris habituel*, suivant que les actes des personnes nous semblent ou non habituellement conformes aux fins que nous estimons bonnes.

Ces différentes passions impliquent l'union ou la désunion des personnes, ainsi que la poursuite de fins qu'elles placent les unes dans les autres, ou pour lesquelles elles dépendent les unes des autres, mais sans que nous les supposions à l'état de concurrence. Or il arrive aussi que les hommes recherchent des biens dont la possession est naturellement exclusive ou le partage difficile, et qu'ils fuient des maux dont certains d'entre eux sont naturellement frappés quand d'autres les évitent. De là vient, en même temps que du principe psychologique de l'imitation et de la sympathie, une disposition commune à se représenter, avec comme sans réflexion, à propos du bien ou du mal d'autrui, celui dont on pourrait être affecté soi-même, et réciproquement. La présence d'une imagination de ce genre est le caractère d'une nouvelle série de passions.

La *bienveillance* et la *malveillance* en sont les premières formes, qui se rattachent au désir et à l'aversion respectivement. Ce serait prendre de la bienveillance une idée trop basse que de la borner au désir qu'un homme éprouve de voir les autres heureux en tant qu'il ne songe point qu'il lui en peut coûter quelque chose, et la malveillance passerait de son côté la mesure ordinaire des mauvaises passions, si elle consistait à souhaiter que d'autres fussent malheureux même quand nous n'imaginons pas qu'il pût nous en revenir aucun bien à nous-même. En tout cas, l'opposition du bien de l'un avec le bien de l'autre permet seule d'envisager, dans les passions de bienveillance et de malveillance, des traits nouveaux et qui ne résultent pas de l'idée générale de sociabilité non plus que de ses déterminations diverses. Il faudra donc entendre ici par la première de ces passions un penchant à vouloir le bien d'autrui, même à l'égard de ce genre de biens que nous nous représentons pouvoir également être nôtres, et que nous ne possédons pas toujours ou en quantité suffisante ; et par la seconde, un penchant à vouloir le mal d'autrui, dans la pensée plus ou moins claire ou confuse que notre bien propre pourrait se trouver de la sorte augmenté ou notre mal diminué. La logique des passions étend au besoin la comparaison à tous les temps.

Portons maintenant le penchant bienveillant jusqu'à faire part effectivement de nos biens à autrui, nous avons la *générosité*; et portons le penchant malveillant à accumuler des biens pour nous seuls, au delà de nos besoins et sans égard à ceux des autres, nous avons l'*avarice*, passion que le langage applique, ainsi qu'il fait la précédente sous le nom de libéralité, aux biens tout matériels ; mais qu'il est aisé de généraliser. Supposons que nos biens nous viennent du travail ou de la volonté d'autrui, et selon que nous serons disposés à reconnaître ou à nier une dette qui, en vertu de la notion du juste, nous obligerait à du retour, nous avons la *gratitude* et l'*ingratitude*. Prenons enfin le point de vue du mérite, et sur ce fondement que l'homme tâche ou se flatte en général d'être digne des biens qu'il possède, ou de n'avoir point mérité ses maux, remarquons que tantôt il a du penchant à avouer les mérites des autres, dans la comparaison qu'il fait d'eux à lui, et à se mettre lui-même à sa vraie place, ou peut-être au-dessous, tantôt au contraire à exalter ses mérites propres et à déprécier ceux qui vaudraient à autrui son estime, ou sa reconnaissance ou le respect du monde et des récompenses. Nous définissons ainsi la *modestie* et l'*orgueil*, et nous voyons que ces passions soutiennent d'étroits rapports avec la bienveillance et la malveillance, car elles leur fournissent des motifs bons ou mauvais, toujours nécessaires, pour la justification quelconque de l'agent passionnel vis-à-vis sa conscience.

Passons des penchants aux émotions, ou de la tendance à l'acquisition des fins. Il suffira de placer l'agent en présence d'un bien ou d'un mal actuellement obtenus par une autre personne, et de supposer qu'il se représente ce bien ou ce mal comme pouvant le toucher lui-même. La bienveillance et la malveillance deviendront alors *sympathie et antipathie* : j'entends ici en manière d'émotions et non d'états habituels. La sympathie est en ce sens une émotion, soit de congratulation et félicitation des biens d'autrui, soit de compassion de ses maux, encore que la pensée d'une opposition d'intérêts et d'une concurrence puisse bien se présenter aussi, mais alors dominée par le sentiment de la communauté de nature et par cette disposition naturelle que nous avons à participer aux modifications tant internes qu'externes des autres agents et à les imiter, et qui paraît être la racine de la passion dont il est question ici.

Le seul genre de concurrence dont la sympathie permette le développement, dans les cas inévitables de contrariété des biens des agents passionnels, est l'*émulation*, une passion d'avoir ou d'acquérir et de se rendre digne en quelque chose ou en toutes, non pour déposséder autrui, mais quoique on le dépossède, et parce que la logique et la justice en décident ainsi, non la volonté. Au demeurant, on ne laisse pas de se réjouir du bien des autres et de s'affliger de leur mal, ce bien et ce mal étant envisagés en eux-mêmes et nonobstant leur liaison avec le mal ou avec le bien qu'on éprouve. La sympathie qui persiste ainsi malgré l'opposition clairement aperçue est la *magnanimité*, considérée comme forme de passion. Le plus haut point où la magnanimité puisse parvenir a lieu, lorsque non seulement nous voyons le bien d'autrui être notre mal, ou réciproquement, sans nous départir de nos bonnes passions (ni de la justice à plus forte raison), mais que de plus nous avons à souffrir par le fait de la volonté (et quelquefois injuste) d'autrui, non du pur effet de la nature des choses, et ne perdons pas pour cela la sympathie, même active, avec toutes les conséquences qu'elle comporte. Quelle part se fait d'ailleurs la vertu dans une telle assiette passionnelle de l'agent, puis quelles impossibilités les lois de la justice appliquée doivent créer à la magnanimité poussée jusqu'au pardon complet des injures, il suffit de ne pas l'oublier.

L'antipathie est le contraire de l'imitation et de la participation sympathique des affections des autres. C'est un mode de dureté ou de froideur, avec le sentiment d'un contraste et d'une réaction de soi-même à autrui, dans les propres circonstances où la sympathie pourrait se placer, et se placerait effectivement sans cette réaction. Il s'agit d'une opposition des biens des personnes, et il n'est pas plus possible, dans l'état des relations humaines, de sympathiser sans conditions ni limites avec l'état de bonheur ou de malheur de chacun, qu'il ne le serait, en un sens encore plus général, de partager ses impressions quelconques et ses jugements. Ce qui se peut, c'est de ne point éprouver un déplaisir à la pensée ou à la vue d'un bien mérité, advenu à autrui, ou un certain plaisir de son mal immérité ; savoir, en faisant un retour sur soi-même en tant qu'on est privé de ce qui pourrait ainsi vous appartenir et dont un autre obtient la jouissance qui vous manque ; ou, au contraire, en tant qu'on se voit au-dessus du mal en quelque manière et comme l'objet d'une faveur mystérieuse de la fortune. L'antipathie développée en ce sens est l'*envie*. Dans le cas où le mal d'un autre, dont on se réjouit ou qu'on lui souhaite, ou qu'on voudrait lui causer, correspond au mal qu'à tort ou à raison on se plaint d'avoir reçu par son fait, la passion est celle de la *vengeance*.

Mais il faut distinguer dans l'envie et dans la vengeance deux formes plus nobles : en ce qui touche la peine causée par de certains biens d'autrui, s'ils paraissent immérités, la *jalousie*, et en ce qui touche la satisfaction éprouvée en présence de certains maux, s'ils paraissent mérités, la *nemesis*, ainsi qu'Aristote la nomme, c'est-à-dire l'émotion de la juste vindicte. Cette dernière passion peut être pure, et ne répondre qu'au seul sentiment de la justice répressive et distributive. De même, la jalousie, quand elle n'est que le chagrin de voir donner à autrui ce qui nous est dû et refusé, en quelque genre que ce soit, est une passion juste, qu'une juste indignation accompagne. Mais dans le plus grand nombre de cas c'est une passion fort mêlée et fort trouble.

Les émotions précédentes peuvent s'étendre sur une certaine durée, et, par conséquent, les termes qui les désignent se prendre au besoin dans le sens de passions permanentes du genre de la joie et de la tristesse. Cependant si nous voulons caractériser la bienveillance et la sympathie comme sentiments fixes, si nous les définissons par l'habitude de tendre au bien d'autrui et de s'en émouvoir favorablement, en d'autres termes, de placer les fins d'autrui dans les siennes, et d'agrandir ainsi beaucoup ces dernières en les bornant dans ce qu'elles ont de propre, le nom de *bonté* semblera le plus convenable pour exprimer l'ensemble d'un état moral où la poursuite personnelle du bien est généralisée de la sorte. Remarquons maintenant que cette habitude, qu'il faut supposer établie avec connaissance de cause et malgré la contrariété mutuelle des fins dans tant de cas, implique une certaine préférence habituelle que l'agent passionnel donnerait ici à l'homme en général, ou du moins à certaines personnes, sur sa propre personne subordonnée. Sous ce point de vue, la bonté se trouve être le *dévouement*. Mais il y a deux cas à distinguer. Si la préférence est portée au delà du juste, ce qui est rare en tant que disposition générale, sinon à l'égard de personnes déterminées, la passion qui va où elle veut, aussi loin qu'elle veut, et ne se règle pas comme un procédé rationnel sera cette bonté, ce dévouement sans réserve que j'ai eu plusieurs fois l'occasion de mentionner. Mais il faudra la considérer comme un produit complexe de la vie passionnelle, car elle n'aura pu se développer sans conflit, sans que certaines affections naturelles aient été violemment réprimées. Si au contraire la raison est appelée à régler le partage entre les fins propres et étrangères, en sorte que la préférence donnée à autrui sur soi-même soit limitée par la justice, la passion qui soutient la raison dans ce cas et qui est complexe en ses sources comme la précédente, mais non moins réelle et plus commune, sera un attachement habituel à l'ordre et à la vérité dans les relations humaines, ou encore à un principe, quel qu'il puisse être, qui en exprime l'équivalent et soit capable de produire ce même effet de généralisation des fins d'une personne. Nous arrivons en dernière analyse à cette *passion de l'ordre*, amour de l'ordre, dont quelques moralistes ont fait une définition de la vertu, et qui représente en effet la forme passionnelle la plus générale liée à l'exercice de la force morale.

La bonté, le dévouement et la passion de l'ordre sont donc, avec les définitions que je viens de donner, les vrais noms des passions du genre de la joie qui appartiennent aux relations humaines, lorsque la bienveillance et la sympathie sont des sentiments durables, des états constants et persévérants. Prenons maintenant les passions contraires. Une disposition permanente à la malveillance et à l'antipathie doit se nommer *méchanceté* et *égoïsme* en prenant ce dernier mot dans le sens le plus excessif qu'on y puisse donner. L'égoïsme parfait est la passion qui fait qu'on ne considère en tout que soi et qu'on rapporte tout à soi. La méchanceté satisfait aux fins de l'égoïsme en embrassant le mal d'autrui à titre de bien, ou repoussant le bien d'autrui à titre de mal. De là enfin, et généralisant, on tire nécessairement une *passion du désordre*, car la haine ou le mépris de l'ordre, de la justice et de la vérité sont inhérents à l'égoïsme, et la méchanceté qui s'assouvit mène à l'emploi des moyens de fourberie ou de violence l'agent prévaricateur pressé d'obtenir des biens ou d'éviter des maux que semble lui dénier ou lui apporter l'ordre normal des choses.

CHAPITRE LXIV

PASSIONS INTRAPERSONNELLES

Pour épuiser l'énumération des passions concernant les relations des personnes, il reste à examiner le cas particulier de l'agent passionnel mis en rapport avec lui-même : d'où ce que j'appellerai pour abréger passions intrapersonnelles. Le rapport à soi comme passion de tendance ne peut être que l'amour de soi, l'amour-propre suivant l'ancien sens de ce mot, la *philautie*. Mais cet amour doit, sous peine de rester abstrait et inapplicable, se déterminer par l'espèce des autres passions, c'est-à-dire des biens où se complaît l'agent, et qui servent en quelque sorte de définition à celui qui les réunit ainsi pour devenir à lui-même son propre objet. Si le genre de perfection sous lequel il se classe à cet effet consiste en sa conformité à sa nature morale, en sorte qu'il se propose les biens que ses obligations lui dictent, il est animé de la vraie philautie ou amour-propre éclairé, passion dès lors nécessairement accompagnée du *penchant à faire le bien*. Cette philautie et ce penchant conformes à la conscience (et à l'utilité aussi en général) seraient, on le voit, identiques à la vertu, si ce n'était qu'on les considère ici sous le point de vue exclusivement passionnel et abstraction faite du travail de la raison et de la volonté qui ont aidé à les constituer.

Si, au contraire, l'agent ne s'envisage lui-même que comme une matière de sensations et de passions quelconques à contenter, l'amour-propre vicieux ou perverti s'attache à un sujet qualifié par des biens que la conscience ne saurait en général tenir que pour de faux biens (et qui sont tels en général à l'égard de l'utilité aussi); il devient, relativement à l'autre sujet, qu'il devrait se proposer selon la conscience, une véritable *misautie*; il est accompagné d'un *penchant à faire le mal*, en conséquence de la définition même, et c'est en un mot le vice en général et comme passion, abstraction faite des éléments volontaires. Les moralistes qui ont placé la racine du mal moral dans l'amour-propre n'ont évidemment vu dans cette passion que l'égoïsme et la misautie, sans songer que la vertu est inséparable de cet amour, mais raisonnable et réglé; et ils se sont trompés de plus en cherchant le trait dominant du mal dans une passion, considérée comme telle.

L'amour-propre et les autres passions qu'on y peut rattacher dans le double sens de philautie ou de misautie existent également, mais en changeant de caractère, lorsque, au lieu de l'obligation morale et de la conformité du sujet à l'idéal de la conscience, on prend pour déterminer ce sujet le critère de l'estime d'autrui, et que l'on cherche seulement à réaliser les apparences capables de produire cette estime. Il y a en effet deux partis qu'on peut prendre pour définir la perfection d'une personne propre à se lier passionnellement avec elle-même : ou de consulter le jugement autonome de cette perfection, ou de s'adresser à l'opinion d'autrui. Dans le premier cas, on a la philautie déjà définie et son contraire; dans le second, on a cette espèce d'amour-propre beaucoup plus répandu, et aussi d'acception plus commune quant aux mots, qui est synonyme de *vanité*. J'entends donc par vanité l'amour de soi, en tant qu'on réunit les biens et les avantages quelconques, réels ou non, mais propres à représenter le genre d'excellence que, l'opinion du milieu où l'on est, envisage dans une personne. Les actes dont cette passion est accompagnée n'ont plus précisément pour motifs le bien ou le mal que peut apprécier la conscience, mais la considération réelle ou apparente du bien ou du mal que d'autres reconnaissent, et de là vient le *respect humain*. On comprend, par ces seules définitions, que l'amour-propre ainsi dirigé doit engendrer ou suppléer et simuler toutes sortes d'autres passions, de vertus et de vices. C'est encore lui qui, en tant que mobile des actes, en y joignant la considération de l'autorité morale externe en ce qu'elle a de juste (V. chap. xxxvi), s'appelle l'*honneur*.

Les contraires de cette philautie pour ainsi dire initiative et artificielle auraient pour noms l'*impudence*, l'*effronterie* et enfin même l'*infamie*, si l'indifférence ou le mépris pour l'opinion du monde, la tendance à se parer des qualités qu'on a, quelles qu'elles soient, et à s'afficher ce qu'on est étaient toujours répréhensibles et si les jugements du monde étaient toujours bons. Mais comme il n'en est point ainsi, les passions dont je parle peuvent être relativement morales dans certains cas, et celles qui tiennent de l'honneur ne sauraient être davantage en aucuns, faute d'aséité de la part de la conscience. Ces observations amenées par le besoin de définir me dispenseront de revenir tout à l'heure sur les passions du genre de la vanité, en parlant de la moralité des passions intrapersonnelles.

Les passions de philautie et de misautie envisagées comme émotions au moment de l'acquisition des fins, répondent aux phénomènes si connus de la conscience dans l'acte de faire ce qui est bien ou mal à son propre jugement et de se déterminer conformément ou contrairement à la dictée de la nature morale. L'*émotion du bien faire* est aussi une sorte de goût actuel et de satisfaction actuelle du bien, et l'*émotion du mal faire*, en dépit du mécontentement qui s'y joint et y met comme le sceau d'une contradiction interne, est aussi un goût actuel et une satisfaction actuelle du mal. Cette passion est trop bien établie par l'expérience pour qu'il soit besoin de se justifier en la classant. Elle n'est d'ailleurs contradictoire avec la passion constante qui porte tout être à son bien qu'en cette sorte de contradiction libre et vivante qui est de l'essence du mal moral.

Ces mêmes passions, prises comme sentiments profonds et durables du genre de la joie et de la tristesse, nous donnent, d'un côté, le *contentement* calme de soi-même, avec le sentiment de la dignité personnelle et du respect de soi ; de l'autre, le *mécontentement,* accompagné du regret, ou même du remords, et du sentiment de l'indignité personnelle.

Enfin, si nous rapportons les émotions et les sentiments à la philautie indirecte et artificielle fondée sur l'opinion d'autrui, nous trouvons, dans le premier groupe, la *susceptibilité,* la *timidité,* sortes de vanité à l'état aigu, la *pudeur* ou *rougeur,* etc. ; dans le second, ces mêmes phénomènes comme dispositions constantes. Il serait peu utile d'en chercher les noms les mieux appropriés, non plus que ceux des contraires de chaque groupe, et le langage souffre d'autant moins la violence que lui font les nomenclatures qu'il s'agit de traits plus délicats.

Les passions, quand nous les avons définies dans leurs genres, puis spécifiées par rapport à la probabilité variable que l'imagination attribue à leurs fins, ne nous ont point paru se classer par là même en qualité de bonnes ou mauvaises. Nécessaires par elles-mêmes, elles ne devenaient immorales que par le déréglement, l'irréflexion persistante et le mépris de la loi reconnue. Mais les passions interpersonnelles s'attachent étroitement au droit et au devoir, favorisent ou contrarient la justice des actes. En cela donc elles sont immédiatement bonnes ou immédiatement mauvaises. Les penchants social, amical, conjugal, familial et tout ce qui y accède de passions à l'état de mouvement ou de repos, la bienveillance, la sympathie, la bonté et leurs dépendances ; enfin parmi les passions intrapersonnelles, l'amour-propre véritable, l'émotion du bien faire, et le contentement de soi-même et le respect de soi obtiennent de la morale une approbation sans réserve, puisque ce sont précisément ces penchants, ces émotions et ces sentiments qui fournissent des mobiles passionnels à nos devoirs et à la reconnaissance de la loi. De ce nombre, les transports irréfléchis réclament seuls une attention plus sévère et des applications réglées par un jugement auquel il faut toujours du temps et l'absence de précipitation dans les actes.

La morale réprouve les passions contraires de celles que je viens d'énumérer, tant parce qu'elles renferment les mobiles ordinaires des actes opposés à la loi que parce qu'elles se lient à des états de conscience qui nous abaissent à nos propres yeux, nous éloignent de nos devoirs envers nous-mêmes et nous font ainsi déchoir de notre nature propre. Mais nous trouvions tout à l'heure que les passions de transport ou de ravissement offraient pour l'agent des dangers que ne courent pas, surtout au même degré, les passions de tendance ni les sentiments stables ; dangers d'irréflexion ou d'insuffisante présence de la raison. Ici, par une loi inverse, les sentiments stables sont les plus mauvais et marquent l'entière corruption ; les penchants ne sauraient en principe valoir mieux, et cependant ils s'engendrent quelquefois par la force de l'expérience, et il peut y en avoir d'excusables jusqu'à un certain point. La loi nécessaire de la conservation de l'agent l'oblige à se défendre de la bienveillance, et je dirai presque du penchant à bien faire, et, ne sachant s'arrêter sur cette pente, on comprend que des vices, tels que l'avarice ou l'orgueil, si ce n'est la haine, entrent peu à peu dans son âme sous l'influence des phénomènes de l'état de guerre. Enfin les passions du genre de l'émotion, c'est-à-dire ici du saisissement, outre que les premières atteintes en sont souvent inévitables, ont l'excuse d'une cause réelle et externe, la méchanceté d'autrui. La répulsion, l'indignation, la colère même, en tant que premier mouvement, l'antipathie, la jalousie, la vindicte ne sont que trop bien expliquées chez l'homme juste, à qui nous pouvons demander seulement de s'interdire des actes et de lutter contre des états du cœur qui ne seraient acceptables pour la raison en aucune manière, ou qui ne le seraient que jusqu'à un certain point facile à dépasser.

La différence capitale entre les passions de tous genres, nées des relations humaines, que je peux appeler maintenant d'un seul mot passions de bonté, et les passions contraires, ou de méchanceté, consiste en ce que les premières, toujours bonnes de soi, selon la raison et la nature, doivent être appelées et favorisées par-dessus tout, et exigent toutefois la modération et appellent le règlement, non seulement de la manière dont la règle et la réflexion conviennent à nos déterminations quelconques, mais encore parce que nous ne sommes point dans l'état de paix et que notre conservation réclame ou permet certaines dérogations au bien pur, comme je l'ai montré en traitant des vertus. Les passions contraires, mauvaises de soi, sont inspirées par l'état de guerre et doivent être non pas réglées et modérées, en un sens qui impliquerait pour elles une légitimité extrinsèque qu'elles n'ont point, mais tolérées dans quelque mesure, la moindre possible, ensuite et essentiellement contenues pour ne pas se développer jusqu'au point où notre conservation se trouvant atteinte et dépassée, nous serions conduits à des actes qui la compromettraient elle-même en menaçant celle d'autrui, nous feraient descendre, nous et les autres, à un état pire que celui qui nous sert d'excuse, et tendraient à effacer des âmes jusqu'à l'empreinte du bien idéal.

CHAPITRE LXV

PASSIONS EXCITÉES PAR LES OBJETS EXTERNES

J'ai classé les passions nées des relations humaines avant celles qui naissent à l'occasion des objets matériels. Cet ordre au fond est indifférent ; mais les premières passions sont les plus propres à l'humanité et les plus immédiatement subordonnées à la loi morale, les autres intéressent plus particulièrement les devoirs de l'agent envers lui-même. Or c'est le droit surtout, ce sont les rapports de l'homme avec l'homme que j'envisage dans la partie où je suis arrivé de ces études.

Les passions éveillées à la rencontre des objets externes proviennent de ce que ceux-ci renferment des fins atteintes ou à atteindre pour nous, eu égard à notre sensibilité principalement et à notre imagination, puis, et d'une façon plus composée, de ce que nous cherchons à tenir en notre puissance les causes contingentes de nos plaisirs et de nos peines, les phénomènes possibles desquels dépendent notre conservation ou notre développement. Cette dernière tendance suppose un grand emploi de la réflexion, car tantôt les fins sont de vrais besoins et nous désirons nous assurer les moyens constants de les réaliser, ce qui implique prévision et calcul ; tantôt ce sont de simples satisfactions dépourvues de nécessité, et alors nous n'ignorons pas qu'elles peuvent être incompatibles les unes avec les autres, soit avec celles que nous tenons pour beaucoup plus utiles ou nécessaires et dont il faut réserver la jouissance ou du moins la possibilité pour l'avenir. La réflexion seule, même sans aucune intervention de la conscience morale, suffit donc pour amener des conflits entre les sortes de passions dont nous parlons et pour en suggérer le règlement dans des cas nombreux et importants.

A les considérer simplement comme passions actuelles et portant sur des objets propres à émouvoir les sens ou exciter l'imagination, et cela avant toute satisfaction obtenue, ce sont des appétits, des attraits, des désirs variés, des goûts encore, si l'on ajoute au désir une connaissance acquise des jouissances de chaque espèce, souvent des besoins, le langage ne se prêtant pas à distinguer certaines impressions physiques de ce nom d'avec les passions proprement dites que la représentation y joint. Chaque organe des sens, accessoirement chaque exercice de l'activité correspond à de tels appétits particuliers dont les noms en tant que passions font défaut d'ordinaire. Des noms généraux, parfois des noms de vices les remplacent, comme cupidité, volupté, gourmandise. Encore même la jouissance actuelle est-elle mal distinguée de la tendance, et l'émotion de l'attrait. Il n'est pas moins vrai que nos sensations normales, pour nous borner ici aux cas de passions les plus simples, sont accompagnées d'attraits qui leur appartiennent, tantôt pour une utilité manifeste, tantôt ou en même temps pour l'effet de la sensation même, indépendamment des fins dont elle est le moyen. Toucher, goût, odorat, vue, ouïe répondent pour eux-mêmes à des désirs, faibles ou puissants, il n'importe, et par suite à de vraies passions, sans parler encore des sentiments esthétiques. C'est ce qu'on voit, par exemple, très bien en observant les enfants, et il en est de même des fonctions physiologiques conscientes, dans l'état de santé.

Les passions contraires sont ici les *répugnances* diverses, soit instinctives et naturelles à l'égard de certains objets, soit acquises par expérience, association ou habitude, soit provenues de fatigue, abus, excès ou maladie. Les répugnances sont proprement *dégoûts*, quand elles se rapportent à des phénomènes connus et éprouvés, qui ont pu même être recherchés en d'autres circonstances. Il est remarquable que comme la haine naît du renversement des éléments passionnels de l'amour dans les relations humaines, et par le fait du désordre intervenu dans ces relations, ainsi la répugnance ou aversion physique se substitue à l'attrait et au désir sous l'impression du mal reconnu, puis présumé et présupposé dans le développement des rapports d'ordre purement naturel. Partout l'ordre et le bien semblent précéder et poser les premiers fondements, et leurs contraires n'en être que dérogations ou renversements, qui auraient pu, mais nous ne savons comment, ne se point produire.

Une passion générale embrasse les passions précédentes du genre du désir. On pourrait la nommer l'*activité*. Elle consiste dans une tendance à déployer en tous sens les forces tant réceptives que réactives de l'organisme, de la sensibilité et de l'imagination, et à poursuivre des fins non seulement comme bonnes et désirables en particulier, mais afin d'en poursuivre, et de goûter ainsi le sentiment de la vie sous mille formes. Cette passion d'éprouver des passions se développe plus moralement sous l'influence de la réflexion, lorsque l'activité ne tend pas sans discernement, ou en vue des jouissances immédiates, à se saisir au hasard de tous les biens possibles, mais plutôt à accumuler ceux de telle ou telle espèce, qui, maintenant sans emploi peut-être pour l'agent, lui assurent des garanties pour l'avenir. La passion dirigée de la sorte prend, par l'effet des conditions sociales, des formes bien connues dont les principales sont l'*amour des richesses* et l'*ambition*, l'une qui suppose le fait de propriété ou sert de stimulant pour l'établir, l'autre qui implique l'inégalité de l'action et des droits que les hommes s'attribuent les uns sur les autres. Mais ces formes de passions doivent s'interpréter encore plus généralement et s'entendre du désir qu'éprouve l'agent de parvenir à des états de plus en plus élevés et assurés, quant au développement de ses facultés et à l'usage qu'il en fait sans rencontrer d'entraves, et enfin même de faire servir sa puissance acquise au bien d'autrui non moins qu'à son bien propre. Le goût des honneurs et avantages sociaux n'est qu'une partie de la tendance ainsi définie, et change d'application parfois avec la coutume et les constitutions sociales.

Excitée ou entretenue en sens inverse de l'activité, la passion peut prendre les noms d'*indifférence, ennui, lassitude, paresse, torpeur,* et d'ailleurs s'appliquer aux divers objets pour lesquels se déclarent des tendances inactives, aussi bien qu'en général à la recherche de l'or ou du pouvoir, qui sont des moyens d'en atteindre un très grand nombre.

Les passions d'appétit et de répugnance, de goût et de dégoût, peuvent, non moins que celles des autres genres, être envisagées à l'état pour ainsi dire aigu, dans le ravissement ou le saisissement que cause l'atteinte de leurs fins. Mais le langage s'attache plutôt alors aux *plaisirs* ou aux *peines,* qui sont des sensations et non des passions. Il reste vrai cependant que l'analyse peut démêler dans les plaisirs et les peines un état passionnel, caractérisé d'un côté par un mouvement d'abandon ou même d'insistance ardente et de surexcitation spontanée, et que je nommerai *passion de plaisir*; de l'autre par une révolte et par une sorte de protestation physique ou morale contre les phénomènes acquis, que je nommerai *passion de peine ou de douleur.*

Ces modes de passion sont naturellement beaucoup plus marqués chez l'homme que chez l'animal, où il est toutefois facile de les observer ; et, pour n'avoir pas reçu de noms communs, à plus forte raison de noms particuliers relatifs à nos sensations accidentelles, ils ne laissent pas de se bien distinguer.

Au reste, l'imperfection des langues est corrigée ici, en même temps que favorisée, par la faculté qu'on a toujours d'employer les effets et signes physiologiques des passions, pour les exprimer elles-mêmes. Parmi ces signes il faut noter surtout l'attendrissement joyeux ou triste, la dilatation et le resserrement des grands organes de la circulation, phénomènes qui se produisent à l'occasion des objets non moins que des personnes, et correspondent nécessairement à des états passionnels particuliers.

Les passions générales de l'activité et de l'inactivité sont également susceptibles du caractère aigu, l'une très sensible chez les personnes que nous voyons s'agiter et trouver une satisfaction toujours renouvelée dans l'emploi de leur temps et de leurs forces, même en dehors de tout vif intérêt et presque de toute affection réelle ; l'autre, chez ceux que tout excède et ennuie et dont la maladie mentale peut aller jusqu'au dégoût des exercices quelconques, et des passions et de la raison, et jusqu'au sentiment actuel de la peine insupportable de vivre.

Enfin, toutes ces mêmes passions viennent à l'état fixe et constant, lorsque les phénomènes qui les satisfont demeurent dans la possession habituelle de l'agent. Le langage ne permet guère alors de les qualifier que comme des habitudes. Mais ces *habitudes de plaisir* et ces *habitudes de peine* sont de véritables passions, dès que la joie ou la tristesse, une joie douce et constante, une tristesse ou chagrin durable, en un mot une complaisance ou une déplaisance plus ou moins marquées en accompagnent le bien-être ou le malaise. Remarquons seulement que l'habitude tend nécessairement à émousser les sensations, les passions, la conscience des sensations et des passions que nous sommes capables de supporter. Au reste, cette dernière observation est applicable à toutes les affections constantes que ne ravivent pas de nouvelles actions extérieures ou un emploi très décidé de la réflexion et de la volonté.

A l'inverse des passions issues des relations humaines, qui, absolument parlant, sont bonnes ou mauvaises selon qu'elles supposent et confirment ces relations ou normales ou troublées, mais qui, relativement, trouvent parfois dans le fait des déterminations d'autrui et de tout ce qui est indépendant de nous, une excuse qu'elles n'auraient pas d'elles-mêmes, les passions nées à la rencontre des choses et des objets naturels sont toujours bonnes absolument, et ne deviennent mauvaises qu'à raison des rapports qui leur appartiennent. Les appétits et les répugnances, les goûts et les dégoûts, les plaisirs et les peines, quant aux mouvements passionnels et aux émotions qu'ils occasionnent, les habitudes enfin, avec leurs états de passion propre, tout cela n'est que phénomènes, effets où il n'y a rien à objecter, propriétés liées nécessairement à des données que nous ne saurions en général éviter ni méconnaître. Les biens sont des fins appétées, les maux des fins repoussées, et c'est leur définition même, soit dans l'acte de la poursuite, soit dans celui de l'acquisition, et à plus forte raison quand l'attrait ou la répulsion persistent durant la possession et en dépit de l'habitude. Il n'en est autrement et les rôles entre les biens et les maux ne s'échangent que par suite des rapports d'harmonie ou d'opposition des fins les unes avec les autres, et cela de deux manières, en considérant l'agent seul, puis en ayant égard aux personnes associées.

Sitôt que les biens cessent de paraître toujours simples et naturellement conciliables, ce qui est le fruit de l'expérience la plus élémentaire et des premières réflexions, les devoirs envers soi-même se déclarent ; et sitôt que d'autres personnes sont intéressées dans les actes et les passions d'une seule, la loi morale s'impose, dont le point fondamental consiste en ce que la personne ne doit jamais être traitée comme une chose, ni les passions qui s'exercent sur elle être jamais dirigées comme si elles se rapportaient à des choses. Toute la morale des passions physiques se réduit à ces deux articles sur lesquels il est inutile de revenir. On sent combien l'importance en est grande, car le premier s'applique indistinctement à tous nos désirs, à toutes nos émotions, à tous nos sentiments habituels qui ont trait à la jouissance des objets naturels : il n'en est point qu'il nous soit donné de favoriser par notre volonté ou de combattre, sans que des biens ou des maux différents de ceux qu'ils regardent directement ne deviennent par là même ou possibles ou impossibles, ou faciles ou difficiles, et que, par suite, un choix ne soit nécessaire et le devoir engagé. Et les mêmes passions se rapportent souvent à des personnes, en tant que considérées comme des choses et pouvant donner lieu à nos plaisirs et à nos peines ; auquel cas la justice, étrangère d'abord à ces sortes de passions, intervient nécessairement quand elles se déploient.

Les deux passions générales que j'ai désignées sous les noms d'activité et de paresse ont cela de particulier que, bien qu'elles puissent se manifester, l'une sans beaucoup d'utilité et l'autre sans trop de danger à l'égard de certains objets, cependant dès qu'elles deviennent des dispositions ordinaires de l'agent, elles sont celle-là bonne et celle-ci mauvaise, indépendamment de toute application. En effet, la première, pour peu qu'elle soit aidée par la raison, nous porte à exercer nos forces et à accomplir nos devoirs tant envers nous-mêmes qu'envers les autres. La seconde tend à nous faire tout négliger et à changer notre vie en un phénomène inutile pour notre développement et pour celui d'autrui ; et sans qu'elle soit poussée au point de nous rendre tous les biens indifférents, insipides ou odieux, il est difficile qu'elle existe même au plus faible degré et que nous ne manquions pas à ce que nous devons à notre corps, à notre âme et à la justice. Le moindre inconvénient qu'elle puisse entraîner est encore très grand, savoir, celui de porter à l'abandon des *petits devoirs* l'agent qui attend, pour s'acquitter des plus importants, un pouvoir et des occasions sérieuses dont le moment ne viendra peut-être jamais pour lui, si tant est qu'il sût le saisir.

CHAPITRE LXVI

PASSIONS EXCITÉES PAR DES IDÉES, PASSIONS RELIGIEUSES

Les passions ne s'éveillent pas seulement à la rencontre des objets mêmes. Les idées, dans un être capable ainsi que l'homme de comparer, de se rappeler, de prévoir, d'exercer sa pensée sur les simples représentations des choses, suffisent pour mettre en jeu le désir, l'émotion et le sentiment. Il n'est aucun genre de phénomènes produit ou reproduit par l'imagination, qui ne comporte au moins quelque chose des effets passionnels inhérents à la réalité même. Tant que les idées sont relatives à des objets concrets, appartenant à la vie humaine et présente et accompagnés de la représentation du bien d'utilité, les passions doivent être des mêmes genres et espèces que celles dont ces objets provoqueraient directement la naissance. Il se peut seulement que les passions soient alors plus composées et d'une analyse plus difficile, à cause des rapprochements et mélanges de toutes sortes opérés dans la pensée, que ne maîtrisent point en ce cas de fortes sensations actuelles. On n'a pas pour cela d'éléments nouveaux à considérer, ni d'autres classes par conséquent. Mais si les idées sont relatives à des objets abstraits, soit à des faits généraux déterminés par des concepts ; ou si les objets, quoique particuliers, sont imaginés sous l'espèce d'un de ces biens dont la représentation est exempte d'intérêt, ou si enfin ils se lient à des fins intéressées, du moins en partie, mais qui se placent en dehors de la vie présente, les passions forment des classes vraiment nouvelles. Dans le premier cas elles seraient bien nommées passions philosophiques ; dans le second, elles sont esthétiques ; dans le troisième, que j'examinerai d'abord, elles sont religieuses, et nul n'ignore quelle en est la force, même quand on les sépare de plusieurs autres et communes qui les accompagnent.

Il faut entendre par passion religieuse, en général, celle qui naît à la suite du travail de la pensée et du mouvement de la croyance, quand nous rapportons des phénomènes de l'univers, des biens et des maux qui nous touchent et sont indépendants de notre volonté, à des causes invisibles où gît un principe d'intention. Cette supposition d'intentionnalité, cette application de la catégorie de finalité au monde externe, peut prendre les formes les plus particulières et les plus puériles, ou s'élever davantage, ou enfin s'universaliser et, pour ainsi dire, s'abstraire, se réduire à l'affirmation d'un ordre inconnu régissant toutes choses, hors nos volontés, ou nos volontés même comprises. Quoi qu'il en soit, on la trouve toujours inhérente, dans un degré quelconque, et à tout ce qu'on appelle religion, et à toutes les doctrines auxquelles il est permis d'attribuer la moindre mesure du sentiment religieux. Les passions religieuses par excellence sont assurément celles où le désir et l'aversion, l'espérance et la crainte, la joie et la tristesse sont le plus particulièrement excitées par la représentation de ce que nous imaginons pouvoir être des causes de bien et de mal pour nous, pour notre vie et pour notre destinée plus étendue que la vie. Mais il faut savoir aussi discerner ce que ces passions ont de spécifique et de fondé sur la nature de l'homme et sur le problème du monde, et qui continue de les soutenir après que la science a dissipé beaucoup de fantômes et affaibli le penchant aux affirmations arbitraires.

Si nous cherchons à dégager les éléments clairs et nets de la passion religieuse en suivant les modes de classification et d'opposition déjà appliqués à d'autres passions, et si d'ailleurs nous considérons l'homme rationnel et moral dans lequel celle-ci se fixe, nous constaterons d'abord la tendance à transporter de la conscience au monde l'idée générale du bien moral, la clairvoyance des causes, et par suite à y fixer une sanction du devoir, une suprême garantie de la justice. La passion à ce degré de pureté sera, je crois, bien nommée du nom même de *religion* ou d'*amour de Dieu*, en tant que nous désirons et que nous aimons un ordre ainsi conçu.

La morale, ou plus généralement la distinction du bien et du mal, étant une condition, un élément de la génération de l'idée religieuse, il est clair que selon que les notions de bien et de devoir seront justes ou fausses, pures ou corrompues, et les notions d'ordre divin et de divinité nobles ou basses en conséquence, la nature de la religion variera, et les développements de cette passion offriront les traits les plus divers, jusqu'à en rendre le principe entièrement méconnaissable.

Si au lieu de déterminer les idées de finalité et de sanction comme nous venons de le faire, nous descendons aux intérêts particuliers de l'agent passionnel en tant qu'ils pourraient être affectés par l'action de puissances invisibles, et si en même temps nous arrêtons les idées obscures des hommes touchant la divinité, dans le sens de la crainte, de la terreur et de l'enchaînement imaginaire à des devoirs que la raison et la pure conscience ne connaîtraient point, nous avons en place de la religion sentie philosophiquement, la religion conforme à l'étymologie latine (*religio* a *religare*), par suite la *superstition*; et ce que nous appelions l'amour de Dieu est nécessairement remplacé par cette espèce d'effroi et de tremblement, pareille à l'aversion des ténèbres, en présence de l'obscurité sacrée des choses divines. L'homme religieux s'approche d'autant plus de ces dernières affections, et s'éloigne des autres qu'il fait plus descendre l'action de ses dieux à la sphère de son utilité propre ou de l'utilité de sa patrie. Il n'y saurait joindre encore de l'amour qu'en considération des services que ses dieux lui ont rendus. Les passions religieuses deviennent toutes semblables aux passions communes des relations humaines, à l'objet près qui est différent et imaginaire. Toute la partie des affections sociales désintéressées en est naturellement absente, et tout ce qui touche la justice et les lois générales de la moralité y est couvert et déguisé sous le masque des passions et des volontés attribuées aux puissances divines.

Il est aisé de transférer les passions religieuses au point de vue de l'émotion, de l'impression actuelle des fins auxquelles elles se rapportent. Elles deviennent alors, d'un côté, ravissement, élan divin, mouvement de transport vers tout ce que nous concevons de propre à étendre la vie et la destinée et à satisfaire nos aspirations les plus hautes ; de l'autre, saisissement, horreur religieuse, abaissement et recul devant l'apparition des sombres profondeurs de l'inconnu. La première émotion est ressentie, même en dehors des religions positives, par toute jeune âme au moment sacré des exubérances de la vie et de l'amour, ou sous la vive impression des beautés de la nature et des beautés de l'art. L'histoire des cultes et des doctrines mystiques en offre des exemples plus remarqués, non pas peut-être si nombreux. On la nomme quelquefois sentiment de l'infini, ardeur de l'infini ; mais ce mot d'*infini* est très vague, et, dans ce qu'il a d'explicable, on l'adapterait aussi bien, si ce n'est mieux, à l'autre émotion. Celle-ci comprend les effets des superstitions qui envahissent subitement l'âme, et qui, très communes dans les anciens cultes, existent toujours au fond de la nature humaine, prêtes à jaillir chaque fois que se fait sentir le vertige d'une possibilité imaginée quelconque. Mais dépouillée de tous ses accidents et accessoires, réduite à l'essence du saisissement religieux, notamment chez les hommes que le raisonnement a délivrés de l'obsession des fantômes trop particuliers, on la retrouve sous la forme d'une terreur mêlée d'un respect sans espérance, au spectacle du monde immense et à la pensée des infinies possibilités de l'espace et du temps. Il est arrivé au *positivisme* de nous confier cette disposition subjective comme sienne.

Passons aux sentiments constants de l'ordre religieux, et prenons toujours les contraires. D'une part le nom de la *piété* se présente, de la piété qui ne saurait se classer comme vertu qu'autant que, réfléchie et volontaire, elle maintient sa foi et son espérance, quelles qu'elles puissent être, avec les œuvres qu'elle y attache, en les défendant contre les atteintes du doute, les angoisses de l'ignorance et l'orgueil du savoir. Mais à l'état plus spontané, comme passion, la piété consiste dans un sentiment constant de soumission et de paix de l'âme à l'égard des fins générales du monde, accompagné d'une confiance sereine en ce qui touche le sort de la personne. Lorsque ce sentiment et cette joie intime s'unissent à la foi vive, et que la foi elle-même va jusqu'à la contemplation des perfections divines qu'elle suppose, nous arrivons à l'*extase*. Il ne s'agit pas ici d'une contemplation simplement esthétique, mais bien d'une sorte d'anéantissement religieux de l'homme en présence de l'objet divin de la pensée. Les passions contraires de la piété et de l'extase se rencontrent dans ces états d'indifférence ou plutôt de froideur et de sécheresse de l'âme, qu'on pourrait qualifier de *positivité*, quand ils se réduisent au mépris de tout ce qui nous élève au-dessus de la sphère bornée de nos intérêts et de nos sciences, et d'*impiété* lorsque la réaction causée par l'intolérance et les abus d'une religion régnante les fait dégénérer en mouvements d'agression injurieuse ou violente contre les objets sacrés du respect des autres hommes.

Les rapports de la religion et de la superstition avec la morale paraîtront des plus simples, pourvu que la raison seule étant consultée pour les établir, on n'oublie pas en l'invoquant qu'elle autorise ce qu'elle ne défend point expressément. La raison, dans sa teneur abstraite, universelle et commune, peut bien dire absolument ce qu'elle dit; mais comme il faut qu'elle devienne pratique, comme, en d'autres termes, elle suppose la passion et la volonté, et cela spécialement déterminées dans les personnes, elle ne saurait ni annihiler dans son propre exercice, ni arguer de faux ces deux fonctions qui s'exercent sans qu'elle intervienne et puisse intervenir comme partie contractante, pou[r] ainsi dire. C'est ainsi que, dans les conjonctures de la vie pratique, nous sommes tenus d'agir avec de simples probabilités garantes, au péril de notre vie ou de nos intérêts les plus chers, sans avoir rien par devers nous de cette certitude à laquelle on prétend à bon droit dans les sciences mathématiques et physiques, ou dont on ne s'y passe jamais sciemment quand on affirme. Nous disons cependant que nous sommes en cela même raisonnables, parce que nous admettons que *la raison* nous autorise à nous avancer dans les chemins où elle ne nous suit pas, quand il y a *des raisons* pour que nous nous avancions. Je dis qu'elle ne nous suit pas ; j'entends qu'elle ne garantit pas nos démarches, mais elle nous guide encore à tout instant par le fait seul de celles qu'elle nous interdit. Ce qui est vrai de la vie pratique l'est également des visées supérieures et inévitables de la pensée humaine qui dépassent l'expérience et la logique et ne comportent nulle évidence.

Ainsi la raison ne comprend point et n'exclut point les objets des passions religieuses. Elle en ouvre seulement le libre accès, en réclamant un complément des fins de notre vie et de l'univers au delà des satisfactions présentes de l'être. Les passions se portent-elles à des déterminations trop arbitraires, et revêtent-elles surtout ces formes de tristesse ou de terreur qui préjudicient au développement normal de la moralité, la raison les condamne ; elle réprouve les superstitions comme entachées d'abus et de faiblesse, ou de pis encore. Mais qui prononcera sur ce qui est ou n'est pas arbitraire et irrationnel ? Un jugement de l'ordre pratique ; il n'y en a pas ici d'autres possibles. Au contraire, tout ce qui appartient à la religion et à la liberté en matière de religion est approuvé de la raison, ou toléré, ou plus que toléré et qu'approuvé, *demandé*, s'il s'agit seulement d'une affirmation indéterminée de l'ordre et des fins cosmiques, dont j'ai montré ailleurs la place dans la morale à titre de postulat (ci-dessus chap. XLV).

L'erreur ou le danger d'une certaine mesure d'arbitraire dans les déterminations religieuses (que je suppose exemptes de superstitions trop tristes) ne deviennent bien sensibles que de deux manières. Le première a lieu quand les arrêts apodictiques de la raison sont violés, la logique méconnue, ou encore quand les licences que l'affirmation se donne témoignent d'un tel éloignement de l'expérience, ou d'un mépris tel des lois de la critique en matière de faits et d'hypothèses, qu'on puisse accuser hardiment la passion religieuse d'être incompatible en ceci avec la ferme direction de l'esprit et la souveraineté de la morale. Le second vice est indépendant du premier, et se montre dans toutes les circonstances où l'agent passionnel érige des thèses de religion, qui n'ont rien de nécessaire, en vérités absolument certaines qu'on ne saurait nier sans folie ou sans crime, ce qui le porte à vouloir en imposer l'acceptation à autrui, même par la force. Les persécutions religieuses, nées de prétentions de cette espèce, sont assurément la plus abominable forme de l'état de guerre dans l'humanité, puisqu'elles s'attaquent à la conscience et renversent le fondement de la loi morale. La certitude étant basée après tout sur la liberté de la conscience, nous ne devons jamais, si énergique ou absolue que nous sentions en nous cette certitude, oublier qu'elle ne peut avoir que la même base dans autrui ; or l'expérience prouve que la liberté d'autrui se détermine autrement. Sachons donc que la croyance d'autrui est respectable exactement au même titre que la nôtre, et serait imposable si la nôtre l'était, et que la nôtre n'est respectable pour autrui qu'autant que nous ne prétendons pas la lui imposer. Nous avons ensuite affaire de nous demander jusqu'à quel point une certitude où interviennent nos passions et notre volonté, et que d'autres hommes ne partagent point, doit ou non raisonnablement être affectée d'un doute transcendantal. Mais quoi que nous en puissions penser, la loi morale reste supérieure à notre opinion.

On a souvent dit qu'un homme absolument persuadé de la vérité de sa foi ne pouvait point, *même en con-*

science, ne pas tâcher, *par tous les moyens,* d'obliger les autres à la professer ; si bien que l'intolérance ne saurait être efficacement contenue que par l'indifférence. Mais ce triste lieu commun porte seulement témoignage de l'infirmité morale de ceux qui le répètent et pour qui il est fait. Toute conscience bien informée doit le ressentir comme un outrage, et se détruirait elle-même en pratiquant la maxime qui l'appelle à se violer dans la personne d'autrui. Il est très vrai que nous éprouvons une vive passion de voir les consciences des autres déterminées comme la nôtre, dans les croyances qui nous tiennent à cœur, parce que ce nous est une confirmation probable de la vérité de leurs objets. Mais en obtenant ce résultat par des moyens extérieurs, ou de contrainte, ou d'insinuation illégitime et de constitution d'habitudes et de milieux, nous en perdons le prix, et notre passion se trouve jouée par elle-même en ce qu'elle a de sérieux, outre que nous nous proposons ainsi des fins incompatibles avec le respect de l'autonomie de l'agent moral, et sommes infailliblement conduits dans l'exécution à déployer des passions de haine et de colère toutes contraires à celles qui nous ont d'abord servi de prétextes.

Apprécions maintenant la passion religieuse comme émotion et comme sentiment constant, selon ce qui a été dit en définissant. Des émotions il y a peu à dire, ou qui ne s'applique également à d'autres classes. Observons cependant que le saisissement religieux et l'horreur religieuse, comme en général les mouvements d'aversion causés par l'imagination vive des possibles, sont principalement le lot des esprits les moins rationnels ; et quoique des âmes grandes et fortes en aient offert des exemples, il est certain que l'exercice de la raison et la culture des sciences tendent à les rendre difficiles et rares. Le résultat obtenu n'est pas ici entièrement à l'avantage de l'agent passionnel, car il faut avouer que l'assérènement du cœur est alors un produit de l'habitude, plus que de la force morale, et que d'ailleurs l'inaptitude acquise à éprouver les effets des passions spontanées n'est point partout et toujours chose dont il y ait à se féliciter. Mais les mouvements en eux-mêmes n'ont rien de regrettable, parce que nul phénomène du genre de l'aversion et de la crainte, qu'il soit subit ou prenne empire sur les sentiments, n'est propre à élever l'âme et à former la vraie moralité.

Une exception est à faire peut-être en faveur du respect mêlé de terreur que peuvent éprouver au spectable du grand monde des esprits livrés par système à la seule étude des lois particulières. Pour eux, en effet, l'impression s'élève par la vertu de la généralité de l'objet. Préservés ainsi de l'entière sécheresse, s'ils refusent d'employer leurs forces morales à rationaliser la religion dont ils ont en eux le germe, ils participent du moins à un certain état de l'ancienne humanité religieuse, tandis que la science, à laquelle ils sont voués, et la nature en partie esthétique de l'émotion qu'ils ressentent les garantissent des écarts ordinaires des passions de crainte.

Les mêmes études et les mêmes habitudes, la même préoccupation exclusive de l'expérience et des faits positifs qui d'ordinaire le défendent du saisissement religieux rendent l'homme incapable du ravissement et de l'élan. Ici la perte est plus fâcheuse, ou du moins parmi ceux qui éprouvèrent ces passions dans leur jeunesse, il en est peu sans doute qui ne voulussent en avoir conservé l'aptitude, sauf à la mieux diriger. Il faut remédier à cette impuissance et à cette espèce d'abaissement de l'âme en cultivant les sentiments stables qui obéissent aux forces de la réflexion et de la volonté.

Les sentiments relatifs à la religion, indépendamment de ce qui a été dit de la religion elle-même, intéressent surtout la morale par les penchants à l'adoration, à la soumission, au respect, à l'indifférence, à la négation, à la révolte, qui, les uns ou les autres, s'attachent à toute hypothèse d'un ordre supérieur des fins établi par les puissances invisibles. Les meilleurs de ces sentiments deviennent mauvais par l'effet de certaines erreurs contre la morale, et réciproquement les plus mauvais deviennent bons ou excusables, en tant que réactions motivées contre des idées religieuses exclusives, irrationnelles, tyranniques. La foi en un ordre divin, la soumission et l'adoration, principes de piété douce, mais aussi préliminaires du fanatisme ou de l'extase, sont des dispositions de l'âme que la morale ne peut souffrir qu'autant qu'elles ne sont point assez dominantes pour nuire au développement de la raison, désintéresser le cœur des passions humaines et des devoirs humains, en créer peut-être d'injustes et de faux et aboutir à l'abandon de la liberté personnelle, à des menaces contre la liberté d'autrui. C'est encore aller directement contre la morale que d'admettre pour loi première obligatoire une loi révélée, un système de droit divin dont certaines consciences sont seules frappées. On substitue ainsi une hypothèse historique ou des visions particulières à la conscience universelle, on subordonne la raison aux déterminations du jugement individuel et de la croyance individuelle, dans l'acte même par lequel on prétend absorber et vaincre ces deux forces ; et l'attentat est double, contre la personne et contre l'universel, puisqu'on renverse le seul principe où l'universel et la personne se concilient et se confondent, et cela pour faire prévaloir les décisions variables et en grande partie arbitraires d'un lieu, d'un temps et d'une nation, d'une nation toujours divisée, ou dont l'unité est œuvre de violence.

A son tour, l'indifférence religieuse est mauvaise, en tant qu'elle méconnaît la valeur morale d'un complément tiré du cœur et de la croyance pour l'esprit et pour la sphère bornée des vérités que l'expérience établit ou que le raisonnement atteint. C'est un injuste mépris que celui qu'elle témoigne à des inductions vraies ou fausses en particulier, mais légitimes en principe, par lesquelles s'applique la méthode indispensable de la vie pratique aux questions nécessairement posées et aux anticipations naturelles de la conscience touchant l'ordre général des choses. Et pourtant l'indifférence est bonne, si elle n'est qu'un moyen, et c'est alors le plus efficace de tous, de combattre les prétentions d'une religion intolérante et absolue qui veut se substituer à la loi morale et régler les intérêts et les devoirs des hommes. Le penseur, comme il ne dépend point de lui de remplacer cette religion par une meilleure, et, de faire naître à l'aide de forces isolées une œuvre collective de sa nature, et longue, se réfugie dans un stoïcisme sans foi, mais non sans vertu, objecte aux croyances d'autrui son ignorance nécessaire, et d'autant plus ferme par volonté dans le devoir qu'il est dénué d'espérance, oppose sa forte conscience aux faiblesses de ceux qui cherchent un appui dans des erreurs à demi avouées.

Cette attitude est quelquefois plus religieuse au fond que ne le croient les philosophes même qui la gardent, car je ne parle pas de cettte espèce d'indifférence qui ne procède que de légèreté et qu'on voit se démentir sitôt que l'imagination s'excite ou change de direction par l'effet des lois et des accidents de la vie. Enfin, de même que l'indifférence trouve sa justification, l'impiété trouve son excuse dans l'indignité des objets offerts à la foi, surtout aux époques de corruption des idées religieuses, et dans le péril que la piété réelle ou simulée fait courir à la liberté humaine et à la morale; encore qu'on ne puisse jamais approuver en soi l'état d'un esprit qui se renferme à plaisir dans la sécheresse et la brutalité des négations, hait ou méprise les croyances et par conséquent les hommes, en prétextant l'amour de l'humanité, et souille par l'injure une source d'où descendent pour elle en grande partie les biens comme les maux dont elle est capable.

CHAPITRE LXVII

PASSIONS EXCITÉES PAR LES IDÉES. PASSIONS ESTHÉTIQUES

Les passions religieuses ont des fins intéressées, puisqu'elles tendent formellement au bonheur et se rattachent aux espérances de la destinée humaine, actuelle ou future. L'éloignement du but diminue l'intérêt, ou l'épure, car on sait que les passions intéressées se bornent volontiers aux objets les plus proches de temps et de lieu. Le désintéressement fait encore un pas, et qui semble décisif, quand l'individu étend son espérance religieuse à l'humanité et quand des notions universelles de devoir se mêlent dans sa conscience avec les sentiments pieux. Mais l'hétéronomie inhérente à la morale des religions, l'idée de la loi externe et de ses sanctions affaiblit ce qu'obtient ainsi le principe du désintéressement dans les croyances nobles.

Les passions philosophiques seules atteignent toute la perfection possible du désintéressement, à cause de la généralité entière où peuvent se poser leurs objets. Les passions esthétiques y servent en partie d'introduction, ce qui, en partie aussi, justifie les théories platoniciennes du beau et de l'amour. Mais comme ces dernières passions adoptent aisément des objets particuliers, pour leur figurer ce qu'elles cherchent d'universel, comme des passions accessoires leur communiquent un violent essor et leur prêtent des intérêts puissants (ce qui d'ailleurs n'est pas impossible non plus pour les passions philosophiques), il faut les prendre dans une certaine abstraction pour les trouver pleinement désintéressées, de la manière toutefois dont une passion peut l'être sans s'évanouir.

Le beau est toujours, on l'a vu, l'objet de quelque passion, soit d'acquisition, soit de possession, au moins imaginée. Il n'est donc pas étranger au bien en général, ou exempt d'intérêt, si ce n'est dans le sens de l'utilité actuellement représentée à l'agent. Il se sert des diverses fonctions humaines, mais de manière à envisager au lieu de leurs fins propres, une fin toute de surérogation, de jeu, de luxe et de spectacle. Il a pour souverain caractère, en un mot, d'être une représentation qui a sa fin dans la représentation même. On a vu également les rapports généraux du beau avec la moralité et le mérite (chap. XL et suivants). Il ne reste ici qu'à classer les éléments de la passion déjà décrite, en y joignant l'appréciation de certains de ses effets sur la vie humaine telle qu'elle est.

Tout ce qui est beau est objet de l'admiration, et réciproquement. C'est donc *l'admiration*, avec l'espèce d'appétence qui l'accompagne, qui est la forme de la passion du beau, quand on la considère au point de vue du désir et des fins désirées. Quoique ce mot semble marquer plus souvent la satisfaction obtenue que celle qu'on recherche, on est obligé de l'employer, faute d'autres, pour désigner la passion à l'état de tendance, ou le désir esthétique. La passion contraire, c'est-à-dire l'espèce de répugnance que cause le laid, sera donc l'aversion esthétique, ou, si l'on veut, le dédain, le *mépris*, borné au sens contraire de l'admiration.

La même passion, en tant qu'émotion éprouvée au moment de l'acquisition brusque de sa fin propre, est tout d'abord un étonnement. Mais l'étonnement simple n'aurait en soi rien d'esthétique. S'il est joint au ravissement, et si surtout certaines idées morales se trouvent éveillées en nous, nous avons l'émotion du sublime, qu'on pourrait appeler *sublimation* de l'âme, et qui se témoigne quelquefois par un frisson particulier. Si c'est au contraire le saisissement que nous éprouvons, nous ressentons l'*horreur* esthétique, espèce d'abaissement, ou chute et précipitation rapide de l'âme, bien entendu sans intérêt présent, ni émotion de danger. Mais s'il n'y a que surprise et désappointement, effet de contraste entre les faits, entre les idées, absence de pensées graves et élevées, la vibration produite est le rire, la passion est la *raillerie*. Je ne m'arrête pas aux passions mélangées et nuancées, assez nombreuses dans ce cas ; j'observe seulement que le sourire n'est pas précisément de l'espèce du rire et se rapporte, en ses caractères moraux, à toute autre classe qu'à celle de l'esthétique.

Enfin, les mêmes passions, considérées dans la possession acquise et fixe de leurs fins, revêtent la forme décidément contemplative qui appartient aux fonctions perceptives détournées de leur emploi pratique et devenues de simples coefficients du sentiment du beau. La *contemplation* est ici le seul nom apte à désigner passablement la passion comme satisfaite, et surtout l'usage constant des facultés représentatives qui y sont en jeu. Ensuite, le langage ne donnant point de contraire à ce mot, on se voit réduit à qualifier de *dégoût* esthétique, par exemple, la passion, quoique passée en habitude, propre à toute existence morale qui a conscience des conditions de désordre et de laideur d'un milieu où elle est placée.

La passion du beau est élevée au-dessus de toutes les passions particulières du bien, ou plutôt c'est une commune passion attachée à toutes celles-ci sous leurs formes les plus nobles et dans leur plus haut développement. Cette passion n'est pas moins une des plus dangereuses, quand la loi morale ne règle pas sévèrement l'aspiration à l'idéal, en ce qu'elle pousse à négliger la vie pratique et ses devoirs en faveur de la vie contemplative, surtout s'il s'agit de ceux des hommes qu'une impérieuse nécessité n'oblige pas au travail et à l'action. Il n'est pas non plus de passion plus profondément atteinte que la passion du beau, dans ses moyens de satisfaction, par l'état de guerre et le vice endémique des relations humaines. La tentation est d'autant plus grande de chercher à la contenter en s'affranchissant de ses liens avec autrui le plus possible. Mais la raison, d'accord avec les passions du bien, nous ordonne d'affronter au besoin les laideurs qui ne dépendent pas de nous, au lieu de chercher le beau dans une contemplation solitaire, ou d'en réaliser quelques éléments dans un milieu borné, si ce doit être au détriment de nos obligations. Ce n'est pas que le *luxe* soit interdit par la morale. Ernoblissons ce nom, appliquons-le à tout ce que l'individu peut se procurer de satisfactions esthétiques sans les partager avec la grande communauté dont il fait partie. Il faut observer alors que ces jouissances de quelques-uns, quand il n'est possible de tous, sont pour l'humanité un bien, une possession acquise qui n'exclut point l'espérance, et qui peut-être est la condition et le moyen d'une possession à venir plus étendue ; mais enfin le luxe est semblable à tous les droits de la guerre, en tant qu'il est exercé en opposition avec les passions et les intérêts particuliers des autres hommes : il ne saurait commencer que là où la justice a d'abord été pleinement observée et continue de l'être.

De même que nous ne devons pas rechercher le beau dans l'oubli du bien, et laissant les hommes à leurs occupations vulgaires et basses nous affranchir de la solidarité de leurs goûts en toutes choses, nous tenir imperturbablement sereins dans une sphère où il n'y ait place que pour l'admiration, de même nous devons éviter en conscience de déverser sur la masse des petits faits ou arrangements de la vie et des intérêts humains toute la mesure de mépris qui nous semblerait méritée, car il ne serait pas possible que nos sentiments de bienveillance et de sympathie ne subissent de là un grave dommage, ou que même la misanthropie ne vînt à s'emparer de nous.

Dans la recherche des satisfactions durables du sentiment du beau, il nous arrive de demander à l'idéal, à l'abstrait ou même au fictif ce que la nature et la vie ne nous donnent pas, et par suite de nous éloigner du réel. Nous recourons à l'art, à la science ; impuissants ou trop faibles vis-à-vis des travaux que l'art et la science exigent, nous remplaçons par des objets de curiosité pure, et jusque par des chimères de romans et par des occupations où l'imagination est toute passive, les réalités dont le dégoût est principalement l'effet de notre paresse. Si nous nous livrons à des spécialités sérieuses et dont l'humanité profite, c'est bien ; nous pouvons craindre, il est vrai, de devenir moins hommes, au sens complet du mot, en contractant de trop étroites habitudes ; mais ce danger n'est ni sans compensation, ni impossible à prévenir dès que nous le connaissons. Si au contraire les idées et jouissances artificielles qui nous absorbent n'ont que la portée d'un dilettantisme stérile, nous ne pouvons être sans reproche, car nous oublions que la vie est un moyen, plutôt qu'une fin parfaite en elle-même, un état définitif où chacun n'a qu'à s'arranger pour se complaire.

Enfin les formes émotionnelles de la passion suggèrent des réflexions souvent reproduites par les moralistes, sur le danger de se rendre indifférent aux biens communs et ordinaires, par l'effet d'une sorte d'abus des biens extraordinaires et supérieurs qui touchent et exaltent davantage, et cela non point qu'on goûte ceux-ci réellement, car ils sont rares, mais parce qu'on les imagine et qu'on est ému de leur représentation seule. La maxime que *le mieux est l'ennemi du bien*, assurément fausse, si elle signifie qu'il ne faut pas chercher la perfection possible de chaque chose, est d'une application excellente aux cas où l'on dédaigne le bien qui est ou qu'on peut faire, en s'animant à la pensée de celui qui n'est que spéculativement possible et hors de notre atteinte. Cette disposition à n'aimer que le sublime et l'exagéré qui en tient lieu a sa source dans le goût des émotions, aussi bien que le penchant plus commun à ne se plaire qu'aux sensations fortes et à tout ce qui agite et remue profondément. L'une est dans l'ordre du beau ce que l'autre est dans celui des plaisirs, car le mobile des biens extrêmes et irréalisables qui dominent certaines imaginations paraît être la passion du beau plus éminemment qu'elle n'est celle de l'utile ou de l'agréable.

Inverse de cette passion du sublime est la passion de la raillerie ; contraire aussi le danger. Tout culte véritable du beau, même toute recherche du bien au delà de l'ordinaire sont découragés, énervés, quand on s'attache à saisir le côté ridicule des choses, à mettre en saillie les prétentions et les impuissances, les défauts, les contrastes, les chutes. Et cependant il ne faut oublier, ni en parlant du sublime, de rendre justice à l'impulsion que l'utopie elle-même a pu donner à l'esprit humain et du témoignage qu'elle a porté de l'existence du rationnel et de l'idéal opposés à la coutume, ni, en parlant de la raillerie, de signaler le mérite qui lui revient à titre de protestation contre le faux, le plat et le banal, d'assaisonnement des vulgarités de la vie, et enfin comme signe de la supériorité de l'homme à ses propres concepts et à ses travaux tels qu'il lui est donné de les accomplir.

Un autre genre de vice dont la poursuite du beau peut être entachée consiste dans l'erreur que l'homme est sujet à commettre en croyant tenir la parfaite réalisation de ses aspirations esthétiques, en amour principalement, où toutes les perfections physiques et morales sont attribuées à un objet de désir, à ce point de faire que tous les biens possibles semblent perdus ou de nulle valeur, et la vie même à charge du moment que cet idéal est retiré à l'âme. Des phénomènes à peu près semblables s'observent dans l'entraînement des foules à la suite des grands hommes, des prophètes et des héros, et dans le dévouement qu'ils inspirent, tout indignes qu'ils sont souvent. Or c'est déjà chose mauvaise de soi, comme mensongère, que cette illusion qui fait rayonner le beau absolu dans une image vivante. Mais il s'y joint encore une disposition déréglée à subordonner au contentement de la passion ainsi excitée tous les devoirs devenus froids et sans lumière en un tel éblouissement, à dédaigner les autres biens désormais trop faibles, incapables de toucher un homme attaché tout entier à sa vision.

L'idéalisation platonicienne de l'amour ne saurait effacer de cette passion un vice inhérent à l'illusion qui s'y conserve, pour ainsi dire, en s'y embaumant. Au contraire, les satisfactions sensuelles qu'on s'efforce de rejeter seraient plutôt faites pour rendre à la vérité ses droits. Mais outre que le principe contemplatif des théories de Platon prête à la passion un rôle qui au fond et en dépit des mots subalternise la raison, il conduit en définitive à l'énervation de l'amour même qu'il vise à sanctifier.

CHAPITRE LXVIII

PASSIONS EXCITÉES PAR DES IDÉES. PASSIONS PHILOSOPHIQUES

En parlant des passions propres aux relations mutuelles des agents passionnels, nous avons vu la bienveillance et la sympathie, considérées comme états stables et habitudes représentatives, séparées d'ailleurs de la raison et des vertus qui les confirment et ne les constituent pas, se résumer en une certaine subordination désirée ou consentie des fins de la personne à des fins étrangères ou plus universelles, aboutir ainsi à ce qu'on peut très justement nommer bonté raisonnable, dévouement raisonnable, amour de l'ordre, passion de l'ordre et de la vérité dans les relations humaines. Cette passion, dans laquelle on a voulu quelquefois envisager l'essence de la vertu, nous a paru être seulement, et c'est beaucoup, la forme passionnelle la plus générale liée à l'exercice de la force morale dans les rapports entre personnes (V. chap. LXIII).

Nous la retrouvons ici en tant que *passion philosophique*, c'est-à-dire de celles qui sont excitées par des idées et par des idées toutes relatives à des objets abstraits, comme la vérité à chercher ou à soutenir, la raison à contenter, la justice à faire régner. Ce n'est pas que ces idées, leurs objets, que je dis abstraits, ou les faits généraux en lesquels ils consistent puissent être indépendants du bien de l'humanité et ne se point imaginer, en se particularisant, de manière à entraîner des biens concrets des passions communes. Mais il n'est pas moins vrai qu'il existe aussi une tendance à la satisfaction passionnelle de la raison comme raison, un amour de la vérité comme vérité, un désir que l'ordre s'établisse et que la justice règne, non pour les avantages qui en reviendront, mais parce que cela est universellement bien et conforme à la nature morale.

Quand le juste et le vrai sont ainsi généralisés pour s'adapter au bien, qui apparaît lui-même en sa plus haute abstraction, l'intérêt se trouve le plus qu'il est possible évacué des mobiles de la pensée et de la vie. La raison accomplit sur le juste, le vrai et le bon, le même travail qui peut transformer une représentation quelconque en la représentation pure douée des caractères de la beauté. Nous pouvons dire que la justice se fait connaître comme belle, la vérité comme belle, et que le bien moral tout entier est transfiguré dans le beau. On sait combien ce point de vue du bien, élevé à la représentation idéale et par suite généralisé, épuré, en un mot identifié avec la beauté a été familier aux créateurs des doctrines rationnelles morales dans l'antiquité. Ils nous ont transmis avec l'emploi continuel du mot *beau* dans l'ordre moral le signe peut-être le meilleur et l'un des plus précieux caractères de la possession d'une éthique, comparativement à des peuples ou à des sectes qui n'auraient point pareil usage ni les notions qu'il comporte.

Ainsi les passions du bien, du vrai, du juste, à leur plus haut point, grâce à la généralité suprême des concepts qui les accompagnent, se confondent d'une part avec la passion du beau moral, et de l'autre, évidemment, avec la raison, mais considérée comme passionnée. L'amour du bien, du vrai, du juste et du beau ne diffère du dictamen de la raison que comme la passion diffère de l'entendement et le désir de l'obligation. Quelque grave que cette différence puisse être, elle cesse en quelque sorte d'être percevable, par le fait de l'universalité qui vient envelopper la passion et donner à la nature humaine une parfaite unité en l'élevant à sa perfection ; puisqu'après tout, ni en général, ni dans les cas particuliers, on ne peut se représenter la raison sans passion ou sans finalité ni mobile.

Mais il faut descendre de cet idéal de la passion philosophique, envisager le particulier, les applications, l'imperfection humaine ; et non seulement l'imperfection, c'est-à-dire les erreurs, les idées fausses sur le bien, le vrai, le juste et le beau qu'on se flatte de connaître en général et de mettre où il faut, mais encore les déviations criminelles, anciennes ou nouvelles, propres ou transmises qui entretiennent la masse des erreurs. Après le fait de la fausse information et des applications vicieuses de tout genre, vient celui de l'impureté, du mélange avec d'autres passions, la loi qui veut que les penchants, les émotions et les sentiments revêtent des formes négatives par l'effet des oppositions à travers lesquelles ils se développent. Au lieu que la passion philosophique ait à se manifester dans le milieu favorable de la vertu régnante et pour ainsi dire glorieuse, c'est par les efforts de la vertu militante qu'elle doit se produire, si elle ne veut se rendre entièrement contemplative et vaine ; le bien, le vrai, le juste et le beau sont alors déterminés par la lutte contre le mauvais, le faux, l'injuste et le laid, et la haine et le mépris remplissent en partie les rôles que la nature humaine idéale destine à l'admiration et à l'amour.

Les grandes idées peuvent nous passionner, sans doute, en nous représentant l'accomplissement des lois morales et de l'idéal suprême de la vie comme un but marqué à nos efforts. Mais quand nous ne bornons pas notre travail à la recherche du perfectionnement individuel, cette fin moralement insuffisante, si souvent trompeuse d'ailleurs ; quand nous ne réduisons pas notre ambition à conquérir des vérités abstraites ou à nous procurer les jouissances du beau pur ou encore à moins que cela (je ne parle ici que du petit nombre des hommes qu'animent ouvertement les passions philosophiques) : possédés du désir de modifier le milieu humain moral selon nos forces, nous entrons bon gré mal gré dans la mêlée des opinions et dans la mêlée des actes; les idées qui nous abordent et les concepts que nous formons nous-mêmes sont nécessairement plus particuliers et soumis à toutes sortes de conditions, ils nous passionnent non seulement comme vrais ou faux, répondant à des objets bons ou mauvais, mais de plus comme liés à des faits étrangers et en grande partie inconnus, puis comme traités de vrais ou de faux, de bons ou de mauvais autour de nous ou par nos adversaires, et capables de produire une foule de conséquences indépendantes de leur mérite; dès ce moment nos appréciations deviennent douteuses, nos calculs se troublent et nous cessons de pouvoir compter sur les effets naturels de la vérité et de la vertu dans le monde. La suite la plus commune et à peu près universelle de cet état de choses est l'affaiblissement ou la perversion de la passion philosophique, qui tend à se confondre avec l'esprit de lutte et l'esprit de parti. Ce ne serait pas assez que l'amour de l'ordre, par exemple, se transformât en la haine du désordre, et puis d'un désordre déterminé qu'il est rare d'apprécier sagement; il faut encore que les personnes prennent la place des idées dans l'objet de nos jugements et dans celui de nos aversions. Ainsi la passion philosophique, dont l'état de paix semblait seul pouvoir donner la forme, conduit elle-même aux passions de la guerre en se développant dans l'état de guerre; elle préside en quelque sorte à ces nouvelles passions; elle devient, ainsi transformée, agent politique et révolutionnaire. Quelque mélangée ou défigurée qu'elle soit alors, on la reconnaît à ce qu'elle communique de beau, de noble encore et d'efficace à des phénomènes subversifs: efficace, non pour la production de biens purs et durables, mais de ce qu'il reste de biens compatibles avec la violence et le mensonge.

Dire ici ce que la raison oppose à l'altération de la meilleure et de la plus générale des passions, c'est simplement rappeler la morale entière avec tous ses préceptes, ramenés au principe suprême de l'obligation. En effet, la passion philosophique pervertie résume ses maximes en deux grands sophismes qui impliquent la négation du devoir envers autrui et la négation de la conscience propre. Par le premier de ces sophismes, la passion de la justice ou du règne du bien, comme il faut alors la nommer, se propose de vaincre les résistances opposées à l'établissement qu'elle poursuit. Elle adopte, pour déterminer son action, le principe de la souveraineté du but et prend la force brutale pour moyen. Le problème, tant théorique que pratique, est ainsi singulièrement éclairci et facilité, mais la conscience et la liberté sont supprimées, sauf en un seul agent qui décide, et on peut dire, généralement parlant, que l'homme est considéré comme un simple instrument pour l'obtention de ses fins. D'autre part il faut avouer, ce que je me borne à rappeler ici, que l'état de guerre amène nécessairement, dans une mesure ou dans une autre, de telles déviations de la morale. La morale appliquée n'a plus à décider que du mode et de la mesure, suivant des règles déjà exposées (chap. LII et suivants).

Le second sophisme se présente dans la sphère toute personnelle de la morale. L'agent vise encore ici à la simplification des problèmes éthiques, en vue de satisfaire sa passion générale du bien. Voulant régler la vie et l'action individuelles sans être entraîné dans les complications d'une étude rationnelle des phénomènes moraux, il prend l'un de ces deux partis, ou de donner à sa passion personnelle la valeur d'un critère et de lui conférer l'hégémonie de ses voies et de ses décisions; ne se croit-il pas sûr, en effet de sa rectitude d'intention ? ou de refuser, au contraire, toute confiance à ses impulsions naturelles et trompeuses, aussi bien que de se dispenser de la peine et des efforts du vrai jugement moral, et de se remettre de tout à autrui, c'est-à-dire à l'autorité, à la loi quelle qu'elle soit, à la coutume, à la religion établie. D'une manière comme de l'autre, c'est abandonner sa liberté et sa conscience en tant que rationnelle et possédant toujours en elle-même un fondement suffisant de la moralité de ses actes.

Ce double sophisme n'est donc pas moins incompatible que le premier avec l'existence et la connaissance de l'éthique et d'un principe catégorique d'obligation morale. Mais, non moins que le premier aussi, il se produit nécessairement en une certaine mesure et donne lieu à des masses d'effets dans le milieu moral trouble où s'agitent les sociétés humaines, dans l'indistinction où la plupart des hommes vivent de leur propre conscience enveloppée et obscure. Le remède ne peut venir que du progrès même de la morale active, de l'accession sérieuse des agents moraux à la connaissance de leur nature, de la réalisation en chacun d'eux de l'idéal conforme et commun, mais trop souvent latent ou déformé de tous. Ce progrès rencontre pour s'opérer l'obstacle de la loi de solidarité naturelle des personnes dans le mal socialisé, et implique l'usage de la solidarité volontaire du bien, la communication de la moralité des uns aux autres. Toutes les questions du droit et de la politique se dressent à la fois devant le philosophe qui veut résoudre le problème unique d'une transformation dont les conditions se posent dans le cercle vicieux de l'ignorance existante, ignorance que doit dissiper une science appliquée qui n'existe pas encore.

Le paradoxe embarrassant et très profond de ces anciens qui niaient la possibilité d'*apprendre,* par la raison qu'on ne saurait *chercher ce qu'on ne sait pas,* est particulièrement frappant quand on l'applique à la science de la raison pratique et à l'acquisition ou progrès d'une telle science dans la société. Le fait est que les hommes n'atteignent point la connaissance morale individuellement, par leurs propres efforts. Il reste donc qu'ils doivent compter sur leur action mutuelle. Or, ce qu'un seul ou un petit nombre peuvent pour des masses est certes bien borné ; mais les masses ne peuvent rien qu'à l'aide de ce petit nombre mieux informé, non plus que ce petit nombre sans supposer dans les autres quelque chose de ce qu'il s'agit de leur faire obtenir. Et ce n'est pas tout, car cette distinction est à son tour vicieuse autant qu'inévitable, en ce que chaque homme appartient essentiellement à la masse par sa faillibilité propre et par une mesure quelconque d'erreurs et de passions modifiées dans le milieu social.

Après avoir classé les passions sous le double point de vue de l'idéal et des faits, il resterait à tenter le même travail sur les vertus et sur les vices. On peut le faire brièvement et de manière à arriver en peu de mots à la même conclusion.

CHAPITRE LXIX

LES VERTUS ET LES VICES. LEURS RAPPORTS AVEC LE DROIT

L'énumération et la classification des vertus sont une œuvre étrangère à la science de la morale, car la plupart d'entre elles naissent des relations empiriques des hommes, aussi bien que les vices leurs contraires. Cette science est toute fondée sur les relations de théorie, et ne supposant rien de l'existence du mal moral et de ses conséquences, hormis leur simple possibilité, elle fait envisager la vertu dans la pleine possession et le constant usage de la raison en toutes les circonstances. Sous ce point de vue, la vertu est une, essentiellement, comme l'agent raisonnable est un; si nous la divisons pour l'analyse, c'est de même que nous divisons l'homme en ses fonctions. Considérons-nous la volonté qui maintient la direction des actes, ou l'intelligence qui apprécie les rapports et les lois de subordination des biens, ou la sensibilité et les passions qui donnent à de certains biens un poids spontanément prépondérant et contre lequel il faut souvent lutter, nous avons la force, la prudence, la tempérance, trois vertus en une, dont se compose ce qu'on pourrait nommer la loi morale personnelle. Puis, passant aux relations réciproques, nous trouvons la justice, ou loi morale interpersonnelle, pour répondre aux problèmes généraux de l'ordre social. Il n'est pas étonnant que cette ancienne division, bien ou mal appuyée d'ailleurs et accompagnée de définitions plus ou moins réussies, ait été presque universellement acceptée et employée dans les doctrines les plus diverses, quand elle exprime si exactement l'idée même de la raison appliquée à la conduite de la vie.

Les habitudes contraires de ces vertus sont des vices, sans difficulté, et demeurent toujours tels, ainsi que les vertus demeurent toujours des vertus, quelques circonstances de lieu, de temps et de milieu qu'on imagine. Il en est autrement des vertus et vices plus particuliers, attendu qu'ils prennent naissance dans l'ordre complexe des passions, sous la donnée effective et non plus seulement possible du mal moral. Le système de classification d'Aristote, quoique justement critiqué (V. ci-dessus chap. LVIII), qui présente chaque vertu comme une station moyenne entre deux vices, a son origine dans ce fait, que l'ordre pratique des relations humaines et l'usage du droit sont divergents de la morale pure et conduisent à introduire dans l'idée de vertu les notions d'excès et de défaut qui n'y entreraient nullement sous la loi de la raison pure. Nous avons vu comment les vertus primordiales sont altérées ; il nous reste à parler brièvement des autres vertus pour les rattacher aux passions dont elles sont des dépendances.

Toute habitude passionnelle est une vertu, quand la passion qui la soutient contre des passions contraires après avoir longtemps agi pour la produire, est en plein accord avec la raison, avec la volonté délibérée, avec la loi morale ; non que la passion puisse être vertueuse en elle-même, mais parce qu'elle contracte en ce cas, de l'intime union des fonctions humaines, les caractères des vertus principales qui inspireraient les mêmes actes qu'elle inspire ; ou encore parce qu'elle supplée ces dernières à l'égard de telles ou telles catégories d'actions, et, étant approuvée de la vertu, la représente dans l'ordre des affections et la fait en quelque sorte entrer dans la spontanéité de la nature.

Les habitudes passionnelles contraires des précédentes, ou qui seraient réprouvées par la conscience et combattues par la raison, autant que consultée, sont à leur tour des vices, car elles inspirent des actes opposés à ceux que produiraient les vertus principales appliquées aux mêmes circonstances, et forment une sorte d'établissement naturel, sous la forme affective, du vice proprement dit et principal qui consisterait à manquer actuellement de force, de prudence, de tempérance ou de justice, à l'égard d'une certaine classe d'actes libres.

D'après cela, si nous reprenons les séries des passions telles que nous les avons définies, nous remarquerons aussitôt que toutes les espèces du genre *désir* qui concernent les rapports des agents passionnels entre eux ou les rapports de l'agent avec lui-même (chap. LXIII et LXIV) sont de soi et simplement bonnes et morales, et que les espèces du genre de l'aversion, dans les mêmes cas, sont de soi et simplement mauvaises et immorales, ainsi que nous l'avons fait observer. Les premières peuvent donc être considérées comme des vertus; exemples : la sociabilité, l'amitié, la bienveillance, l'amour-propre, etc.; et les autres comme des vices; exemples, la haine, la malveillance, l'envie, etc. Mais les phénomènes de la guerre et le droit qui s'ensuit, avec le principe de conservation de l'agent, viennent rendre excusable ce qui ne l'eût point été sans cela, et blâmable en un sens ce qu'il n'eût fallu que louer. Il arrive ainsi que des vertus, telles que la générosité, la modestie, l'inclination à bien faire semblent susceptibles d'excès et reçoivent des noms différents en conséquence de ce point de vue. De même des vices, tels que l'avarice, l'orgueil, la répugnance à bien faire, prennent d'autres noms sous lesquels on se prête à voir des penchants qu'on ne condamne point, ou plutôt qu'on recommande. Le droit né de la guerre opère ce changement, en signe d'illégitimité première et fondamentale duquel il n'est pas possible de faire entrer les vertus et vices de cet ordre dans la morale comme science et de les définir simplement, généralement, rigoureusement. La légitimité de la passion et de l'acte est alors un pur phénomène pratique, appréciable seulement quant à la pratique, les éléments et les causes n'en appartenant pas à la nature rationnelle intacte ou théorique.

On a vu qu'il en est des émotions et des sentiments comme des penchants. Non seulement l'émotion doit être surveillée, de quelque nature qu'elle soit, en qualité de phénomène irréfléchi qui doit subir aussitôt que possible l'empire de la réflexion : ceci est du ressort de la morale ; mais les émotions de sympathie et d'antipathie, celles aussi qui se lient à nos actes selon que nous avons conscience de faire le bien ou le mal cessent de marquer universellement les unes le juste, les autres l'injuste, dès qu'elles se produisent à la rencontre de phénomènes où la justice est altérée par le fait de la disposition des autres agents et, en un mot, de la guerre. Or ceci réclame un surcroît de réflexion et des jugements délicats dont la matière est complexe. Nos sentiments de joie et de contentement seraient de même toujours bons, la tristesse et le mécontentement seraient à condamner sans réserve ; mais le jugement pratique est tenu de rendre d'autres arrêts, à cause de la perversion des relations humaines comparées avec la nature rationnelle de l'homme.

Les passions qui se définissent par l'application de la probabilité aux biens et aux maux possibles et plus ou moins attendus reçoivent, quant à leur valeur morale, une atteinte pareille aux précédentes. L'espérance n'est pas simplement et universellement une vertu, dans les choses dépendantes de la volonté d'autrui, ni la quiétude excellente, ni l'entraînement sans danger et sans excès, si parfait qu'en soit le motif, lorsqu'il faut compter avec les déterminations des autres hommes ; et la crainte, l'inquiétude et l'abattement ne sont pas des délits moraux ou des vices, comme ils le seraient si l'avenir ne pouvait contenir pour nous que des phénomènes aussi irréprochables devant la justice que nos propres déterminations le doivent être, et que nous supposons qu'elles le sont, quand nous nous portons estimateurs et juges de celles d'autrui. Ainsi l'expérience et le droit historique, substitués au droit pur et à la loi morale pure, sont les agents d'une transformation des passions comme vertus ou vices.

L'altération atteint jusqu'aux passions excitées par les objets et les idées : toujours bonnes en tant que naturelles et spontanées, étrangères d'abord au vice et à la vertu, elles ne sont pas ensuite exclusivement soumises à la loi rationnelle de subordination des biens et des fins les uns par rapport aux autres. Il faudrait, pour qu'il en fût ainsi, que les états moraux et les actes d'autrui n'intervinssent pas comme éléments des nôtres, et réciproquement, car aussitôt que cette intervention a lieu, ce qui arrive pour nos passions de toute origine et de toute nature, elle a lieu nécessairement avec les troubles inhérents à l'état de guerre et aux luttes qu'entraînent l'établissement et l'interprétation du droit. Nos moindres passions physiques, je dis moindres à l'égard de l'intérêt que peut trouver autrui à ce qu'elles soient ou non satisfaites, impliquent indirectement, et souvent aussi très directement, des moyens ou des services fournis ou refusés, des maux préparés ou évités à d'autres personnes ou à la société entière ; et il n'est pas possible que le parti que nous prenons ne dépende justement de celui que d'autres ont pris, ou prennent ou ont coutume de prendre, en de semblables circonstances et en d'autres qui y sont liées.

Mais le point capital ici est l'exercice de notre activité, le déploiement de notre ambition pour atteindre des objets et réaliser des idées dont la poursuite implique l'emploi des passions et des volontés d'autrui. La loi morale est simple et sans ambages ; elle exige qu'une personne, quelle qu'elle soit, en quoi que ce puisse être et à quelque degré, ne soit jamais employée, de notre consentement, en manière de chose. Or l'observation stricte de la loi anéantirait notre action politique et notre vie sociale, étant tenus comme nous le sommes d'agir, si nous agissons, sous des conditions préexistantes établies en violation de la loi, et d'accepter, de consacrer, d'appliquer plus ou moins nous-mêmes, des maximes qu'elle réprouve. Dans cette difficulté unique sont enveloppées toutes les difficultés des questions que nous avons à aborder maintenant, et qu'il faut résoudre, si nous ne voulons pas que le respect de la morale nous réduise au même état de vie contemplative et de paresse que le bouddhisme et le christianisme des saints recommandent, mais que la morale elle-même condamne. La contradiction ne saurait être levée théoriquement, en traitant les termes généraux du problème. Il faut qu'elle le soit pratiquement dans les différentes séries de questions de la vie sociale, et que la conscience trouve, dans le milieu que lui ont constitué ses erreurs et ses crimes, les moyens de réaliser progressivement le milieu idéal qu'elle est capable de se présenter.

LIVRE QUATRIÈME

LE DROIT SOUS LE CONTRAT SOCIAL

PREMIÈRE SECTION

LE DROIT PERSONNEL EN GÉNÉRAL

CHAPITRE LXX

THÈSE DU CONTRAT SOCIAL. RÉSUMÉ, DÉFINITIONS

Les droits, dans l'ordre de l'histoire, procèdent, on l'a vu, du droit de défense convenablement défini et généralisé. Ils se développent et trouvent en même temps des garanties dans l'association, mais dans une association contrainte par le fait encore plus que libre. La convention sociale doit s'entendre, non pas sans doute comme réelle historiquement, mais comme supposée en vertu de la raison qui la conçoit et qui travaille incessamment à la dégager des faits. Elle est donnée d'une manière implicite, autant qu'existe la raison ; elle se formule plus ou moins imparfaitement et partiellement à travers toutes sortes de voies d'habitude et de contrainte acquise ou renouvelée. Cette société empirique garantit une certaine observation des devoirs de chacun, soit une certaine obtention des droits de chacun vis-à-vis d'autrui ; mais comme la garantie manque elle-même de garantie dans ses formes nécessaires, il arrive que la puissance sociale est à craindre pour chacun et peut s'exercer injustement. De là, des droits doivent être réservés contre la société même, à raison du droit général de la défense d'où tout émane ; en sorte qu'il faut ajouter à la fiction et à la réalité du contrat social cette autre fiction et cette autre réalité de la conservation stipulée de droits personnels, individuels, et tout particulièrement du droit de chacun d'agir dans une mesure quelconque avec la société, ou sans elle ou contre elle et pour en modifier au besoin les conditions (chap. LX).

On a vu d'ailleurs le droit historique, ou ce que nous appelons maintenant le droit tout court, introduire un élément de contrainte extérieure dans la notion d'échange libre et rationnel des deux termes de la justice, le droit et le devoir; se confondre de cette manière avec des idées de direction et de correction de la volonté par le moyen d'autres volontés, contraignantes s'il le faut; se définir, d'une part, ce que chacun peut invoquer contre tout autre ou revendiquer d'un autre et de la société même, et s'il y a lieu par la force, et, d'une autre part, ce que la société, c'est-à-dire tous peuvent de même invoquer contre chacun, obliger chacun à faire ou à supporter (chap. LII).

Nous plaçant au point de vue de la personne, nous trouvons ainsi que tout droit pour elle est une liberté, un franc exercice de ses déterminations extérieures, et cela dans les choses qui sont du ressort d'autrui, non moins que dans celles qui dépendraient d'elle seule : cette liberté devient donc en partie une autorité, surtout en tant que la puissance commune ou collective en avoue l'existence et en procure les moyens. Nous plaçant au point de vue social, tout droit commun nous paraît une autorité, quelque chose qui impose moralement et au besoin matériellement aux individus des actes déterminés à faire ou à subir; mais cette autorité devient une liberté, en tant qu'elle profite à l'action libre d'une personne vis-à-vis des autres quelconques, en tant aussi qu'elle emprunte à cette personne une part, un élément intégrant de la puissance totale. Si la liberté et l'autorité s'accordaient aussi bien qu'elles se mêlent et fonctionnent l'une dans l'autre, l'une par l'autre, tout problème de droit serait implicitement résolu.

Il n'en est pas ainsi. La détermination du droit suppose la notion du devoir, et la suppose appliquée aux cas particuliers d'un ordre social de fait. Pour des raisons que j'ai exposées et qui se résument dans la donnée générale de l'état de guerre, le devoir, et tout spécialement la justice, reçoit des déterminations en grande partie empiriques, dont les concepts de la morale pure, troublés, agités, contestés, mêlés d'éléments étrangers ou contraires, ne fournissent qu'un idéal obscurci, réduit à des mots sur lesquels on dispute. De là les oppositions et ce grand conflit de la liberté et de l'autorité qui domine tout, cette impossibilité générale pratique de composer un état moyen, un état commun des consciences, une somme de leurs autonomies, à l'aide des états individuels, ou des arrêts des autonomies personnelles. Il faudrait, pour ainsi parler, une intégration d'éléments homogènes de détermination de conscience, et c'est une résultante de forces divergentes qui se présente ; encore ne peut-on la fixer qu'empiriquement et pour des rencontres particulières, quand on le peut ; et il arrive que l'emploi de la contrainte est réclamé par le droit, précisément au moment où il devient plus difficile de s'assurer que la contrainte sera juste, et par la raison même que cela est difficile !

L'opposition qui se présente ici au premier rang entraîne les autres que j'ai énumérées en définissant les états de paix et de guerre (chap. I à LII) : savoir, 1° celle de *la justice de l'un* et de *l'injustice de l'autre*, car si celle-ci n'existait pas à la racine, il ne pourrait non plus exister aucune opposition entre la liberté et l'autorité ; 2° celle de l'autonomie de la raison et de l'excellence des fins externes, attendu qu'une telle opposition devient éminemment spécieuse et troublante au moment où la personne aperçoit un défaut de conformité entre sa raison, sa volonté, et des raisons, des volontés étrangères ; entre sa liberté, comme elle l'entend, et les libertés des autres, comme ils les entendent ; entre la liberté et l'autorité ; 3° celle de la raison et de la passion, et celle du libre arbitre et des motifs de détermination nés des antécédents et des circonstances ; et en effet, quelle que soit déjà la force des conflits internes auxquels la loi morale est exposée dans la personne, ils s'aggravent inévitablement et pourraient au besoin procéder de cela seul que l'accord ne s'établit point entre les raisons des hommes, telles qu'elles se trouvent en fait constituées, c'est-à-dire altérées et mélangées.

En d'autres termes, les *pétitions de fait* de la morale théorique ne sont point concédées à la morale appliquée ; pour éviter les *pétitions de principe*, familières aux moralistes, il faut faire entrer dans la théorie les données de l'expérience et déterminer les modes et mesures de transformation des préceptes.

De tout ce qui précède, il est aisé de déduire une méthode pour l'analyse et l'établissement théorétique des droits et, en même temps, pour l'examen critique de leurs possibilités et valeurs d'application dans le monde de l'expérience et de l'histoire. Commençons par rappeler des divisions du droit généralement admises et qui n'offrent aucune difficulté.

Le droit se divise en droit naturel et droit positif. Le droit naturel, qui serait peut-être plus clairement, si ce n'est, au fond, mieux nommé le droit rationnel, est celui qui peut se formuler d'une manière abstraite et générale et se fonde sur des principes, indépendamment de toute convention spécialement intervenue entre les personnes. Le droit positif naît et procède de contrats formels de ce dernier genre, soit, quand la constitution sociale leur reste étrangère, de l'expression de certaines volontés légiférantes qui en tiennent lieu et semblent plus ou moins acceptées à ce titre par les membres de la société donnée empiriquement.

Le droit rationnel ou antérieur, car il se déduit des seuls éléments de la nature humaine placée dans les conditions universelles de l'expérience, est celui qui doit être ici l'objet d'une étude systématique. Le droit positif est toujours postérieur, au contraire, toujours particulier, et n'étant point matière de science par lui-même ne m'occupera que dans ses rapports avec le premier, c'est-à-dire en tant qu'il y a lieu de décider si des contrats de telle ou telle espèce sont légitimes : entendez conformes au droit rationnel, et comment il peut être licite, une fois intervenus, de s'assujettir ou de se soustraire aux obligations légales qui en résultent. Les questions se présenteront à propos du droit rationnel et de ses différentes divisions, sauf à traiter à part le problème général du conflit entre les deux droits.

La division du droit rationnel portera tout d'abord sur le droit personnel et le droit politique. Le premier concerne les diverses relations possibles des personnes soit entre elles, soit eu égard à la société qui se forme de la réunion de toutes ou d'un certain nombre vis-à-vis d'une seule, mais en mettant de côté les faits de constitution et d'exercice d'une autorité publique comme formellement telle. Les rapports des personnes, en tant qu'elles interviennent pour former ou appliquer cette autorité et agissent pour cela les unes sur les autres, composent la matière du droit politique.

Enfin le droit personnel se divise en droit personnel en général, puis domestique, économique et civil. Le droit politique se divise, suivant les espèces de pouvoirs à instituer, en droit législatif, exécutif, judiciaire, et serait susceptible aussi, mais tout empiriquement, d'une distribution d'une autre nature, non plus à raison de ses parties rationnelles intrinsèques, mais selon les espèces d'autorité établies en fait. Il a pour suite naturelle le droit international, qui s'applique aux problèmes particuliers issus des rapports entre divers États, en entendant par État toute société distincte de personnes avec une représentation commune constituée. Au reste, les divisions du droit, tant personnel que politique, sont plus utiles pour la distribution du sujet à étudier qu'elles ne sont essentielles en elles-mêmes, à cause de l'étroite connexité d'un grand nombre de questions classées sous des rubriques différentes.

Ces définitions posées, la méthode à suivre pour l'examen critique des droits consistera pour moi dans l'application successive d'un double point de vue : le point de vue rationnel pur et idéal, le point de vue empirique ou des faits ; et ce dernier double à son tour, parce qu'il faut considérer, d'une part, les fins que se propose l'agent moral à l'occasion des déterminations d'autrui et de sa propre position défensive (ou les passions qui l'animent nécessairement et les devoirs modifiés envers lui-même et envers autrui qui conviennent à cette position) ; d'une autre part, ces déterminations étrangères, avec leurs nécessités, leurs antécédents, leurs conséquences et les moyens légitimes de les accepter ou de les modifier. En d'autres termes, j'aurai à consulter dans tout problème, car le droit historique, ou comme je l'entends, ne peut plus m'apporter qu'une suite de problèmes :

Premièrement, la morale, la science, avec son fondement de droit et de devoir purs, avec son principe de l'autonomie de la raison.

Secondement, le principe de la défense, où se trouvent toujours et d'où peuvent toujours se déduire le motif de la dérogation à l'idéal, si ce motif existe, et des limites de la dérogation. La défense doit d'ailleurs être envisagée au besoin par rapport à la personne, ou par rapport à ses groupes liés, ou par rapport à l'ensemble des personnes, c'est-à-dire à la société. Une vaste matière de casuistique s'ouvre déjà dans cette partie de la morale appliquée, mais il n'est pas impossible de la soumettre à des lois. C'est toujours la morale pure qui les inspire.

Troisièmement, et ici la place de la casuistique grandit, la difficulté de poser les questions en termes abstraits et généraux augmente, il faut s'attacher aux oppositions dérivées de l'état de guerre, à la plus importante de toutes qui se produit entre l'autorité et la liberté, aux doutes et aux hésitations de la conscience, qui naissent de l'impossibilité de concilier la passion et la raison, l'utilité et le devoir, la liberté autonome et les mobiles d'action, et résoudre pour des cas aussi généraux qu'on pourra les formuler, les principales difficultés morales inhérentes à la contrariété du bien idéal et des nécessités acquises des hommes et des choses.

Passons aux applications de cette méthode. Elle s'éclaircira dès les premiers exemples.

CHAPITRE LXXI

LA LIBERTÉ DU CORPS. QUESTION DE L'ESCLAVAGE

J'entends par le droit personnel en général le plus élémentaire de ceux qui sont inhérents à la personnalité, et le plus profond, c'est-à-dire la possession même d'une personne attribuée à cette personne et niée à toute autre. C'est le *soi*, principe et fondement du *sien*, où que puissent être les limites du *sien*, c'est la conservation de ce *soi* pour lui-même, soit qu'on le prenne dans la conscience et dans ses libres mouvements, soit qu'on l'étende à l'organe de toute activité personnelle, le corps. L'établissement de cette première des propriétés ne pourrait être concédé à la conscience et refusé au corps sans que l'usage en devînt impossible pour les actes extérieurs, et par suite sans que la personne, avec ses fonctions naturellement indissolubles, se trouvât soustraite à ses propres fins et employée comme pur instrument pour les fins d'autrui.

Le droit personnel est donc une conséquence immédiate de la loi morale, un concept qui n'en peut être séparé; et la liberté du corps est moralement inaliénable aussi bien que la liberté de l'âme. Occupons-nous d'abord de la liberté du corps. Considérons-la par rapport au principe de la défense.

La liberté résulterait du principe de la défense, dont elle est certainement le premier objet; en d'autres termes, elle résulterait pour chacun du simple devoir envers soi-même, alors même qu'elle ne résulterait pas pour tous de la justice ou de la notion générale du droit et du devoir. Cette vérité peut se passer de développements. Il semblerait donc que la justice universelle et le droit individuel de défense sont ici toujours et nécessairement concordants. L'accord ne paraîtrait pas non plus devoir se démentir quand on passe de la défense individuelle à celle des groupes liés à l'individu. Qu'est-ce en effet que généraliser ainsi la défense, si ce n'est réaliser de plus en plus la justice et l'étendre d'un seul homme à un certain nombre d'hommes, à une société entière? En principe, il en est ainsi, et il faut bien d'ailleurs qu'il y ait harmonie entre la morale et la défense bien entendue. Mais en fait il en a été autrement.

La guerre a donné naissance à l'esclavage, c'est-à-dire à la possession matérielle d'une personne par une autre personne. La guerre est un fait dont j'ai montré ailleurs la génération. Son caractère extrême consiste, au point de vue moral, en ce qu'étant supposée provenir des besoins de la conservation et de la défense, tels qu'on se les représentait, et des passions occasionnellement développées, elle a néanmoins aussitôt dépassé ces besoins hors de toute mesure et s'est mise au service de ces passions, jusqu'à devenir un système d'actes et de moyens destinés à donner la mort à ceux dont on pouvait craindre avec plus ou moins de raison de la recevoir et à chercher la sécurité dans l'anéantissement de leurs existences individuelles et collectives. Toutes les fois que des nations voisines sont arrivées par telle ou telle suite de précédents et de conflits à cette situation de se vouloir conserver chacune en détruisant l'autre, et particulièrement quand une nation, poussée par tels ou tels motifs, a voulu s'établir dans les possessions matérielles d'une autre, la guerre s'est ainsi produite en atteignant rapidement ses dernières extrémités. Puis la situation se généralisant par l'habitude acquise et bien fondée de tenir l'étranger pour l'ennemi, c'est-à-dire pour celui qui vous détruira s'il le peut et qu'il faut détruire si l'on peut, la première des fins de la vie d'un peuple est devenue l'art de la guerre, art de détruire les autres peuples[1]. La question de la guerre, en tant que plus ou moins nécessaire, et de ses limites, se présentera régulièrement à propos du droit international. En ce moment je ne veux y voir que l'origine de l'esclavage, dont je m'occupe. Cette origine s'aperçoit immédiatement : 1° dans une supposition à demi abstraite ou symbolique et bien connue des publicistes, celle de l'ennemi accordant la vie sous condition à son ennemi désarmé ; 2° dans le fait de la réduction d'une nation envahie à l'état d'hilotisme.

L'esclavage peut se produire encore dans une autre sorte de relation réelle ou supposée entre des hommes. Imaginons une nation, une famille à constitution patriarcale, par exemple, possédant territoire et capitaux accumulés dans une certaine circonscription, puis un homme dénué quelconque, errant, fugitif, il n'importe, qui vient demander secours et moyens d'entretien, offrant en échange ses propres services et sa constante obéissance à perpétuité, offrant de plus les services pareils de ceux qui naîtront de lui et qu'il sent bien n'avoir aucun moyen de protéger et garantir autrement vis-à-vis des maîtres. Cette supposition rentre en quelque sens dans celles qui se rattachent à l'état de guerre, car il est permis, en vertu de la situation et des mœurs des hommes dont nous parlons, de regarder l'homme isolé comme un *ennemi naturel* des autres, un agent libre qui pourrait nuire, que ses besoins impérieux portent à nuire, ne pouvant rien obtenir autrement, et

---

[1] *Des nations sont arrivées... La guerre s'est produite... La première des fins est devenue...* Je dois rappeler que ces expressions n'impliquent point sur l'origine historique effective de la guerre une hypothèse qui serait superflue et par conséquent vicieuse ici puisqu'il s'agit de morale et non d'histoire. Je crois l'hypothèse vraie mais je ne demande pas qu'on me l'accorde, et je l'éloigne en regardant simplement la paix comme conforme à la raison et à l'idéal, la guerre comme un écart de l'idéal, écart dont nous avons conscience et que nous réalisons nous-mêmes, de quelque manière qu'il se soit produit en fait pour la première fois ; et je raisonne ainsi sur des thèses convenablement abstraites, seule manière de bien raisonner.

qui préfère se soumettre en s'assurant seulement la vie sauve.

Examinons ces différentes thèses de l'esclavage, eu égard au droit de défense, en excluant seulement, comme indigne de tout examen, l'hypothèse où des hommes se rendraient agents ou complices de guerres entreprises contre d'autres hommes inoffensifs, et feraient la traite des prisonniers, à cette fin d'entretenir quelque part l'institution de l'esclavage et de donner à la personne humaine la faculté de posséder la personne humaine à l'état de pur instrument. Ni le but, ni le moyen ne peuvent ici trouver d'excuses. Certaine hypocrisie impudente en a imaginé une en alléguant, ce que je ne discute point, que les malheureux captifs et vendus éprouveraient une amélioration réelle de condition, eu égard au sort qui leur est fait dans leur contrée natale. On est honteux d'avoir à dire que l'argument tend à justifier le moyen par la fin, et cela dans un cas où la fin mise ainsi en avant n'est pas même celle qu'on se propose, et où, le fût-elle, il n'y aurait rien de si simple pour chacun que de s'en proposer d'aussi bonnes et dont les moyens n'auraient rien de criminel. Cependant ce crime, que j'ai bien voulu appeler en style scientifique une hypothèse, il se commettait hier encore, il était crime public et légal de nations européennes, et il se commet toujours du fait de quelques-uns, tant il est vrai qu'avec les vertus et les religions dont nous arborons le pavillon, nous sommes capables de descendre en certaines choses au-dessous des peuples livrés à toutes les barbaries de la guerre sans trêve et sans merci! Je dis au-dessous, quand nos attentats se font avec réflexion et calcul, en pleine conscience, et ne craignent pas de s'entourer d'un appareil de raison et d'invoquer des motifs de miséricorde.

Je regarde également comme au-dessous de la discussion toute justification de l'esclavage, tirée de la différence des races humaines, dont les unes seraient naturellement bonnes pour obéir et dont les autres commanderaient justement. Tout homme en effet qui possède la parole, la raison, la distinction du bien et du mal, le sentiment du juste et la capacité de contracter, est un homme au même titre qu'un autre, et les degrés qui sont partout, dans toutes les races, ne sauraient être objectés ici. Or il est contradictoire qu'un homme, c'est-à-dire une personne libre par nature, soit ce qu'on appelle esclave par nature.

Si les expéditions pour voler des hommes et le commerce infâme qui les vend ne peuvent s'étayer du moindre prétexte tiré du principe de la défense, le seul principe où des faits quelconques de guerre trouvent un fondement avouable; si l'esclavage par nature est une idée inconciliable avec les notions d'humanité et de justice, en est-il maintenant de même de l'esclavage introduit dans les conditions que nous définissions plus haut? Prenons successivement les trois hypothèses, et afin de pouvoir les discuter sans compliquer la question de plusieurs autres questions, acceptons tout ce qu'elles supposent accordé de préalable.

L'hypothèse de la vie donnée au vaincu en échange de la liberté implique un droit préalable d'ôter la vie à l'ennemi désarmé, pour que cette sorte de convention devienne possible. Autrement, le vainqueur n'invoquant que la force est tenu de la posséder toujours, et le vaincu reste à l'état de guerre au lieu de passer à l'état de contrat : sa promesse même ne saurait l'obliger dès qu'elle est obtenue par la seule violence, à quoi la ruse peut toujours répondre, et qu'il n'y a nul fondement de droit et devoir mutuels et respectivement reconnus pour asseoir une convention. Supposons donc que le principe de la défense peut s'étendre, dans les cas de guerre les plus extrêmes, jusqu'au droit de mort contre le vaincu désarmé. Alors il s'en faut que la question soit immédiatement tranchée contre l'esclavage, comme elle le serait sans cela. En effet, le vainqueur qui ne peut, à moins de s'exposer gravement, laisser la vie au vaincu sans condition, on doit admettre le cas, pourvoiera à sa propre défense en se l'assujettissant et pouvant compter, si ce n'est tout à fait sur sa parole, au moins sur telles notions et coutumes à peu près équivalentes et d'ailleurs étayées de précautions. Le vaincu, de son côté, se sentira obligé à l'égard du vainqueur, ou, ce qui revient au même et tient l'hypothèse plus voisine des mœurs, il subira l'empire des idées qu'on se fait et qu'il se fait lui-même des suites légitimes de la guerre. Les auteurs de l'antiquité se montrent pénétrés de sentiments de cette espèce. On ne saurait dire assurément que la notion du juste leur soit étrangère.

Avant de passer aux objections et de pousser l'examen plus loin, prenons les deux autres hypothèses et portons-en l'analyse au même point.

L'hypothèse de l'établissement de l'hilotisme par voie de convention entre un peuple victorieux et une nation envahie est au fond semblable à la précédente, seulement plus claire en ce qu'elle porte sur des masses, que le fondement historique en est plus sensible, et qu'enfin les conditions de l'hilotisme pouvant passer de l'esclavage au servage et au simple fermage, il nous est plus facile de nous en rendre compte. En revanche, l'intervention d'un contrat entre le vainqueur et le vaincu est plus obscure et l'élément de pure violence s'élimine avec plus de peine à l'origine, parce que le vaincu conserve mieux le sentiment de sa force, avec celui de son droit, et le vainqueur, de son côté, n'en appelle guère qu'à la sienne. Toutefois, le temps écoulé, l'habitude et par-dessus tout la reconnaissance d'un *droit de conquête* (il n'a point encore existé de peuple assez moral pour n'en admettre aucun), introduisent à la longue, dans la relation des deux peuples supposés, quelque chose d'analogue à une convention véritable.

Ne sortons pas de la question de l'esclavage et prenons l'hilotisme comme il s'établit dans l'antiquité. Admettons, en condition préalable de l'hypothèse, non pas précisément la justice de la guerre, la justice de l'envahissement du territoire d'une nation pour une autre nation, où serait la justice pure dans ces choses? mais le fait d'une lutte à causes obscures et mêlées de circonstances fatales, d'une lutte arrivée des deux parts au plus haut degré de développement des passions destructives. Le peuple envahisseur est enfin le maître et se croit en droit d'anéantir le peuple envahi. Les besoins de sa propre défense l'y poussent, et l'autre sent bien qu'il agirait de même à son tour s'il devenait le plus fort. Dans cet état de choses on peut croire, en effet, que le principe de la défense est applicable, et les idées morales du vainqueur, aussi bien que celles du vaincu réduit à la dernière extrémité, se prêtent à la supposition d'un traité. Ce traité stipulera le désarmement, la soumission et l'hilotisme du vaincu, qui aura la vie sauve et des moyens de subsistance assurés.

Nous sommes conduits, comme dans l'hypothèse précédente, à concevoir une sorte de pacte engendré de trois éléments : les faits et les passions de la guerre, le devoir de la conservation ou de la défense, la notion du juste appliquée à un ordre de choses essentiellement troublé et irrationnel. Il reste à définir ce qu'un tel pacte a de vicieux dès l'origine et quelle valeur pourront y attacher dans la suite ceux qu'on suppose l'avoir conclu. Avant d'aborder cette autre partie de l'analyse, je réclame un moment d'indulgence du lecteur. Il ne lui échappera pas que les thèses que j'expose ont une forte base historique derrière elles, et que des arguments mille fois reproduits par des publicistes sont spécieux en fait, s'ils ont des prémisses, irrationnelles sans doute, mais qui sont aussi des faits de raison à leur manière : savoir de raison déterminée historiquement. Il remarquera surtout que j'insiste ici sur des situations et des actes moraux identiques au fond à ceux qui composent presque toute la matière juridique de l'histoire, et destinés à se présenter de nouveau, *mutatis mutandis,* dans les questions successives que je dois étudier. Passons donc à la troisième hypothèse de l'origine de l'esclavage.

Celle-ci a pour condition préalable l'existence et la légitimité supposée d'une propriété de monopole qui interdit à tout étranger survenant les moyens de vivre dans une circonscription donnée, autrement qu'à l'aide du crime, ou par une convention formelle avec les occupants. Et les circonscriptions voisines peuvent se trouver interdites au vagabond, pour cette même raison ou pour une autre, sans qu'il soit besoin de rechercher les causes de son isolement et de son dénuement. Ainsi que précédemment au sujet du droit de vie et de mort sur l'ennemi désarmé, prenons pour accordée l'institution de la propriété qui a de telles conséquences. Supposons, si l'on veut, tout en ajournant ce problème, que la propriété ainsi comprise est le produit de certains faits antérieurs de guerre entre les hommes, un résultat de la nécessité où certains groupes familiaux, sociaux, se sont vus de séparer entièrement leurs intérêts, leurs travaux et leurs instruments, et de nier toute société avec l'étranger, censé l'ennemi; une conséquence en un mot du principe de la défense. Ceci est proprement le renversement de la morale, une négation de cette notion générale de société entre personnes, qui est le fondement de la science du droit et du devoir. Mais nous avons reconnu que le *droit de défense,* en tant que réel, effectif, appliqué, est lui-même un *droit de guerre* et suppose renversées les bases de la morale.

Sous ces données intervient entre l'étranger et l'occupant une convention qui peut donner naissance à l'esclavage, spécialement avec la forme domestique, et d'ailleurs moyennant l'empire de coutumes plus ou moins violentes ou toutes patriarcales. La même hypothèse s'étend sans peine à des groupes et peut alors rentrer, en un sens, dans celle de l'hilotisme et nous représenter des relations établies entre race et race au sein d'une même cité. Quoi qu'il en soit, le pacte est ce qui nous intéresse ici : on le comprendra comme fondé sur des besoins, sur des nécessités mutuelles et sur des idées de justice plus ou moins altérées, d'autant plus applicables aux circonstances; soit qu'on veuille le tenir pour formel et positif, ce qui n'est nullement impossible dans quelques cas anciens, soit qu'on le regarde comme implicitement contenu dans des faits acquis, complexes et obscurs.

Voyons maintenant comment les pactes de cette nature sont viciés en leur essence de contrats. Le principe de la défense est seul capable de les légitimer. Mais ce principe ne vaut moralement que si l'application en est réduite au minimum et au strict nécessaire. Or, dans le premier cas, le cas de l'ennemi vaincu et désarmé, admettant tout ce que nous admettions, il reste, au point de vue du contrat proprement dit, qu'il suffirait d'obliger le vaincu par promesse à ne plus menacer à l'avenir la sécurité du vainqueur. Nous ne voudrions pas arguer de la notion de peine et considérer l'esclavage comme une punition infligée. La servitude pénale dépend de prémisses toutes différentes et tirées d'un ordre juridique admis par toutes les parties. En fait et malheureusement, les hommes ne transportent pas, ne sont pas en état de transporter à la guerre et à ses effets les notions de la justice répressive. La question nous reviendra dans une autre section sous cette autre face de la servitude pénale. Bornons-nous à nous préoccuper de la défense. Or, il suffit à la défense, puisque nous supposons la possibilé d'un vrai contrat, que ses droits s'y trouvent reconnus et stipulés.

Mais la promesse du vaincu, sous menace de mort, n'est probablement pas sûre? Alors que vaudra celle de l'esclave? On prend des garanties, et on les prend telles qu'on demeure au fond dans l'état de guerre auquel un vrai contrat devrait mettre fin. Mais le vainqueur pouvait donner la mort; ne peut-il à plus forte raison ôter la liberté sans violer la justice? Par hypothèse, il pouvait donner la mort, en tant que sa défense l'exigeait, et tout finissait là. La situation se prolongeant, pour que la conséquence tirée de la mort à un esclavage contractuel fût admissible, il faudrait que l'homme pût moralement posséder l'homme à l'état d'instrument, au moment où ce dernier étant consentant, si en effet il l'est, le principe de la défense cesse précisément d'exiger qu'il soit esclave; et c'est ce qui ne se peut point. Que s'il n'est pas consentant, nous revenons encore une fois à la guerre; il n'y a plus contrat. Et s'il l'est à la fois et ne l'est pas, c'est-à-dire s'il feint ou peut être supposé feindre, l'esclavage s'offre, il est vrai, comme moyen pour la défense, mais seulement pour le temps que dure l'incertitude, et ne devient jamais contrat réel pendant ce même temps.

En résumé, la convention dont il s'agit étant contraire à la loi morale est criminelle de la part du vainqueur qui stipule pour lui des droits positifs inconciliables avec cette loi, honteuse du côté du vaincu qui abdique sa dignité d'homme et son droit au respect, dénuée de toute valeur, si le droit positif est assujetti à ne se fonder que sur des principes moraux purs. S'ensuit-il de là que nulle obligation ne peut naître des faits historiques représentés dans l'hypothèse d'une convention de ce genre, et qu'il ne peut en résulter ni droits ni devoirs d'aucune sorte pour le maître de fait et pour l'esclave de fait ? C'est ce qu'il faudra voir en passant au troisième et dernier degré de cet examen, c'est-à-dire de la considération de la guerre et de la défense, à l'étude des antinomies nées de la violation de la loi.

Les deux autres hypothèses fournissent, quant à la légitimité du contrat, des conclusions toutes pareilles, qu'il suffira d'énoncer brièvement. Les conditions faites à l'hilotisme dépassent tout ce que peut exiger la défense, en admettant d'ailleurs tous les précédents que l'on voudra et les plus propres à justifier le vainqueur, et en supposant qu'il y en ait quelquefois de tels. De même, l'esclavage domestique établit en faveur du maître des droits positifs qui violent outrageusement le droit rationnel, sans excuse possible tirée du besoin de sécurité. Dans les deux cas, l'anéantissement de l'indépendance personnelle et de toute propriété chez l'esclave sont inutiles pour le réduire à la paix, mais plutôt faites pour perpétuer avec lui une guerre sourde et déguisée, car on ne peut lui imposer de telles conditions que précisément parce qu'il est maintenant hors d'état de rien entreprendre. De deux choses l'une, ou il n'y a pas alors véritablement contrat, ou, s'il y a contrat, c'est-à-dire si l'on suppose l'esclave disposé à subir le plus violent de tous et à se croire lié, à plus forte raison en acceptera-t-il un plus tolérable. Mais connaissons bien la pensée du maître : ce qu'il veut, c'est que l'hilote se trouve dans l'impossibilité de nuire à l'avenir, si ces dispositions venaient à changer; en d'autres termes, il le dépouille de sa qualité d'homme parce qu'un homme peut toujours devenir un ennemi. Ce qu'il veut encore, c'est que l'esclave, cette personne devenue chose, lui serve d'instrument et lui permette de vivre sans travailler. Il est donc manifeste que la guerre ne finit pas au prétendu contrat; disons plutôt qu'elle s'aggrave, change de caractère et ne fait au vrai sens que de commencer. En effet, suivant la logique de cette discussion, il fallait imaginer le maître futur à l'état moral de défense et prêt à ne rien exiger que ce que la défense exige; or voici que le maître réel est à l'état flagrant d'injuste agression, car il supprime, dès qu'il le peut, des personnes comme telles. Et l'esprit de son acte éclate à tous les yeux en ce que l'esclavage qu'il institue est une condition héréditaire : il nie d'avance le droit de la personne qui n'est pas née; il suppose un contrat dont elle subira les lois sans raison ni volonté quelconques qu'elle ait pu ou doive être jamais appelée à se connaître à cet égard. La thèse de l'engagement du fils dans la personne du père serait la seule à invoquer ici, mais c'est une négation directe du droit de la personne, ou de la personnalité même.

Une contradiction apparente ressort de tout ce qui précède; il est aisé de la résumer. La loi morale ou le droit personnel interdisent formellement la possibilité de l'esclavage, même en partant des prémisses de la guerre et en recherchant les conséquences légitimes du droit de défense que la guerre engendre. L'esclavage ne saurait se fonder sur un contrat avoué par la raison. D'un autre côté, le principe de la défense interprété par les passions de la guerre, au milieu de l'obscurcissement que ces passions apportent dans l'idée du juste, a dû donner à l'esclavage un semblant de légitimité, et engendrer des coutumes d'où ont procédé à leur tour des fatalités dans l'opinion et dans la conduite des hommes. Ce qui n'eût pas été possible en vertu du droit rationnel et par des actes libres et raisonnables s'est réalisé en une sorte de droit positif (encore que coutumier plutôt que proprement contractuel), à la faveur de notions altérées et viciées communes au maître et à l'esclave. C'est une espèce de droit des gens qui s'est constitué comme les autres à mi-chemin entre la guerre et la justice. Il ne faut s'attendre à trouver après la guerre ni les jugements ni les relations et les institutions que veut la paix. L'homme, par hypothèse, sorti de la justice, pourra plus tard s'en rapprocher avec de grands efforts; il n'y rentrera point directement et spontanément; ou du moins cela ne s'est point vu.

Ce droit positif, pour le nommer ainsi, ce droit né d'actes pervers, mais né aussi du jugement de droit et de devoir tel qu'il est devenu, le déclarerons-nous sans valeur? Il est sans valeur quant à la morale; il ne l'est point historiquement, ni, par suite, moralement sous les conditions de l'histoire. Quelque obscurcie ou corrompue que la justice ait pu se trouver dans la conscience humaine, tout ce qui en a revêtu la forme a été matière réelle d'obligations pour les hommes. Ils ont été réellement obligés autant qu'ils se sont cru obligés, généralement parlant. Autrement, et si, par la raison que la justice est mal entendue, on devait en nier le principe obligatoire et les applications consciencieuses pour ceux qui l'entendent mal, il est clair que la justice même irait à néant; les agents moraux se trouveraient annulés, faute de la permission qu'on leur refuserait d'appliquer la notion de la moralité comme ils peuvent : savoir la notion universelle de contrat, dont la forme est ce qui importe le plus et ce qui les constitue essentiellement.

Plaçons-nous donc maintenant au sein d'une société où l'esclavage est devenu constitutionnel, au milieu d'hommes qui jugent cette institution légitime et en déduisent des relations spéciales de droit et de devoir. Un tel jugement n'est pas particulier à ceux qui en profitent, mais ceux qui en sont victimes le partagent. S'il en est qui le nient et l'ont toujours nié et se sont conduits en conséquence autant qu'ils l'ont pu, ceux-là considérons-les comme demeurés à l'état de guerre avec leurs maîtres ; la question que je veux aborder maintenant ne les concerne point, car elle porte sur un état légal ou coutumier généralement reconnu.

Cette reconnaissance n'est pourtant pas tellement universelle qu'il n'existe ou ne se produise, après un temps quelconque, des protestations morales, des doutes, avec des circonstances qui font penser et des réflexions toutes nouvelles jaillies du fond de la conscience ; car la raison abaissée se relève et, d'entre les faits subversifs, la notion du meilleur se dégage, puis celle du bien même ou de la justice pure. Je ne parle ni des idées de droit et de devoir ni des maximes de bonté applicables à la sphère des relations traditionnelles, mais du problème moral aperçu et posé en termes généraux. Toutes les sociétés ne paraissent pas à ce point capables de progrès, la plupart restent enfoncées dans la coutume, ou ne demandent la vraie loi qu'à des religions, et les religions inclinent à traiter d'autres questions, rationnellement insolubles, de manière à étrangler la plus nécessaire et la plus intelligible de toutes. Mais enfin la justice peut toujours être entendue de quelques hommes, et parfois de certaines sociétés ; dès lors se marque une situation morale dont il nous reste à nous rendre compte.

Le conflit de l'autorité et de la liberté en fait le caractère. Nous voilà maintenant, je le suppose, dans un état de paix relative où les mœurs de la guerre ont été, non pas sans doute éliminées, mais cantonnées ; dans une société qui devrait se pouvoir croire la paix et la justice mêmes, où les citoyens ont ou croient avoir des idées de ce qui est juste et, se trouvant au-dessus des tentations, des épreuves et de ce qui pouvait paraître les nécessités d'une autre époque, sont les maîtres de reviser ensemble celles de leurs institutions qui porteraient la trace de crimes anciens ou de fatalités obscures. Mais aussitôt qu'une telle situation se fait sentir, il se trouve aussi que l'autorité, le jugement commun, les intérêts les plus puissants et les passions les plus vulgaires sont tout d'abord du côté de la coutume. Contre cette autorité, se lève la liberté de quelques-uns qui conçoivent nettement l'idée de ce qui doit être, et qui cherchent des moyens de réalisation. Un conflit se produit et la grande injustice à réparer devient une source abondante d'injustices particulières, et, de plus d'incertitudes et de difficultés épineuses. Sans doute le droit positif n'a point de justification possible en présence du droit rationnel qui se montre ; cet ancien droit, ce faux droit doit être aboli ; l'injuste est mis en demeure de redresser sa vie et ses maximes. Mais l'autorité a par elle-même quelque chose qui impose : on ne l'abat point d'un seul coup : elle n'est même jamais aussi dénuée de raisons qu'on pourrait le croire ; la contradiction sociale par excellence, dont la solution exigerait l'accord spontané des libres consciences, se complique et s'aggrave des autres oppositions qui ont leur source dans l'état de guerre et sont de nature à porter le trouble dans chacune de ces consciences prises en elles-mêmes.

La plus importante de toutes est ici celle qui éclate entre la loi morale et les fins extérieures à poursuivre. La somme de ces fins est l'utilité sociale. Comment elle peut se concilier avec la loi morale, comment il est seulement possible de comprendre une société réelle qui fonctionnerait sans l'institution désormais liée à toutes les habitudes, à tout ce qui est et à tout ce qui se fait, il ne faudrait pas moins que l'expérience pour le faire voir ; mais l'expérience est alors ce que la prudence n'ose tenter. Ce besoin de la défense que je supposais avoir agi à l'origine, quand je cherchais quels prétextes moraux avaient pu se joindre aux passions de la guerre, il ne s'est pas tellement évanoui qu'on ne le retrouve avec un peu d'attention dans le besoin d'ordre et de stabilité des conditions sociales. L'opposition entre la raison et la justice d'une part, les fins les plus indispensables de l'autre, est tellement frappante que l'autorité des faits et des opinions anciennes et répandues en est affermie, même au delà de toute mesure, et que les audaces de la liberté se répriment spontanément, chacun cherchant de bonne foi les raisons (les sophismes) qui semblent capables de justifier ce qui est.

Ce qui donne tant de force à l'opposition dont je parle, c'est une autre opposition encore, que j'ai nommée *de la justice de l'un avec l'injustice de l'autre*. Si les hommes pouvaient être assurés de leur bonne volonté mutuelle, rien ne serait si simple et si peu dangereux que de tenter toutes les expériences. Loin de là, ils s'estiment certains d'avoir à compter, le jour où ils sortiront de la coutume, avec toutes les mauvaises passions servies par la liberté nouvelle. Quand ils disent que l'esclave n'est point digne d'être libre, ils disent ordinairement vrai ; le cercle vicieux où ils enferment ainsi la justice à faire, n'est que trop réel. Ils pourraient ajouter que les maîtres ne sont pas dignes de cesser d'être maîtres, sans quoi ils ne manqueraient pas de trouver quelques moyens. Mais ceux dont la bonne volonté serait incontestable doivent s'entendre avec ceux qui ne l'ont que simulée, et avec ceux qui dédaignent de feindre, et avec ceux dont la conscience est faussée. Ce sont là des conditions d'un problème insoluble par des voies rationnelles et pacifiques. Faudra-t-il donc que la loi morale triomphe par des moyens qu'elle réprouve ?

Enfin il est aisé de comprendre que, dans un état de choses si complexe et tellement dépendant de ce que chacun n'a point en son pouvoir, chacun trouve en sa conscience un théâtre de luttes cruelles entre la passion bonne ou mauvaise et la raison, entre les motifs et les déterminations suggérés par des faits indépendants de lui-même et sa liberté comme il l'exercerait en vertu de lois rationnelles, dans un milieu favorable. Le juste peut agir justement dans sa sphère, quelque réduite qu'elle soit ; encore n'est-ce pas toujours sans peine et sans dangers, s'il veut élever sa conduite à la hauteur d'un exemple. C'est là cependant son devoir. Mais il ne peut pas réformer seul une institution ; il ne peut pas davantage éviter que sa moralité n'entraîne pour lui de grands maux et peut-être les derniers sacrifices, là où la bonne volonté d'autrui, concordante avec la sienne, eût mis l'utilité commune en harmonie avec la loi morale.

CHAPITRE LXXII

SUITE. PRÉCEPTES APPLICABLES A UN RÉGIME SOCIAL QUELCONQUE

Les difficultés et contrariétés que je viens d'exposer dans l'hypothèse d'une institution sociale injuste, une fois établie, ne sont point particulières à la question de l'esclavage ; nous les retrouverons à peine modifiées dans tous les grands problèmes du droit public et même privé. Il suffira souvent d'y renvoyer, sans les exposer à nouveau. La solution, non plus, ne saurait être spéciale pour cette question. Il n'est possible de l'obtenir qu'en généralisant les termes, au point de les rendre applicables aux autres recherches. En effet, s'il était besoin d'entrer dans les détails de chacune, d'énumérer des condions sociales variables et des conditions de conduite personnelle encore plus modifiables et compliquées, l'analyse aurait à peine des bornes et le sujet serait plein de casuistique. Mais il s'agit de formuler une loi générale de morale appliquée, et de l'adapter au milieu trouble, incertain, agité des opinions et des mœurs, sans néanmoins permettre aucune alliance qui la défigure. Or ceci est possible.

L'essence de la loi reste pure et contient un précepte sans réserve : cultiver la raison, tenir les regards constamment fixés sur le devoir et l'idéal, et ne jamais souffrir que les faits quels qu'ils soient apportent la moindre altération dans l'idée de ce qui seul moralement peut et doit être.

Ce précepte exigeant la conservation de la représentation morale pure au milieu de la vie active et du conflit des hommes, est analogue à celui qui prescrit de conserver la liberté de l'arbitre, c'est-à-dire de se la représenter incessamment à soi-même dans la mêlée des jugements personnels et de tous les motifs de détermination possibles. Il en est le complément. Nous supposons l'agent placé dans une société qui soit parvenue, dont un assez grand nombre de membres du moins soient aptes à dégager les grands principes de la raison morale. Ce que le précepte veut, c'est donc que ces principes et la notion pure du juste restent toujours francs et à découvert, que nulle considération d'utilité ou même de nécessité ne vienne les vicier et que la conduite qui les viole n'essaye point de les sophistiquer. La contradiction est ici préférable au sophisme et le crime avoué au crime qui ment. L'habitude du mensonge en pareil cas conduit à l'ignorance du bien moral, et celle-ci plus excusable en apparence, est pire en son origine et dans ses effets puisqu'elle anéantit progressivement la représentation du devoir. Mais des hommes qui ne perdraient jamais de vue cette représentation sincère arriveraient nécessairement à réformer leur pratique ; à tout le moins la soutiendraient-ils à un certain niveau, au lieu qu'ils ne le peuvent plus quand ils ont une fois altéré leur théorie.

La loi de la morale appliquée a naturellement pour second terme la conformation de la conduite à l'idéal, ou, quand il s'agit de bien commun, la conformation des institutions à la raison. Le précepte est encore sans réserve en tout ce qui dépend de la personne seule. Mais ce cas n'appartient qu'à la conduite privée. Il implique, dès qu'il se réalise, la soumission de l'utilité, des passions et de leurs fins quelconques à la loi, la direction résolue de la liberté dans le sens des motifs internes et rationnels. Nulle contrariété réelle n'est possible sur ce terrain, si ce n'est que l'agent voie le principe de la conservation et de la défense engagé en ce qui le touche ; mais cette circonstance sort de l'hypothèse et ne peut se présenter qu'autant qu'il s'agit d'actes dont la réalisation exigerait l'intervention sociale et dès lors ne dépendent plus de la personne seule.

La morale légifère pour la personne, ou, si c'est pour la société, c'est encore en adressant ses préceptes à la personne qui, au fond, est tout. Si donc il est question de résolutions et de mesures impliquant la volonté de plusieurs, elle ne peut ordonner à chacun que de conformer le fait à la raison *autant que cela est possible,* ou, en termes nécessairement équivalents, *autant qu'en conscience il le juge possible*. Le malheur attaché à l'inévitable intervention de l'idée de possibilité n'est pas qu'on ouvre ainsi la porte à la mauvaise foi, car il faut bien après tout que la conscience soit juge, en cela comme en autre chose, et que la morale soit œuvre de vie et de liberté. Le vice est ailleurs et provient de la difficulté même d'appliquer la raison, quand il faut pour cela apprécier des faits latents, estimer la moralité, prévoir les actes d'autrui, spéculer sur l'avenir et porter des jugements comme sûrs qui ne peuvent être que probables. C'est une étrange conséquence du mal moral inégalement réparti entre des agents associés, une forme inextricable de la solidarité du juste avec l'injuste.

Tâchons de bien définir la nature de ce jugement de possibilité qui, difficile en lui-même, est d'autant plus sujet aux applications vicieuses et engendre la plupart des sophismes de pratique et des grands dénis de justice dans les relations humaines.

Le but moral à atteindre se présente sous deux faces : 1° passer du droit positif au droit rationnel, ou du moins s'approcher du droit rationnel avec les ménagements voulus par les faits acquis, faits qui ont introduit dans le droit positif des éléments de justice, éléments que le droit rationnel ne peut méconnaître ; 2° choisir entre tous les moyens propres à donner satisfaction à des nécessités existantes et, en un mot, parmi les actes où continueront de se marquer les conséquences de l'état de guerre et les applications du principe de défense, ceux qui s'éloigneront le moins de la justice pure et seront les plus favorables au progrès vers l'état de raison et de paix.

Sous l'un comme sous l'autre point de vue, il faudrait pouvoir obtenir le consentement actuel des membres de la société, ou le supposer suffisamment certain, et présumer avec juste raison leur suffisante aptitude à vouloir avec constance ce qu'ils veulent et à supporter les conséquences des résolutions adoptées. C'est dans ces conditions que réside la *possibilité* de tout moyen à employer pour la réalisation d'un idéal quelconque au sein d'une société donnée. Nous pouvons maintenant, pour plus de clarté, appeler les moyens possibles ainsi entendus des *moyens utiles*. L'*utilité*, prise en un sens différent de celui où nous en avons jusqu'ici fait usage pour la morale, mais parfaitement clair, sera donc la convenance d'un moyen en tant que réellement propre à faire atteindre la fin : réellement, eu égard aux faits et à la situation morale des hommes qui ont à intervenir dans l'emploi de ce moyen, et non pas seulement suivant l'appréciation d'un agent seul qui ne consulte que la raison et ce qui devrait être. Ainsi le jugement d'utilité, contrairement au pur jugement moral, a à s'enquérir des suites probables des actes ou des mesures prises, et celui qui le porte doit notamment se demander si le but manqué par suite d'une erreur sur les faits ou d'une conviction trop individuelle et d'une précipitation passionnée, ou enfin d'une décision qu'il ne lui appartenait point de prendre seul, ne rendra pas plus lent et plus difficile que jamais le progrès qu'il avait à cœur de réaliser.

Le jugement d'utilité est essentiellement pratique. On doit éviter en le portant un écueil que ne comporterait jamais un jugement de théorie, je veux dire l'excès dans l'application du principe même sur lequel il se fonde. Une préoccupation exagérée de la puissance des habitudes, une disposition à trop croire les hommes irrévocablement attachés à celles qu'ils se sont faites, à les croire aussi trop dénués de bonne volonté, enfin l'extrême défiance de ce que peuvent les efforts individuels auraient pour effet de rendre toute réforme impossible, tandis que l'expérience constate le changement des hommes et des choses et l'efficacité d'une action personnelle résolue. Il ne faut donc pas ici moins de courage que de prudence chez l'agent, et la ferme vision de l'idéal doit s'allier à la froide considération des réalités.

Examinons maintenant en face le point le plus délicat, la question des moyens utiles comparés à la loi morale. Si les moyens devaient être rigoureusement avoués par la loi, ils porteraient avec eux leur justification constante, mais rien ne subsisterait de la recherche difficile où je me suis engagé. Rappelons-nous que nos prémisses sont dans l'état de guerre, que cet état nous est encore donné en fait, tout amendé et affaibli qu'on le suppose, que le retour du mal au bien, ou d'un droit positif injuste au droit rationnel, n'est généralement possible que moyennant des actes que le droit rationnel n'aurait pas permis et qui, s'il n'eût été violé, ne seraient pas devenus nécessaires: nous verrons clairement que les moyens utiles peuvent, dans une mesure ou dans une autre, s'écarter de la loi morale. Quelle est cette mesure ? Elle appartient dans les cas particuliers à la conscience déterminée par l'état de guerre tel qu'il est et par les besoins de la conservation, de la défense et de la revendication, d'une part, de l'autre, par l'idéal de la raison et de la paix ; et elle ne peut d'une manière générale comporter que les seules règles énoncées plus haut: ménagements pour le droit positif et pour tout ce qu'on nomme droits acquis ; choix, entre les actes possibles, de ceux qui s'eloignent le moins de l'ordre de la paix ou sont les plus propres à y ramener.

L'observation consciencieuse de ces règles n'empêche pas, on le voit, que le droit invoqué dans l'emploi des moyens utiles ne puisse porter plus ou moins le stigmate de la guerre et ne mérite en cela le nom de droit révolutionnaire. Une révolution est en effet un ensemble d'actes ou moyens employés, utiles pour atteindre un but déterminé, dans le cas où le but est juste, mais où les moyens en eux-mêmes ne sont pas justes. Les règles sont-elles observées, les moyens sont-ils probablement utiles, suivant le sens de l'utilité définie ci-dessus, alors le droit révolutionnaire est admissible en morale appliquée à l'état de guerre, je ne dis pas justifiable ou moral. Si au contraire il y a violation des règles et inutilité probable des moyens, le droit révolutionnaire est de toute façon condamnable, c'est-à-dire que le nom de droit ne lui convient en aucun sens.

Il ne faut pas dire que la fin justifie les moyens dans le droit révolutionnaire. Ce qui n'est point juste n'est point justifiable. Comment ferait-on qu'une chose fût ce qu'elle n'est pas? Cette contradiction ne s'explique qu'en ce qu'elle est pour ses auteurs une espèce de forme, et assurément mauvaise et peu franche qu'ils donnent à la négation de la justice ou de sa valeur rationnellement obligatoire. Ce qu'on peut dire c'est que certains actes qui ne sont pas justes sont utiles et quelquefois nécessaires dans l'état actuel des relations humaines, et plus propres que d'autres à conduire à un état de justice actuellement absent. Ceci est un fait qui résulte de faits étrangers à la morale pure et que, en tant que pure, elle n'aurait point à considérer. En l'admettant, on doit en marquer les limites et demander à la morale appliquée de les faire connaître, autant que cela est possible en termes généraux.

Une grande vérité concrète, historique se cache sous cette théorie que je suis forcé d'établir sur des notions abstraites, puisqu'il n'y a jamais théorie qu'à telle condition. La voici: les hommes qu'on peut supposer sortis de la justice ou de l'idéal par une violence faite à leur conscience, du moment que suivant eux ils pourraient et devraient être dans l'ordre et qu'ils n'y sont point, les hommes obligés de se mouvoir solidairement, les justes avec les injustes, ne peuvent en fait y rentrer ou s'en rapprocher qu'à l'aide de quelque autre violence mêlée à des actes de droit véritable. Ils peuvent aussi s'en éloigner davantage, et toute l'histoire des vicissitudes de la vie sociale est là. Si l'usage du droit révolutionnaire, cette forme du droit de guerre au sein d'une société donnée, ne restreint pas la victoire en la soumettant à des règles semblables à celles que je me suis efforcé de formuler, la révolution est exposée à demeurer vaine, à être emportée par des réactions, à produire enfin par ses renouvellements l'anarchie et par l'anarchie un état pire que celui qu'elle a voulu détruire. Mais si l'usage du droit révolutionnaire est suffisamment réglé par l'application de la morale, la révolution peut être durable et féconde. C'est ainsi que par le fait on a vu s'accomplir beaucoup de grandes réformes, toujours préparées d'ailleurs par le long et persévérant emploi de moyens d'accomplir rigoureusement légitimes.

J'ajoute maintenant que la plus dangereuse des erreurs capables de mettre l'inanité dans le fruit des révolutions est aussi celle qui implique l'oubli ou le mépris le plus accusé de la loi morale. Elle consiste à penser que dans un milieu constitué des relations humaines, lequel a ses antécédents, ses coutumes, ses croyances et ses droits de contrat, d'opinion ou d'habitude, le droit personnel pur peut être moralement revendiqué par la force pure: que la violence suffit pour faire reconnaître et régner la justice et qu'enfin il n'est rien dû que la contrainte, et peut-être la mort, à ceux qui pourraient en conscience la méconnaître.

Tout au contraire de ce faux principe, avec lequel s'est malheureusement identifié parfois le droit révolutionnaire, il faut admettre que la double règle des ménagements et du choix des moyens utiles est d'une souveraine utilité en même temps qu'elle est seule morale: morale, c'est-à-dire ici marquée de toute l'empreinte de moralité compatible avec les conditions de l'état de guerre.

La société dans sa perfection suppose l'idée de la paix; elle suppose en outre une certaine mesure de solidarité de ses membres. La société imparfaite et troublée conserve dans la guerre une part de paix, dans la désunion un degré de solidarité quelconque, et, de plus, la solidarité s'étend du bien au mal et à tout ce qui donne à l'injustice une existence constitutionnelle et sociale. On voit par là que la règle des ménagements et du choix des moyens utiles a le caractère moral du respect de la société, à la fois telle qu'elle doit être et telle qu'elle est devenue, et d'une reconnaissance de la solidarité à laquelle on ne tenterait d'échapper qu'en s'exposant à des maux pires qu'elle n'en enferme. En effet, cette règle prescrit les actes les moins éloignés de la paix qui se puissent et les plus propres à conduire à la véritable paix ; et les ménagements commandés ne sont que l'aveu de ce que la solidarité a d'inévitable. L'un des plus importants de ceux-ci, par exemple, qui s'élève presque à la hauteur d'un principe, consiste dans l'indemnité accordée en certains cas à ceux des membres d'une société dont les droits positifs, et qu'ils pouvaient se croire acquis, sont atteints par une réforme que d'autres veulent leur imposer. Or, la solidarité en est la véritable raison, parce que les hommes qui ont vécu sous la foi d'une justice convenue ne doivent pas souffrir seuls des conséquences de la vraie justice inaugurée, quand il y a eu consécration par le temps et complicité générale. Ce n'est pas que l'indemnité soit jamais due à l'injustice avérée ; mais c'est qu'on peut demander une part de sacrifices à la société complice, et par conséquent à ses membres. Il faut que ce principe, où l'utilité semble toutefois plus frappante que le droit, ait été bien naturellement indiqué comme approprié à l'ordre troublé des relations des êtres raisonnables, pour qu'on l'ait cru souvent applicable à ces cas mêmes dans lesquels la vérité et la justice éclatent aussitôt que le problème moral est sérieusement posé, en un mot, au cas de la transformation d'un État à esclaves.

J'ai dû généraliser des règles amenées dans mon sujet par la question de l'esclavage, mais qui s'adaptent parfaitement à toutes les questions analogues. Cette dernière n'était point écartée pour cela, mais pouvait servir d'exemple et d'éclaircissement aux propositions formulées. Il ne reste plus qu'à la reprendre afin de se rendre compte des droits et devoirs modifiés des personnes sous le régime de l'institution condamnable.

Il est clair par tout ce qui précède que le problème des droits et devoirs particuliers est loin d'être exempt de casuistique, encore qu'il soit ici des moins difficiles. Essayons cependant de dégager quelques idées essentielles. La première sera la constatation d'une espèce de loi de progrès des consciences, qui veut que le droit positif du maître sur l'esclave diminue et que le devoir positif d'affranchissement tende à se déclarer à mesure que s'établit l'empire de la raison et que se fait sentir la force de la loi morale. En même temps le devoir positif de soumission de l'esclave va s'affaiblissant, et son droit à l'affranchissement, qui augmente, constitue enfin pour lui un devoir correspondant de revendiquer la liberté. Irons-nous de ce côté jusqu'au droit et au devoir de la révolte ?

La liberté, droit rationnel de la personne, ne peut, si elle est niée, entrer immédiatement dans la pratique que par la guerre. Mais si nous consultons la règle des moyens utiles, nous voyons sans peine les maux qui naîtront de la révolte vaincue et même victorieuse, l'incertitude et le danger de l'avenir, l'horreur du présent. L'esclave est placé par le fait dans l'état de guerre, quant à son for intérieur, et le principe de la défense est assurément applicable à son cas, si sa volonté est que la guerre éclate au dehors, ou ne le serait à aucun. Mais n'a-t-il contracté de liens d'aucun genre avec son maître ? S'il en a contracté, l'emploi des ménagements et le choix des moyens lui sont tout particulièrement imposés, quand même il n'éprouverait pas la répugnance morale que doit inspirer le parti pris de l'extrême violence, impuissante souvent. Les guerres serviles sont de nature à rendre tout droit des gens impossible entre les combattants. Or la renonciation à tout droit des gens, c'est-à-dire à tout devoir mutuel quelconque, est l'acte le plus contraire qui se puisse à la morale. On ne saurait donc l'excuser que par la plus absolue nécessité.

Trois cas sont supposables en général : le cas de protestation constante et violente, ou de pure guerre, lequel supprime toute question morale et, par cette raison même, ou n'est pas admissible, ou ne s'introduit pas sans crime dans une société régie par des coutumes, si basses soient-elles ; le cas de consentement, qui met fin à la recherche du droit et du devoir d'insurrection, pour ne la laisser revenir qu'au moment où d'autres sentiments se sont fait jour chez l'esclave ; et le cas moyen de la guerre sourde, avec les incertitudes, les doutes, les nombreux degrés qu'il comporte, les sentiments mêlés et la dissimulation recouvrant le tout. Ce dernier est le cas commun et vraiment général. On y rapportera aisément ce que j'ai dit des règles de la morale appliquée. Mais la ruse et les habitudes vicieuses qui s'y rattachent, altérant les notions morales dans l'âme de l'esclave et tendant d'autre part à engendrer le mépris dans celle du maître, amènent un état de choses où il faut convenir que le droit et le devoir appliqués ne se démêlent plus qu'avec une difficulté extrême.

Si la violence est le premier des caractères de la guerre, la ruse en est le second qui tantôt se joint à l'autre et tantôt le remplace en entier. C'est la punition ordinaire des relations injustes passées en coutume, une fatalité, du sein de laquelle un passage aux relations rationnelles est introuvable, si ce n'est par un effort systématique et persévérant de ceux qui possèdent les lumières et le pouvoir. La même situation se présentera à nous dans plusieurs autres questions capitales. D'un côté, la dissimulation est la forme naturelle de la défense, et d'une défense très nécessaire, et par conséquent devient excusable. D'ailleurs l'état de conscience des victimes de l'injustice est souvent une excuse de plus. Le malheureux qui s'exposerait aux derniers dangers en abandonnant les voies souterraines de la lutte n'a pas même la pensée d'une revendication possible, franche et ouverte. D'un autre côté, le maître et le coupable est loin de voir l'étendue de son crime; il est trompé par les vices acquis de l'esclave et les prend volontiers pour des faits de *nature,* tandis qu'il n'aperçoit qu'impossibilités ou menaces pour lui et pour la société dans les tentatives qu'on ferait en vue d'établir un ordre rationnel. Après l'excuse de la victime, on a donc l'excuse du bourreau, et ces deux excuses se corroborent mutuellement.

La seule conclusion générale qui nous soit permise est un retour au premier principe de la morale c'est-à-dire à l'obligation de chacun de faire son devoir et de revendiquer son droit, dans la mesure où le travail constant de sa raison lui permet de les dégager; c'est ensuite la règle du possible et de l'utile dans les applications, telle qu'elle a été définie, en observant toujours qu'il n'y a point lieu d'invoquer cette règle, et que tout recours qu'on y aurait ne serait que faux prétexte, dans les cas où l'accomplissement du devoir dépend de l'agent seul. Ce dernier est alors tenu d'exposer jusqu'à sa vie, s'il le faut, puisque son droit de défense, s'il est en jeu, ne l'est pas du moins vis-à-vis de ceux que l'on suppose ici avoir des droits à faire valoir sur ses résolutions. Le devoir personnel du maître en fait d'affranchissement est donc parfaitement clair, aussitôt que la conscience est éclairée. Elle l'est chez plusieurs qui extérieurement n'en témoignent rien, et dont tout l'effort s'emploie à justifier des maximes perverses. Ils croient y parvenir sans doute, mais c'est ce dont tout criminel est capable comme eux.

Si l'esprit qu'on nomme conservateur, chez les hommes qui dirigent les évolutions des sociétés humaines, n'excluait pas le franc et énergique aveu du devoir, la pleine reconnaissance de la raison, s'il n'alléguait point d'autres impossibilités pratiques et d'autres utilités que n'en admet une conscience pure, le progrès des institutions et des mœurs serait assuré et rapide. Mais le bien, l'utile et le nécessaire sont des sujets perpétuels de sophisme et de mensonge, suivant les errements ordinaires d'une politique de conservation. La perversité des hommes d'État s'appuie même de l'aveuglement des philosophes. Parmi ceux-ci, les uns et les plus excusables ne voient pas comment le droit serait possible ou la raison applicable, et mettent au compte de la nature l'injustice qu'ils se dissimulent : voilà ce qu'Aristote et la plupart des anciens ont fait en traitant la question de l'esclavage. Les autres, à qui l'histoire et la morale devraient enfin donner de meilleures lumières, cèdent, au fond, à des intérêts de caste ou à de fausses notions d'autorité, et voyant le mal très distinctement le justifient par le mal même et le déclarent nécessaire. C'est ainsi que saint Thomas, dans ses théories, a rivé au nom du péché les chaînes du serf et de l'esclave.

CHAPITRE LXXIII

LA LIBERTÉ DE CONSCIENCE. QUESTION DE L'INTOLÉRANCE

Dans l'ordre des libertés, la liberté de la conscience semblait devoir passer la première. Cependant comme l'esclavage du corps est la négation de la personne et de son droit, par conséquent de la conscience dans l'esclave, au lieu que l'intolérance et l'inquisition veulent dans le servage des âmes une soumission volontaire et reconnaissent implicitement la liberté qu'ils violent, j'ai pu faire passer la question de l'esclavage en première ligne sans déroger à l'ordre naturel des matières.

Il n'est pas moins vrai que la contradiction est plus offensante en un sens pour la raison que ne l'est la négation la plus impudente. Aussi n'y-a-t-il pas d'atteinte plus grave portée à la personnalité que la prétention de la soumettre de force à des modifications internes, à des croyances déterminées. Le crime est pire que celui d'assujettir les corps comme si les consciences n'existaient pas. Il semble tellement plus difficile, ou plutôt impossible d'atteindre les sentiments que de les négliger comme nuls, que cette forme de l'esclavage est vraiment inconcevable. On a voulu pourtant la réaliser ; nous voyons encore un sacerdoce y travailler avec opiniâtreté. C'est qu'on peut y réussir jusqu'à un certain point ; on est parvenu à certaine époque à réprimer presque toutes les manifestations propres à faire juger que le but était manqué en somme.

Il a existé des sociétés vastes et florissantes (florissantes, à la guerre et à l'esclavage près) où des croyances suffisamment communes régnaient par le fait, si bien qu'elles prenaient une forme civile, et où les conflits des consciences et les actes d'intolérance et de persécution qui s'ensuivaient n'étaient qu'exceptionnels. C'est précisément quand les sentiments de l'ordre religieux ont cessé d'être des produits de la coutume et de la tradition des races pour devenir des phénomènes attendus et obtenus de la conscience individuelle, plus ou moins multipliés d'ailleurs et plus ou moins convergents, divergents souvent, que s'est montrée l'ambition de les gouverner et de les commander, quoique libres de leur nature. Des hommes accoutumés à l'unité, du moins nationale, et à la communauté spontanée des cultes n'ont pas compris que ce qui n'était plus à leurs yeux que volontaire ou divin, question de foi, question de grâce, non de cité, devait être plus que jamais libre, exempt de toute contrainte et en outre devenir individuel, quant au fondement. Le principe de l'État, qui impliquait un principe de religion, mais généralement consenti et tout empirique, a exigé indûment l'accord des croyances au moment où se trouvant essentiellement personnelles elles devaient se trouver volontaires et variables.

Mais il y a une cause plus profonde. Les sentiments religieux, à cette même époque, avaient revêtu une forme éthique qu'ils étaient loin d'avoir au même degré auparavant. Le problème du mal, surtout du péché humain, de son origine et de ses suites, préoccupait les esprits. On appelait la religion pour le résoudre en théorie et pratiquement. On liait donc étroitement à la vertu, au devoir, à la bonne vie, les exercices du culte et la manière de les entendre. Comme il faut croire avant de pratiquer, la croyance devenait de cette manière exigible au même titre que le bien-faire; et d'ailleurs on la regardait comme méritoire ou condamnable par elle-même: suite nécessaire de l'idée qui fait dépendre les vertus de la foi à certaines choses surnaturelles. En un mot, le devoir devenant une branche de la religion, la religion devenait obligatoire parce que le devoir oblige. De là le fanatisme, c'est-à-dire la passion aveugle d'une conscience qui s'est formé du devoir une idée à elle propre, de vouloir contraindre les autres à la même idée ou aux actes qui en sont la conséquence.

Le fanatisme et le servage des âmes sont, aussi bien que l'esclavage, une forme de l'état de guerre parmi les hommes, puisqu'ils appliquent la violence, et aussi dans le fait le mensonge et la ruse, aux relations de droit et de devoir. Mais, en outre, ils accusent au plus haut degré l'existence du mal moral et le désordre des consciences, car ils ont pour but d'obtenir le bien par contrainte et de forcer l'un à le comprendre comme l'autre. Le pire défaut de cette conception monstrueuse est de supposer que les directeurs quelconques des âmes et ceux qui ont la force en main ont plus de raison que d'autres de se croire infaillibles et bons. Aussi ne faut-il pas moins qu'une prétendue révélation du ciel pour les en assurer. Mais c'est le contraire qui est vrai, et voilà toute la réfutation que comporte ici la morale, c'est que ces hommes se réputant infaillibles et bons sont les plus ignorants ou les plus criminels de tous devant la raison, dès là qu'ils violent la conscience d'autrui, sa liberté et son droit, en prétendant y substituer de force la leur.

Le devoir est obligatoire, mais il est tel pour la conscience et non par la voie d'une contrainte qu'elle subirait de la part d'une autre. Le droit extérieur et mutuel d'obliger n'est engendré, nous l'avons vu, que par l'état de guerre et par le devoir de la défense. Il s'ensuit de là que ce droit n'est applicable en principe, premièrement qu'à des actes externes ayant une portée visible, secondement qu'en des points où les devoirs réciproques se trouvent engagés par le fait. Or il n'y a rien dans les croyances religieuses, c'est-à-dire dans les rapports supposés de l'homme avec des êtres de foi, qui entraîne directement et nécessairement des modifications et des manquements dans ses rapports avec ces êtres de fait et d'expérience actuelle qui sont les autres hommes.

Par la même raison, le principe de l'État auquel j'ai fait allusion plus haut n'est pas invoqué légitimement en faveur de l'unité forcée des croyances religieuses. Le vrai principe et le vrai fondement de la société est aussi le seul que la morale puisse prêter aux États, savoir : le respect mutuel, la relation de droit et de devoir, la justice. Hors de là ou contre cela comment pourrait-il exister quelque droit social ? Il faudrait qu'il fût né de la violation même du droit rationnel. Le prétendu principe de l'État est alors une *raison d'État,* une expression de l'état de guerre.

Mais la question se présente, et ce serait avoir théorisé vainement que de se la dissimuler : jusqu'à quel point est-il possible de vivre en société, à des hommes qui sont animés de croyances différentes ? Sans doute la morale veut que cela soit toujours possible, car elle se pose en condition nécessaire et suffisante de la société. Mais, en fait, étant donné des religions, les hommes se tiennent eux-mêmes et tiennent les autres pour obligés à des actes que la morale ne prescrit pas, qu'elle interdit souvent et dont l'unique rapport avec la loi sociale est d'y être rattachés par l'erreur ou par le crime. Cela étant, les uns, ceux que l'on veut contraindre, se trouvent à l'état de légitime défense; et il faut bien avouer que les autres croient y être, si au moment où ils s'arrogent des droits exorbitants ils visent seulement à se prémunir contre les actions injustes que, suivant eux, les premiers ne peuvent pas manquer de tirer de leurs croyances antagonistes.

Les persécuteurs en pensant ainsi ne se trompent pas toujours, puisqu'il existe incontestablement des religions qui commandent l'injustice, ou dont les prescriptions contrarient les notions morales de la société, à un degré ou à un autre. Et les persécutés se trompent quelquefois en croyant ne faire que défendre leurs consciences, quand ils attendent au fond l'occasion de violenter celle d'autrui et se refusent en attendant à reconnaître de véritables droits et de véritables devoirs.

Toutefois, dans les cas ordinaires, il n'existe nulle incompatibilité entre les croyances, quoique divergentes, des membres d'une même société civile; je veux dire en tant que les éléments nécessaires et suffisants du lien moral et social pourraient se trouver en jeu. Mais le servage des âmes ayant été établi à des époques antérieures, il se produit un phénomène analogue à celui qui sous le régime universel de l'esclavage rend difficile la supposition d'une société sans esclaves. Ici, l'habitude survit au fanatisme et empêche des concitoyens de comprendre comment ils pourraient vivre en paix et former une vraie cité sans avoir des dogmes communs et pratiquer un culte, le même pour tous. Le doute ou l'indifférence religieuse ouvrent parfois les yeux de ceux que la justice n'a pu éclairer, et s'il se trouve alors que de fortes croyances revivent et ne s'accordent point, on est étonné de les voir se ranger sous les lois d'une société qui n'en professe aucune. Le même fait a lieu quand des religions qui se sont combattues longtemps n'ont pu parvenir à se vaincre et prennent le parti de se tolérer.

Comme la religion est un lien très puissant, et une source de moralité aussi, pour ceux entre autres qui sont loin de la raison ou en méconnaissent les lois; et comme par le fait l'humanité s'est montrée jusqu'ici peu capable de tendre à la justice et à la paix sous la simple impulsion des idées morales, on se demandera peut-être jusqu'à quel point il est permis d'espérer l'établissement définitif d'une société principalement honnête, où les croyances religieuses seraient toutes subordonnées à la loi rationnelle, affaiblies ou non qu'elles seraient d'ailleurs de manière à garder peu d'influence sur la vie. L'écart entre l'homme et son idéal moral est-il tel qu'une religion doive toujours rester nécessaire et paraître seule le remplir ? Autre question, plus voisine de nous : lesquelles, parmi les nations européennes, l'emporteront en vertus, et par suite en puissance, de celles qui ont conservé plus de superstitions que de religion et dont la religion toute d'habitude entretient mal la moralité d'ailleurs trop faible encore par elle-même, ou de celles qui ont plus de vraie religion que de superstitions et trouvent dans leurs croyances libres et élevées un encouragement pour la vie morale ? Ce dernier problème ne paraît pas bien difficile à résoudre. Le premier, plus général, est plus embarrassant. Mais je dois me renfermer dans le cercle de la morale et du droit.

La possibilité d'assembler sous une même loi civile des croyances diverses a naturellement des bornes. Elles sont atteintes dans la supposition où quelque religion se rend incompatible réellement par ses prescriptions et ses pratiques avec la loi morale et les principes rationnels de l'ordre social. Elles le sont encore, au moins temporairement, de cela seul qu'elles sont réputées l'être, quoique à tort, et que le fanatisme règne dans les esprits d'un côté ou d'un autre, ou des deux côtés à la fois. Il s'agit donc maintenant de chercher ce que sont en pareil cas les droits et les devoirs, et d'appliquer à la question dite de la tolérance les règles que nous avons dégagées à propos d'une autre question.

Rappelons d'abord que le cas d'incompatibilité réelle est plus rare et difficile en principe qu'on ne pense, puisqu'il suppose des hommes qui n'auraient pas en commun les notions de respect mutuel et de justice, nécessaires et suffisantes pour une existence sociale parfaite, qui ne posséderaient pas en un mot la raison pratique accompagnée de l'ensemble des bonnes passions humaines que nous avons vu en être inséparables. Il y a donc un droit qui prime tous les droits sortis de l'expérience : c'est la liberté de la conscience entraînant la liberté religieuse, dont les vraies conditions de la société n'ont rien à souffrir ; et un devoir qui prime tous les devoirs : c'est le respect de cette liberté. Ce devoir est très mal appelé tolérance, car il est stricte justice et obligation entière. Le mot de tolérance devient exact, s'il s'applique à un certain respect relatif vis-à-vis des consciences engagées dans l'erreur ou dans l'injustice, de la part d'une autre conscience qui souffre dans sa liberté. Mais alors précisément l'intolérance peut devenir un droit et même un devoir pour cette dernière.

Supposons le conflit, maintenant. De deux choses l'une, ou l'incompatibilité que j'ai définie existe réellement par hypothèse, ou elle n'existe qu'en apparence et par suite d'erreur, d'ignorance et d'habitudes d'esprit contractées. La première supposition revient à dire que les hommes qu'il s'agirait de retenir dans une même société ne sont pas également des hommes, ne sont pas des êtres également raisonnables et sociables, reconnaissant des lois sociales essentielles. Il faut alors ne pas demander l'impossible. La guerre existe sitôt que les passions et les intérêts se choquent. On ne voit même pas où elle pourrait s'arrêter. La sécession mutuelle serait donc le seul remède, mais rarement praticable et rarement voulu. C'est plutôt d'expulsions et de dépossessions qu'il s'agit, si ce n'est d'anéantissement ou de conversion forcée. Tant que dure la juxtaposition des croyances ennemies, il semble y avoir droit et devoir de défense de chaque côté et n'y avoir ni devoir ni droit d'attaque d'aucun, si l'on considère seulement l'inviolabilité de la conscience ; en sorte que les deux partis en guerre seraient tour à tour victimes et bourreaux. Mais si l'un des deux se fonde sur les vraies notions morales et sociales, que l'autre nie, celui-là possède la conscience vraie dont le second n'a que l'apparence : il a donc et il a seul un droit réel et un devoir réel d'intolérance, qui se confondent avec le droit et le devoir de conserver et de défendre les premiers principes et intérêts de la personne et de la société.

Ce dernier cas est celui qui se présente entre une religion théocratique imposée, inquisitoriale, intolérante sans droit, et les hommes qui défendent contre cette religion leurs propres existences personnelles et morales et les lois rationnelles de l'ordre social. L'intolérance, injuste chez les uns, devient au contraire juste chez les autres. Nulle solution pacifique n'est possible en un tel conflit, même à la longue, à moins d'admettre que la religion dont je parle se modifie, ou encore qu'elle ne soit pas au fond tout ce qu'elle paraît être, qu'on puisse la scinder, y distinguer des croyances qui ne seraient pas incompatibles avec la liberté de la conscience, et un fanatisme introduit, non nécessaire, en un mot éliminable.

Nous arrivons ainsi à la seconde supposition, à l'hypothèse d'un conflit de croyances également conciliables au fond avec la loi morale, incompatibles entre elles en apparence ou suivant de fausses manières de voir. Le cas s'étend sans difficulté à celui où une croyance de ce genre semble opposée, non pas à une autre, mais directement à la loi morale et sociale. Des consciences en lutte cherchent à se soumettre mutuellement, les unes par la force à la foi, les autres par la force au droit. Le conflit étant résoluble au fond, la guerre peut s'atténuer et il est du devoir de chacun de tendre à en affaiblir les effets et la portée. Des contrats de toutes sortes interviennent et constituent des droits et devoirs positifs. Peu à peu, si les hommes sont bien inspirés, l'habitude d'en appeler à la force se perd et la paix se prépare. Dans la série nombreuse des cas qui séparent le conflit irrésoluble ou à peu près de la paix à peu près faite, au milieu d'une société en voie de transformer ses lois pour arriver enfin à la liberté de conscience, se placent maintenant des droits et des devoirs pratiques, variables, sujets à appréciation, entièrement analogues à ceux que nous avons vu se poser à propos du régime de l'esclavage. Même dans l'hypothèse où il n'est pas de conciliation admissible au fond, quelque chose de ces sortes de droits et de devoirs modifiés demeure toujours, parce que des relations entre hommes ne sauraient être dépouillées de tout caractère d'humanité, à quelque degré que soient poussés les besoins de la défense et l'injustice de l'agression. Il est rare d'ailleurs, s'il n'est tout à fait impossible, qu'il n'y ait aucune solidarité d'erreur et de crime entre deux partis qui se combattent.

Il suffit de rappeler les contradictions que produisent dans l'esprit l'institution de l'esclavage, ou tout autre régime injuste amené par la guerre et consacré par les mœurs et par les lois. Elles sont les mêmes ici. Les modifications que la raison doit apporter dans la revendication du droit rationnel et dans l'exigence du devoir pur sont également toutes semblables. Le principe de la fixité de l'idéal est toujours nécessaire. Le devoir pur s'impose toujours dans les choses qui dépendent de l'agent seul. Le jugement de possibilité, le choix des moyens utiles, la règle des ménagements paraissent et s'appliquent en tout ce qui n'est point dans la dépendance exclusive d'une personne. Enfin les limites des moyens révolutionnaires ont les mêmes raisons d'exister, ainsi que les excuses à faire valoir en faveur de la dissimulation des opprimés et de la violence des révoltés. (Voir les chapitres précédents.)

Les questions religieuses ne sont pas bornées aux croyances et aux cultes proprement dits. Des institutions comme celle du mariage empruntent un caractère religieux et deviennent d'autant plus aisément des sujets d'intolérance et de contrainte. En principe, les problèmes de ce genre doivent se trancher par la séparation du domaine moral et social, avec ses dépendances nécessaires, et du domaine religieux livré à la liberté des personnes. Les cas de conflit sont d'ailleurs assujettis aux mêmes préceptes généraux. Je ne m'arrêterai pas à développer les conséquences aujourd'hui bien connues de l'indépendance réciproque des États et des religions, et je sortirais de mon sujet en étudiant les moyens de les atteindre.

CHAPITRE LXXIV

LE DROIT DE COMMUNIQUER, DE CONTRACTER, DE S'ASSOCIER ET DE SE GOUVERNER

Les droits de conservation et de défense du corps et de l'âme, qui viennent d'être examinés, sont aussi personnels que possible par essence ; ils sont liés cependant au droit public et politique par les institutions qui peuvent les dénier ou les confirmer. Les droits qui restent à énumérer se rattachent de plus près et plus universellement aux questions sociales, puisqu'il n'y a pas de société qui ne les soumette tous ou presque tous à des restrictions quelconques, dans le but d'assurer la fixité d'un ordre une fois établi. Ceux-ci ne laissent pas d'être d'une nature toute personnelle, en ce que la personne n'est pas séparable de ses relations avec autrui, et qu'ils ont pour objet de lui conserver la possibilité de s'entendre avec autrui sur les sujets de bien commun. Nul ne pourrait s'en démettre entièrement en faveur de la communauté, de quelque manière que la communauté se trouvât représentée, sans abdiquer sa qualité d'homme, abandonner ses plus grands moyens de défense et supprimer le droit de ses descendants, qui ne lui appartient point.

Le droit de communiquer comprend, dans l'extension sérieuse du mot, non seulement le droit d'aller, de venir et de parler librement à autrui, mais encore celui d'étendre la communication à l'aide de tous les suppléments imaginés ou imaginables de la parole :

l'écriture, la presse, etc., et enfin de s'assembler à volonté pour examiner en commun tous les points possibles d'intérêt au delà de l'individuel. On est assurément esclave ou serf à quelque degré, soit du corps, soit de l'âme, quand on est privé à quelque degré de l'exercice de ce droit.

Ce que ce droit a de propre, c'est qu'il peut bien, à la vérité, servir d'instrument pour des injustices, et quelle est la faculté dont on n'en saurait dire autant, mais que, pris en lui-même, il est absolu et n'admet point de limites provenant des droits d'autrui dans l'exercice que chacun en peut faire. Il n'en est pas de même des suivants, qui vont au delà de la simple communication, passent de la proposition à l'acte et peuvent impliquer les intérêts des tiers ou de tous, quand ils ne paraîtraient d'abord affecter que des intérêts individuels.

Le droit de contracter embrasse les conventions entre particuliers dans l'ordre domestique et dans l'ordre économique, et, par extension, les actes par lesquels un seul peut disposer dans l'intérêt des autres. Il est clair que la justice met des bornes à l'exercice de ce droit personnel, et cela de deux manières. Premièrement les conventions doivent respecter les droits des personnes qui n'y interviennent pas. Secondement, et d'un point de vue plus général, l'observation de la loi morale est requise, car le libre consentement ne suffit pas pour légitimer des conventions qui la violent; et les contractants étant membres d'une société plus vaste que celle que suppose entre eux leur contrat actuel, ils sont tenus aussi de se conformer aux principes universels qui rendent cette grande société possible. Si ces conditions ne sont pas observées, le droit de défense paraît et appartient à ceux qui ont à souffrir de l'effet des conventions particulières.

Le droit d'association est un développement du précédent et s'applique aux mêmes objets, avec une portée plus grande ou un plus grand nombre d'intéressés, et à d'autres objets encore qui peuvent entrer dans le domaine du droit public et même international. Les limites sont du même genre, ont le même fondement. Elles paraissent d'autant plus impérieusement exigées, quand on pense au droit de tous et à leur défense, que les faits d'association, en se développant et se multipliant, tendent à se substituer à la société générale et sont capables d'en altérer ou d'en détruire les principes quand ils ne les avouent pas ou qu'ils en appliquent d'autres.

Le droit du gouvernement de soi-même nous amène enfin à ce point où chaque personne est envisagée directement comme membre de la société, et non plus seulement dans ses libres relations avec d'autres personnes particulières. La faculté qu'il s'agit ici de lui reconnaître est celle de prendre sa juste part à la direction commune volontaire. Le contrat social, cette fiction quant à la lettre de l'histoire, cette réalité quant à l'esprit et à la raison, ce fondement nécessaire de tout édifice constitutionnel en tout temps exige la conservation des droits personnels et, par conséquent, du droit même de participer volontairement à une société qui, d'une part, est faite pour garantir ces droits en contraignant leurs applications et les limitant, et peut, de l'autre, les modifier, les compromettre, les anéantir en fait. Comme nous ne sommes pas ici dans la société idéale de la paix, mais placés sur le terrain de l'erreur, de l'injustice et de la guerre, il faut supposer l'imperfection de la raison et les variations de la volonté. Les volontés variant donc, soit dans le cours d'une même génération, soit pour des générations successives, le libre consentement et la libre participation au contrat social n'existent qu'autant qu'ils sont donnés explicitement dans une suffisante mesure. Dans l'hypothèse morale de la paix, l'accord de la raison et des volitions chez chacun et entre tous permet la plus complète autonomie personnelle, et le contrat social est tout et toujours volontaire. Dans la thèse historique de la guerre, les manquements à la loi, les incertitudes et les changements des esprits et des cœurs réclament cette même intervention de la volonté, et cela au nom du principe de la défense, non moins que de la liberté (V. chap. LX et LXX).

Une société que ses membres ne confirment point par leurs volontés, et cela, car c'est au fait la seule manière, en contribuant à en appliquer les institutions et les lois dans une mesure raisonnable, et, par suite, en usant d'une certaine faculté pour les modifier, et, par suite encore, pour les combattre sous certaines conditions, est un état plus ou moins déterminé de sujétion contrainte, c'est-à dire de servage. Les droits personnels que je viens d'énumérer, et qui concernent les relations humaines mutuelles et les contrats, ne peuvent y être garantis, on le conçoit; mais toute règle de ces choses y procède de la force de l'habitude, ensuite de l'arbitraire de quelques-uns; double cause d'étouffement de la raison de tous. Le droit de communication n'est pas respecté, car il ne tarderait pas à menacer l'établissement de contrainte; la liberté de conscience est à peu près impossible à manifester, comprimée qu'elle est à la fois par les passions du milieu et par les craintes du pouvoir; enfin, si l'esclavage n'existe point, il ne s'établira pas peut-être, mais s'il existe on ne concevra jamais qu'il puisse être aboli. On voit à quel point les droits personnels sont liés et comment ils convergent tous au droit politique.

Toutefois en formulant l'intervention des volontés personnelles dans la direction sociale, il a fallu parler d'une *mesure raisonnable* de cette intervention, et de *certaines facultés*, de *certaines conditions* en ce qui touche les modifications du contrat. C'est que le principe de la défense n'est pas seulement applicable au droit de chacun envers les actes de tous et leurs représentants réels ou prétendus; il l'est encore au droit de tous contre les actes de ceux dont la participation à la direction commune est jugée devoir certainement se produire en violation de la justice; il l'est pour ainsi dire contre leurs propres actes, en tant que sujets à précipitation et inspirés par des passions qui tiennent trop peu compte du passé ou trop peu de l'avenir. Au fait, il n'y a pas de société constituée qui n'ait soumis le droit du gouvernement de soi-même à des restrictions tirées de la tradition, de la constitution, des règles qu'elle impose, et enfin d'un préjugé quelconque de légitimité de ce qui existe tant qu'il existe. Mais ce n'est pas tout, car le droit même a été presque toujours dénié à des hommes qu'on a supposés incapables d'en faire de justes applications. Que le principe de la défense ait pu rigoureusement aller jusque-là, il est difficile de le contester, bien que l'abus en ait été presque partout manifeste. Quoi qu'il en soit, un véritable état de servage est le lot de ceux qui sont ainsi exclus du gouvernement de soi-même.

Les limites de l'intervention de chacun au contrat social, comme de tout autre droit, ne devraient au moins chercher leurs raisons d'être que dans la liberté, dans les droits similaires d'autrui. Mais, au lieu d'entendre ainsi les choses, ceux qui sont en possession de la direction sociale, et je parle des bien-intentionnés, se proposent communément de conduire au bonheur et de ranger à la moralité les hommes, indépendamment ou en dépit de leurs volontés. Dans ce dessein, ils s'ingèrent de commander, permettre ou interdire telles ou telles espèces de contrats et d'autres relations particulières. Naturellement, le droit au gouvernement de soi-même est le plus atteint de tous selon cette manière de voir; les autres le sont en conséquence, et le droit même de communiquer ne subsiste que dans la mesure où il ne semble pas menacer le monopole du gouvernement. Le point de vue est directement contraire à la loi morale. Il n'y a que le principe de la défense qui puisse susciter un droit contre un autre droit qui s'exerce abusivement, et le véritable agent moral n'aura garde de se croire en état de défense pour exiger des autres ce qu'à tort ou à raison il regarde comme bien, et non pas seulement l'observation des lois fondamentales du Juste, où lui-même et tous avec lui sont incontestablement intéressés.

Il est facile de voir d'après tout cela comment les oppositions s'introduisent historiquement dans la question des droits et libertés dont nous nous occupons. La justice de l'un et l'injustice de l'autre, cette cause de la guerre et cette origine de la défense, introduit un état de choses où des droits sont déniés par la raison qu'il semble y avoir probabilité, certitude pratique qu'ils ne s'exerceront pas simplement, mais se changeront en instruments d'injustice ; par la raison, disons-le, que les agents auxquels on les reconnaîtrait ne sont pas *dignes*, ne forment pas en un sens avec les autres une vraie *société*, ne sont pas des *hommes*, des êtres raisonnables comme eux. Mais ceux qui pensent ainsi peuvent n'être pas ces hommes justes autant qu'ils le prétendent, et les exclus du monopole social, les membres en tutelle, peuvent de leur côté être ces hommes justes ou le devenir. De là, des luttes inévitables, légitimes d'une part ou de l'autre selon que la défense devient agression ou l'agression défense. De là un fatal cercle vicieux dans l'évolution sociale qui pour aller à la justice veut des hommes justes, et pour trouver des hommes justes aurait besoin de la justice faite et de la paix établie dans une société sans exclusions.

L'opposition de la liberté et de l'autorité naît, dans la mêlée des prétentions, de la nécessité d'accorder l'avenir avec le passé, le droit rationnel avec les faits acquis et les habitudes, enfin les convictions et les revendications individuelles avec l'assentiment général et les maximes consacrées. Le droit au gouvernement de soi-même est principalement réclamé en vue de modifications à introduire dans les institutions ou lois qui règlent les relations. Or ces lois représentent l'autorité même contre laquelle la liberté s'élève.

L'opposition de la loi morale et de l'utilité sociale, ou de la raison autonome et des fins à poursuivre, éclate surtout dans le fait de l'incapacité réelle ou supposée d'un nombre quelconque d'agents et membres nominaux de la société. A l'endroit de ceux-ci, en effet, il y a violation de la loi morale pure, jusque dans les actes au moyen desquels on chercherait à les réintégrer, mais sans leur consentement, dans la dignité qui leur manque. Les fins et les moyens mêmes de la défense peuvent être dans l'intérêt bien entendu des exclus, non moins que des associés actifs qui défendent leur établissement ; il reste toujours que ces derniers violent le précepte du respect de la personne et déterminent leurs actes d'après une certaine appréciation des choses externes, non sur la pure dictée de la raison ; et que les autres ne jouissent pas de la pleine condition d'agents libres.

Enfin l'état de choses qui donne lieu aux oppositions précédentes amène aussi nécessairement celles dont chaque personne est le théâtre : oppositions des passions et de la raison, oppositions propres à la liberté dans un milieu qui ne réalise pas les conditions voulues de son exercice normal. Tous les doutes possibles sur le bien et sur les vrais moyens de l'atteindre se rencontrent dans l'esprit des agents moraux : lutte interne chez chacun, qui n'est pas la moins cruelle de toutes.

Les droits et les devoirs dérivés résultant de l'application de la loi morale sous des conditions où cette loi est violée sont les mêmes pour une société qui a dérogé au contrat rationnel, en ce qui touche les libertés définies dans ce chapitre, que pour celle dont les déviations sont allées jusqu'à l'institution formelle de l'esclavage du corps ou de l'âme. Ils se résument toujours : 1° dans le principe de la conservation et de la fixité de l'idéal, en d'autres termes, de la pureté des lois de la raison pratique et de la constante culture de cette raison ; 2° dans l'observation rigoureuse des préceptes moraux concernant les choses qui dépendent exclusivement de l'agent ; 3° dans l'application consciencieuse du jugement de possibilité, du choix des moyens utiles et de la règle des ménagements, en ce qui ne dépend pas de la raison et de la liberté d'un seul.

La théorie du droit de défense est aussi la même, les applications en sont analogues. Les limites des moyens révolutionnaires résultent de considérations pareilles. On trouve enfin de semblables excuses, qui ne sauraient jamais être des justifications, en faveur des crimes ou vices des opprimés et notamment de l'emploi des moyens de violence ou de ruse suggérés par la défense ou par les besoins d'une revendication formellement repoussée (Voir les chapitres LXXXVIII à XCV).

DEUXIÈME SECTION

LE DROIT DOMESTIQUE

CHAPITRE LXXV

LE DROIT QUANT AUX RAPPORTS SEXUELS

Si la famille, de quelque manière qu'on l'entende et qu'on veuille la régler, est toujours un premier élément naturel et reste un élément permanent de la société, il n'est pas moins vrai que ses lois quelconques sont primées, sous le point de vue du droit, par le droit qui s'attache à la personne comme telle et domine toutes ses relations possibles. Ce principe, déduction immédiate de la loi morale, m'a obligé, selon la méthode rationnelle que je suis, à placer le droit domestique après le droit personnel, encore que ce dernier soit essentiellement lié au droit public et politique, comme on vient de le voir.

La question qui se présente tout d'abord à l'égard de l'existence d'un droit domestique, est celle de savoir si, de la différence du sexe, une différence peut procéder en théorie dans le droit personnel. Un long examen ne sera pas nécessaire. Je n'ai parlé jusqu'ici ni de l'homme en tant que mâle, ni de la femme en tant que femelle ; j'ai parlé de la personne. La femme est une personne, c'est-à-dire possède la raison, connaît la loi morale, est capable de contracter et de s'obliger. Tout ce que j'ai dit de la personne est donc rigoureusement applicable à la femme. Tout ce que j'ai dit des relations des personnes est indépendant des qualités sexuelles et doit valoir sans réserve. Il reste seulement à chercher comment le droit et le devoir paraissent dans la relation même des sexes, laquelle est un fait, comme les autres faits, rationnellement subordonné à la loi morale dès qu'il dépend de la volonté.

La différence des facultés de l'homme et de la femme, en supposant qu'on l'observât à peu près générale et constante sous tous les régimes possibles d'éducation et de société, ne porterait jamais que sur le partage et le degré des aptitudes comparées. La comparaison ne semble pas avoir abouti jusqu'à ce jour à des conclusions assez nettes. Mais elle est inutile pour la morale et le droit. On ne conteste pas, en effet, que beaucoup d'hommes ne soient inférieurs à beaucoup de femmes sur les points où soi-même on voudrait placer l'infériorité de la femme. Mais on n'oserait inférer de là que ces hommes ne sont pas assez entièrement hommes pour assumer les mêmes droits en général et la même responsabilité que les autres.

Il est vrai que si les facultés ne diffèrent pas essentiellement, il y a des fonctions naturellement diverses. Mais pour avoir des vocations spéciales, d'où naissent des devoirs spéciaux, la femme n'échappe pas aux devoirs universels de la personne, et ceux-ci comportent les droits correspondants du même ordre. Des affectations peuvent être indiquées par le sexe dans la distribution des travaux humains. Il n'en résulte point que la femme puisse être privée du droit que l'être raisonnable a de déterminer lui-même son choix et de marcher librement en son autonomie. Le droit positif peut disposer et distribuer; mais ce droit s'éloignera d'autant moins du droit rationnel que, au lieu d'établir légalement des fonctions contraintes et d'en interdire d'autres; il laissera la liberté régler partout les aptitudes et les appliquer. Ajoutons que la plénitude du droit positif implique celle du consentement des contractants ou supposés tels.

Ainsi le sexe ne modifie point le droit en principe. Il apporte seulement une matière spéciale du droit dans les relations humaines. Examinons-la. La relation sexuelle donne lieu à des sortes d'échanges ayant leur objet propre et à des promesses explicites ou implicites qui s'y rapportent. L'intervention de la raison y est de devoir (devoir envers soi-même) de la part de l'être raisonnable, à cause des fins, intentionnelles ou non, en tout cas connues, que la nature y attache. Et la justice y vient avec la raison, comme dans tout contrat possible. Mais une question préalable se pose : Que vaut moralement l'acte essentiel de la relation des sexes, pris en lui-même, dans la supposition où seraient observés les devoirs suivants :

Devoir de justice, quel qu'il soit ici, entre les intéressés; devoir de justice encore à l'égard des tiers vis-à-vis desquels pourraient exister des engagements antérieurs; devoir de tempérance chez chacun, ou du genre de ceux qui ont lieu pour toutes les fonctions naturelles et tous les plaisirs; devoir de prudence quant aux obligations à survenir à chacun pour des cas prévus? J'omets les devoirs envers la société en général, parce que, d'une part, il y est implicitement satisfait dans plusieurs des précédents, et que, de l'autre, s'il en est imposé de particuliers positifs, ce n'est point en vertu d'un principe rationnel et moral envisagé directement, mais pour créer des garanties (parfois avec intervention de croyances étrangères au droit). Ceci n'est pas actuellement de mon sujet.

Outre ces conditions, la délicatesse en apporte une autre, mais plus difficile à déterminer et surérogatoire en un sens, comme tout ce qui tient au genre du beau et du mérite. La relation d'ordre quelconque entre personnes doit toujours différer du rapport que comporterait le cas analogue entre purs animaux; et la justice n'est pas ici tout ce qui s'ajoute à la passion, car nous avons une donnée de plus dans l'homme : c'est la complexité de la passion même. Les sentiments tendres et les sentiments esthétiques viennent en modifier l'expression et presque la nature. Admettons donc cette nouvelle condition en principe et quoiqu'il ne soit point aisé d'en définir l'étendue chez les hommes tels qu'ils sont. Donnons à la vertu qui l'observe le nom de *chasteté*.

Nous ne saurions voir alors en quoi la relation sexuelle pourrait se trouver n'être pas morale, ni comment il serait nécessaire d'y joindre la volonté expresse de la faire servir à la fin de la procréation. Serait-ce que le pur plaisir est condamnable ? Nous avons vu que l'être sensible et passionnel le poursuit comme élément du bonheur : un tel mobile n'a rien d'illégitime, dès qu'il est limité et réglé par la raison (V. chap. xxxii). Nous le supposons d'ailleurs relevé, ennobli par l'admiration et par la tendresse. Serait-ce que l'enivrement particulier qui l'accompagne offre des dangers, apporte des illusions et des tentations, conduit à la paresse et à l'oubli du devoir ? Mais le danger est partout dans la vie sensible ; la raison est pour s'en défendre, non pour en supprimer les causes qui sont cette vie même, je dis cette vie sensible en son idéal. Si donc il n'y a pas d'autre objection, il faut conclure, sans craindre de rappeler un mot ignoble, que la *fornication* n'est point ce que la théologie voulait, le nom d'un acte naturel qui n'étant ni beau ni bon à le prendre en lui-même aurait besoin d'être légitimé par autre chose, mais bien le nom d'une flétrissure imprimée à cet acte par des hommes d'imagination salie et de mœurs brutales. Nous devons réprouver seulement quand elles sont accomplies en violation de devoirs formels ces *œuvres de chair* qui de leur nature entraînent beaucoup de conséquences.

Toutefois la sévérité religieuse et philosophique oppose un autre argument : le *but de la nature*, la nécessité morale de ne le jamais perdre de vue. Il est vrai que l'agent moral ne doit point oublier une fin réalisable avec ou sans sa volonté, et dont la possibilité lui impose des devoirs actuels à cause de devoirs contingents qu'il prévoit. De là une condition que j'ai énoncée et un élément du contrat dont je parlerai bientôt. Mais est-ce un devoir de se proposer le but et rien que le but dans l'acte, par cela seul que la nature a fait de cet acte un moyen? Je ne le vois point. La nature même, si tant est que la morale dût ici s'en remettre à elle, n'a nullement assujetti la passion et ses effets à la présence et à la connaissance du but par l'agent. Elle a donc justifié le moyen seul, autant qu'elle est capable de justifier quelque chose. La morale n'est pas si aveugle. Tout à l'heure, le moyen passait devant la fin sans que celle-ci fût seulement soupçonnée; à présent il faut penser à cette fin. Mais y penser, ce n'est pas y tendre exclusivement et toujours. L'acte étant bon de lui-même, sous les réserves indiquées, il ne saurait devenir immoral que par la violation des conditions, entre lesquelles est comptée la prévoyance humaine du *but de la nature*.

La question préalable se trouvant ainsi vidée, il faut aborder le contrat des sexes, c'est-à-dire cette part de volonté et de convention mutuelle qui peut entrer dans leur relation propre. Deux éléments de promesse y sont à considérer : d'abord un serment de fidélité par lequel la personne peut s'engager elle-même dans ce qu'elle a de plus sien et de plus intime; ensuite un serment d'assistance portant sur la peine à prendre, sur le travail à partager, sur les biens acquis ou à acquérir, assurant à chacun des époux et à leurs enfants au nom de tous deux un degré de communauté et une part de soins au-dessus de ce qu'ils attendraient de tout autre genre de société humaine et plus étendue.

Il faut se demander d'abord, au sujet de la promesse de fidélité, si elle est moralement possible. Il est certain qu'elle ne le serait point si le serment devait engager la personne quant à ses passions autres qu'actuellement déclarées, quant à des états futurs qu'il n'est pas entièrement en son pouvoir de produire ou de prévenir. Mais on peut promettre des efforts, un travail de la liberté. On peut surtout s'obliger en s'interdisant de certains actes déterminés, car on ne promet alors rien qui ne vous appartienne ou à l'égard de quoi l'on ne puisse apprécier dès à présent la puissance qu'on s'attribue.

La légitimité des engagements ne fait point question, en ce qui touche ou des objets matériels disponibles ou le travail quelconque dont le devoir est assumé. C'est là effectivement la matière ordinaire des contrats, laquelle n'est restreinte que par des engagements antérieurs ou qui résultent d'un état de choses donné ou prévoyable.

Mais la légitimité n'entraîne pas la nécessité morale. Interrogeons-nous sur cette dernière. Parmi les conditions imposées ci-dessus à la relation sexuelle, nous avons trouvé la justice. La justice exige-t-elle formellement une promesse de fidélité de part ou d'autre? Oui, si la promesse est réclamée par l'un, et ne porte que sur le possible; non, dans le cas contraire, car on ne voit point alors ce qui pourrait vicier la relation à cet égard. Mais il faut observer qu'en fait et communément, il ressort des circonstances d'une relation chaste un penchant à la promesse, chez chacun, et par suite, chez l'un, une disposition à tenir l'autre pour engagé. La délicatesse empêchera peut-être une stipulation proprement dite; l'amour dictera des paroles qui y équivalent. Les choses étant ainsi, il est clair que la morale exige, pour justifier une relation sexuelle sans promesse de fidélité, qu'il soit suffisamment entendu des deux parts que la promesse n'est point faite.

Quant à la promesse d'assistance mutuelle, à ne considérer pas encore les enfants, elle nous paraîtra moins nécessaire peut-être en soi que la précédente, quelque naturelle et légitime que nous la reconnaissions d'ailleurs. Rien n'y est contenu qui intéresse la moralité de la relation, ou dont l'absence puisse altérer celle-ci. Mais, comme précédemment et pour la même raison, il faut, si la promesse n'existe point, qu'elle ne soit point supposée, qu'elle ne doive pas l'être, qu'elle ne résulte pas, lorsque rien n'en est dit, des circonstances et de l'attente implicite qu'elles font naître. En d'autres termes, une sorte de convention est moralement nécessaire pour prévenir toute erreur au sujet d'une autre convention qui serait de nature à se supposer dans un cas donné.

Reste la nécessité de la promesse, quant aux enfants qui proviendraient de l'union quelle qu'elle soit. Ici l'obligation existe pleine et entière et doit être toujours en vue. Nul des deux n'en peut dégager l'autre, parce qu'elle est pour chacun un devoir envers soi-même et envers les êtres faibles qu'il sait pouvoir lui être donnés et dont il ne lui est pas possible de se dire indépendant et irresponsable. C'est aussi un devoir mutuel inévitablement contracté dans l'union, car il ne serait pas juste qu'un seul assumât le devoir de tous deux; ni raisonnable, actuellement le pût-il, puisqu'il n'est pas maître de l'avenir. Je suppose, on le voit, que le devoir n'incombe pas essentiellement à la société générale, comme quelques systèmes le voudraient. En effet, la société peut bien se charger d'une part quelconque de responsabilité, par hypothèse, et sauf à s'investir de droits correspondants pour réglementer les unions. Mais ce qu'elle ne peut pas, c'est d'affranchir des agents libres des devoirs attachés au fond et indépendamment d'elle à l'exercice de leur liberté, alors même qu'elle en ferait disparaître en partie l'application utile. Or je considère des agents libres, et on remarquera d'ailleurs qu'au nombre de leurs devoirs, de ceux qui nous occupent ici, il y en a d'entièrement personnels et que d'autres que les parents ne peuvent en aucune manière remplir vis-à-vis des enfants.

Ainsi la morale envisage en toute union une convention formelle ou tacite, mais qui oblige toujours et qui porte sur des points, l'un nécessaire absolument, les autres plus libres, mais sur lesquels il faut au moins n'être pas trompé. Il résulte de là que plus le contrat sera explicite et net, plus sûrement la justice sera satisfaite. Cette conséquence générale pouvait se prévoir. L'usage constant de la raison est pour l'agent raisonnable un devoir enveloppant les autres devoirs. Comment celui-là ne serait-il pas à sa place, quand il s'agit d'un acte qui implique dans le présent et dans l'avenir des passions à régler et des possibilités à prévoir! On doit donc rejeter l'opinion de l'école romanesque, opinion, on ne sait s'il faut dire trop idéale ou brutale, de ceux qui livrent tout à l'instinct ou au sentiment, et sous le prétexte de vouloir la passion plus pure et plus noble, en écartent la moralité. La raison est forcée d'intervenir, et comme elle intervient à la fois pour deux personnes, comme il y a de l'une à l'autre des attentes naturelles, des illusions faciles, des devoirs supposés sur lesquels il se trouve ensuite aisément qu'on ne s'est pas entendu, la raison réclame le contrat. Si quelque chose répugne ici, qu'est-ce au fond, si ce n'est l'absence de mœurs universelles solides qui permettraient de compter sur des obligations non formulées, et d'en bien connaître la mesure? Ce motif est le seul qui s'oppose à ce que les relations sexuelles observent une forme d'entier désintéressement qui leur conviendrait en qualité de phénomènes esthétiques. Or, le contrat, qui ne devrait pas être formellement nécessaire, s'offre pour remède à cet état d'immoralité ou d'injustice habituelle. Ce n'est donc pas dans son franc emploi qu'est le siège du mal. Plus, au contraire, il s'attachera de réflexion et de stipulations claires à un acte dont la pure spontanéité est incompatible avec le milieu moral actuel, plus le droit sera respecté et le devoir rempli. L'objet essentiel de l'éducation des deux sexes devrait consister à les pénétrer de cette vérité, en même temps qu'à les informer de l'état réel des faits et des mœurs, afin que leur liberté pût s'exercer pleinement dès la jeunesse.

La partie du devoir relative à la procréation contingente introduit une autre condition, une autre restriction dans le droit des unions sexuelles. Ce que la justice exige entre les sexes, on vient de le voir. Quel que puisse être leur contrat, en ce qui dépend d'eux seuls, et consistât-il explicitement à n'en faire aucun, il faut toujours que le droit des enfants sur chacun d'eux soit réservé. Ce droit semble n'être essentiellement dans l'enfant, lequel n'existe pas encore et sera longtemps privé de raison quand il viendra à exister, qu'une forme d'un devoir des parents envers eux-mêmes : il serait impossible autrement d'établir une base de droit proprement dit, car tout ce que nous appelons de ce nom suppose une relation mutuelle de deux agents raisonnables donnés. C'est pourtant quelque chose de plus encore, mais toujours un devoir : celui qui lie l'agent raisonnable à la société générale de ses semblables, et tout particulièrement à ceux qui naîtront de lui pour y entrer et pour la perpétuer. La raison va nécessairement jusque-là dans le concept d'une société des êtres qui la possèdent. Mais, quoi qu'il en soit, le devoir *sui generis*, le devoir actuellement envers soi et envers les hommes en général, et qui pourtant se rapporte à un être particulier ayant des droits en puissance, ce devoir est à la fois fondé sur la raison et confirmé par un sentiment extrêmement puissant. Dès qu'il est admis, la nature de son objet lui donne une contre-partie représentée en la personne future, et c'est ce qu'il est permis de nommer le droit de cette dernière. Cela posé, le droit sera vain, ou, si l'on veut, le devoir anéanti par voie de conséquence, au cas où des relations sexuelles, aptes à conduire à la procréation, se multiplieraient entre des personnes différentes de manière à ce que la connaissance de la paternité cessât d'être possible ou assurée.

Il y a donc, outre les bornes qui proviennent des conventions et de la nécessité morale de faire des conventions, une stricte limite apportée à la liberté qui peut moralement appartenir aux sexes. Et si nous considérons les choses sous le point de vue social, non plus seulement des personnes; si nous remarquons que la société a un intérêt considérable dans les suites des relations sexuelles plus ou moins réglées ou déréglées, un vrai droit de défense au nom de tous contre les effets de la licence; si nous portons notre attention sur le fait de la mauvaise foi commune et du peu de solidité des promesses, même solennelles, à plus forte raison particulières et secrètes de la femme à l'homme et surtout de l'homme à la femme, et en un mot sur le désordre et sur l'injustice des mœurs, il nous paraîtra naturel et juste (juste au moins quant au *droit de la guerre*) que les limites morales de la liberté des unions deviennent contraintes en quelque mesure et soient fixées et maintenues par l'action sociale. Les conditions essentielles dues à cette intervention de la société sont au nombre de deux, l'une portant sur la publicité du lien, l'autre sur la durée qu'il aura, ou, si l'on veut, sur la détermination positive ou négative des cas et manières de sa rupture. Tout le reste, si important qu'il puisse être, n'est qu'accessoire ou en partie désavoué par la raison (Voir le chapitre suivant). Tel est l'esprit de l'institution du mariage.

Nous sommes ramenés par le mariage à la question de la fidélité. Le mariage, ne fût-il que temporaire, exige la constance au moins matérielle d'un lien exclusif et le respect mutuel des unions qu'il cimente. La fidélité en elle-même, ou comme libre promesse, nous l'avons déjà jugée légitime, sans la déclarer nécessaire *a priori* pour la moralité d'un rapport sexuel quelconque. Il faut maintenant rechercher si, tout considéré, nous devons la tenir ainsi pour un devoir uniquement dérivé de l'état de fait des relations humaines et des exigences de la justice répressive, ou pour quelque chose de fondé encore plus profondément et de conforme à l'idéal le plus élevé des affections et de la raison dans l'*état de paix*. Nous reviendrons ensuite à l'*état de guerre*, pour rechercher les conditions juridiques du mariage tel qu'il peut être.

CHAPITRE LXXVI

DU MARIAGE

L'union des sexes étant normalement précédée et accompagnée de la passion de l'amour, au moins sous sa forme première et naturelle en chacun de nous, une condition essentielle de l'amour semble devoir être une condition essentielle de l'union. Or l'expérience nous apprend qu'il s'attache à l'amour une vive croyance en sa propre durée, une exigence quant à l'amour correspondant, et que l'on désire être également durable chez l'être aimé, une forte inclination à se promettre la fidélité comme un attribut tout simple et inséparable de cet amour, et par suite à la promettre et à la demander. Le sentiment monogamique est donc un caractère passionnel de l'union des sexes, toute raison à part.

La raison intervenant sans exclure, au contraire pour accepter et régler les passions accessoires qui naissent de l'union, il arrive que le lien des cœurs, la communauté des désirs, des pensées, des occupations partagées, l'habitude, qui ajoute quelque chose d'infiniment doux et d'aimable à la vivacité des émotions qu'elle atténue et n'éteint pas nécessairement, le fait seul d'une heureuse constance dans les impressions esthétiques et affectueuses que de nouvelles impressions ne dementent pas et ne troublent pas ; enfin, l'attache nouvelle provenue d'un amour commun et de soins communs pour les enfants, tout cela apporte une confirmation à cet idéal premier de la monogamie que nous envisagions dans le sentiment pris en lui-même. En supposant en effet que nul mécompte trop grave ne se produit, et il faut ici le supposer pour le besoin de la thèse, la raison n'a d'autre travail à accomplir, outre ses efforts ordinaires pour la règle des appétits et la coordination des actes, que celui qui consiste à défendre l'agent des illusions auxquelles il serait sujet en comparant ce qu'il possède avec ce qu'il attendait, et ce qu'il désire de nouveau avec ce qu'il pourrait véritablement obtenir. Or un tel travail n'est que le devoir, et on peut toujours le demander à l'être raisonnable et juste, tant que les conditions de mutualité dans la justice et dans les passions ne sont pas décidément anéanties. Le sont-elles, il se présente alors d'autres questions que j'ajourne.

Il entre toujours quelque incertitude dans la détermination du plus haut idéal, surtout si on le considère à la fois dans l'affection et dans la raison, ce qui est inévitable ici. Chacun de nous ne peut consulter que sa propre conscience, car l'expérience, que j'ai cru pouvoir invoquer aussi, donnerait d'autres résultats étant interrogée d'une autre manière. Tout ce qu'il m'est possible de dire au fond, c'est que si j'écarte de ma pensée toutes les causes de trouble et d'illusion qui agissent pour former, dissoudre et reformer des unions, et si je me renferme dans le sentiment qui préside aux cas primitifs et aux plus purs, je crois pouvoir y constater la reconnaissance mutuelle d'un lien unique, indivisible, éternel s'il se pouvait. L'amour me paraît comme fait la vie, poser, poser en se posant sa perpétuité, sa permanence et son indivisibilité, tant que des faits contraires ne viennent pas tromper son espérance et le détruire lui-même. Les phénomènes hostiles à sa durée se produisent, il cède au changement, il renaîtra peut-être avec substitution d'objet : il conservera le même caractère, encore que l'expérience puisse dès lors le taxer d'être illusoire ; il restera fidèle à sa loi d'exclusion tout le temps que la raison et les sentiments esthétiques empêcheront l'agent passionnel d'abandonner l'idéal et de ne consulter que l'intérêt seul ou de ne poursuivre que le pur plaisir. Il semble donc bien que l'idéal est ce que j'ai dit et se confirme dans les faits mêmes où l'application le dément.

Cette conclusion paraîtra plus claire et mieux justifiée, si l'on veut bien imaginer un moment trois choses conformes à l'hypothèse que le sujet permet, quand c'est de la détermination de l'idéal qu'il s'agit : la première, que l'agent raisonnable est mû par la passion de l'amour, mais non pas entraîné au point de se faire de l'objet aimé un modèle tellement parfait d'âme et de corps, et tellement invariable et soustrait aux lois de la nature, qu'il soit infailliblement condamné d'avance à voir s'évanouir cette image toute subjective et à succomber à l'épreuve de la réalité ; la seconde, que les amants, que les époux observent rigoureusement la justice l'un envers l'autre; la troisième, qu'ils trouvent dans une société générale harmonique avec eux-mêmes un théâtre bien adapté aux fonctions qui leur appartiennent en commun. N'est-il pas vrai que ces conditions étant réunies par hypothèse, les causes disparaîtraient qui établissent une antinomie entre la marche réelle de la passion et cet idéal auquel les premiers sentiments spontanés servent de témoins? Et qu'est-ce que l'hypothèse, sinon l'ordre de la raison et de la paix?

A moins de quitter le point de vue où je me place, il faut avouer l'existence de l'idéal de la monogamie. Mais on peut le quitter, et chercher un autre idéal en recourant à d'autres concepts, à quelque doctrine esthétique et religieuse, par exemple. On peut condamner l'amour exclusif et la jalousie naturelle, sous le nom d'égoïsme; considérer comme des faits accessoires et subalternes, dans la vie de l'humanité, les liens de famille et la constitution des lignées; rejeter le principe de la propriété personnelle et de l'hérédité, qui donne au mariage une base matérielle toute particulière; bannir des affections, au même titre que des possessions, non pas précisément tout choix et toute appropriation limitée, on sait qu'on ne le pourrait, mais au moins tout ce qui exciterait chez les uns la jalousie qu'on veut éteindre chez tous; réclamer l'union et pour ainsi dire le partage égal des cœurs, imaginer enfin au sein d'une sorte de béatitude sociale et d'un règne définitif des fins de l'amour universalisé, un état où chaque membre de la société parfaite aurait part aux saintes caresses de ceux de l'autre sexe.

Je ne crains pas de présenter ce tableau, et je suis loin de vouloir le ridiculiser ou le salir dans mon imagination ou dans celle du lecteur. Mais ma première remarque doit être celle-ci : en supposant qu'un idéal de cette espèce soit en effet le meilleur, soit le vrai, il est évident, parfaitement évident que c'est celui dont la corruption serait la pire de toutes; *corruptio optimi pessima*. Or est-il seulement possible, opérant par l'imagination sur le genre humain que nous connaissons, que cet idéal ne fût pas corrompu du même coup qu'on l'appliquerait dans un cercle de quelque étendue ?

Il y a deux manières d'envisager l'utopie, et je dis utopie, encore même qu'on arrivât à réaliser jusqu'à un certain point celle-ci dans un groupe particulier et religieux convenablement choisi. D'une manière, on peut regarder à l'idéal en lui-même et se transporter pour ce faire dans les conditions d'une humanité changée, *glorieuse,* dont l'allégorie de la vigne et des rameaux est une sorte d'image. Mais sous ce point de vue l'esprit le plus indépendant ne sait que penser, faute d'éléments pour asseoir un jugement. D'autres, qui s'y placent aussi, préfèrent supposer pour un tel état de l'homme une abolition totale des relations sexuelles à nous connues, et nous sommes transportés ainsi à l'extrême opposé de notre point de départ. Il n'y a plus rien à chercher, car la question même a disparu à nos yeux.

D'une autre manière, on peut se placer dans les conditions actuelles des hommes, sur le théâtre du droit et du devoir, de la division et de la responsabilité, et aussi des passions variables, des erreurs et des fautes. Alors l'idéal que j'examine n'est visiblement pas de ceux que la raison peut admettre à titre de fin réelle et de but pour nos efforts, puisqu'il suppose l'inutilité et l'abolition des conditions générales qui entrent maintenant dans l'hypothèse. C'est l'idéal de la monogamie qui nous revient, non seulement comme propre à contenir la règle naturelle d'un *état de guerre,* mais, avant cela, comme n'impliquant rien qui ne nous semble légitime et possible sans demander à la passion des sacrifices qui vont jusqu'à changer sa nature.

J'ai pu vouloir me rendre compte d'un idéal proposé dont l'importance est loin d'être médiocre dans l'histoire ou dans la description des sentiments humains et des croyances religieuses. Il a d'ailleurs une certaine simplicité qui prête à l'examen. Mais je ne pourrais examiner d'autres systèmes plus complexes touchant les relations des sexes sans entrer dans le domaine des imaginations individuelles. Il faut que je me contente de leur opposer une fin de non-recevoir générale, que je tire d'ailleurs d'une considération très simple, à savoir que les mœurs se font et ne se supposent pas, et que tout ce qu'on peut introduire philosophiquement pour les transformer doit se tirer des éléments universels de la nature humaine et non venir par déduction d'un système propre à un penseur particulier.

Au point où j'ai conduit l'analyse de l'idée du mariage, il ne me reste plus, pour conclure décidément à l'idéal monogamique, qu'à formuler la condamnation morale de la *polygamie*, non de celle que je viens d'examiner et à laquelle ce nom conviendrait étymologiquement, mais des mœurs polygames sous la forme où elles ont existé et existent encore chez tant de peuples. Ici, en même temps que la question doit paraître plus grave, à cause de la réalité considérable de son objet, elle paraît aussi plus claire et facile de beaucoup, en se référant à la loi morale. On n'a pas à se demander si telle ou telle espèce de mœurs qui permettrait l'union systématique d'un seul homme avec plusieurs femmes serait susceptible de se définir de manière à ce que la liberté des personnes demeurât sauve et que leurs devoirs mutuels fussent remplis. Les cas réels ou imaginaires et les hypothèses seraient seulement à apprécier selon les principes et suivant qu'ils se présenteraient. Ces principes, je les ai formulés. Mais, prenant la question dans sa généralité, il est manifeste que la loi physiologique de l'équivalence numérique approximative des sexes met la polygamie dans le cas de supposer infailliblement l'une de ces trois circonstances :

1° Ou l'abstention volontaire d'une classe d'hommes à l'égard du mariage. Mais à ne considérer que la nature, la volonté et la raison, une telle abstention ne saurait s'étendre à un bien grand nombre de personnes, et il n'y a point de motif pour qu'elle s'applique aux personnes d'un sexe plutôt qu'à celles de l'autre ;

2° Ou l'état de servage d'une classe d'hommes empêchés de se marier, et aussi très probablement l'état de subalternité morale des femmes *bien nées* tenues en tutelle et ne disposant point d'elles-mêmes ; à quoi il faut ajouter l'existence corrélative d'une classe d'entre elles, réduites à servir d'instruments de plaisir à l'autre sexe, hors mariage ;

3° Ou enfin le désordre, une promiscuité réelle, c'est-à-dire la violation du principe même de la polygamie en tant que règlement des mœurs et organisation des droits et des devoirs des sexes.

Regardons maintenant l'histoire et les faits, nous verrons que la seconde hypothèse est celle qui se réalise dans les mœurs polygames les mieux réglées. Quelque chose de la troisième appartient aux sociétés les plus basses où ne règne que la force. Et s'il est d'autres sociétés où la monogamie est de fait assez générale, attendu que la pluralité des femmes est surtout une faculté des riches, dans celles-là les harems sont peuplés par la traite des esclaves ou en vertu de contrats qui ne valent guère mieux. L'esclavage est donc la condition de la polygamie, et par cela seul cette dernière institution est contraire au droit et jugée pour la morale.

Je suis amené à conclure en faveur de la loi de la monogamie, tout à la fois comme la plus conforme à l'idéal intelligible des conditions humaines actuelles, et comme propre éminemment à régler les relations des sexes dans la société générale, sans violer le droit en lui-même et de manière à garantir les personnes et la société contre les conséquences de la violation du devoir dans le désordre des mœurs. Ce résultat est obtenu dans une certaine mesure, premièrement par la contrainte publique et le serment en quelque sorte social que prêtent les époux afin de se fortifier contre les épreuves des passions dans l'avenir, de se défendre de la violation de leurs promesses mutuelles et de s'imposer des devoirs légaux envers leurs enfants ; secondement, par la connaissance que la société prend des unions qui se contractent et qui lui permettent de faire peser sur ses membres des responsabilités particulières dont elle ne veut point assumer la charge indistincte commune.

Je dis que le droit en lui-même n'est pas violé, ou plutôt je le suppose. Je veux dire qu'il pourrait ne pas l'être. Le mariage, tel que je le considère à présent, est une institution de l'*état de guerre,* en ce que partant du fait de la violation facile et habituelle des devoirs et des contrats particuliers des sexes, il vise à obliger extérieurement les personnes portées à cette violation, cimente, sanctionne et solennise leurs liens, y met des conditions et détermine des responsabilités. La polygamie est elle-même une institution du même genre et se propose le même but, mais en s'accommodant de la négation de la dignité et de la liberté. La monogamie, que j'appellerai désormais simplement le mariage, y peut viser en observant le respect des personnes ; mais il faut alors qu'elle n'ajoute rien à leurs contrats naturels et aux devoirs que la raison leur impose. S'il en est autrement, l'institution de l'*état de guerre* est empreinte des vices de la guerre, ne les suppose pas seulement pour y porter remède, mais en partie les avoue et les confirme. C'est ce qui a lieu en fait, et le mariage est une loi qui porte toujours historiquement, non nécessairement, des traces plus ou moins profondes de l'injustice inhérente à la polygamie.

Nous avons vu qu'une condition de publicité et une condition de durée sont ce que l'idée du mariage entraîne d'essentiel. La publicité, comme il faut l'entendre, implique, outre la simple information à laquelle la société prétend à cause des conséquences qui l'intéressent, un certain contrat inséparable du fait de l'union, du moment que la raison générale est avertie. La durée, de son côté, doit être suffisante et réglée au minimum de telle manière que l'origine des enfants ne soit point douteuse. C'est dire que la dissolution, s'il en vient une, est assujettie à la même condition de publicité que l'union, et que d'ailleurs les faits acquis en suite de celle-ci ont leurs effets prévus par le contrat, et auxquels il ne peut jamais être juste de se soustraire.

A ces conditions, que je vais examiner de plus près, si la société en ajoute d'autres, tirées de l'âge des époux et du consentement des parents, elles sont accessoires et je ne m'y arrêterai pas ici, car il n'y a pas grande difficulté à les imaginer conformes au droit rationnel des personnes, encore qu'en fait elles soient loin de l'être toujours assez. Une autre condition toute différente provient des empêchements qu'un sentiment moral met aux mariages entre proches parents. Ce sentiment est d'abord supposé à juste titre exister chez ceux qui pourraient être conjoints. S'il manque par exception, soit qu'il y ait entraînement passionnel, et bien rare, soit abus d'autorité d'une personne sur une autre, et par conséquent crime, on comprend que la société se refuse à consacrer des liens qu'elle réprouve. La morale et le droit n'ont point de difficulté à se faire en cela, dès qu'on est en présence d'un fait de conscience, si ce n'est historiquement universel, au moins qui l'est devenu.

Reste une dernière condition sur laquelle il ne doit pas nous être difficile de nous prononcer. Les relations sexuelles sont des faits de nature, soumis à la raison comme tous les autres rapports humains, et dans lesquels intervient aussi la société civile ainsi que nous l'expliquons. Sans doute, une religion quelconque peut de plus s'y étendre ; c'est affaire aux personnes de se régler en cela sur leurs propres croyances, en respectant et les croyances d'autrui et par-dessus tout la raison commune et la loi sociale, fondée sur cette raison. Mais la société n'imposant pas de religion à ses membres et, comme telle, n'en ayant même point, il est contre le droit d'assujettir le mariage à une condition religieuse quelle qu'elle puisse être. La justice suffit pleinement pour régler, dans l'union des sexes et dans ses conséquences, tout ce qui dépasse le simple fait naturel et devient matière à devoirs ou objet de conventions. Les limites respectives de la religion et de la raison sont à tracer ici par une seule remarque, à savoir qu'elles doivent rester comme étrangères l'une à l'autre et se respecter, mais qu'en cas de conflit de fait, il faut moralement que la raison, supposée véritable, universelle et certaine l'emporte.

Je reviens aux conditions générales de publicité et de durée. Le contrat des personnes, qui pouvait être tacite ou imparfaitement expliqué dans l'union des sexes (Voir le chapitre précédent), devient formel et public dans l'acte de mariage. Comment se formulera-t-il ainsi ; jusqu'où ses clauses vont-elles s'étendre ? La société voudra-t-elle exiger des conjoints quelque chose de plus que ce qu'ils sont tenus moralement de vouloir et de se promettre l'un à l'autre, notamment en ce qui touche leurs obligations intimes et personnelles ? Y aura-t-il contrainte à l'endroit de ces dernières ? La durée du lien dépassera-t-elle, en s'imposant, ce que réclament et les droits des tiers et des enfants et les devoirs mutuels des intéressés directs, même supposés d'accord pour le rompre. Regardera-t-on chacun d'eux comme enchaîné par une sorte de vœu dont nulle autre volonté ni la sienne ne le sauraient dégager, et auquel on imprimera la nécessité objective de la loi ? Il arrive aisément que le droit social et positif se formule en violation du droit personnel et rationnel, savoir sous l'influence d'un idéal religieux, par exemple, en certains points, et, en d'autres, par l'effet de l'injustice des mœurs et de l'abaissement de la personne de la femme. Le mariage devient alors une forme, quoique amoindrie, du servage des volontés, et la recherche de l'idéal corrompt la réalité quand la justice n'est pas observée d'abord.

Le vœu d'union perpétuelle serait superflu dans l'état de paix des relations humaines, ou sous le règne de l'idéal, dans l'hypothèse où cette perpétuité ferait partie de cet idéal. Il n'y a donc pas lieu de s'en occuper, sous ce point de vue. Or, il est incompatible avec l'état de guerre : savoir inapplicable en fait, le fait historique étant la violation non de l'idéal seulement, mais souvent des plus justes promesses ; et injuste, parce qu'on ne peut ni logiquement, ni moralement introduire dans un contrat, bilatéral de sa nature, une clause qui oblige un des contractants quand l'autre se dégage, et cela quand la matière du contrat porte précisément sur l'accord prolongé de deux volontés. Le droit des tiers, je le suppose sans difficulté sauf, en admettant que le contrat ou la loi règlent ce qui peut les concerner pour toutes les éventualités de dissolution du mariage, ainsi que l'état des enfants. Reste donc la partie toute personnelle de l'obligation, à l'égard de laquelle je dois conclure que la raison condamne les promesses d'union et de fidélité perpétuelles, en tant qu'imposées aux personnes absolument et sans conditions synallagmatiques de droit et de devoir. Une loi qui assujettirait les sexes à de telles promesses, et qui serait logique dans ses effets, n'aurait pour sanction la contrainte et ne la pousserait à bout qu'en établissant la séquestration et le viol légal et prêtant sa force au plus dur et au plus honteux de tous les esclavages. Ou, cela n'étant pas possible, et la violence faite au droit personnel se bornant à arrêter des manifestations externes, on verrait (on voit) le mariage, une institution destinée à régler les mœurs, devenir une occasion de les pervertir, une source de mensonge, d'hypocrisie, de ruse et de tyrannie, et finalement l'une des causes de l'existence de telles classes de personnes en dehors de la morale des sexes.

Ce n'est pas à dire que la promesse pure et simple ne puisse entrer dans la convention du mariage, en ce qui touche l'engagement des personnes, ou qu'il faille en prévoir explicitement la violation possible au moment où l'on jure de l'observer. Ce n'est point là non plus ce qui a lieu dans les autres contrats bilatéraux. Le droit commun suffit pour délier dans certains cas les engagés synallagmatiques. Or ces cas peuvent être prévus généralement et par des dispositions légales. En d'autres termes, il n'est pas nécessaire pour le respect du droit personnel que le mariage ne puisse avoir la perpétuité en vue ; il l'est seulement que le divorce soit permis et puisse être réclamé par l'une ou par l'autre des parties ou par toutes deux, sous des conditions compatibles avec les droits des tiers, et qui se tirent du principe du respect mutuel et de la liberté des personnes.

Je ne craindrai pas d'aller plus loin et de m'expliquer sur ce sujet délicat avec une sincérité toute philosophique, sans ménagement pour l'hypocrisie des mœurs. La liberté n'a point d'empêchement au contrat perpétuel, sous la réserve que j'ai faite. Les sexes peuvent se proposer librement ce que je crois être l'idéal de leur union, et la loi peut en cela les suivre, tout en sachant bien, ce que chacune des personnes engagées doit savoir aussi qu'il ne dépend ni d'une seule d'entre elles ni d'aucun règlement de produire et de conserver ce qui dépend indivisiblement de toutes deux. Mais la morale a-t-elle, de son côté, un empêchement au contrat temporaire auquel la liberté pourrait vouloir se borner ? J'avoue que je ne le vois point.

J'ai examiné plus haut la relation des sexes en elle-même et je n'y ai découvert d'autres conditions morales, outre les devoirs envers soi-même (prudence et tempérance), que le devoir mutuel de justice, la fidélité aux promesses explicites ou tacites, et la reconnaissance des devoirs à naître des suites de la relation (Voir le chapitre précédent). Si donc ces conditions sont observées, et elles peuvent l'être, et elles le seraient plus aisément et plus sûrement d'autant que la société prêterait sa sanction à des liens qu'elle ne peut empêcher, qui sont justes en principe et qu'elle tend à démoraliser en les réprouvant, la raison et le droit naturel n'ont plus rien à objecter. Que l'idéal demeure fixé dans l'union indissoluble, mais indissoluble en supposant l'accord persévérant de deux volontés libres ; il ne résulte de là ni que l'idéal doive être imposé comme la justice, ni qu'il soit possible de le faire entrer de force dans les mœurs où il ne règne pas, et de le maintenir en dépit des faits qui viennent en rendre l'application impossible, dans les liens mêmes où sa présence avait d'abord été reconnue. Nombre de penseurs ont cru, tout au contraire, qu'un moyen de rendre des liens durables serait d'en admettre de temporaires ; et il en est bien peu qui voulussent nier, à ne consulter sérieusement que la raison, les injustices et les maux de tout genre dont la société se rend complice en mettant au ban de sa loi des masses de faits naturels qui pourraient être moraux dans leurs suites, aussi bien qu'en eux-mêmes, et qui portent des conséquences criminelles.

L'objection juridique la plus commune, opposée à cette manière de voir, est empruntée de la considération de l'état des enfants et de leur avenir ; car je ne parle pas des croyances religieuses qui sont hors de cause, et je ne veux pas tenir compte des sentiments faux ou aveugles, prétendus moraux, de ces hommes qui entendent concilier la licence et l'impureté dans la pratique avec des préceptes sévères absolus, et d'autant plus commodes, dans la théorie. Or tout ce que le droit de l'enfant peut demander sans nuire au droit des autres est réservé, dès que les conditions sont remplies qui déterminent son origine et mettent vis-à-vis de lui chaque responsabilité en pleine lumière. Aller au delà, ce serait vouloir substituer au devoir des personnes un jugement et une permission de la société. Encore un pas, on irait presque à s'arroger le contrôle et puis logiquement à assumer la charge morale de la population : sorte de communisme incompatible avec la liberté. Ou ce serait, au contraire, viser à l'établissement de certaines familles fermées, pures ou non, c'est une autre question, mais pourvues de biens suffisants qu'on n'aimerait pas voir se disséminer par des séries d'alliances d'un sexe et de l'autre ; quoique, à la vérité, ceci advienne également par l'effet des veuvages, suivis de remariages qu'on n'interdit point. Ce point de vue oligarchique est le mobile ordinaire de ceux qui font valoir le droit des enfants contre la liberté des alliances, comme si un tel droit pouvait aller jusqu'à défendre à d'autres enfants d'être conçus ! je considère la liberté des agents moraux en face de leurs devoirs, et je conclus au nom de cette liberté. Si d'ailleurs il se trouvait que la société fût amenée par une réelle nécessité des choses à chercher des moyens de limiter la population, et s'il pouvait en exister de vraiment efficaces, je ne dis pas ici de justes, qui allassent à supprimer la liberté des personnes au lieu de s'appuyer sur elle, alors seulement, et dans la supposition où d'autres plus légitimes ne seraient pas applicables, il faudrait aviser. Mais c'est ce que je n'ai nulle raison d'admettre.

J'ai traité la question de la formation et de la dissolution du mariage, conformément aux principes du droit personnel ; en d'autres termes, celle de la loi morale de la monogamie, de son abus dans les faits et des limites que la violation même du devoir oblige d'y introduire. La question du gouvernement domestique, autre face du droit quant au lien de mariage, viendra dans le chapitre suivant. Je terminerai celui-ci, comme ceux qui se rapportaient aux différentes restrictions de la liberté dans l'*état de guerre,* en formulant quelques généralités sur les droits et devoirs appliqués à un ordre de faits où le droit rationnel est plus ou moins violé.

Ailleurs, la violation du droit et la négation de l'idéal se manifestent surtout dans les institutions sociales, telles que l'esclavage et les lois politiques destructives des libertés, encore qu'au fond il faille toujours dire que la responsabilité du mal remonte aux personnes ; mais ce sont elles qui, au sein d'une société où s'est enracinée l'injustice, ont à s'efforcer pour réaliser ensemble ou séparément un ordre de la raison. Ici, quand il s'agit des relations des sexes, on voit au contraire un certain idéal, excédant même le droit, vouloir s'imposer socialement, les personnes se montrer incapables de le recevoir, l'avouer en principe, le mépriser en acte ; si bien que, de cet écart, procède une corruption pire que celle qui naîtrait d'un état de choses où seraient licites des rapports, même décidément inférieurs, au-dessus desquels les personnes auraient toujours la liberté de s'élever.

La source première de cette anomalie n'est pas dans une religion ennemie du plaisir et presque de la nature, dans la volonté qu'auraient eue les fondateurs du christianisme de consacrer les droits de la femme en dépit des mœurs, si ce n'est directement et rationnellement, ils étaient loin d'y songer, au moins par voie de conséquence, en condamnant les coutumes qui rappellent la polygamie en quelque chose et favorisent le changement. Ce que cette religion a pu faire, c'est d'ajouter à l'odieux des mœurs en ajoutant à l'exigence de l'idéal, que même elle plaçait hors du mariage, et d'aggraver d'un autre côté ce qu'il existait de servage pour la femme en constituant à celle-ci un devoir plus sacré que jamais dans le respect quand même d'un lien auquel il n'avait pas les mêmes moyens de contraindre l'homme à rester fidèle. Il importait peu en effet que l'homme ne pût répudier la femme, s'il était libre de faire plus mal qu'en la répudiant, et la femme ne gagnait rien pour sa dignité ni pour son bonheur à rester assujettie à un maître contraint qui ne la respectait pas. Sous l'influence de la monogamie absolue, consacrée religieusement, jointe à la proscription du plaisir en théorie et au culte de la virginité, il est arrivé que le vice n'a rien perdu de la place qu'il occupait dans le monde, que des actes naturels condamnés, réputés vicieux, sont devenus tels effectivement, et que la nature a été souillée dans l'imagination des peuples, sans que la justice ait avancé d'un pas. Mais on ne saurait dire que la première cause de l'écart entre l'idéal social et les mœurs individuelles ait été une cause religieuse ; il faut remonter plus haut et s'adresser en même temps à quelque chose de profond qui subsiste toujours.

Les nobles races éthiques qui bien avant le christianisme et loin de toute idée chrétienne ont institué le mariage, ont certainement obéi à un sentiment élevé de la dignité de la femme et de l'honneur de la famille. Elles ont eu devant les yeux l'idéal que nous avons toujours. Ce qu'elles n'ont pas fait, ce que le christianisme n'a pas fait et ce que nous ne faisons point, c'est d'envisager dans le mariage une réelle égalité des droits et devoirs de l'homme et de la femme, si ce n'est en partie, et même alors nominalement. Toute la corruption est venue de là. L'idée du mariage impliquait cette égalité ; mais il n'a pas plu aux hommes qu'il en fût ainsi ; l'iniquité les a rendus illogiques, et toutes les dérogations que la liberté personnelle à sauvegarder et les violations du devoir d'un côté ou de l'autre pouvaient amener dans la loi de la monogamie, ils les ont stipulées exclusivement en leur faveur. Pendant que l'injustice prenait sa grande forme sociale, et de plus en plus abusive, par l'institution de l'esclavage, que ne connaissaient pas originairement les races dont je parle, la justice conservait la sienne par le mariage et les défendait d'une dernière décadence. Mais les lois iniques et les mœurs plus iniques encore venaient donner un démenti à la raison qui avait créé la monogamie. De là l'écart entre le véritable idéal social et la pratique. De là l'établissement d'une autre sorte d'esclavage formé des parias de la famille. Le mépris de la loi d'égalité dans le mariage en est la source.

En effet, ce mépris se marque par le libertinage et a pour conséquence, d'une part la prostitution, de l'autre l'existence d'une classe d'enfants qui ne se connaissent pas de famille ou n'ont pas de droit positif à se réclamer d'une famille. J'entends par acte de libertinage, l'acte quelconque, habituel ou non, par lequel une personne d'un sexe, mais surtout du plus indépendant, entraîne une personne de l'autre à une relation dans laquelle la première prétend se soustraire à l'effet des promesses orales, ou simplement tacites et supposées, et aux obligations légales ou naturelles qu'elle contracte vis-à-vis de la seconde et des enfants qui peuvent naître ; j'entends encore, chez les deux sexes, l'acte commis en violation d'engagements réels contractés d'un autre côté. Quant à la prostitution, ce n'est pas seulement le fait de la vénalité dans les relations sexuelles. Ce manquement à la loi esthétique de l'amour, si répugnant qu'il puisse être, est plus répandu qu'on ne veut l'avouer, et s'étend très communément jusqu'au mariage et dans le mariage tel que nous le pratiquons. Mais la prostitution est essentiellement l'état des personnes du sexe féminin qui, exclues de la famille par les mœurs établies et sans protection de la part des lois, se font de l'amour simulé ou du simple plaisir procuré un moyen d'existence. Cette plaie sociale a pour contre-partie naturelle l'existence des enfants auxquels ni la coutume ni la loi n'accordent leurs droits ou la totalité de leurs droits envers leurs pères. La violation du devoir par les personnes est donc la cause du mal, et nous voyons la société y joindre une sorte de consécration, en tant qu'elle permet par l'insuffisance ou la tolérance des lois ce qu'elle condamne au nom de la morale, qu'elle use en même temps de la sévérité outrée de son idéal monogamique pour laisser sans défense et sans garantie les droits qui se produisent par des faits en dehors de cet idéal, et pour tout dire, enfin, qu'elle donne un encouragement effectif à la licence et à l'injustice du sexe dominateur.

Le devoir des personnes dans l'ordre social de fait est maintenant facile à définir. Il l'est d'autant plus que, pour une grande partie, il se trouve d'accord avec les exigences de la *morale publique* ou communément reçue, ce qui n'avait point lieu quand nous considérions l'individu dans un milieu constitué par des lois radicalement injustes (l'esclavage par exemple), qui lui créaient des droits ou devoirs positifs contraires au droit rationnel, et des dangers, des difficultés sans nombre, quand il voulait s'en écarter. Ici les luttes de l'agent moral contre la société deviennent relativement aisées, je ne dis pas plus aisément efficaces; à tout le moins le devoir rigoureusement personnel rencontre moins d'obstacles pour s'accomplir. Le champ des efforts est presque tout situé comme celui des devoirs envers soi-même, et la difficulté la plus sérieuse consiste à s'affranchir de la corruption du milieu, ce qui dépend essentiellement de l'agent.

Ce devoir personnel nous est immédiatement donné par ce qui a été dit de l'application de la justice aux relations sexuelles, et ensuite des maux engendrés par le mépris de l'équité, non moins que par l'oubli des fins. Apporter la raison, la réflexion dans les actes, et subordonner à cet effet la loi esthétique à la loi morale ; contracter, promettre aussi clairement et ouvertement que possible et se promettre à soi-même, afin de prévoir et de régler les suites de l'union actuelle ; observer fidèlement tous les engagements, même tacites, quand ils résultent soit de préceptes moraux que l'on reconnaît, soit d'une attente naturelle et habituelle à laquelle on n'a substitué formellement aucune autre stipulation licite ; respecter de même les engagements des autres ; s'interdire enfin tout acte de nature à conduire, directement ou indirectement, personnellement ou par l'œuvre d'autrui, à des faits de prostitution ou de non-reconnaissance d'enfants, tel est le devoir.

Un droit y correspond souvent, à cause du devoir semblable d'autrui dans les contrats de nature bilatérale (sous toute réserve des droits des enfants et des tiers). C'est dire que le devoir peut disparaître en certains points ou se modifier d'un côté, si le droit n'est pas respecté de l'autre. Les conflits nés de cette situation sont aggravés, non seulement par la mauvaise foi, mais souvent aussi par la divergence des vues touchant le droit pur, par l'imprévoyance de ceux qui ont contracté, par l'insuffisance de leur entente à l'endroit de ce qui a été ou dû être mutuellement promis, et, par-dessus tout, par la teneur absolue de la loi de la monogamie à laquelle se joint l'anathème que prononcent les mœurs hypocrites du monde.

Que deviennent les devoirs réciproques des sexes dans un mariage dont le principe est violé ? Ne tenons pas compte d'abord des exigences du droit social positif, et supposons, comme de raison, que les droits rationnels des tiers et des enfants doivent demeurer saufs? Ce qu'il sera possible de répondre en général, sans entrer dans la casuistique et parcourir un dédale de questions, c'est que le problème se présente ici de la même manière que pour les relations de justice plus complexes déjà examinées (chap. LXXII et suivants). Il s'agit du rapport entre deux personnes seulement, mais l'opposition de la justice de l'un et de l'injustice de l'autre paraît, et le droit de défense se montre. Plusieurs autres oppositions se déclarent également sur cet étroit théâtre, et souvent avec plus de force que sur tout autre : celle de la passion et de la raison ; celle des fins extérieures, ou d'utilité, et de la loi morale ; celle des faits subversifs et de l'idéal, entre lesquels il faut que la liberté se détermine. Il y a une grande différence toutefois. Quand le conflit portait sur des faits de la société générale, ou l'intéressant directement, la rupture de celle-ci était le plus grand de tous les maux, une entreprise d'ailleurs au-dessus des forces individuelles. Mais ici le souverain remède est à sa portée, en supposant seulement que la puissance sociale ne s'emploie pas à en interdire l'application. Dans ce cas, la personne a dans ses mains le droit et le devoir : tout dépend d'elle. Le droit, si le contrat bilatéral est violé d'un côté, c'est, de l'autre, la rupture, et c'est ensuite la liberté, sous les réserves que j'ai plusieurs fois exprimées. Mais le devoir consiste-t-il alors dans la revendication rigoureuse du droit? C'est une autre question.

On ne pourrait le soutenir qu'en oubliant les conditions de l'*état de guerre*, l'existence de la grande solidarité du mal, à laquelle nulle personne n'échappe, la permission et même la nécessité morale de consulter directement l'utilité, d'avoir égard aux fins et au bonheur d'autrui, aux siennes propres, dans un état de choses où il est certain que la pure loi rationnelle du droit et du devoir n'est point adéquate au développement réel des relations. Ici, particulièrement, l'agent qui n'aurait jamais ni excuse ni pitié pour les faiblesses des autres, qui mettrait sa dignité, son honneur à ne pardonner en aucun cas une offense, et qui (pour le supposer juste il faut supposer cela) s'affirmerait lui-même imperturbable en ses passions et toujours droit dans sa volonté, celui-là pourrait encore être accusé d'avoir l'honneur bien dur et la dignité cruelle ; l'impeccabilité prétendue qui lui interdirait toute sympathie ne serait au vrai que l'égoïsme, ou fondé sur l'absence des passions nobles, ou soutenu secrètement par la présence de quelques passions mauvaises. Je compte sans balancer parmi ces dernières une condescendance exagérée pour les jugements d'un monde corrompu, et les préjugés d'origine religieuse que l'injustice de ce même monde a su façonner à son usage.

Ainsi le devoir ne se mesure pas à l'exigence d'un droit impitoyable. Il doit se déterminer, selon les cas, à l'aide des mêmes règles dont on a vu ailleurs des applications : rappel constant de l'idéal dans l'esprit, afin de prévenir les effets du relâchement forcé dans la pratique et de les réduire aux moindres proportions ; ferme volonté de réaliser ce qui est ou reste possible de l'ordre de la raison ; consultation des moyens possibles ou utiles pour les fins désirées ; choix, entre tous, de ceux qui sont le plus propres à ramener l'ordre auquel il a été dérogé en fait. Il ne demeure pas moins vrai que la rupture définitive d'une relation donnée peut se trouver le seul remède moral en certains cas, le seul compatible avec la conservation de la dignité, soit de l'homme, soit de la femme, un devoir par conséquent. Mais alors vient l'obstacle social.

La loi des nations qui n'admettent pas le divorce institue une sorte d'esclavage des honnêtes gens dans le mariage, et change en impossibilité pour eux, non seulement les simples difficultés nées des conflits entre les époux, lesquelles pourraient se résoudre amiablement, c'est-à-dire justement, mais aussi celles qui tiennent à l'obligation où ils sont de pourvoir aux droits des enfants qu'ils ont actuellement et qui leur naîtront dans de nouveaux liens. Les conditions morales imposées aux relations sexuelles, sous ce dernier rapport, sont irréalisables, si ce n'est quelquefois en fraude de la loi ; et la publicité, cette garantie, presque toujours nécessaire, soit des conventions, soit des droits et devoirs naturels inhérents à l'union des sexes, est rigoureusement refusée. En même temps que la loi met, pour ainsi dire, hors la loi la nature et la justice, les mœurs, singulièrement plus tolérantes, pour les hommes du moins, excusent des liens illégaux, et jusqu'à des liens immoraux, n'obligeant à rien, condamnables de tous points, l'adultère et la séduction, cause de prostitution. D'une autre part un certain idéal régnant réprouve, pour les femmes surtout, des actes où la loi morale ne trouve rien d'illégitime en soi. Aux oppositions déjà remarquées, nées du conflit dans le mariage, vient donc se joindre encore l'opposition de l'autorité et de la liberté, et d'une autorité, elle-même divisée suivant qu'on regarde à la loi, aux mœurs ou à l'idéal convenu. De là des situations qui apportent aux consciences le plus grand trouble, et dans lesquelles, en un mot, il est souvent impossible de bien faire quoi qu'on fasse.

La détermination et le choix selon la raison sont toujours nécessaires. Tout ce qu'on peut dire du devoir, c'est qu'il est assujetti aux mêmes règles que précédemment, en introduisant de plus parmi les données, ou dans la considération de la possibilité et des moyens utiles, les conditions surajoutées par la loi et les mœurs. Mais de là procède un autre devoir : le devoir imposé à tout homme connaissant la justice et la vérité de travailler par tous les moyens possibles, selon ses forces, dans la mesure morale déjà exposée, à faire entrer le droit dans la loi et à rendre la société de plus en plus conforme à la raison.

CHAPITRE LXXVII

DU GOUVERNEMENT DOMESTIQUE

Si l'association de deux personnes de sexe différent, dans le mariage, devait entraîner nécessairement la subordination formelle d'une volonté à une volonté et le précepte d'obéissance comme règle de conduite d'un agent raisonnable, il faudrait dire que la loi du mariage est contraire à la loi morale et inacceptable en principe, même pour l'*état de guerre,* puisqu'elle tendrait à perpétuer cet état. Nous devrions alors regarder la monogamie comme destinée à disparaître à mesure de nos progrès vers l'*état de paix,* travailler par suite à l'abolir, ainsi que toutes les autres conditions qui maintiennent le servage de la personne. C'est, en effet, un principe incompatible avec l'autonomie de la raison et avec la liberté, que celui du commandement dévolu à l'un et de la soumission implicite de l'autre, alors même que cette soumission serait volontairement promise ensuite volontairement subie. Sans doute, la raison peut céder et se rendre, et pour bien des motifs, dans les cas particuliers ; mais elle ne saurait se rendre en général, *a priori,* sans abdiquer, et l'abdication de la raison est la violation de la loi morale.

Je ne reviendrai pas sur la question de l'égalité morale de l'homme et de la femme, en tant que personnes, de l'égalité de leurs droits comme possédant essentiellement la raison et capables de contracter. Pourquoi donc le contrat d'union exigerait-il ici la stipulation d'obéissance d'un sexe à l'autre ? Est-ce à cause d'une différence de degré ou de mode d'expression dans la raison ? Je ne discute pas cette différence, mais dès qu'elle est seulement de degré ou de forme, et non d'essence et de fond, elle n'infirme pas le droit et l'autonomie de la raison moindre ou autrement exprimée, qui est toujours la raison. C'est à la raison qui s'estime plus forte ou plus pure à faire valoir son autorité par les voies de raison. Or nous voyons précisément les choses se passer de la sorte entre agents de même sexe, dont les relations ont à se régler sans cesse, nonobstant des différences du même genre, souvent très considérables. S'ils ne peuvent s'entendre, ils entrent en lutte en s'aidant de moyens plus ou moins avoués par le droit de défense : il n'y a rien là de particulier au mariage et qui puisse l'infirmer en général non plus qu'aucune autre relation sujette à trouble, car elles le sont réellement toutes. Est-ce donc ici la nature particulière de l'association qui réclame l'obéissance de l'un des associés, et dès lors de celui d'entre eux qu'on répute communément le plus faible des deux en raison ? La loi de sujétion matrimoniale ne serait pas même alors une cote mal taillée, car se réglant sur l'ordinaire, elle soumettrait dans des cas encore assez nombreux, la volonté du plus raisonnable à celle du moins raisonnable, et, dans les autres cas, traiterait ce dernier comme n'ayant point du tout de raison.

Quant à cette nature particulière de l'association, si souvent alléguée, et à la nécessité prétendue de donner une direction unique à l'intérêt commun des époux, et enfin au danger plus grand de la mésentente et de la division, là où l'union naturelle est la plus étroite, il y a une distinction à introduire. La question que je traite est celle du droit de la personne sur la personne, et non du droit de régir les objets extérieurs, duquel je parlerai après. Or si ce droit sur la personne était une condition du mariage, je conclurais contre le mariage, par le motif exposé ci-dessus, plutôt que je ne voudrais conclure en faveur de la condition dans le mariage. Mais en est-il ainsi ? Consultons la pratique et négligeons une théorie dont le fondement n'est après tout que l'habitude de la prépotence mâle et le souvenir d'une formule de droit positif émané de cette habitude. N'est-il pas vrai que le monde moderne et le monde ancien lui-même nous offrent une foule d'exemples d'association de mariage, et ce sont les meilleurs, où se réalise l'union suffisamment morale de deux vies et de deux personnes obligées en fait de se mettre d'accord pour agir en une foule de cas, et, pour cela, d'exercer l'une sur l'autre également les influences que les facultés variées de chacune en sensibilité et en raison apportent dans la délibération commune ? D'autres exemples nous montrent un renversement marqué de l'ordre légal et accoutumé du commandement ; d'autres, le gouvernement viril, abusif ou non, facilité par la résignation à la fois passionnelle et raisonnable de la femme, qui se témoigne ainsi digne de n'être point en servage ; d'autres enfin, le conflit régnant, avec les fautes tantôt d'un côté tantôt de l'autre, et le plus ordinairement des deux côtés à la fois. La loi de l'obéissance n'est donc pas assez pratiquement la loi du mariage pour valoir comme nécessaire en théorie, touchant les personnes ; elle ne résout pas moralement les cas de conflit, puisqu'il y a conflit ; le conflit lui-même ne saurait prouver contre le principe d'égalité plus qu'il ne fait en des relations quelconques de justice entre associés ; ce principe demeure donc le vrai fondement du mariage comme de ces autres relations, et la rupture de l'association, le divorce, est le remède extrême, relativement moral, des cas où l'entente commune, cette condition du contrat, ne peut être réalisée (Voir le chapitre précédent).

Ce que le mariage réclame des époux, c'est, en un mot, qu'ils se mettent d'accord sans jamais s'imposer réciproquement leurs plus pures volontés. C'est cela aussi que la morale exige, et ils manquent l'un ou l'autre ou tous deux à la morale quand leurs raisons sont impuissantes pour cette œuvre à laquelle ils se sont obligés en s'unissant. Il n'en est pas autrement en cela de ce petit élément de la société qui est la famille, qu'il n'en est de la grande société, considérée dans l'idéal de l'*état de paix,* car celle-ci comme l'autre, et sur un théâtre autrement vaste et difficile, implique le respect mutuel de la dignité des personnes, et, par suite, le consentement libre de tous les associés pour les résolutions d'intérêt commun. Hors de l'entente commune, il ne s'agit plus de droit pur, mais bien de faits de guerre plus ou moins mitigée, ici domestique et là civile. On reconnaîtra la justesse d'une telle assimilation, dès qu'on saura se soustraire à l'habitude invétérée de trancher par l'institution d'une volonté maîtresse tous les débats nés de la divergence des passions humaines, et qu'on réfléchira combien la solution par le consentement et la paix est plus complexe et difficile pour la société générale, où toutefois on l'estime possible quand on accepte les vrais principes républicains, qu'elle ne l'est dans la société de mariage, la plus bornée de toutes, où l'on persiste à réclamer pour le sexe fort le droit *a priori* de commander.

La question du gouvernement matériel, ou des biens et des choses, est loin d'intéresser au même degré la morale, par la raison toute simple que les personnes ne peuvent abdiquer moralement ce qui est de leur nature, au lieu qu'elles peuvent toujours, sans encourir de reproche, abandonner leurs droits sur les choses qui leur appartiennent. Ceci est essentiellement matière à contrats, tant pour les biens acquis avant le mariage que pour ceux qui peuvent survenir aux époux grâce à leur travail ou autrement, et que pour l'administration des intérêts, soit particuliers, soit mis en commun. La rédaction formelle d'un contrat de mariage est indiquée par la morale comme le moyen le plus juste et le plus sûr d'obvier aux difficultés et aux conflits ; et plus loin sera portée la précision dans les stipulations et dans la prévoyance des cas éventuels, plus la justice sera satisfaite. En fait, il se forme des conventions de ce genre, mais trop communément limitées à quelques classes de personnes, souvent coutumières plutôt que formellement volontaires, souvent ramenées par les dispositions de la loi à des règles dont l'équité n'est pas entière, et qui laissent une grande part à des habitudes iniques et aux théories qui les sanctionnent. Quoi qu'il en soit, la question n'a rien pour nous d'obscur ou de douteux. Des contrats aussi formels, aussi développés et aussi libres que possible ; à leur défaut, des lois qui supposent l'égalité des sexes, qui la respectent, qui appliquent le droit commun en réservant convenablement les droits des enfants et des tiers, voilà ce que le moraliste peut envisager en général, et dont il ne dépasserait pas l'examen sans aborder des questions techniques de jurisprudence.

Le droit des enfants se divise en deux parties profondément distinctes : droit quant à leurs personnes, droit quant aux biens dont la libre disposition n'existe que limitée entre les mains de leurs parents. Ce droit en son entier est d'ailleurs basé sur un devoir préalable, comme je l'ai déjà fait voir, puisqu'il ne pourrait appartenir proprement qu'à une personne qui n'est pas telle encore ; et le devoir préalable dont je parle a cela de particulier d'exister envers la personne future, non présente, de trouver son vrai fondement dans le devoir que l'obligé a envers soi-même, et, de plus, dans la raison qui lie l'agent raisonnable à la société de ses semblables, tout spécialement à ceux qui naîtront de lui pour y entrer et la perpétuer. C'est précisément ce point de vue de la personne future qui va nous conduire à la formule du droit des enfants dans le devoir des parents, en ce que ce dernier se détermine par cette idée que, dans l'enfant, une personne se forme et sert d'objectif moral à tous les actes qui le prennent pour but ou pour moyen.

Si l'on ne peut dire que l'enfant possède la dignité de personne et doive être respecté à ce titre, on est du moins forcé d'avouer que, selon les voies de la nature et les vues actuelles de la raison, il la *possèdera* et *devra* être respecté. Il s'ensuit de là qu'on lui doit dès à présent tout le respect à défaut duquel sa dignité future aurait à souffrir. On lui doit en outre, comme à un être encore tendre, impressionnable et sans défense du côté de l'esprit non moins que du côté du corps, cette *révérence* particulière excellemment exprimée par un poëte. Toutes les règles de l'éducation morale peuvent se tirer de la convenance de traiter l'enfant comme digne autant que possible, afin qu'il le devienne ; et, ne sachant jamais bien jusqu'à quel point et en quels sujets il a dès aujourd'hui la raison qui vient graduellement à tous, il est meilleur de la lui supposer plus que moins ; sans oublier que le sentiment du juste est précoce du côté du droit et précède de beaucoup la connaissance rationnelle des devoirs.

Ainsi les parents n'ont pas le droit de faire servir leurs enfants de simples moyens à leurs propres fins, ou en tant que les fins propres de ceux-ci pourraient se trouver manquées. Ils ont le devoir de consulter en tout ces dernières, qui ne sont pas connues de ceux qui les ont en puissance, et de suppléer pour cela la raison qui fait défaut à ces agents encore mus par le seul instinct, mais que l'instinct ne suffit point à conduire à leur destinée d'hommes, non pas même à guider et à préserver dans la vie animale. A cet effet, ils ont le droit de leur imposer leurs justes volontés à l'aide des moyens de douceur que la passion de part et d'autre rend généralement efficaces ; par la contrainte au besoin, puisqu'un emploi mesuré de la force n'est contraire au respect que de deux manières, ou vis-à-vis des êtres pleinement raisonnables, ou comme nuisible aux fins des êtres appelés à devenir tels. D'un autre côté, si nous considérons l'enfant au point de vue de l'animal, le devoir particulier d'une sorte de respect, la pitié, la bonté pour lui, le soin de son bonheur dans les limites voulues par les nécessités de la raison, sont des mobiles moraux qu'il ne faut pas omettre et que renforcent singulièrement ici les sentiments naturels de la parenté.

Cette dernière considération et ce devoir de l'homme envers soi, qui consiste à se préserver des atteintes de toutes les passions odieuses, nous font exclure absolument du nombre des moyens de force et de contrainte, supposés nécessaires et bien appliqués, tous ceux qui comportent des sévices sur la personne de l'enfant, toutes les mesures prises contre lui dans lesquelles on sentirait la passion et en un mot autre chose que l'arrêt d'une justice à la fois systématique, inflexible et paternelle. Un acte de brutalité suppose toujours, soit la colère, qu'il faut réprimer dans le double intérêt moral des parents et des enfants, soit un aveu d'impuissance à atteindre autrement les fins de l'éducation. Mais, premièrement, l'impuissance ne saurait s'admettre en principe, car il est facile de concevoir des moyens plus efficaces d'agir sur l'imagination des enfants, et de créer des mobiles plus propres à retenir ou exciter leurs passions; et, en second lieu, il est plus que douteux que les procédés auxquels on se croit réduit aient la puissance demandée, quand il est certain que par eux-mêmes ils posent et font valoir l'exemple le plus accusé de l'irrationalité et de la réduction du droit à la force. Maintenant, que des parents soient souvent incapables d'élever rationnellement leurs enfants, que beaucoup de pédagogues se trouvent dans le même cas, que les sociétés les plus éclairées jusqu'à ce jour aient fait bien peu d'efforts pour élever à la raison ceux de leurs membres qui sont de véritables enfants chargés d'élever d'autres enfants, c'est un fait incontestable; mais il ne résulterait de là pour nous que des questions de casuistique réductibles en somme à celle-ci : Quand les moyens rationnels de l'éducation ne sont pas mis en œuvre, quels sont les moins mauvais parmi les irrationnels, et tels ou tels des plus mauvais valent-ils mieux encore qu'une totale négligence de tous?

En tout cas les principes sont clairs. Observons seulement que celui d'une sage contrainte, aidé de la recherche des moyens moraux d'agir sur l'enfance et de rendre la contrainte même le plus souvent inutile, emporte la condamnation du relâchement et de la faiblesse des parents, non moins que de la sévérité outrée et des actes brutaux. Il est assez connu que les enfants ont à souffrir de l'absence de règle certaine et de loi chez ceux qui ont charge de les conduire, autant ou plus que d'une loi trop dure ou cruellement appliquée.

Ce qui précède est un résumé, non de la matière et du contenu, qui ne serait plus de mon sujet, mais de la forme morale de l'éducation. Cette forme, en effet, se réduit à des droits et à des devoirs renfermés dans le principe de l'acheminement de l'enfant à l'être raisonnable par la raison d'autrui. Le devoir de l'enfant proprement dit, ou encore dénué de raison, n'existe pas à parler strictement; si on lui impute des devoirs, c'est en manière d'actes qu'on lui propose d'autorité comme les meilleurs et à l'égard desquels on intéresse ses passions; c'est aussi pour l'amener graduellement à les comprendre. Son droit n'est également qu'implicite et potentiel, et, en attendant, le devoir des parents le représente. Les droits et devoirs de ceux-ci sont enfin liés comme on vient de le voir, et se déduisent de la charge de l'éducation qui leur incombe, que la nature leur donne, que la raison leur confirme, et qu'ils ne peuvent rejeter sur autrui puisque leur responsabilité est première et inévitable.

Ici se présente la question de la juste limite des influences exercées sur l'enfant dans la famille, à l'endroit des idées générales, ou des passions religieuses ou des sentiments nationaux susceptibles de lui être communiqués. Et il y a deux faces de cette question : l'une, la plus simple, concernant le droit et le devoir purs; l'autre, complexe et difficile, qui regarde les conflits possibles entre l'individu et la société.

Il est conforme à la nature des choses et à la solidarité des hommes, naturellement plus étroite dans la famille que dans le monde, que des influences s'exercent et que des habitudes d'esprit et de cœur se transmettent des parents aux enfants. Nulle éducation ne serait praticable dans l'hypothèse d'une abstraction totale des idées ou croyances des éducateurs. On ne doit pas regretter d'ailleurs qu'il en soit ainsi, à moins de vouloir condamner tous les moyens d'agir sur l'entendement et la passion dès qu'ils ne sont point exclusivement rationnels et tr̶ ̶nissibles par voie de démonstration rigoureuse, à m̶ ̶ ̶s de nier les autres sources légitimes de conviction et de persuasion et de prétendre soustraire les hommes à des pressions intellectuelles et morales dont il n'est au pouvoir de personne de les affranchir. Mais, d'une autre part, on doit considérer que la raison de l'enfant, à l'état de formation, se trouve relativement sans défense, incapable de réagir, et qu'on manque de respect à sa personne future quand on abuse de sa condition présente pour exagérer les effets naturels de l'autorité sur lui et le trop plier à des manières de voir qu'il faudrait avant tout le rendre apte à apprécier un jour. C'est ce qu'on fait quand on lui présente comme absolument certaines des choses jusqu'à un certain point douteuses, comme criminelles toutes celles qu'on désapprouve, et qu'on lui fait affirmer ce qu'il ne saurait comprendre, pratiquer ce qui n'a pour lui aucun sens. L'influence naturelle et légitime s'exerce toujours assez d'elle-même et sans être expressément voulue, quand elle part d'une conviction sincère et forte, elle augmente avec le temps, s'il y a lieu, et alors dans la mesure où celui qui la subit devient en état de la juger; en la voulant forcer, ou seulement en l'établissant systématiquement, on viole le devoir, qui consiste avant tout pour une personne libre à former d'autres personnes libres. En un mot, l'éducation de la volonté est la première de toutes, parce qu'elle est aussi l'éducation de la raison, et pour élever la volonté, il faut lui apprendre à chercher plus qu'à assurer, et même à savoir douter plus qu'à croire tenir. Laissons donc, en fait d'éducation d'idées et de croyances, sans préjudice de l'instruction positive toujours bonne, laissons l'autorité, les influences naturelles agir spontanément; elles se produiront toujours assez; mettons le système à former une raison capable d'y échapper ou de les embrasser librement!

Mais les choses ne se passant pas de la sorte, il arrive que l'autorité abusive exercée dans certaines familles peut être en antagonisme avec celle que la société, que l'État, justement ou non, représente et veut faire prévaloir. L'État, selon les cas, professera l'erreur, j'entends ici des vérités prétendues dont la connaissance dépasse sa mission vis-à-vis de la liberté des personnes, et s'efforcera d'en introduire l'enseignement dans les familles ; ou, au contraire, il prendra son appui dans la morale, dans la raison, dans les principes essentiels de justice inhérents à l'idée sociale, et il exigera alors des familles qu'elles professent ces mêmes principes ou qu'elles n'inculquent pas abusivement aux enfants des croyances incompatibles avec la justice dont il est le représentant. Il pourra faire mieux et réclamer pour lui-même la charge de cette éducation de ses membres, que les familles ne sont pas dignes d'assumer.

Dans le premier cas, les familles sont à l'état de juste défense. Nous ne pouvons apporter, pour le discernement des droits et devoirs individuels dans le conflit, que les règles que nous avons exposées pour des cas analogues, quand nous considérions une société fondée sur des lois injustes puis des membres de cette société parvenus à la connaissance des lois rationnelles et des véritables droits des hommes. Ce sont : la fermeté dans la représentation constante du devoir à remplir ou du droit à revendiquer, en dépit de toutes lois positives et de toutes habitudes sociales ; la distinction nette de ce qui dépend ou ne dépend pas en cela de nous seuls ; le jugement consciencieux du possible en ce qui concerne autrui, relativement aux faits acquis et aux résultats à atteindre ; le choix des moyens utiles dans les actes de résistance ou de révolution suggérés par la défense : utiles et de plus moraux suivant le critère de l'*état de guerre,* c'est-à-dire les moins éloignés qu'il se puisse de la justice pure et les plus propres de tous à procurer l'*état de paix* (V. chap. LXXII).

Dans le cas inverse, on doit voir dans l'État le représentant du droit universel, qui est le droit de chacun ou la condition que chacun met rationnellement à sa participation sociale. Ce droit peut donc aussi être imposé à chacun pour la défense des autres, et même par moyens de contrainte, ainsi qu'en tout autre objet de justice coercitive ou répressive. Il peut l'être aux familles, en vertu de l'hypothèse où je me place, quand les familles méconnaissent le droit de l'enfant tel que je l'ai défini, soit celui des membres de la société qui prennent fait et cause pour lui au nom de la raison. Ce droit de l'enfant, il convient, pour plus de clarté, de marquer les points essentiels sur lesquels il porte. L'application immédiate du principe de la personne future à respecter et de la raison à former dans l'enfant nous signale premièrement les soins physiques, les bons traitements et la modération du travail qu'on lui demande ; car, au défaut de ces conditions-là, les autres serviraient peu ; secondement, l'instruction matérielle et morale ; troisièmement et par voie de conséquence, l'interdiction de tout enseignement contraire aux principes fondamentaux de l'éducation et de l'ordre social rationnel.

La loi des États modernes les plus policés est très reprochable sur tous ces points, même en ce qui touche l'éducation physique, feignant d'ignorer les crimes qui se commettent continuellement presque partout et ne réprimant que des attentats absolument qualifiés. Quant à l'éducation morale, on la peut dire nulle en général, quand ce n'est pas subversive. Il est vrai que l'État, en conflit avec les familles, avec la coutume qui les régit, avec d'autres causes encore, aurait à apporter tout autant de réserve et de ménagements dans les moyens et d'attention à choisir ceux qui sont vraiment utiles, que les individus sont tenus de le faire dans leurs conflits avec l'État. Les procédés révolutionnaires sont sujets à dépasser le but, ou plutôt à le manquer en amenant des réactions et donnant matière dans l'acte et dans le fait à beaucoup d'injustices particulières. Assurément, la morale ne doit pas plus encourager l'État que les personnes isolées, et le danger serait même plus grand, à recourir à des mesures qui se prennent toujours en ceci contre la liberté. Partant du droit de défense, il ne faut pas arriver à des actes d'usurpation ; et, par exemple, ce serait poser un principe dangereux, dépassant la fin voulue, que de réclamer la communauté complète et sans réserve des enfants pour l'éducation, au détriment des sentiments légitimes de la famille et en négation de la part de responsabilité des parents. Mais enfin, s'il y eut lieu jamais à rechercher les bons moyens d'appliquer à la société les lois de la raison, qui sont les siennes, si jamais l'*état de guerre* appela l'emploi de la contrainte, sous les restrictions morales que j'ai formulées, le cas existe pour l'éducation, attendu qu'elle constitue elle-même un moyen radical et unique d'arriver à la réforme des coutumes injustes et de rendre les hommes libres et dignes de la liberté.

Je passe maintenant de la question de l'enfance à celle de l'émancipation ou de la majorité. Qu'est-ce au point de vue moral que cette majorité, cet âge où l'espèce de devoir à demi senti par lui, à demi imposé par l'autorité des parents, l'obéissance cesse d'exister ? L'époque où l'émancipation se déclare est matière d'appréciation dans les cas particuliers et peut en fait varier beaucoup. Elle ne saurait être trop précoce, pourvu qu'elle soit réelle, c'est-à-dire que l'être raisonnable soit vraiment formé dans l'enfant, puisque la fin de l'éducation est précisément de parvenir à ce point. Il ne faut pas d'ailleurs que les parents, pour juger de la raison de l'enfant, identifient la raison avec leurs propres jugements accoutumés et avec l'expérience qu'ils ont acquise. C'est la raison formelle qui fait l'homme, et non sous condition de s'appliquer de certaine manière. Sans doute l'expérience et la connaissance impartiale des faits, le moindre empire des passions, sont ou devraient être du côté des parents, et ce sont là des éléments essentiels de la raison appliquée ; mais l'éducation conforme aux principes a dû, d'une part, exercer celui qui l'a reçue à tenir grand compte de ces éléments et à les prendre où ils sont ;

de l'autre, ménager une transition insensible de la raison encore guidée par l'autorité à la raison pleinement indépendante.

Dès que l'enfant est devenu vraiment une personne, est en possession de la liberté morale, il est l'égal de ses parents à ce titre, ou essentiellement. De devoirs particuliers envers eux, il n'en a pas de l'ordre de la stricte justice, ou pour correspondre aux droits qu'il avait et que ceux-ci ont respecté en lui, puisqu'ils n'ont fait que ce qu'ils devaient; il en a seulement dans l'ordre passionnel, j'entends de ceux qu'impliquent des affections naturellement aptes à en engendrer. Ils se développent selon que, du côté des parents, les affections se sont mieux et plus constamment témoignées en se liant à toute une conduite propre à leur attirer l'estime autant que l'amitié. Ce sont donc des effets de passions de divers genres, et faute de ces motifs (qui ne se commandent pas), ce sont des *égards* qui les supposent autant que possible et suppléent les devoirs, en vertu de la pensée de ce qui devrait être et n'est peut-être pas.

Les obligations nées de ce retour passionnel ont des bornes que leur trace en général la justice et en particulier le droit rigoureux de toute personne à se faire sa propre destinée. L'affection est mal entendue chez les parents, quand elle pèse sur la volonté en empruntant d'autres moyens que ceux de la raison à faire valoir ou de la persuasion à communiquer; elle est immorale au premier chef dans ses effets, quand elle fait usage de contrainte contre le droit naturel, encore plus peut-être quand elle fausse la vérité en donnant à croire la chose qui n'est pas pour déterminer les résolutions. Il n'y a pas de pire vice dans le monde et dans les familles que l'habitude que l'on a de vouloir ce qu'on appelle faire le bonheur de ceux qu'on aime, le bonheur autrement qu'ils ne l'entendent, et en les trompant pour cela au besoin ou les violentant.

L'affection chez les enfants eux-mêmes irait trop loin ou serait mal dirigée si elle les portait, contrairement à leur raison et à leurs passions légitimes fortement déclarées, à condescendre à des volontés que les parents n'ont plus le droit d'avoir. Le choix définitif d'un état, encore plus le choix d'une épouse ou d'un époux, sont des actes essentiellement personnels, qui n'admettent nulle substitution de motifs étrangers à ceux qui se puisent dans une réflexion propre et de propres penchants. Il arrive sans doute que le bien voir et le bien sentir, en pareil cas, sont du côté des parents ; mais s'il ne fallait qu'arguer des faits où la liberté peut errer, quelle liberté serait sûre ? il arrive aussi et trop souvent que les motifs des parents ne sont ni justes, ni bons, ni désintéressés, et leur liberté non plus n'est pas impeccable. Un des plus tristes abus de la famille et de la société dans l'état actuel des choses, un des plus graves obstacles au règne du travail et de la justice réside incontestablement dans la coutume qu'ont les parents de tout sacrifier à de vils calculs d'intérêt quand il s'agit de pourvoir à l'avenir de leur progéniture. Mais la liberté réelle des jeunes gens ne leur faciliterait pas plus de vices (ou leur passe indulgemment ceux-là) et leur épargnerait souvent des crimes. Une éducation rationnelle couronnée par la liberté serait le moyen le plus propre à les préserver des uns et des autres.

En parlant des droits des enfants et de l'éducation, j'ai évité de distinguer les sexes. C'est que j'ai entendu leur appliquer indistinctement mes observations. On peut admettre une différence entre eux quant à l'instruction donnée et à ses spécialités ; je n'entre point dans cette question, que la liberté peut le mieux résoudre, je crois, comme beaucoup d'autres. Mais pour les droits essentiels, il n'y en a aucune, et pour l'éducation proprement dite, on n'en saurait apercevoir que dans la préparation pour le mariage. Encore n'y aurait-il pas lieu, du moment qu'on accepterait les principes que j'ai posés touchant les relations des sexes et qu'on se proposerait pour but, dans l'éducation de rendre les jeunes hommes et les jeunes femmes capables de s'engager en connaissance de cause et de sentir la force et l'étendue des obligations qu'ils vont être dans le cas de contracter. Je ferai remarquer en terminant combien sont opposées aux habitudes de honte et de mystère que l'éducation vulgaire apporte dans ces choses, les exigences de franchise, de clarté, de raison et de vraie pudeur qu'entraîne l'initiation normale des sexes à la direction des passions et à l'accomplissement des fonctions qui leur appartiennent.

Après avoir traité des droits des personnes et sur les personnes, il y aurait à s'occuper des droits touchant les choses. Mais les questions de propriété et d'hérédité vont venir, et je les aborderai séparément.

J'ai considéré la famille comme réduite à ses membres essentiels. C'est ce qu'en théorie elle doit être, puisque toute institution qui étend le gouvernement domestique aux étrangers est réprouvée par la loi morale ; et c'est ce qu'elle est presque maintenant dans le monde civilisé. Il est vrai que la domesticité subsiste et rappelle le servage en quelque chose. Mais quelle que soit la coutume à cet égard, le principe est du moins la liberté des contrats. De savoir ensuite s'il y a abus dans ces sortes de contrats quoique volontaires, qui attachent une personne à des fonctions de l'ordre intime d'une famille étrangère, la question me reviendra à propos de l'examen du régime du commerce et des services salariés.

FIN DU TOME PREMIER

TABLE DES MATIÈRES

Préface.. v
Avant-propos.. ix

LIVRE PREMIER
MORALE RATIONNELLE PURE

PREMIÈRE SECTION
Sphère élémentaire de la morale.

Chap. I. Nature et conditions de la moralité. — Réflexion, délibération, liberté représentative de l'agent. — Le mobile : le bien en général, nécessitant. — Le milieu : diversité et conflit des biens. — La moralité même : notion du devoir-faire et choix du meilleur. — La morale comme science. 1

Chap. II. Digression sur la liberté morale : c'est une liberté représentative qu'il n'est point nécessaire ici de supposer fondée sur la nature extérieure des choses. — Éclaircissements. . . . 4

Chap. III. Digression sur la morale comme science : cette science admissible sous certaines conditions et réserves, — part de la liberté. — Difficulté des mots. — Empêchement des doctrines. — La science morale suppose l'acceptation de la philosophie critique. 6

Chap. IV. L'agent moral abstrait et sa vertu; — définition et justification de la sphère élémentaire de la morale. — Conditions de la possibilité d'abstraire et d'isoler l'agent moral. — Déduction de la vertu en général et de trois des vertus *cardinales: force, prudence, tempérance* 11

Chap. V. Les devoirs envers soi-même : leur définition. Le devoir-faire et le devoir-être. — Le fait et l'idéal. — En quel sens le devoir envers soi est une obligation. — Définition de l'obligation. 15

Chap. VI. Du droit relativement à l'agent moral abstrait. — S'il y a un droit corrélatif au devoir envers soi. — Question du serment mental. — Question du suicide. 20

Chap. VII. La solidarité personnelle : sa définition, son double sens. — Intervention de l'habitude dans la moralité. — Le vice et la vertu. — Vertu fondamentale après comme avant cette transformation : la force. 24

DEUXIÈME SECTION

Sphère moyenne de la morale.

Chap. VIII. L'agent raisonnable et la nature ; — sentiment et devoir du respect, son fondement. — Le désordre ou le mal opposé à l'ordre dans la nature brute et relativement à l'agent moral. — Devoir du travail. — Conciliation des deux lois, de travail et de respect. — Formules de ces lois 29

Chap. IX. Du rapport entre la loi du respect et les sentiments esthétiques. — Les fins désintéressées, le beau et le sublime. — Du respect et du travail relativement au beau. — La vérité pour elle-même. 32

Chap. X. L'agent raisonnable et les animaux. — Le désordre et le mal sur un nouveau théâtre. — Antinomie : le devoir de conservation et le devoir de bonté. — Déduction de ce dernier. — Solution de l'antinomie. 35

Chap. XI. L'asservissement des animaux. — Est-il légitime ? Distinctions et limites. Le meurtre et l'alimentation animale : vice fondamental et conséquences de ce vice. — Correction partielle 40

Chap. XII. Du sentiment religieux chez l'agent moral isolé. — Expression de ce sentiment à l'égard de la seule raison et par rapport au problème du mal physique. — Mobile religieux ; son expression, ses limites. 46

Chap. XIII. L'agent raisonnable à l'état domestique. — Position et ajournement des problèmes. 49

TROISIÈME SECTION

Sphère supérieure de la morale : la justice, la loi morale.

Chap. XIV. La relation réciproque. — Conditions d'association des agents raisonnables. — Définition du bien commun. — Le contrat positif et le contrat naturel. — En quel sens le devoir envers soi conservé. — Principe et fondement de la promesse. — Naissance du droit ou crédit, transformation du devoir ou débit. — Définition de la justice. — Corrélativité du droit et du devoir. 51

TABLE DES MATIÈRES

Chap. XV. Le sens le plus profond du juste. — Le premier des biens moraux dans l'association. — L'obligation pratique. — La dignité et le respect. — Nature et fond de l'obligation. . . . 56

Chap. XVI. — Discussion de la maxime : *Alteri ne facias*, etc. — Acceptions fausses ou impossibles du dicton. — Ses deux formes, positive et négative. — Sa signification ancienne la plus probable 60

Chap. XVII. Conditions de l'obligation pratique. — Les jugements particuliers éliminés de l'essence de la justice et de la moralité. — Distinction de l'*hypothétique* et du *catégorique*; d'où réforme de la morale et sa vraie fondation comme science du juste 62

Chap. XVIII. La généralisation de l'obligation. — Etablissement de l'idée d'une volonté raisonnable en général et d'une loi universelle. — L'obligation formulée en préceptes universels. . 67

Chap. XIX. De l'emploi des préceptes comme critères des jugements moraux. — Le critère a toujours existé dans la pratique humaine; la science le dégage. — Exemples : la question du suicide; — la question de la tromperie; — la question de l'oisiveté. — Exposition de Kant rectifiée. 69

Chap. XX. De la doctrine morale de Kant. Deux faits trop peu remarqués en matière de morale appliquée. — Fausse notion de l'obligation morale dans l'ordre empirique des choses. — Distinction fâcheuse des *devoirs de droit* et des *devoirs de vertu*. — Obscure théorie des rapports des devoirs avec les fins . . 76

Chap. XXI. Des devoirs eu égard à l'idée de la personne en général. — Extension de la notion du devoir envers soi-même. — Loi de vérité et de liberté. — Loi de conservation, de développement et de travail. — Extension et généralisation de la loi du travail. 89

Chap. XXII. Du devoir de bonté dans la sphère de justice. — Il n'est pas un vrai devoir envers autrui mais du genre des devoirs envers nous-mêmes et limité par les conditions qui limitent ces derniers 96

Chap. XXIII. Du devoir d'assistance de personne à personne. — Il n'existe que d'une manière générale selon la justice et la justice même peut en arrêter les applications particulières. — Examen d'un exemple de Kant 99

Chap. XXIV. De l'opposition entre les devoirs. — En quoi, dans la sphère de la justice, elles naissent des fautes ou des erreurs de l'agent. 101

Chap. XXV. Du partage des devoirs et de la responsabilité. — Définition et justice de la propriété. — L'assistance définitivement étrangère à la justice dans la société rationnelle. 105

Chap. XXVI. Du devoir d'assistance considéré socialement. — Idée fausse de la société envisagée comme personne. — Idée de la société comme composée. — De l'assistance dans les deux cas. 109

Chap. XXVII. Le principe suprême de la morale. — Autonomie de la raison. — Sens de l'autonomie ; elle exclut la nécessité des connaissances objectives et en général toute dépendance . .   114

LIVRE DEUXIÈME

RESTITUTION DES ÉLÉMENTS ÉCARTÉS DE LA LOI MORALE

PREMIÈRE SECTION

Principes secondaires de la morale.

Chap. XXVIII. Du bonheur et des fins voulues pour elles-mêmes. — Définition du bonheur ; nécessité et généralité de cette idée. — La morale demande le postulat d'une conciliation finale quelconque de sa loi avec le bonheur. — La morale ne peut exiger que les fins voulues pour elles-mêmes soient exclues des motifs d'agir. — Examen de la maxime kantienne : Faire son devoir uniquement par devoir. — Examen de la thèse de l'égalité des devoirs et de celle qui nie les actes indifférents. — Définition des principes secondaires de la morale. . . .   119

Chap. XXIX. Rapports généraux de la loi morale avec le sentiment et avec la sympathie. — Place et nécessité de la passion dans les mobiles humains. — Sentiment de l'humanité ; sentiment de bienveillance envers les êtres vivants. — Accord général de la passion avec la loi   127

Chap. XXX. Du sens moral. — Définition du sens moral — C'est un principe secondaire de la morale, et non le principe de la science. — En quel sens admis par Kant. — Deux états du sens moral : état initial, état final.   131

Chap. XXXI. Des mobiles de l'intérêt et de l'utilité. — Définition de l'intérêt, de l'utilité et de l'intérêt bien entendu. — Le principe de l'utile ne peut servir de fondement à la morale. — Conflits inhérents à l'application du principe de l'utile. — Hétéronomie de la loi morale dans la théorie utilitaire. — Impossibilité de faire sortir de l'utilité des principes moraux d'une autre nature.   134

Chap. XXXII. Des mobiles du plaisir et de la peine. — Définition du plaisir. — Il est poursuivi par l'être sensible et passionnel comme élément intégrant du bonheur. — Légitimité de ce mobile limité et réglé par l'être raisonnable. — Des différents plaisirs. — Du travail à l'égard du plaisir et de la peine. . 143

Chap. XXXIII. Du principe de l'utilité générale. — Distinction de la morale et de la politique. — Vice des doctrines utilitaires. — Suprématie de la justice sur l'utilité, impossibilité de ramener la première à la seconde. 147

Chap. XXXIV. Du principe de la fin de l'homme. — En quel sens ce principe peut rentrer dans le sens de la morale; en quel autre il en est le renversement. 151

Chap. XXXV. Du principe de la perfection ou du perfectionnement. — Il appartient à la morale ou n'y appartient pas, selon la définition adoptée pour la perfection. — Principe de l'ordre identique avec le précédent. 153

Chap. XXXVI. Du mobile de l'opinion et de l'honneur. — Définition de l'honneur. — Sa place dans la morale. — Rapport de ce mobile avec le principe de l'autorité du genre humain. . . 155

Chap. XXXVII. Du principe de la loi positive et du mobile de la crainte. — La crainte n'est ni un mobile moral, ni le fondement de la loi positive. — Du conflit possible entre le droit positif et le devoir 157

DEUXIÈME SECTION

Du beau et du mérite.

Chap. XXXVIII. Du mérite. — Détermination des éléments du mérite. — Mérite dans l'ordre du devoir, ou dans un milieu défavorable; mérite dans le bien-faire au delà de la justice. — Mobile de ce dernier mérite; ses bornes. — Bonté rationnelle; sacrifice dans les limites de la raison; distribution des biens disponibles. — Abaissement actuel du mérite. . . . 129

Chap. XXXIX. De la liberté par rapport au mérite. — Le sentiment de l'arbitre indispensable dans les deux ordres de mérite. — En quel sens la liberté affaiblie dans le second, en quel sens constante et égale à elle-même dès qu'elle s'exerce. . . . 169

Chap. XL. Du beau en général. — Le beau est du genre des fins. — Les fins à l'égard du beau sont désintéressées, mais en quel sens. — Éléments du beau dans la sensibilité; — dans l'ordre passionnel; — intellectuel; — moral. — Principe radical du beau : la représentation pour elle-même. — Génération de l'idée de l'art. 171

Chap. XLI. Du beau et du laid ; rapport de l'esthétique à la morale. — La distinction morale du beau et du laid, quoique spontanée chez l'artiste, n'est rationnellement appréciable que pour la critique éthique. — Loi de la purgation des passions. — Question du but propre de l'art et des fins accessoires qu'il peut se proposer. — Fin suprême de l'art. 180

Chap. XLII. Du sublime et de l'idéal. — Phénomènes de l'attente, de la surprise et de l'admiration. — Définition du sublime. — Il entre toujours une notion idéale dans le jugement du sublime et dans celui du beau. — Définition de l'idéal. — Question de l'idéal dans l'art. 188

Chap. XLIII. Du beau moral : sa déduction. — Il se rapporte à l'idéal moral dans l'objet et dans le sujet. — Il appartient au mérite seul mais aux deux genres du mérite. 192

TROISIÈME SECTION

Des sanctions de la morale.

Chap. XLIV. Des sanctions naturelles. — Sanction du plaisir ; — de l'intérêt. — Distinction de la rémunération et de la récompense. — Sanction du perfectionnement individuel. . . . 198

Chap. XLV. Des sanctions à titre de postulats. — Postulat de l'immortalité personnelle. — Postulat de l'existence divine ou du règne du bien dans l'univers. — Postulat de la liberté comme réelle. 201

Chap. XLVI. De la sanction métaphysique. — Sanction fausse tirée de la doctrine de la divinisation de l'homme par la connaissance de la nécessité universelle et l'acceptation du sacrifice de la personne 204

Chap. XLVII. De la sanction religieuse. — Sanction d'une autorité externe et législative. — Sanction des peines et récompenses édictées par un juge suprême. — Vices ordinaires de ces sanctions ; en quoi permises à la croyance. 207

Chap. XLVIII. De la sanction mythologique. — Elle est propre à l'ordre moral troublé, suppose l'existence irrémédiable du mal moral et déserte la cause de la justice humaine. 211

Chap. XLIX. Problème de la morale appliquée. — Conclusion des deux premières parties. 213

LIVRE TROISIÈME

LE DROIT OU TRANSFORMATION DE LA MORALE DANS L'HISTOIRE

PREMIÈRE SECTION

Conflit de l'histoire et de la morale.

Chap. L. Hypothèse et définition de la paix. — *Pétitions de fait* accordées dans la pratique morale. — La justice de l'un et la justice de l'autre. — La liberté et l'autorité d'accord. — Le sacrifice transformé. 219

Chap. LI. Pétitions subjectives. — La pureté de la conscience accordée avec l'utilité des fins. — La passion avec la raison. — La détermination avec le libre arbitre. — Sanctification de la vie. 223

Chap. LII. La guerre : sa définition, — ses formes diverses, — ses conséquences. — La contrainte et le droit. — Définition du droit. 228

Chap. LIII. Problème général du droit de la guerre. — Retour au principe de la conservation personnelle. — Justice coercitive, répressive et réparatrice. — Nécessité d'une justice distributive et sa définition. — Effet des institutions politiques et de l'idée de gouvernement. — Objet de la morale appliquée à l'ordre de la guerre. 235

DEUXIÈME SECTION

Les droits individuels les plus généraux.

Chap. LIV. Le droit de défense personnel : c'est un droit de guerre qui se ramène au principe de conservation et aux devoirs envers soi. — Limites de ce droit, préceptes. — Extension forcée du droit de défense à la justification d'actes autres que purement défensifs. 243

Chap. LV. Transformation des vertus dans l'état de guerre. — Altération de l'idée de prudence. — Comment le droit de défense intervient pour modifier les impératifs moraux. — Exemples. — Question de la véracité. 248

Chap. LVI. Suite : altération de l'idée de tempérance. — Tempérance comme vertu, et tempérance réduite, donnant lieu seulement à un droit. 253

CHAP. LVII. Suite : altération de l'idée du courage. — Le courage militaire; en quoi passion et vice; en quoi il tient de la vertu. — La transformation de la force dans l'état de guerre donne lieu seulement à un droit. 254

CHAP. LVIII. Suite : l'excès et le défaut en matière de vertus. — Ils ne sont possibles que dans les vertus altérées. — Les milieux d'Aristote. — Ils sont du terrain de l'usage du droit et non de celui de la morale pure. 257

CHAP. LIX. Suite : la justice. Est-il permis de rendre le mal pour le mal ? — Distinctions essentielles. — Définition du mal matériel permis en tant que bien formel. — Sens subjectif et passionnel, auquel le mal n'est jamais un droit 258

CHAP. LX. Principe de développement et de garantie du droit de défense. — Contrat social; son vrai sens. — Droits abandonnés et droits réservés; sens réel de cette formule. 263

TROISIÈME SECTION

Les passions.

CHAP. LXI. Définition et division des passions : principe de la division. — Trois genres, formés chacun de deux contraires : désir et aversion, ravissement et saisissement, joie et tristesse. — Principes généraux de la moralité de ces trois genres. . 268

CHAP. LXII. Subdivisions des passions en tant que les fins semblent plus ou moins probables : espérance, crainte; entraînement, abattement; quiétude, résignation. — Patience et impatience. — Rapport de ces passions à la vertu et au vice. 273

CHAP. LXIII. Passions interpersonnelles. — Penchants d'amour et de haine. — Effusion et resserrement; philanthropie et misanthropie. — Passions liées à celles-ci. — Bienveillance et malveillance; sympathie et antipathie; bonté et méchanceté. — Autres passions liées à celles-ci. 276

CHAP. LXIV. Passions intrapersonnelles : amour-propre, deux déterminations différentes de l'amour-propre. — Émotions et sentiments de cet ordre. — Contraires de ces passions. — Rapports de ces passions avec la loi morale 283

CHAP. LXV. Passions excitées par les objets : appétits et répugnances; goûts et dégoûts. — Activité, inactivité; ambition, paresse, ennui. — État aigu des mêmes passions. — État permanent. — Rapport de cette classe de passions au devoir envers soi-même et à la loi morale. 289

Chap. LXVI. Passions excitées par les idées : passions religieuses. — Religion, et amour de Dieu. — Superstition. — Saisissement et ravissement religieux. — Piété, extase ; impiété, positivité. — Rapport de la religion et de la superstition avec la morale. 296

Chap. LXVII. Passions esthétiques : admiration et mépris. — Émotion du sublime, émotion du rire. — Contemplation et dégoût. — Rapport des passions du beau et de l'idéal avec la morale. 307

Chap. LXVIII. Passions philosophiques — En quoi déjà classées ci-dessus. — Leur plus haute généralité. — Passions transformées qui s'y rattachent. — Rapports de celles-ci avec la morale. . 313

Chap. LXIX. Des vertus et des vices identifiés avec les habitudes passionnelles. — Récapitulation de leurs rapports généraux avec la morale et le droit. 319

LIVRE QUATRIÈME

LE DROIT SOUS LE CONTRAT SOCIAL

PREMIÈRE SECTION

Le droit personnel en général.

Chap. LXX. Thèse du contrat social : résumé. — Autorité et liberté ; définitions. — Rappel des oppositions. — Divisions du droit : droit personnel, politique, international. — Méthode pour l'examen critique des droits. 325

Chap. LXXI. Le droit personnel, liberté du corps ; question de l'esclavage. — Hypothèses touchant l'origine de l'esclavage. — La coutume de la traite et le sophisme de l'esclave par nature mis hors de l'examen. — Valeur historique des hypothèses. — Leur nullité morale. — Oppositions nées de l'institution de l'esclavage. 331

Chap. LXXII. Suite : conclusion généralisée. — Principe de la fixité de l'idéal. — Principe du jugement de possibilité quant aux choses qui ne dépendent pas de l'agent seul. — Principe des révolutions et limite de leur utilité. — Application : les droits et les devoirs sous le régime supposé de l'esclavage 346

CHAP. LXXIII. La liberté de conscience : valeur absolue de ce droit. — Fanatisme et servage des âmes dans l'histoire. — L'unité de croyance est-elle nécessaire à l'ordre social. — Tolérance et intolérance. — Cas de légitimité de l'intolérance. — Droits et devoirs dans le cas de conflit. 357

CHAP. LXXIV. Le droit de communiquer, de contracter, de s'associer et de se gouverner. — Définition de ces quatre sortes de droits. — Limites que la justice impose aux trois derniers. — Limites au delà du juste pur en vertu du droit de défense. — Application des oppositions. — Droits et devoirs dans les cas de conflit. 366

DEUXIÈME SECTION

Le droit domestique.

CHAP. LXXV. Du droit quant aux rapports sexuels. — Plénitude des droits et devoirs de la femme comme personne. — La relation sexuelle en elle-même. — Application de la justice aux rapports sexuels. — Origine morale du mariage. 374

CHAP. LXXVI. Du mariage. — Analyse de l'idéal dans l'amour des sexes : la monogamie et son contraire. — Principe immoral de la polygamie dans l'histoire. — Monogamie comme règlement moral dans l'état de guerre. — Lois et abus de la monogamie. — Droits et devoirs dans l'ordre de fait. 383

CHAP. LXXVII. Du gouvernement domestique. — Droit personnel des époux. — Droit des enfants, droit des parents. — Premiers principes de l'éducation. 404

www.ingramcontent.com/pod-product-compliance
Lightning Source LLC
Chambersburg PA
CBHW071110230426
43666CB00009B/1901